AF347473

# MESSIRE

# JEAN-LOUIS DE FROMENTIÈRES

### ÉVÊQUE & SEIGNEUR D'AIRE

### PRÉDICATEUR ORDINAIRE DU ROI

### 1632-1684

## ÉTUDE BIOGRAPHIQUE & CRITIQUE

---

# THÈSE

PRÉSENTÉE A LA FACULTÉ DES LETTRES DE BORDEAUX

PAR

## L'Abbé Paul LAHARGOU

*Licencié ès-lettres*

*Professeur à l'Institution Notre-Dame de Dax*

**PARIS**

VICTOR RETAUX et FILS, Editeurs

*82 — rue Bonaparte — 82*

—

1892

# MESSIRE

# JEAN-LOUIS DE FROMENTIÈRES

*ÉVÊQUE & SEIGNEUR D'AIRE*

*PRÉDICATEUR  ORDINAIRE  DU  ROI*

1632-1684

ÉTUDE  BIOGRAPHIQUE  &  CRITIQUE

---

# THÈSE

PRÉSENTÉE A LA FACULTÉ DES LETTRES DE BORDEAUX

PAR

## L'Abbé Paul LAHARGOU

*Licencié ès-lettres*

*Professeur  à  l'Institution  Notre-Dame  de  Dax*

PARIS

VICTOR RETAUX et FILS, Éditeur

*82 — rue Bonaparte — 82*

1892

Mre. JEAN LOUIS DE FROMENTIERES EV. ET
SEIG.R D'AIRE
Mort a 52. ans l'an 1684.

A Sa Grandeur

# MONSEIGNEUR DELANNOY

*ÉVÊQUE D'AIRE ET DE DAX*

EN TÉMOIGNAGE

DE

PROFONDE VÉNÉRATION

*P. LAHARGOU.*

Ceci n'est pas une préface.

Je demande simplement à ceux qui ne dédaigneront pas de parcourir ces pages, la permission de leur présenter celui qui en fait le sujet.

La prédication en France, et surtout la prédication au XVIIᵉ siècle, a été l'objet d'études nombreuses. Des chercheurs consciencieux et patients, des critiques d'un goût sûr, des écrivains délicats, en ont étudié les développements et les causes qui les amenèrent : ils ont montré l'influence qu'elle eut et l'éclat qu'elle jeta, surtout à l'époque du brillant épanouissement des lettres sous Louis XIV. Et cependant, même après les études d'ensemble, comme celles de l'abbé Lezat (1), de M. Jacquinet (2) de M. Nisard, (3) de M. de Tréverret (4), de l'abbé Hurel (5), après, les études particulières sur Bossuet, Bourdaloue, Mascaron, Fléchier et Massillon, la matière est loin d'être épuisée. Sans doute, il ne reste presque rien à dire sur ces orateurs de premier ordre que je viens de nommer ; mais il en est au-dessous d'eux qui eurent de leur temps une heure de célébrité, et dont la renommée n'eut pas trop à souffrir, auprès des contemporains, du voisinage de prédicateurs plus illustres et plus écoutés. A peine la postérité a-t-elle conservé leur nom, aujourd'hui connu seulement des érudits.

(1) *La Prédication au Temps d'Henri IV.* — Paris 1871.
(2) *Des Prédicateurs au XVIIᵉ siècle avant Bossuet,* in-8·. 2ᵐᵒ édition. — Paris, 1885.
(3) *Les grands sermonnaires français. Revue des Deux-Mondes,* 15 janvier 1857.
(4) *Du Panégyrique des Saints au XVIIᵉ siècle,* in-8º. — Paris 1868.
(5) *Les Orateurs sacrés à la cour de Louis XIV.* 2 volumes in-12. — Paris, 1872.

C'est un de ces prédicateurs de second rang, ignorés du public et tombés dans l'oubli, que je voudrais remettre quelque peu dans la lumière qui lui convient. Qui donc aujourd'hui, en dehors du cercle très restreint des initiés, connaît le nom de l'abbé de Fromentières ? Et cependant, il mérita lui aussi — ou du moins il obtint — les applaudissement et les éloges « du siècle le plus « éclairé qui fut jamais. » C'est sa physionomie que je voudrais faire revivre, car elle ne manque pas d'originalité ; c'est sa prédication que je veux étudier, car elle ne manque pas d'intérêt. Ainsi l'ouvrage se divisera naturellement en deux parties. La première étudiera l'homme, sa vie, son caractère ; la seconde, sa prédication. C'est ici que j'aurai à dire quelle a été, à diverses époques, la réputation de Fromentières ; à quelle école et par quel maître il fut formé à la prédication ; quelle est la part qu'il fait au dogme et à l'observation morale dans ses sermons ; ce qu'il faut penser de ses panégyriques et de ses oraisons funèbres. Et comme, dans plusieurs rencontres, il s'est trouvé en face de Bossuet, un dernier chapitre terminera l'ouvrage par un rapprochement — le mot peut paraître ambitieux, la chose ne l'est pas — entre Fromentières et Bossuet.

Quoique le côté littéraire soit le plus important de mon sujet, et que l'étude du prédicateur soit d'un intérêt plus général que celle de l'évêque, je n'ai pas cru pouvoir me dispenser de faire précéder l'étude littéraire d'une biographie, assez courte sans doute, mais assez complète, pour permettre de suivre le prédicateur à travers les évènements les plus saillants de sa vie, et pour déterminer suffisamment son caractère. On s'intéresse plus vivement aux œuvres d'un homme, quand on le connaît ; l'admiration est plus satisfaite, quand l'objet auquel elle s'adresse est mieux défini. Et puis, n'est-il pas vrai que l'idée qu'on s'est faite du prédicateur, quand elle est tirée de l'étude de sa vie, explique et aide à comprendre sa prédication ? Pour ces raisons diverses, une biographie était nécessaire. Or cette biographie était à faire. Nous n'avions pour en tenir lieu, que la préface mise par l'avocat Richard (1) en tête du premier volume des Sermons de Fromentières. C'est une sorte de panégyrique édifiant, comme l'étaient fort souvent les biographies au XVIIe siècle, mais très incomplet et très vague dans ses affirmations. Je ne ferai pas au lecteur la confidence des difficultés qu'il y avait à reconstituer cette biographie, avec des éléments très rares et très dispersés. Autant que je l'ai pu, je suis remonté aux sources. Les *Archives départementales* de la Sarthe et de Maine-et-Loire, pays d'origine de Fromentières ou de sa famille, celles du chapitre du Mans, celles de l'Oratoire, déposées aux *Archives nationales,* celles du département des Landes, de la ville d'Aire, et les documents très rares conservés à l'évêché d'Aire m'ont fourni quelques renseignements précieux. Ajoutés à ceux que donnent les journaux de l'époque : *La Gazette de France,* la *Muse historique* et le *Mercure galant ;* à ceux qu'on trouve dans les *Historiettes* de Tallemant, dans les recueils biographiques , les lettres et mémoires du temps, ils ont pu suffire à faire retrouver les traits principaux de la vie d'un homme, assez modeste pour n'avoir provoqué que dans une, très petite mesure l'attention, occupée ailleurs, de ses contemporains.

L'étude littéraire offrait moins de difficultés et non moins d'intérêt. Nous avons les œuvres de Fromentières, imprimées peu de temps après sa mort. Sa prédication avait été très remarquée, dès les premières années du règne personnel de Louis XIV. Quand parurent les six volumes qui la contiennent, ils n'eurent pas un moindre succès auprès du public. Nous en avons la preuve dans les témoignages qui seront produits en leur temps. Il s'agissait donc d'expliquer cette faveur, et de goûter à notre tour ce que n'avait pas dédaigné une époque où l'on était assez

(1) Jean Richard, né à Verdun en 1638 et mort en 1719, était avocat. Quoique laïc il se livra à l'étude de l'éloquence sacrée, composa de nombreux ouvrages de prédication et recueillit pour les publier les sermons de certains prédicateurs connus. C'est à lui que nous devons, outre les *Œuvres* de Fromentières, les *Prônes* de l'abbé Joly, plus tard, évêque d'Agen, et les *Discours* de l'abbé Boileau.

bon juge des choses de l'esprit. La tâche était rendue plus facile par les modèles nombreux qui s'offraient à nous. Les études de l'abbé Renoux sur le P. Lejeune, de Gandar sur Bossuet orateur, d'Anatole Feugère, de F. Belin, du P. Lauras sur Bourdaloue, de Lehanneur sur Mascaron, de Bayle et de Blampignon sur Massillon, sont connues de tous. C'était une nécessité, et pourquoi ne pas le dire, un des agréments de mon sujet de lire leurs œuvres et d'utiliser leurs découvertes. Me sera-t-il permis d'avouer quelques scrupules à cet égard ? Fromentières a été un témoin de son siècle, sinon de la même manière ou au même degré, du moins au même titre que Fléchier et Bourdaloue : il a attaqué les mêmes vices et dénoncé les mêmes abus. Je devais donc, dans quelque mesure, faire pour lui ce que Anatole Feugère et Belin ont fait pour Bourdaloue, l'abbé Fabre pour Fléchier, Lehanneur pour Mascaron. Sur ce terrain qu'ils avaient déjà exploré avec une érudition à laquelle il a été rendu hommage, je devais me rencontrer parfois avec mes devanciers. Ces rencontres que je ne cherchais pas, je n'ai pas cru devoir les éviter systématiquement. Et puisqu'elles étaient une nécessité de mon sujet, peut-être leur devrai-je ce qu'il y a de moins médiocre dans ces pages.

PREMIÈRE PARTIE

———

# L'HOMME

# Chapitre I

# SA VIE

*I. — Naissance. — Famille. — Talents précoces. — Education au Mans et à Paris. — Relations de Fromentières avec la province du Maine et la ville du Mans. — Fromentières et Mascaron. — Il est nommé théologal de la Cathédrale du Mans ; ordonné prêtre.*

*II. — Prédications à Paris. — Fromentières est nommé prédicateur ordinaire du roi ; abbé du Jard. — Il est candidat à la charge de précepteur du Dauphin. — Assemblée du clergé en 1670. — Deux discours de circonstance. — Démêlés avec le chapitre du Mans. — Elévation et préparation à l'épiscopat.*

*III. — La ville et le diocèse d'Aire au XVII° siècle. — Activité du nouvel évêque. — Services rendus à la ville et au diocèse. — Soulèvements en Gascogne ; affaire Audijos. — Les douze prébendés de Bresquit. — Interdiction des courses de taureaux. — Démêlés de Fromentières avec le marquis de Poyanne ; avec la ville d'Aire. — La petite assemblée de 1681 et l'affaire de la Régale. — Prédications aux protestants ; abjurations nombreuses. — Fromentières est nommé à l'abbaye de Saint-Sever. — Sa mort.*

## I

Jean-Louis de Fromentières naquit à Paris (1) en 1632. Il était le troisième fils de Jacques de Fromentières, conseiller du roi en

(1) Moréri et, après lui, tous les Dictionnaires et recueils biographiques font naître Fromentières à Saint-Denis de Gastines, département de la Mayenne. Il était cependant impossible de donner une raison de cette attribution d'origine, car on ne voit pas du tout ce qu'il peut y avoir eu de

son Grand Conseil, et seigneur des Etangs, et de Marie Perrot, sa femme en secondes noces.

Les Fromentières étaient originaires du pays d'Anjou, où ils possédaient une châtellenie-seigneurie, dans la paroisse qui portait et porte encore leur nom. Leur noblesse était de date assez ancienne : les archives de la préfecture d'Angers font très souvent mention de leur nom, et conservent le testament d'une dame Crespine de Fromentières, qui vivait au commencement du XV<sup>e</sup> siècle. (1) Plus tard, vers la fin du XVI<sup>e</sup> siècle, un membre de cette famille, un cadet, sans doute, se rendit acquéreur du château des Etangs-l'Archevêque, dans le Bas-Maine, car, en 1576, il est déjà parlé de noble homme, Adrien de Fromentières, seigneur des Etangs. (2)

Jusqu'alors, la seigneurie des Etangs, située sur la paroisse de Saint-Vincent du Lorouer, arrondissement de Saint-Calais, avait été possédée par la maison des Parthenay, seigneurs de Montfort-le-Rotrou. Les Parthenay descendaient de Josselin, mort en 1086 archevêque de Bordeaux : en souvenir de cette origine, ils avaient ajouté au nom de leur seigneurie celui de

commun entre les Fromentières et Saint-Denis de Gastines. C'était donc un devoir de se tenir en garde contre les affirmations du premier biographe, répétées ensuite par tous ceux qui sont venus après lui... Or, d'une notice manuscrite, dont je dois communication à l'obligeance de M. l'abbé Angot, de Louverné (Mayenne), il résulte que Fromentières était né à Paris. Cette notice, d'ailleurs très courte, et à laquelle j'aurai encore l'occasion d'emprunter quelques détails, a été tirée d'un dictionnaire historique manuscrit, auquel travaillait un jésuite en résidence à Paris, le P. Lelasseur, mort avant d'avoir achevé son travail. Contrôler l'affirmation du P. Lelasseur, en remontant aux sources auxquelles il a puisé, est devenu chose impossible, depuis que les actes de l'état civil de la ville de Paris ont été détruits dans l'incendie de l'Hôtel de Ville, en 1871. Mais elle a pour elle le titre de *parisiensis, du clergé de Paris*, que portera plus tard Fromentières, dès son sous-diaconat. Ajoutons qu'aux yeux de ceux qui l'ont connu, l'érudition du P. Lelasseur était aussi vaste que sûre. Les archives conservées dans nos grands dépôts publics n'avaient plus de secrets pour lui. S'il a été impossible de retrouver parmi ses notes l'acte de baptême de Fromentières, c'est que le P. Lelasseur confiait tout à sa mémoire, qui d'ailleurs était prodigieuse.

(1) *Achives de Maine-et-Loire*, série E, 2533.

(2) *Archives de la Sarthe*, série G. G.

l'Archevêque, et c'est sous la dénomination des Etangs-l'Archevêque, que la même seigneurie passa en la possession des
Fromentières. (1)

Par sa mère, Jean-Louis de Fromentières appartenait à la
noblesse de robe. Son arrière grand-père, Nicolas Perrot, « dont
« l'anagramme est *portera conseil,* était chancelier du duc
« d'Alençon, et eût été chancelier de France, si son maître eût
« survécu à Henri III. Ce chancelier était un grand person-
« nage. (2) » Son fils, Cyprien Perrot, fut conseiller à la Grand'
Chambre : « C'était un homme de mérite et qui ne craignait rien.
« Sa famille l'enferma le jour qu'on jugea la maréchale d'Ancre,
« car il n'eût pas manqué de l'absoudre. Ce fut lui qui sauva
« Théophile. » Son fils, oncle de Jean-Louis, fut d'abord
conseiller au Parlement et mourut président de la Chambre
des Comptes. Il était cousin-germain de ce Perrot-d'Ablancourt
dont Boileau unit le nom, dans ses vers, à celui de Patru.
Nous retrouvons les deux amis à côté l'un de l'autre, dans
la maison du président. A l'âge où Jean-Louis de Fromentières
fera ses études à Paris, « ils y étaient tous les jours. » (3)

C'est dans l'hôtel du président Perrot, non loin de la Sorbonne

(1) J.-B Pesche : *Dictionnaire topographique, historique et statistique
de la Sarthe.* T. V, p. 647. Le Mans, 1841.

(2) Tallemant des Réaux. *Historiettes* T. V, p. 19-23. Edition de
Monmerqué et P. Paris. Les savants éditeurs, dans une note à la marge,
écrivent que Madame des Etangs fut mariée en 1614 à Jacques de
Fromentin. Outre l'erreur qui porte sur le nom, il y a confusion de date.
En 1614, Fromentières était marié à Mlle d'Aing, qui vivait encore le
29 novembre de cette année. Voir l'*Inventaire des archives du départ.
de la Sarthe,* Tome I, p. 559. L'érudition aussi vaste que sûre des
éditeurs est ici en défaut. Le fait est si rare qu'on peut bien le signaler.

(3) Tallemant. Loc. cit. Le même Tallemant nous raconte une soirée
donnée chez un greffier du Parlement, nommé Guiet. Après les *Bergeries*
de Racan, on joua une farce improvisée : « On donna à la présidente le
« rôle de la fille à marier : son père se nommait sire Anselme, c'était
« d'Ablancourt, et la propre demoiselle de la Présidente faisait la mère.
« M^me des Etangs, sœur du Président, faisait la servante. Gros
« Guillaume, c'était un gentilhomme de Brie nommé Méneton ; Patru
« était le premier amoureux... La scène s'ouvrit par M^me des Etangs,
« en chantant et en filant ; deux choses qu'elle faisait admirablement

et de l'aristocratique faubourg, que naquit, dans les derniers jours d'octobre 1632, le futur évêque d'Aire. Le 30 du même mois, il était porté à l'église Saint-André-des-Arts et présenté au baptême.

L'enfance de Jean-Louis s'écoula presque entière à Saint-Vincent du Lorouer, petite bourgade du Bas-Maine, au manoir des Etangs. C'était alors « une grande et belle maison, ayant à son « centre un haut pavillon carré avec une chapelle ». (1) Elle était adossée à la forêt de Bersay, et se dressait à l'extrémité de la ligne formée par quelques étangs, qui étendaient leurs eaux dormantes à la lisière du bois. S'il est vrai que le spectacle de la nature est fait pour produire des impressions durables sur une âme jeune, qui s'éveille à la vie, le voisinage des bois mystérieux et des eaux tranquilles, l'isolement, qui donnait à la beauté de ces lieux un caractère triste et sauvage, durent éveiller, dans l'âme du futur évêque, le don de voir les choses par le côté le plus triste, et y développer ce penchant à la mélancolie qui sera un des traits dominants du caractère de l'orateur. (2)

Le biographe anonyme, — qui n'est autre que Richard

« bien ; d'ailleurs elle était née à la comédie, et surtout pour le « personnage de servante. » On devine bien que l'intérieur des Perrot, tout en étant austère comme il convenait à un Président, n'avait rien de lugubre : « D'Ablancourt dansait naturellement en grotesque... Tous « les soirs il divertissait son oncle Perrot, en contrefaisant tout le voisi- « nage : il contrefaisait son oncle même. » Ceci permet de croire qu'on ne dressait pas des autels à la mélancolie dans les salons du Président.

(1) Pesche : loc. cit.

(2) Il paraît que le paysage des Etangs n'a plus cet air sévère qu'il présentait alors. En 1834, des ouvriers y percèrent des allées, y cons-truisirent une cabane. On attendait d'illustres visiteurs, le préfet de la Sarthe et le sous-préfet de Saint-Calais qui venaient y faire une partie de chasse. D'autres les suivaient. « La beauté du lieu, son site pittoresque, « l'agrément que procure cette réunion, ont donné l'idée de la renouveler « périodiquement... On y mange assis sur la pelouse et sous le feuillage « de la forêt de l'Hermitière aux eaux limpides, qui sert à abreuver les « chevaux des nombreux équipages qui s'y rencontrent : des musiciens « des villes environnantes, de Château-du-Loir, de la Châtre, de « Saint-Cristophe, de Tours même, y font danser ; de sorte que cette « réunion est devenue la plus brillante assemblée du pays, un véritable « Longchamps. » Pesche. Loc. cit.

l'avocat, — raconte sur la foi des mémoires conservés par la famille de Fromentières, et perdus pour nous, que, de très bonne heure, l'enfant montrait des dispositions pour la prédication. « Son grand plaisir, dès ce temps, était d'écouter les prédicateurs « et de les imiter. Il en étudiait les gestes, il en observait les « mouvements, il en retenait les pensées et les paroles même, « avec une grâce qui charmait ceux qui l'entendaient. » A ces dispositions intellectuelles s'ajoutaient déjà les aptitudes physiques et morales qui promettaient de les seconder merveilleusement : « Un air dégagé et libre, une modeste et honnête « hardiesse, un esprit vif et recueilli tout ensemble, une admirable « facilité à concevoir et apprendre ce qu'on lui enseignait. » (1) Ce dut être, à l'origine, une récréation pour la famille, que de se prêter aux fantaisies de ce prédicateur précoce, de l'exciter, de l'encourager à reproduire les sermons qu'il avait la bonne fortune d'entendre. Il arriva même, paraît-il, qu'on se piqua à ce jeu ; et, s'il faut en croire les affirmations de Richard, l'épreuve alla jusqu'à faire déclamer à l'enfant, dans la chaire même de l'église paroissiale, un sermon composé tout exprès par le précepteur de ses frères. Jean-Louis n'avait alors que sept ans. (2) Il ne faut certes pas donner à cet épisode de la vie de famille une autre

(1) Richard. *Préface des Sermons*.

(2) Voir Richard : *Préface des Sermons*. Dom Piolin, *Histoire de l'église du Mans*, tome VI, page 323, donne à ce fait une date différente : « Dès l'âge de 16 ans, dit-il, J.-L. de Fromentières prononça « un sermon dans l'église Saint-Vincent du Lorouer. » Comme le savant Bénédictin n'indique pas la source où il a puisé ce renseignement, je m'en tiens à l'affirmation de Richard, mieux placé que nous pour être bien informé. D'ailleurs, je crois que dom Piolin a confondu deux faits et deux dates : le sermon que prêcha Fromentières à l'âge de 7 ans, dans l'église de Saint-Vincent du Lorouer et celui qu'il prêchera bientôt après son arrivée à Paris, vers l'âge de 18 ans. Gardons-nous de crier trop vite à l'invraisemblance. L'abbé de Caumartin n'avait que six ans, quand il fut pourvu de l'abbaye de Buzay en Bretagne. Le nouvel abbé dut en sa qualité paraître aux Etats de Bretagne, présider une commission, vêtu du camail et du rochet, prononcer un discours, ce qu'il fit de manière à étonner l'assemblée. Voir l'abbé Fabre : *Fléchier, orateur*, ch. XXV.

importance que celle qu'il mérite ; mais, sans pousser les conclusions à l'extrême, il est permis d'y voir déjà les premières manifestations de cette mémoire, de cette hardiesse, de cette présence d'esprit et de cette assurance dont parle le biographe, qualités qui, à la vérité, ne suffisent pas à créer l'éloquence, sans lesquelles pourtant il n'y a pas de véritable orateur.

Les dispositions de l'enfant et les tendances de son esprit modifièrent entièrement les vues que son père avait sur lui. Comme il n'était pas l'aîné des enfants de Jacques de Fromentières, Jean-Louis ne devait pas continuer les traditions de sa famille à la seigneurie des Etangs. Sans le destiner à l'Eglise, son père avait déjà rêvé pour lui une carrière lucrative, honorable et facile, et voulait le faire entrer dans l'ordre des chevaliers de Malte. Ses quartiers de noblesse le lui permettaient. L'ordre de Malte possédait en France, aussi bien que dans le reste de l'Europe, de nombreux bénéfices, qui assuraient à ses membres de magnifiques revenus. De plus, sans être clercs, les chevaliers de Malte avaient le privilège de posséder des pensions sur toutes sortes de bénéfices, (1) ce qui pouvait, dans certains cas, augmenter considérablement le chiffre de leurs revenus annuels. Si l'on veut bien se souvenir ensuite, que l'ordre conservait toujours le même prestige, sans être astreint aux mêmes obligations, que les chevaliers héritaient de la gloire de leurs devanciers, sans être tenus à combattre les Turcs ou à résider à Malte, on conviendra que le seigneur des Etangs ambitionnait pour son fils une position honorée dans le monde et un confortable avenir. Il faut lui être reconnaissant d'avoir su le premier renoncer à son rêve, et de n'avoir pas consenti à imposer à son fils une carrière pour laquelle ce fils ne se crut pas fait.

De bonne heure, en effet, les aptitudes si prononcées de cet enfant déterminèrent son père à ne rien précipiter. En attendant

(1) Voir un article paru dans le *Correspondant* sous la signature de l'abbé Sicard, 10 Novembre 1889.

qu'une résolution ferme pût être prise, Jacques de Fromentières fit donner à son fils une éducation qui, sans engager l'avenir, ménageait à la fois des exigences contraires, parce qu'elle pouvait aussi bien le préparer à la chevalerie qu'au sacerdoce. Par un traité conclu en 1624 avec le P. Achille de Harlay de Sancy, agissant au nom du cardinal de Bérulle, Charles de Beaumanoir, évêque du Mans, avait confié son séminaire aux prêtres de l'Oratoire. Ceux-ci s'engageaient à y tenir six régents, un pour la théologie, un pour la philosophie et quatre pour les humanités. Sous une direction intelligente et active, le collège-séminaire du Mans fut avec celui de Juilly l'un des plus prospères de l'Oratoire. En 1668 il comptait 754 élèves. (1) C'est là que Jean-Louis de Fromentières fut envoyé.

Il est sans intérêt pour l'histoire de rechercher ce que furent les premières années de l'enfant, au collège du Mans. Tout ce qu'il importe de noter et de retenir, c'est l'éducation générale que les élèves y recevaient ; nous en comprendrons mieux plus tard le prédicateur. Sans faire une révolution dans les méthodes d'enseignement, les Oratoriens mirent en pratique des idées nouvelles, et substituèrent l'enseignement du latin par le français à l'enseignement du latin par le latin, pratiqué dans les collèges des Jésuites. L'étude de l'antiquité était à la base de leur enseignement. « Jamais le P. de Bérulle n'eut la pensée de « substituer à la lecture des classiques latins et grecs l'étude « des écrivains ecclésiastiques... Le P. de Condren jugeait de la « culture d'un homme au plaisir qu'il éprouvait dans la lecture « de l'orateur romain. » (2) Ce culte de l'antiquité sera une tradition de famille dans la congrégation de l'Oratoire de France; et le P. Houbigant pourra écrire, au commencement du XVIII<sup>e</sup> siècle : « Le monde sait que nous aimons les lettres. » Cet enseignement pourtant ne se bornait pas à l'étude des lettres

(1) P. Lallemand *Histoire de l'éducation dans l'Oratoire de France*. Paris 1888. I<sup>re</sup> partie, page 51.

(2) *Ibid*. II<sup>me</sup> partie. Chap. III, p. 271.

antiques, il faisait aussi leur part aux sciences nouvelles, à l'histoire, à la géographie, à la chronologie, aux mathématiques, à la philosophie, non point à celle qui s'occupe « de vaines « spéculations et de subtilités scolastiques, mais à celle qui se « tire de l'étude des nouveaux philosophes. » Les questions de discipline, aussi bien que les questions de méthode préoccupaient les Oratoriens voués à l'enseignement. Tous les trois ans ils se réunissaient pour apporter à leur programme les améliorations que l'expérience conseillait. Il en résulta beaucoup d'étendue dans leur enseignement, beaucoup d'efficacité dans leur méthode, beaucoup de savoir faire dans leur discipline. Une circulaire que le P. de Sainte-Marthe, supérieur de la Congrégation en 1672, adresse aux supérieurs et professeurs de collège, nous montre quelle intelligence l'Oratoire apportait aux questions d'enseignement. (1) Je n'en citerai qu'un détail, parce qu'il nous ramène plus directement à notre sujet. Pour exciter parmi les élèves une louable émulation, les professeurs d'humanités et de rhétorique faisaient composer des poèmes, sénatus-consultes, discours et autres compositions du même genre, qui, suivant leur mérite, étaient ensuite admises aux honneurs de la déclamation publique. (2) On devine déjà qu'un pareil exercice n'était pas pour déplaire à Jean-Louis de Fromentières, ni un pareil honneur pour l'émouvoir. Quoique l'auditoire du collège fût plus exigeant que celui de Saint-Vincent du Lorouer, il m'est difficile de croire que l'épreuve l'ait découragé. Tout ceci pour dire que la méthode oratorienne allait à son tempérament, et convenait au développement de ses aptitudes naturelles.

« Les premières études achevées avec une distinction singulière, » (3) Fromentières revint à Paris pour y suivre les

(1) Cette pièce est conservée aux Archives nat. MM. 628. Le P. Lallemand en cite une grande partie dans son ouvrage. II^me partie chap. III.

(2) Pour tous ces détails, voir le P. Lallemand, op. cit. II^me part., chap. II et III.

(3) Lambert : *Histoire littéraire du XVII^me siècle :* article Fromentières. Paris, 1751, 3 vol. in-4^n.

cours de philosophie en 1648. C'est vers cette époque qu'il reçut la tonsure, et qu'à l'âge de 18 ans, il fit au jour de la fête de saint Jean-Baptiste le sermon dont parle Richard : « Il prêcha « aux religieuses du Calvaire, avec tant d'éloquence et de succès, « que ses plus fidèles amis lui conseillèrent et le pressèrent de « cultiver un si beau talent que Dieu lui avait donné. » (1) Laissons de côté les formules admiratives de l'avocat Richard, qui, sans le vouloir peut-être, écrit un panégyrique plutôt qu'une biographie, et ne retenons que le fait. A la distance où nous sommes aujourd'hui du XVII⁰ siècle, et dans une époque si différente de mœurs et d'habitudes, pareil fait nous étonne : volontiers on le mettrait en doute. Mais le XVII⁰ siècle, qui connaissait des abbés de sept ans et des chanoines de douze, vit plus d'une fois les jeunes clercs parler, quand ils devaient se taire, et enseigner aux autres avant d'avoir appris pour eux-mêmes. (2)

Mais cette fois, l'épreuve fut décisive. Il devenait de jour en jour plus évident que ses talents naturels prédestinaient à l'exercice de la prédication le jeune étudiant de philosophie. Les espérances que l'enfant avait fait concevoir se confirmaient dans le jeune homme, et tendaient de plus en plus à se réaliser. Autour de lui on n'hésita plus sur le choix de sa carrière, et son père le fit entrer au séminaire de Saint-Magloire, « pour se « perfectionner davantage sous la conduite du R. P. Sénault, « depuis général de l'Oratoire, à qui tous les habiles savent « qu'on est en partie obligé d'avoir mis la prédication dans l'état

(1) Richard. *Préface des Sermons.*

(2) Ce n'est pas moi qui le dis, c'est Mᵐᵉ de Sévigné : « Segrais nous « conta aussi qu'il venait de voir une mère de Normandie, « qui, lui parlant d'un fils abbé qu'elle a, lui avait dit qu'il avait le « dessein d'étudier et qu'il prêchait toujours en attendant. » Lettre à Mᵐᵉ de Grignan, 1ᵉʳ mai 1671. Le nombre de ceux qui prêchaient, en attendant de pouvoir étudier, était assez grand au XVII⁰ siècle. On y pourrait même ranger, avec toute sorte de respect sans doute, des hommes comme Olier, Rancé et Bossuet, qui commencèrent très jeunes à prêcher.

« où elle est aujourd'hui. » (1) Il y aura lieu plus loin de revenir sur la formation que Fromentières reçut à Saint-Magloire : qu'il suffise pour le moment de rappeler qu'il y entra. A quel âge ? Richard ne donne pas ce détail, mais il affirme que ce fut pour « se perfectionner sous la conduite du R. P. Sénault » ; or le P. Sénault ne fut supérieur de Saint-Magloire qu'à partir de 1652. A cette date, Fromentières avait quatre ans de philosophie et de théologie : dès lors il s'agissait bien pour lui de compléter ses études et de se perfectionner. Cela admis, l'expression de Richard devient d'une rigoureuse exactitude et d'une parfaite justesse. Or il n'était pas de meilleure école. Dans cette maison si éloquemment vantée par Bossuet, où Philippe Emmanuel de Gondi était venu cacher, dans l'obscurité religieuse, l'éclat de son nom et l'héroïsme de ses vertus, se trouvaient alors les maîtres qui ont fait le plus d'honneur à l'érudition et à l'enseignement des oratoriens : j'ai nommé le P. Thomassin et le P. Lecointe; au temps où Fromentières entrait à Saint-Magloire, ils y enseignaient ou composaient les ouvrages qui, depuis, ont illustré leurs noms.(2) Inestimable avantage, et qui nous aidera à mieux comprendre plus tard, chez Fromentières, l'union de la science sacrée et de l'érudition profane.

Ce que dura le séjour de Fromentières à Saint-Magloire, il est à peu près impossible de le dire. Nul doute cependant que les Oratoriens n'eussent voulu le retenir dans leur congrégation, et l'attacher à l'œuvre qu'ils poursuivaient par l'enseignement dans les collèges et par la prédication dans la chaire. Fromentières

(1) Richard. Loc. cit. M. Hauréau. *Histoire littéraire du Maine*, 1ʳᵉ édit. tome III. p. 397 et suiv. art. Fromentières, affirme que c'est à Saint-Magloire que Fromentières fit sa philosophie, et que ce furent les Oratoriens qui lui ménagèrent l'occasion de prêcher son sermon de 18 ans. C'est peu probable. En tout cas, faute de preuves et d'indications de sources j'aime mieux suivre les affirmations de Richard.

(2) *Bibliothèque oratorienne* publiée par le P. Ingold, Paris 1882. – T. I. p. 441. Philippe Em. de Gondi ne put pas finir ses jours dans la retraite qu'il s'était choisie à Saint-Magloire. Enveloppé, en 1652, dans la disgrâce de son second fils, le trop célèbre coadjuteur, il dut quitter Paris et fut exilé à Clermont.

conserva pour ses anciens maîtres une estime profonde, un respect mêlé d'affection, qui plus tard se traduiront dans la pratique par les relations amicales qu'il entretint avec l'Oratoire. Mais ce fut tout. Le nom de Fromentières se trouve très rarement dans les archives de l'Oratoire, et c'est toujours avec le titre d'*abbé*. Quand le P. le Boux et le P. Mascaron furent élevés à l'épiscopat, l'annaliste qui consignait au jour le jour les faits intéressant la famille oratorienne, ne manque pas de s'en réjouir. (1) Il ne dit mot, en 1673, de la nomination de l'abbé de Fromentières à l'évêché d'Aire. Evidemment, celui-ci n'était guère qu'un étranger pour la congrégation. Il avait opté pour sa première famille, et, par le droit de sa naissance, s'était fait inscrire sur les registres du clergé de Paris. (2)

On peut affirmer néanmoins que Fromentières fit à Saint-Magloire un séjour assez long, car il apporta au sacerdoce une préparation qui nous étonne d'autant plus qu'elle était alors plus rare. L'élève du collège St-Ouen du Mans, venu en 1648 à Paris pour y étudier la philosophie, et qui entrait ensuite à St-Magloire, dans le but de s'y perfectionner dans la connaissance de la science sacrée, ne se pressa pas de passer « des bancs sur le trône. » (3) Pénétré de la grandeur du ministère qu'il aurait à remplir plus tard, il voulut y apporter de longues réflexions et une sage maturité. Il ne fut donc promu au sous-diaconat que le 2 février 1657, dans sa vingt-cinquième année, à l'âge où un neveu de Colbert était élevé à la dignité de coadjuteur de l'archevêque de Rouen. A cette époque, Fromentières était déjà pourvu d'un bénéfice ecclésiastique, et portait le titre de prieur de St-Tiburce de Toiselay, au diocèse de Bourges. C'est

(1) *Annales de l'Oratoire*. Arch. nat. ∴M. 621.

(2) Ceci résulte de la minute d'un acte passé devant un notaire du Mans (1663). Je dois communication de cette pièce à l'obligeance de M. l'abbé Esnault, membre de la Société Archéol. du Maine. Le titre de *presbyter parisiensis* se retrouve également dans les actes de la faculté de droit. *Arch. de la Faculté de Droit*. Vol. 47. fol. 10-11.

(3) Panégyr. de saint Sulpice, IIme part.

également aux environs de l'année 1657 (1) que Fromentières termina ses études théologiques, et remporta ce que Ste-Beuve appelle « les palmes triomphantes du doctorat. » (2) Pourtant il ne quittera pas encore la retraite laborieuse dans laquelle il semble s'être enfermé : les années qui vont de 1657 à 1663 paraissent avoir été pour lui une période d'élaboration féconde, de recueillement et de travail, ce qu'avaient été pour Bossuet les cinq années qu'il passa à Metz depuis son ordination, ce que fut pour Bourdaloue le temps qu'il consacra à l'étude approfondie de l'Ecriture Sainte et de la théologie, avant de monter dans les grandes chaires.

Incorporé au clergé de Paris, Fromentières cependant n'avait pas interrompu toute relation avec le Maine. Outre que sa famille n'avait pas cessé de tenir sa résidence au château des Etangs, de nouveaux liens venaient de rattacher à la ville du Mans l'ancien écolier du collège de Saint-Ouen : sa sœur Jeanne de Fromentières, religieuse bénédictine, avait fait profession à l'abbaye noble de St-Julien du Pré, assise sur les bords de la Sarthe, aux pieds du coteau qu'écrasent de leur masse noire la ville et la cathédrale du Mans. Par la minute de l'acte dont il a été parlé précédemment, nous savons que Fromentières allait quelquefois dans cette ville et qu'il y descendait chez les Pères de l'Oratoire, dans ce collège où, quinze années auparavant, il avait été conduit. Or, tandis que Fromentières entretenait au Mans ses vieilles relations, une autre célébrité oratorienne y arrivait aussi. C'était Mascaron, qui, dans le courant de l'année 1657, venait professer la rhétorique dans ce même collège où Fromentières avait été élevé. (3) Singulière coïncidence, que celle qui nous montre ces deux hommes, destinés à des fortunes semblables, rapprochés au début de leur carrière, dans la même ville, partant du même point, pour être portés presque en même

(1) *Notice* du P. Lelasseur.
(2) *Port Royal.* Liv. V, ch. VI, p. 355, édition in-12.
(3) Lehanneur, *Mascaron*, thèse. Paris, E. Thorin, 1678, ch. I., p. 13.

temps par leur réputation d'éloquence aux mêmes honneurs de l'épiscopat ! Serait-il défendu de penser que des liens d'amitié ont dès ce moment uni l'un à l'autre les deux futurs prédicateurs ? Quand on connaît les sympathies qu'il avait conservées pour l'Oratoire en général, et pour le collège du Mans en particulier, on n'est pas tenté de mettre en doute que Fromentières aît eu l'occasion de rencontrer au collège St-Ouen le régent de rhétorique, et de nouer avec lui d'étroites relations. (1) On peut sans effort d'imagination estimer que, dès ce moment, ils apprirent à se connaître et à s'estimer. Tout les rapprochait. Telle dut paraître même la similitude des destinées de ces deux jeunes gens, aux yeux de ceux qui les virent de près, que le chapitre St-Julien du Mans, après avoir offert à Mascaron, qui ne l'accepta pas, la charge de chanoine-théologal, l'offrit quelque temps après à Fromentières. (2)

La charge que Mascaron avait refusée, Fromentières l'accepta, commençant ainsi tout de bon à exercer son ministère apostolique et à satisfaire les aspirations qui dominaient en son âme, depuis sa première jeunesse. Or, la charge de théologal ne constituait pas une sinécure. D'après les termes du IV⁰ concile de Latran, renouvelés depuis par le concile de Trente, et confirmés en France par le Concordat de 1516 et les ordonnances de Blois et d'Orléans, le chanoine théologal était tenu de monter en chaire deux fois par semaine, pour y expliquer l'Ecriture sainte, une question de dogme ou même de morale. Non seulement de telles prescriptions convenaient admirablement aux aptitudes de Fromentières, elles lui ouvraient encore un vaste champ d'action, où pourraient enfin se déployer toute l'activité de son zèle et

---

(1) C'est sans doute tout ce qu'aura voulu dire M. Hauréau, quand il appelle Mascaron le condisciple de Fromentières. Je ne suppose pas qu'il ait voulu parler de relations de collège entre Mascaron, qui fut élevé à Marseille, et Fromentières qui fut élevé au Mans. Fromentières ne fut ni le condisciple ni le disciple de Mascaron, pas même à Saint-Magloire.

(2) *Archives du chap. du Mans.* B. B.

toutes les ressources de son esprit richement cultivé. Tout, d'ailleurs, l'avait préparé à ce ministère : son tempérament de prédicateur, sa formation à St-Magloire sous la direction de maîtres comme le P. Sénault et le P. Thomassin, et les sérieuses études qu'il n'avait pas cessé de continuer depuis. On ne comprendrait pas qu'il n'eût pas accepté avec empressement un ministère qui répondait si parfaitement à son éducation et à ses goûts.

Chose étrange et qui pourtant ne doit pas trop nous surprendre au XVII<sup>e</sup> siècle ! Quand Fromentières fut élevé à la dignité de chanoine-théologal du Mans, le 5 février 1663, il n'était pas encore prêtre. Il prit cependant possession de sa prébende, en exerça les fonctions, et ce fut seulement dans le courant de l'année suivante, 1664, qu'il reçut l'onction sacerdotale. (1) Il avait alors 32 ans. A partir de ce moment, le prieur de Toiselay sort du silence dans lequel il s'était volontairement confiné, pour s'y nourrir dans le recueillement et l'étude. Son temps va se partager entre Paris, auquel il reste toujours attaché, et la cathédrale du Mans, dont il est le théologal, et, jusqu'à son épiscopat, l'histoire de sa prédication sera toute l'histoire de sa vie.

## II

On sait qu'à l'époque dont je parle, l'ambition de tous les prédicateurs qui avaient quelque souci de leur réputation et de leur avenir était d'arriver à Paris pour se rapprocher du Louvre. C'est là que se rédigeait la feuille des bénéfices, et nulle part ailleurs le prédicateur ne pouvait plus sûrement se promettre la récompense due à ses efforts et la consécration que son talent lui méritait. Pour Fromentières, Paris était le théâtre naturel et régulier de son apostolat. Aussi, dès 1662 commence-t-il à nous

(1) *Notice* du P. Lelasseur.

apparaître au nombre des prédicateur qui ont un nom dans la capitale. A partir de cette date, la *Liste véritable et générale des Prédicateurs* va nous renseigner sur ses prédications, et nous permettre de le suivre sur les chaires diverses dans lesquelles il monta pour prêcher, soit des Avents, soit des Carêmes. Voici cette liste, telle qu'elle est pour ce qui le concerne :

1662. — Carême à l'abbaye royale des Bénédictines du Val-de-Grâce ; M. l'abbé de Fromentier (*sic*), confesseur et prédicateur ordinaire de Leurs Majestés.

1662. — Avent, au même endroit, le même avec le même titre.

1663. — Carême aux Nouveaux-convertis à la Foi, rue de Seine, près de Saint-Victor, M. l'abbé Fromentières, le premier samedi de Carême à 2 heures après-midi.

1664. — Avent au château royal du Louvre devant Leurs Majestés, M. l'abbé Fromentières.

1665. — Carême aux Filles Nouvelles-catholiques, rue Neuve Saint-Eutache, et les vendredis plusieurs évêques et abbés : le second M. l'abbé Bossuet ; le troisième M. l'abbé de Fromentières.

1667. — Carême à Saint-Gervais, M. l'abbé de Fromentières.

1668. — Carême aux Nouveaux-convertis à la Foi, rue de Seine, près de Saint-Victor, le 4 (samedi), M. l'abbé de Fromentières.

1669. — Carême en l'église Notre-Dame de Paris, M. l'abbé de Fromentières.

1670. — Avent aux religieuses Carmélites de la rue du Bouloi, M. l'abbé de Fromentières.

1672. — Carême à Saint-Gervais, M. l'abbé de Fromentières.

1672. — Avent au château royal du Louvre, M. l'abbé de Fromentières.

Il y aurait à ajouter à cette liste déjà longue une mention au moins pour le carême de 1681, que Fromentières, alors évêque d'Aire, devait prêcher devant la Cour. La maladie, qui le surprit à Paris, l'empêcha de tenir sa promesse et de réaliser son dessein (1). Pour être complète, la liste devrait signaler aussi tous les autres discours de circonstance, prêchés à Paris ou à la Cour, le six Oraisons funèbres, les Panégyriques dont la date nous est quelquefois connue par les journaux ou les lettres du temps : le panégyrique de saint Benoît, 20 mars 1662 ; le sermon sur la Conception de la Vierge, 15 décembre 1664 ; le panégyrique de saint Joseph, 19 mars 1665 (2) ; le panégyrique de saint François de Borgia, janvier 1672 (3); le panégyrique de saint Sulpice, 19 janvier 1673, et bien d'autres sermons dont il sera parlé plus tard. Les chaires dans lesquelles il a paru sont des plus diverses : il a prêché à la Cour, dans les églises paroissiales de Paris, dans les chapelles des monastères et des couvents. Tandis qu'il prêche chez les Jésuites les panégyriques de saint Ignace et de saint François de Borgia ; dans la chapelle des Dominicains, il fait deux fois le panégyrique de saint Thomas d'Aquin, une fois celui de saint Dominique. Les religieuses de la Visitation lui demanderont à deux reprises le panégyrique de saint François de Sales. Mais les chaires que l'abbé de Fromentières semble avoir le plus affectionnées sont celles du Val-de-Grâce et de la chapelle des petites Carmélites de la rue du Bouloi : ce sont celles aussi qu'aimaient à visiter le plus les deux reines, Anne d'Autriche et Marie-Thérèse. (4) Or, Anne d'Autriche avait marqué sa

(1) On lit dans le *Mercure Galant*, février 1681 : « Monsieur l'Evêque d'Aire, ci-devant abbé de Fromentières, avait été choisi pour prêcher devant Leurs Majestés, trois fois la semaine, pendant le carême ; mais une indisposition imprévue ne lui ayant pas permis de satisfaire à ce glorieux emploi, et tous les bons prédicateurs étant choisis pour remplir les chaires de Paris, le roi qui n'en a voulu ôter aucun tout à fait à ses sujets, en a nommé plusieurs qui prendront tour à tour la place de ce prélat. » Ce furent le P. Gaillard, jésuite, le P. de la Roche, oratorien, et M. Roquette, évêque d'Autun. Bossuet donna le sermon du jour de Pâques.

(2) *Muse historique*. Mars 1665.

(3) Madame de Sévigné à Madame de Grignan, 17 janvier 1672. « Toute la musique de l'Opéra y fit rage, dit-elle ; il y a des lumières « jusque dans la rue Saint-Antoine : on s'y tue ».

(4) « Le jour que la reine (Anne d'Autriche) partit de Vincennes, 10 octobre 1664, elle vint doucement dans sa machine dîner aux petites

préférence pour les sermons de l'abbé de Fromentières : « elle trouvait tant de force et d'éloquence dans ses prédications, qu'elle témoignait toujours en être très satisfaite. » (1) Ce fut la raison pour laquelle on l'appela souvent à prêcher devant elle dans les chapelles où elle se plaisait le plus à faire ses dévotions. Madame de Guise, abbesse de Montmartre, se souvenait de cette préférence de la reine-mère, quand elle demandait à Fromentières l'oraison funèbre de la princesse à laquelle il « était en partie redevable de sa réputation.» (2) Après la mort d'Anne d'Autriche, Marie Thérèse continua à suivre les sermons de son prédicateur ; et c'est devant elle que furent prononcés les discours composés pour le jour de la Purification, de l'Annonciation, etc.

De cette énumération il résulte que l'abbé de Fromentières fut un des prédicateurs les plus occupés et, par conséquent, les plus en vue pendant cette période qui va de 1662 à 1673. Évidemment, tant de zèle et aussi tant de mérite ne devaient pas rester sans récompense. Dès 1662, Fromentières est honoré du titre de prédicateur du roi. A l'origine, sous St Louis, ce titre pouvait être onéreux par l'obligation qu'il imposait d'être toujours prêt à monter en chaire. (3) Sous Louis XIV, il ne restait plus attaché à ce titre que le profit et l'honneur. Chacun des huit prédicateurs du roi recevait une pension de trois cents livres. Ce n'était pas grand chose sans doute ; mais il faut se souvenir d'abord que ce titre n'engageait à rien, qu'ensuite il s'ajoutait le plus souvent à d'autres plus lucratifs, et qu'il n'allait jamais sans promesses pour l'avenir. Fromentières l'éprouva bientôt. Aux distinctions honorifiques, Louis XIV

---

Carmélites, ses favorites. » *Mémoires de Madame de Motteville*, édition Michaud et Poujoulat, page 542. Quant au Val de Grâce, Anne d'Autriche avait une raison de l'aimer d'un amour de préférence, c'est elle qui en avait ordonné la construction ; on sait dans quelles circonstances.

(1) Richard, *Préface des Sermons.*

(2) Richard, *Préface des Sermons.*

(3) Oroux, *Histoire ecclésiastique de la Cour de France.* Paris 1776. 2 vol. in-4°. Tome I, page 334.

ajouta des récompenses plus solides. L'abbaye du Jard, dans le diocèse de Sens, venait de perdre son abbé (1668) ; Louis XIV fit tenir à Fromentières les provisions d'abbé commendataire du Jard. (1) C'était, pour ce dernier, un revenu de cinq mille livres, (2) qui s'ajoutaient aux trois cents livres que lui valait son titre de prédicateur ordinaire du roi, et à la prébende dont il jouissait au Mans, en sa qualité de chanoine-théologal. Le chevalier de Malte n'eût pas été mieux pourvu, et l'Eglise traitait son apôtre aussi bien que la milice eût pu traiter son chevalier. Il est vrai, s'il faut tout dire, que le nouvel abbé commendataire était redevable de ces faveurs au roi plus encore qu'à l'Eglise : car, nous touchons ici à un des abus qui ont été le plus vivement reprochés à l'ancien régime, celui de l'accumulation sur les mêmes têtes de bénéfices ecclésiastiques par l'autorité séculière. S'il entrait dans le cadre de cette biographie de relever les trafics inconvenants et les marchandages scandaleux auxquels cette collation des bénéfices donna lieu trop souvent, pendant le cours des trois derniers siècles, la mémoire de l'abbé de Fromentières, prieur de St-Tiburce du Toiselay, chanoine-théologal du Mans, prédicateur ordinaire du roi, abbé commendataire du Jard, c'est-à-dire, pourvu de trois bénéfices ecclésiastiques et d'une pension du roi, ne serait pas pour nous gêner. Sa prédication, au contraire, nous prêterait plus d'un argument et plus d'une invective contre les pasteurs mercenaires qui ne se préoccupent « que de tondre leurs brebis et de les égorger à leur profit » ; (3) le saint usage qu'il fit des revenus que l'Eglise confiait à ses soins, loin de démentir ses paroles, ne ferait que les confirmer par les plus nobles exemples.

A cette époque l'abbé de Fromentières est à Paris ce qu'on pourrait appeler un personnage en vue. Il a de hautes relations

(1) *Gallia Christiana*, Tome XII. Col. 214.

(2) Dom Beaunier, *Recueil des Archevêchés, Evêchés, Abbayes et Prieurés de France*. Paris 1726. Tome II, page 811.

(3) *Panégyrique de St Sulpice*. IIᵉ Partie.

à la ville et à la Cour, dans la magistrature et dans le clergé. C'est le moment où Colbert se préoccupe du choix d'un précepteur pour le jeune Dauphin, alors âgé de sept ans. Les candidats ne manquèrent pas, et Fromentières, à son insu peut-être, se trouva sur les rangs. En 1665, le grand ministre avait consulté son frère Nicolas Colbert, évêque de Luçon, et lui avait demandé un mémoire « des personnes qui pourraient être « proposées au roi pour le dessein qu'a Sa Majesté de faire le « choix d'un précepteur pour Monseigneur le Dauphin ». (1) Dans ce mémoire, on rencontre le nom de Fromentières au milieu de bien d'autres et à côté de celui de Bossuet. A la vérité, ce mémoire n'eut pas de grandes conséquences, et quand le moment fut venu de prendre une résolution et de faire un choix, Louis XIV, sur les indications du duc de Montausier, gouverneur du prince, confia ces délicates fonctions au président de Périgny. Celui-ci étant mort le 1er septembre 1670, le roi appela Bossuet à prendre sa succession. (2)

Cependant, cet épisode de sa vie dut faire quelque impression sur l'âme de Fromentières. Eut-il quelque temps l'espérance d'être choisi ? Assurément, il avait assez de connaissances, d'érudition et de talent pour ne pas se croire au-dessous d'un pareil honneur. Eprouva-t-il quelque déception de se voir écarté ? Nul ne pourrait le dire. Toujours est-il, cependant, que trois mois plus tard, — février 1871, — ayant à prononcer l'oraison funèbre de Hardouin de Péréfixe, ancien précepteur de Louis XIV, il profita de l'occasion pour exposer, tel qu'il l'entendait, le programme de l'éducation d'un roi. « On s'est souvent mis en « peine de ce que l'on devait apprendre à un prince étant jeune ; « je réponds, ce qu'il doit faire étant roi. Je trouve qu'il serait à « souhaiter qu'un prince sut tout pour n'être surpris de rien.

---

(1) *Lettres et instructions et mémoires de Colbert,* publiés par P. Clément, Tome V, page 505.
(2) Bausset, *Vie de Bossuet*. Edit. Lebel 1814. Tome I. Livre III, page 260.

« L'usage naturel des sciences est bien plus de conduire un
« peuple et de commander une armée, que de plaider une cause
« ou de dresser un argument : mais, en cela même, il faut
« remarquer le danger qu'il y aurait de faire abandonner à un
« prince la fin pour les moyens et de s'engager dans toutes ces
« connaissances inutiles, dans ces vains amusements de l'esprit,
« si pernicieux pour ceux-mêmes qui ne sont pas redevables de
« tout leur temps à l'Etat. En un mot, Messieurs, l'étude à
« laquelle un jeune prince doit être indispensablement appliqué,
« c'est l'étude de la sagesse ; mais d'une sagesse propre à
« régler l'esprit et le cœur ; d'une sagesse qui sache distinguer
« le vrai d'avec le faux et le bon d'avec le mauvais, pour choisir
« l'un et rejeter l'autre. » Tout cela me paraît assez vague, et
l'application du programme eût seule pu montrer ce qu'il
contenait et ce qu'il valait. Mais cette œuvre était réservée à
d'autres qui, pous avoir eu plus de génie que Fromentières, ne
réussirent pas mieux peut-être que n'eût fait ce dernier.

Dans cette même année 1670 eut lieu l'Assemblée générale du
Clergé de France. Ces réunions, qui ne remontaient pas au-delà
du XVI° siècle, étaient de deux sortes : la grande et la petite
Assemblée. La première était appelée Assemblée du Contrat et la
seconde, Assemblée des Comptes. Elles se tenaient à tour passé,
tous les cinq ans. Chacune des seize provinces ecclésiastiques
se faisait représenter par quatre députés à la grande Assemblée
et par deux à la petite. (2) L'abbé du Jard fut envoyé comme
député du second ordre à la petite Assemblée de 1670 par la
province ecclésiastique de Sens, à laquelle l'abbaye du Jard

(1) *Orais. fun. de Hardouin du Péréfixe*, 1ʳᵉ partie.
(2) *Procès verbaux des Assemblées du Clergé de France*. Tome V.
Mgr le Camus, évêque de Grenoble, tenait ces réunions en assez petite
estime. « Il n'y a, écrivait-il, que très peu de bien à faire dans ces
Assemblées. Il y a même de très grands dangers. C'est une espèce de
petit libertinage pour les conversations et pour la bonne chère. Il est
malaisé de faire tout ce qu'on doit faire, en homme de bien, sans toucher
certaines cordes qui offensent la Cour. » Lettre du mois d'août 1674.

appartenait. Cette Assemblée, dont les séances durèrent du 25 mai 1670 au mois d'octobre de la même année, n'offre aucun intérêt pour l'histoire, et il n'y aurait pas lieu d'en parler, si elle n'avait fourni à Fromentières l'occasion de se montrer dans deux circonstances solennelles. Le 3 août, un sacrilège avait été commis à Notre-Dame : « un prêtre disait la messe dans la nef « à un autel célèbre, un homme s'approcha pour lui aider, mais « quand il vint à l'élévation de la Ste Hostie, ce malheureux se « leva, mit la main à l'épée et voulut en escrimer. On dit qu'il « voulut percer cette hostie que le prêtre tenait : il blessa le « prêtre, qui était encore jeune, de deux coups. Ce malheureux « assassin a été aussitôt amené en prison. » (1) L'Assemblée du Clergé, qui siégeait cette année dans l'église des Cordeliers de Pontoise, s'émut d'un tel sacrilège et décida qu'un service solennel de réparation serait célébré le 28 août ; l'abbé de Fromentières fut choisi par ses collègues pour prendre la parole dans cette cérémonie. (2) Le sermon qu'il prononça ce jour-là est au tome sixième de ses œuvres sous ce titre : *Discours sur la réparation d'un sacrilège commis*, etc. Pareil honneur lui était réservé quelques semaines plus tard. Bossuet avait été nommé le 13 septembre 1669 à l'évêché de Condom. Par suite de la maladie et de la mort de Clément IX (9 décembre 1669), il ne reçut les bulles de préconisation que dans les premiers jours de septembre 1670. (3) La cérémonie du sacre du nouvel évêque de Condom eut lieu le 21 septembre, dans la même église des Cordeliers de Pontoise, en présence de l'Assemblée du Clergé. « L'abbé de Fromentières fit un très beau discours sur

----

(1) Gui, Patin. *Lettre* du 6 août 1670. La *Gazette de France* dit d'une manière moins dramatique : « Le 3 de ce mois, un scélérat nommé « François Sarrazin, natif de Caen, par une fureur et une impiété sans « exemple, assassina dans la cathédrale de cette ville, un prêtre « célébrant la messe à l'autel de la Sainte-Vierge, et profana la Sainte « Hostie. 3 août 1670. »

(2) *Procès-verbaux des Assemblées du Clergé de France*, Tome V.

(3) Bausset : *Vie de Bossuet*. édit. Lebel. Paris. 1814. Tom. I. Livre III, p. 254.

« le sujet de cette action, ensuite de laquelle ledit coadjuteur
« de Reims, prélat consécrateur, traita la compagnie avec une
« magnificence extraordinaire, y ayant trois tables, l'une pour
« les évêques, la seconde pour ceux du second ordre, et la
« troisième pour un grand nombre de personnes de qualité qui
« se trouvèrent à la cérémonie. » (1) Bossuet et Fromentières !
Nous avons déjà trouvé ces deux noms l'un à côté de l'autre
sur le mémoire présenté par Nicolas Colbert à son frère ; nous
les retrouvons ici ; une troisième circonstance, bien différente
des deux autres, doit les rapprocher encore.

Cependant, les chanoines de la cathédrale St-Julien du Mans,
se plaignaient depuis longtemps que l'abbé de Fromentières en
prenait trop à son aise avec sa charge de théologal. Il prêchait
beaucoup sans doute, mais plus à Paris qu'au Mans, où il ne
résidait pas, même pendant la période de rigueur exigée par les
lois ecclésiastiques. Le chapitre, ne se montra pas d'humeur à
tolérer longtemps cet abus, et, dès 1664, il priva Fromentières
des revenus de sa prébende, pour n'avoir pas achevé sa
*rigoureuse.* (2) Que se passa-t-il alors ? Avec un peu de souplesse,
quelques bonnes paroles, et l'assurance d'oublier moins complètement la cathédrale Saint-Julien, Fromentières calma bien des
rancunes et radoucit le chapitre, qui se montra bonne créature.
Celui-ci avait-il d'ailleurs le droit de paraître exigeant ? Si la
charge de théologal avait été offerte à deux sujets qui
n'appartenaient pas au diocèse, à Mascaron et à Fromentières,
n'était-ce pas avouer que l'Eglise du Mans ne comptait à cette
heure aucun prêtre en état de remplir ces délicates fonctions ? (3)
Il y eut donc entente à l'amiable et promesses données. Et de
fait, dans le courant des années 1665, 1666, c'est à peine si le nom

(1) *Gazette de France* du 27 sept. 1670.
(2) *Archives du chapitre du Mans* B. 13. Dom, Piolin, *Histoire de
l'Eglise du Mans*, tom. VI., p. 323.
(3) Voir sur le degré d'instruction du Clergé du Mans, vers cette
époque, une lettre de Costar à Mgr de Guibourgère, évêque de Saintes.
*Lettres de Costar.* Tom. I. Lettre 104.

de Fromentières parait sur la *Liste des Prédicateurs*, (1) tandis que les archives du chapitre Saint-Julien nous le montrent assistant à la délibération capitulaire du lundi 9 novembre 1665. Mais on ne tarda pas à se relâcher de plus en plus sur les promesses. C'est en 1670, selon toute apparence, que Fromentières prêcha à Saint-André des Arts le carême dont Richard fait mention ; il assista ensuite aux réunions de l'Assemblée du Clergé de France, qui tint ses séances du mois de mai jusqu'au mois d'octobre : puis enfin, il prêcha l'*Avent* aux Carmélites de la rue du Bouloi. On peut donc affirmer que le théologal ne dut pas reparaître souvent dans sa chaire, durant le cours de cette année 1670. Les chanoines du Mans lui retirèrent ses revenus, mais il ne trouvèrent pas l'abbé du Jard animé du même esprit de conciliation que le jeune théologal de 1664. Fromentières refusa de reconnaitre la décision de ses juges, et porta sa cause au Conseil du roi. Il fondait sa réclamation sur cette considération que, député officiellement par l'église de France à l'Assemblée du Clergé, il ne pouvait être rendu responsable du temps qu'il y avait passé. Le roi accueillit favorablement sa requête, et par décision prise en son Conseil d'Etat, le quinzième jour de novembre 1670, il statua que tous les revenus de sa prébende lui seraient restitués. (2) Mais Fromentières comprit bien qu'il aurait dès lors à compter avec le chapitre. En 1671, il fera constater par le ministère d'un notaire « qu'il a fait sa résidence *rigoureuse* en ladite église, il y a plus d'un mois, » et il en demandera acte au chapitre. Celui-ci, qui a toujours sur le cœur la décision du Conseil d'Etat du 15 novembre, refuse sans explication. Le débat menace de prendre la tournure d'une querelle de ménage, compliquée de froissements ridicules et de mesquines bouderies. Fromentières eut le bon esprit de ne pas pousser plus loin les choses. Il avait cessé d'être

(1) Voir plus haut la *Liste générale et véritable des Prédicateurs*.

(2) *Recueil des Actes, titres et mémoires concernant les affaires du clergé de France*. Tom. VIII, col. 728.

agréable au chapitre. Il comprit, dès lors, qu'il devait se retirer. Il se démit de sa charge, et son successeur fut installé le 30 mars 1672. Quand, en 1674, il alla dans le Bas-Maine saluer son frère, avant de gagner son évêché, la paix était faite, et deux chanoines furent délégués pour présenter à leur « cy-devant confrère le « pain et le vin du chapitre. » (1)

L'heure approchait où Fromentières allait descendre pour toujours des chaires de Paris, comme il était descendu de celles du Mans. « Quel plus beau talent que de prêcher apostoliquement, « a dit La Bruyère, et quel autre mérite mieux un évêché ? » (2) Il y aura lieu plus loin de dire ce qu'eut d'apostolique la prédication de l'abbé de Fromentières. La réserve et la modestie qu'il fit paraître dans la chaire doivent écarter de lui tout soupçon de n'avoir recherché que son intérét personnel, et d'avoir fait servir son talent à la poursuite de vues ambitieuses. Il n'eut rien de l'orateur « qui cherche par ses discours un évêché. » On ne vit jamais en lui que « l'apôtre qui fait des conversions » et « qui « mérite de trouver ce que l'autre cherche. » (3) Et c'est par une prédication dont La Bruyère n'eut pas désavoué l'esprit, qu'il obtint sa nomination à l'évêché d'Aire, le 13 janvier 1673. « Il y « parvint, dit l'abbé Legendre, sans brigue ni cabale ; on ne doit « équitablement attribuer cette bonne fortune, si c'en est une « d'être évêque, qu'au mérite de ses prédications. » (4) Et comment aurait-il intrigué, quand il a sur la charge épisco- pale les idées qu'il exprimait un jour dans la chaire : « Il est « étrange que l'épiscopat, qui est une des plus éminentes dignités « de l'Eglise, soit une des plus dangereuses pour le salut, et que « les évêques, qui sont préposés pour sanctifier les autres, aient « souvent plus de peine à se sanctifier eux-mêmes. » (5) « Tous les

(1) *Archives du chapitre Saint-Julien du Mans,* B. 13.
(2) La Bruyère. *Caractères Ch. XV de la Chaire.* Édition d'Hugues. Tom. II. page 261.
(3) Ibid.
(4) *Mémoires* publiés par M. Roux, Paris 1863. Livre I, page 8.
(5) *Panégyr. de St Sulpice,* II^me part.

évêques tiennent le même langage jusqu'à ce qu'ils le soient, » (1)
écrit Bussy Rabutin. Mais, précisément, Fromentières parlait
ainsi quelques jours après sa nomination épiscopale. (2) Dès ce
moment, il songea à remplir ses devoirs d'évêque comme il avait
déjà rempli ceux de prédicateur. Il n'avait pas attendu jusqu'à
cette heure pour acquérir les qualités d'esprit et de cœur qui
ennoblissent l'homme et distinguent l'évêque. Sa prédication,
puisée aux sources les plus savoureuses, témoignait de ses
longues études et de la culture de son esprit. Docteur de
Sorbonne, il pouvait s'en tenir à ce titre, qui attestait suffisamment
sa science théologique et répondait à toutes les exigences
canoniques. Pris d'un scrupule d'ailleurs très louable, il voulut
encore ajouter de nouveaux titres à ceux qu'il possédait déjà. A
cet effet, il adressa, le 16 février 1673, une supplique au recteur
de la Faculté de droit pour subir les examens du baccalauréat.
Quinze jours plus tard, même supplique pour être admis aux
examens de licence. Enfin, le jeudi 9 mars de la même année, il
demandait à présenter sa thèse, en vue d'obtenir le titre de
docteur en droit canonique. (3)

Nous aurons l'occasion de dire un peu plus tard quelles
vertus Fromentières apportait avec lui dans l'épiscopat. Tout
ce qu'il convient de faire remarquer en ce moment, c'est qu'afin
de mieux se pénétrer des hautes fonctions qu'il aurait désormais
à remplir, il fit une retraite chez les Pères de la Doctrine
chrétienne, héritiers de l'esprit et des vertus de St Charles
Borromée, en qui il se plaisait à voir le modèle des évêques. Il
fut préconisé dans le consistoire du 11 mars 1673, et le 1er octobre
de la même année, dans cette chapelle du Val de Grâce, qui
avait entendu si souvent sa prédication, il reçut la consécration

(1) *Lettre à l'abbé de Thésut.* 8 déc. 1689.
(2) Richard dit que ce panégyrique précéda sa nomination épiscopale.
Mais cette nomination est du 13 janvier. La fête de saint Sulpice est
le 19 : comment ne pas admettre qu'en cette circonstance Richard a
interverti deux dates ?
(3) *Archives de la Faculté de droit de Paris.* Vol. 47. fol. 10 et 11.

épiscopale des mains de François de Harlay, archevêque de Paris, assisté de Ligny, évêque de Meaux, et de Guy de Rochechouart, évêque d'Arras. Il prêta serment de fidélité au roi le 21 du même mois. (1)

Il mit du temps pour se rendre au siège de son évêché. La *Gazette* signale sa présence à Versailles le 31 octobre, où il officie aux vêpres chantées en musique dans la chapelle du château. Le 4 février 1674. il est prélat assistant au sacre de l'évêque de Lavaur, dans la chapelle des grandes Carmélites. Le 2 juin, il prêche la prise d'habit de Louise de la Vallière, dans la même chapelle des Carmélites. Enfin, au mois d'octobre, nous avons rappelé sa visite au château des Etangs qu'il ne reverra plus. Une année s'est écoulée depuis qu'il a reçu la consécration épiscopale, et il n'a pas encore vu son diocèse. Ne soyons pas sévère à son égard, mais songeons que le jour où il y sera arrivé, ce sera pour n'en presque plus sortir.


## III


Aire-sur-l'Adour, « fort ancienne et cy-devant beaucoup meilleure qu'elle n'est aujourd'hui, » (2) eut peut-être quelque célébrité jadis, quand Alaric II en faisait sa résidence et y promulguait le code Wisigoth ; au XVII° siècle « c'est plutôt un village qu'une ville, » (3) « assis sur le bord de l'Adour, aux pieds de quelques coteaux qui le défendent des mauvais vents.»(4) Le diocèse comprenait à cette époque 218 paroisses, et donnait à l'évêque un revenu annuel de 22000 livres, qui doublait les

(1) *Gazette de France.* Octobre 1673.

(2) P. Duval. *Description de l'Evêché d'Ayre en Gascogne.* Paris 1651. Chap. II.

(3) Biblioth. Mazarine *Mémoire manuscrit de la généralité de Bordeaux, dressé par de Bezons, intendant. 1678.*

(4) Duval. Loc. cit.

annnées bissextiles. (1) Dès que Mgr de Fromentières y fut
arrivé, il se donna tout entier à son œuvre et se consacra à son
troupeau. « L'administration diocésaine n'était pas le principal
« souci des évêques, dit M. Hauréau ; ils abandonnaient
« volontiers à des clercs inférieurs la gestion de leurs intérêts
« épiscopaux, pour exercer eux-mêmes le ministère de la parole.
« C'est un usage auquel Fromentières ne manqua pas de se
« conformer. » (2) L'appréciation manque de justesse, quand elle
est appliquée à Mgr d'Aire. Tandis que de 1662 à 1673 le théologal
du Mans ne fait défaut qu'en 1666 sur la *Liste véritable des
Prédicateurs*, il n'y paraît jamais plus de 1674 à 1684, qui sont les
années de son épiscopat. Sans doute il prêcha beaucoup, mais
dans son diocèse. Il savait que le devoir des évêques est
d'enseigner et d'instruire. Il avait rappelé, au sacre de Bossuet,
que les premiers évêques, qui furent les apôtres, « aimèrent mieux
« se décharger sur autrui du soin des aumônes, que d'interrompre
« ce travail (de la prédication).... C'est le ministère propre de
« l'évêque que la prédication.... Pendant combien de temps
« l'honneur d'annoncer l'Evangile a-t-il été réservé aux évêques ? »
Au XVIIe siècle, où les diocèses sont d'une étendue assez
restreinte, les plus grands parmi les évêques, les Bossuet et les
Fénelon, ne cessaient de prêcher dans leur cathédrale, ou dans
les diverses églises de leur diocèse. Ainsi faisait Fromentières.
« Quel beau et édifiant spectacle de le voir, lorsqu'il officiait,
« interrompre souvent le sacrifice des autels, pour se tourner
« vers son peuple, et, de son fauteuil, lui expliquer l'Evangile,
« la mitre en tête, après l'offertoire. » (3)
Qu'on ne croie pas cependant, que le ministère de la prédication
aît suffi à l'ardeur de son zèle. Il n'est pas une œuvre, ayant
rapport aux intérêts spirituels ou temporels de son diocèse, qui

(1) Ibidem
(2) Hauréau. *Histoire littéraire de Maine* : 2me édition. Tom. V. art.
Fromentières.
(3) Richard. *Préface des Sermons*.

aît échappé à son activité. Sa vie fut toute à l'action, et son action toute au dehors. La tâche d'ailleurs était immense. Partout des ruines matérielles et morales à relever. La Gascogne souffrait toujours des ravages causés par les guerres religieuses du XVI<sup>e</sup> siècle, et les temples y brûlaient encore des feux de l'incendie que les protestants avaient partout allumé. Fromentières en avait sous les yeux un lamentable témoignage. Sa cathédrale avait eu cruellement à souffrir du passage des huguenots dans les années 1569-1570. En partie détruite et ruinée, elle ne se releva qu'avec peine, car les temps qui suivirent furent durs pour les provinces, et, durant la période séculaire qui va s'écouler jusqu'à l'arrivée de Fromentières, c'est à peine si le pays respirera quinze années en paix, sous un règne trop tôt fini. Elle avait été mise en état décent. Mgr de Fromentières entreprit de l'orner, fit revêtir le chœur d'une riche boiserie, sépara la nef du sanctuaire par une balustrade en marbre, et changea la disposition intérieure des autels. Il entreprenait aussi cette sacristie voûtée qui reste, encore aujourd'hui, la partie la plus remarquable de ce vieux monument. (1) Il aurait remis à leur place les orgues, « que les calvinistes avaient détruits cy-devant, » si la mort ne l'avait arraché à son œuvre. Et dans ce temple, ainsi restauré et embelli par ses soins, il veillait à ce que les cérémonies se fissent avec éclat et avec solennité. Aux grands jours de fêtes, et quand le prélat officiait, il voulait que les cérémonies se fissent à l'imitation de celles qui « se pratiquaient à Versailles, dans la « chapelle du roi. » (2)

En même temps, son action s'étendait à tous les sanctuaires qui relevaient de son administration. C'est en 1677 qu'il fit pour la première fois la visite de son diocèse, tantôt jetant l'interdit sur une église en ruines, (3) tantôt imposant d'office le relèvement

---

(1) *Archives de l'Evêché d'Aire. Livre rouge : Article Fromentières.*
(2) Richard. *Préface des sermons.*
(3) Interdiction de la chapelle de Ste-Anne, paroisse de La Bastide d'Armagnac. Pièce communiquée par M. Came de St-Agne.

d'une autre. Il nous est resté de ce dernier cas un témoignage trop instructif pour que nous résistions au plaisir de le citer, au moins en partie. Mauco est une petite bourgade située à la lisière des Landes et de la Chalosse. Fromentières constate que ses habitants, obligés d'aller faire leurs dévotions à la paroisse voisine de Benquet, ont trop de chemin à parcourir. Comme il y a une église en ruines dans la bourgade de Mauco, il en ordonne le relèvement : « les murs de l'église seront haussés de la hauteur « d'une canne, de chaque côté, sauf couverture, et les pignons à « proportion : au lieu d'un trou et ouverture, qui est à la muraille « méridionale et qui donne jour sur l'autel, il sera fait une « fenêtre et trois autres sur la nef, à hauteur et largeur convenables « pour l'esclairer, lesquelles seront vitrées, ou du moins y sera « mis du chassis de toile blanche, bien gommée et entretenue « pour empescher le vent ; le dessous du toit sera lambrissé de « plancher de bois de sapin ;... il sera fait un tableau du crucifix « avec l'image de St-Médard — patron du lieu — pour mettre « au dessus de l'autel ;... la nef sera pavée ; il sera fait un « marchepié de bois devant l'autel, un chassis pour y attacher « les parements et un balustre pour séparer le sanctuaire. » (1) Viennent ensuite d'autres instructions aussi détaillées sur l'entretien du cimetière, les devoirs du curé qui desservira la paroisse, et le « bassin qu'il doit faire courir pour recueillir les « aumônes et charités des assistants. » N'est-ce pas instructif ? Et se fait-on aujourd'hui une assez juste idée de ces évêques, recherchés à la ville et applaudis à la Cour, oubliant l'une et

(1) *Archives du Grand Séminaire d'Aire.* Verbal de la visite de l'Eglise de Mauco. Cette tournée pastorale de 1677 dut marquer, dans l'administration de Fromentières, par le nombre des églises qu'il fit restaurer, et aussi, par le ton impératif avec lequel il procédait à ces restaurations : « avons ordonné que dans six mois aux dépens des habitants, il sera acheté un calice d'argent, que le ciboire où l'on garde les Saintes Réserves et la boiste du Saint Viatique seront dorés en dedans : que le tabernacle sera doublé avec sa porte de quelque étoffe de soie blanche ou rouge, proprement appliquée avec de la colle, etc...» *Verbal de la visite de l'Église de Cazères. Archiv. dép. des Landes.* H . 194.

l'autre au fond de leur province, pour ne plus songer qu'à remplir leurs multiples et souvent minutieux devoirs ?

Notre évêque, d'ailleurs, semble avoir eu le goût de la construction : tandis qu'il embellissait sa cathédrale et mettait en état décent les églises de son diocèse, il transformait son évêché, et lui donnait la disposition et l'aspect qu'il conserve encore aujourd'hui. C'est lui aussi qui faisait dessiner ce jardin, planter ces ombrages et couper ces allées, qui donnent à la résidence épiscopale d'Aire tant de valeur et d'agrément. Un goût sévère présidait à tous ces travaux, car il y avait de l'artiste dans l'âme de Fromentières, comme le prouvent ses armes ciselées en relief, sur une porte intérieure, véritable chef-d'œuvre de sculpture, qu'on admire encore à l'évêché.

Cependant, le soin qu'il donnait aux embellissements de sa résidence ne l'absorbaient pas, au point de l'empêcher de songer aux autres. Aux habitants de sa bonne ville il faisait creuser et construire un puits public, et leur donnait de l'eau claire — ce qui n'est pas une plaisanterie, — mais un bon et durable service, car c'est encore à ce puits qu'on va puiser de nos jours. Son activité s'étendait à tout, et le même homme qui présidait à ces travaux d'art, donnait de sa main reçu d'une charge de pierres ou d'une charretée de froment. (1) L'homme se plaît aux contrastes : Bossuet faisant travailler à Germiny le fontainier de Condé, n'est pas aussi admirable que lorsqu'il tient la plume ou porte la parole devant les rois : mais qui donc l'en aime moins ?

Ce ne furent là, d'ailleurs, que les moindres occupations de la vie de Fromentières. Dès son arrivée dans son diocèse, des affaires d'une gravité exceptionnelle mirent au grand jour les ressources de son intelligence et ses vertus apostoliques. En 1674, il arriva juste à temps, pour mettre fin à des désordres qui avaient profondément troublé le pays de Chalosse; compris dans son diocèse. On sait qu'en 1664 Colbert travaillait à répartir

(1) *Archives de l'Evêché d'Aire. Livre-Rouge.*

également l'impôt, et à supprimer les privilèges des provinces eximées. Le sel qui sortait de la fontaine de Salies arrivait en Béarn et en Chalosse libre de tout droit. Colbert soumit au droit commun ces provinces eximées, et chargea Pellot, intendant de Guyenne, d'assurer l'exécution du décret. Les Etats du Béarn s'émurent et adressèrent une supplique à Colbert : mais, leurs vœux ne furent pas pris en considération, et les convois de la gabelle se mirent en route.

Ils furent reçus en Chalosse par des décharges de mousqueterie. La sévérité de la répression exercée par l'intendant Pellot, ne fit qu'augmenter la résistance. Elle fut organisée par un cadet de famille, Audijos, ancien soldat au régiment de Créqui. De part et d'autre les représailles furent atroces. Louis XIV publia un édit qui défendait aux habitants de Chalosse de recevoir l'aventurier ; Pellot fit arrêter sa mère et sa sœur. Audijos répondit à ces mesures en assassinant son curé, coupable d'avoir lu l'édit en chaire ; il tuait ensuite le commandant de la gabelle et brûlait le convoi. Les compagnies de dragons sillonnaient le pays, mais les paysans, de connivence avec les révoltés, les recevaient chez eux. Le maréchal duc de Gramont, seigneur de Hagetmau en Chalosse, le syndic de la noblesse, vicomte de Poudenx, le marquis de Poyanne, gouverneur de Dax, Bayonne et les Etats du Béarn favorisaient secrètement l'émeute contre le pouvoir. Aussi, la lutte dura-t-elle près de deux années, 1664-1665. Au bout de ce temps, la lassitude de l'état de guerre, la misère, qui en fut la conséquence, ainsi que les mesures de clémence prises par Pellot, firent rentrer le pays dans le calme et le devoir.

Quant à Audijos, comme il était exclu du nombre de ceux auxquels l'indulgence était promise, il continua à courir le pays à la tête d'une bande de partisans, qui vivaient de pillage et d'assassinat. Dix ans plus tard, il errait encore.

Un tel homme ne pouvait finir que frappé à distance par le mousquet d'un dragon, ou suspendu à la potence. Cependant il mourut réhabilité, à la tête d'un régiment, de la mort des braves L'intendant de Sève, successeur de Pellot, traita avec lui. En 1675, Mgr de Fromentières se mit en relations avec lui, lui fit faire une retraite de dix jours dans son séminaire, et fut assez heureux pour le ramener au bien. Le chef des brigands fit amende honorable, s'humilia, se confessa. Il parut devant le parlement de Bordeaux : « la teste nue, à genoux, les fers aux pieds, les mains levées il jure de fidèlement servir son roi. » Le roi se montra bon prince, et lui expédia des lettres de grâce avec le grade de colonel des dragons. En vertu d'une dispense accordée par l'évêque d'Aire, le 25 janvier 1676, Audijos épousa le 28 du même mois sa cousine Jeanne Dubourdieu. Quelques jours plus tard il était embarqué pour la Sicile, où il allait combattre sous les ordres de Vivonne. La tradition assure qu'il y mourut pour son pays, auquel il put donner sa mort en expiation de sa vie. (1)

C'est ainsi que Fromentières inaugurait son apostolat nouveau. Il continuait son œuvre, en relevant son diocèse de ses ruines morales, comme il le relevait de ses ruines matérielles. Il commença par son clergé, au milieu duquel, nous dit Richard, « il supprima bien des abus ». Lesquels ? le biographe n'a pas jugé à propos de nous le dire, et de nous faire savoir où en était le clergé d'Aire, quand Fromentières fut mis à sa tête. Mais nous savons, par les lettres de Camus, ce qu'était à cette époque le clergé de Grenoble ; nous avons des détails navrants sur le clergé d'Autun. (2) Ce qui est vrai d'Autun et de Grenoble l'était, à peu de différence près, de toute la France. Les lettres de St Vincent de Paul ne laissent pas de doute à ce sujet : ignorance et inconduite, souvent, dans le clergé des campagnes réduit à la portion congrue ; orgueil et jouissance de la vie, trop souvent, dans le clergé des villes richement prébendé, et, par

(1) Tous ces détails sont empruntés à la *Correspondance administrative sous le règne de Louis XIV recueillie et mise en ordre* par Depping. Tome III page 91 et suiv.

(2) *Un évêque réformateur au XVIIᵉ s. Histoire de Gabriel de Roquette* par H. Pignot. Paris 1856.

dessus tout, manque de zèle et insouciance vis-à-vis du devoir.
Fromentières, qui veillait à ce que les paroisses fussent pourvues
d'églises convenables, veilla de même à ce qu'elles fussent
gouvernées par des prêtres irréprochables, et ne consentit à
mettre à leur tête que des hommes, dignes de leur fonction par
leurs vertus, à la hauteur de leur ministère par leur instruction.
Dans ce but, ajoute Richard, il s'assujettit lui-même à quatre
belles règles : « La première, à être prompt, vigilant et exact à
« signer les expéditions, à toute heure, la nuit aussi bien que le
« jour, et à sacrifier son repos aux affaires de son diocèse. La
« seconde, à ne donner les bénéfices qu'à ceux du diocèse qui en
« étaient le plus capables, sans avoir égard à aucune recomman-
« dation. La troisième, à faire retirer, autant que la commodité
« le pouvait permettre, les Ordinands dans un séminaire, où il
« faisait souvent des conférences, prenant un singulier plaisir à
« leur expliquer les cas de conscience, et à les entretenir de la
« manière avec laquelle ils devaient s'appliquer à l'instruction
« des peuples. La quatrième, à recevoir chez lui tous les
« ecclésiastiques avec une grande charité, à les faire manger à
« sa table sans distinction, à terminer leurs différends et à leur
« apprendre les moyens nécessaires, pour s'acquitter fidèlement
« de leur emploi. »

Parmi les abus que Fromentières eut à supprimer, il faut
mettre, en premier rang, la facilité chez les ecclésiastiques à
s'affranchir des lois de la résidence. Il y avait à Mont-de-Marsan
une chapelle de la Trinité, qui était desservie par douze
prébendiers tenus à la résidence : c'étaient les douze prébendiers
de Bresquit. Ces douze Messieurs estimaient, non sans quelque
raison d'ailleurs, que deux prébendes valent toujours mieux
qu'une. Avec le temps, et aussi, l'incurie des administrations
précédentes, ils s'étaient pourvus chacun d'une cure où ils
résidaient. Le service de la chapelle ne se faisait plus, ou se
faisait mal ; mais, leurs revenus ne s'en portaient que mieux.
Durant sa tournée pastorale de 1677, Fromentières demanda à

voir le titre de fondation de la chapelle et des douze prébendés. C'était un testament de Messire Ogier de Bresquit, en son vivant chevalier, chancelier de paix et juge de Marsan, duquel « il appert que ledit sieur Ogier et sa femme ont fondé et doté « ladite chapelle, pour être desservie à perpétuité par douze « prébendiers actuellement constitués dans l'ordre de prêtrise, à « condition expresse de résider dans cette dite ville, etc. » L'évêque d'Aire n'attendit pas d'être rentré dans sa chancellerie, pour faire parvenir ses ordres aux douze prébendiers en défaut ; mais ce même jour, de Mont-de-Marsan, il leur adressait une pièce détaillée, à formules comminatoires, de nature à faire réfléchir les délinquants : « Ordonnons... que les douze prében- « diers résideront en cette ville de Mont-de-Marsan, et non « ailleurs ; déclarons lesdites prébendes incompatibles avec les « cures et tous autres bénéfices sujets à résidence. Enjoignons à « chacun de maîtres Nicolas Vibet, curé de St Pierre du Mont ; « Mathieu Condon, curé d'Arouilhe, François de Cist, curé de « Mazerolles, Louis Cazade, curé de Canenx, et autres prében- « diers de Bresquit, qui seront ci-après pourvus de cures, « d'opter dans six mois, après la signification de l'extrait de cet « article des présentes, sinon, à faute de ce faire, et ledit terme « passé, déclarons, tant lesdites cures que prébendes, vacantes « et impétrables; ordonnons que les curés se retireront « incessamment de leurs cures ; deffendons aux autres prében- « diers de Bresquit de leur faire cy-après aucune part des gros « fruits des dites prébendes, ni des menus profits et émoluments « qui sont en distributions manuelles.» (1) Suivent de nombreuses prescriptions sur la manière dont ces prébendiers s'acquitteront de leur emploi. On a dit que nul ne se servit plus fréquemment que Fromentières des foudres de l'Eglise. N'est-ce pas qu'il passe à travers ces lignes, citées plus haut, comme une menace d'orage et un roulement de tonnerre prochain ? Que firent les

(1) *Archives départ. des Landes* G. 26.

prébendiers ? J'imagine qu'ils n'attendirent pas d'être avertis deux fois.

Au récit de cet incident, d'ailleurs très peu tragique, on se rappelle la parole de Moreri, dans l'article qu'il consacre à Fromentières : « On vit en peu d'années changer la face du diocèse. » On s'explique, en effet, qu'une telle énergie dans le commandement, unie à la vigilance, aît ramené les récalcitrants au devoir et corrigé les abus invétérés. Il existait à Mont-de-Marsan, et en d'autres villes du diocèse, « une vieille coutume, « pratiquée de temps immémorial, et qui semblait demeurer en « ce pays comme un reste de paganisme. » (1) Ces spectacles étranges, où l'homme joue sa vie dans un duel téméraire avec un taureau furieux, excitaient, à cette époque comme à la nôtre, un enthousiasme dont témoignent les pièces authentiques parvenues jusqu'à nous. (2) L'Eglise, à plusieurs reprises, avait protesté contre ces spectacles homicides, et fulminé des anathèmes : (3) la coutume avait prévalu. Ces anathèmes, les prédécesseurs de Fromentières sur le siège d'Aire les avaient renouvelés pour leur diocèse, notamment Mgr Gilles Boutault, dans ses ordonnances de 1630, 1634 et 1641. Mais la vieille coutume persista, et Gilles Boutault, découragé de ses insuccès, poussé d'ailleurs par d'autres motifs, demanda à être rappelé d'un diocèse, où sa parole était si peu écoutée. Ses deux successeurs, Charles d'Anglure de Bourlemont et Bernard de Sariac, ne furent pas plus heureux. (4) Fromentières combattit, à son tour, la détestable coutume : « il pria, il menaça, il exhorta, « il lança les foudres de l'église. » (5) Les courses cessèrent.... mais comme Cliton disait à Dorante : « Les gens que vous tuez

---

(1) Archives municipales de St Sever B. B. 4. *Délibération du corps de la ville pour l'abolition des courses.*

(2) *Requête du duc d'Epernon*, 1630. *Lettres du duc de Richelieu*, 1771. *Lettre du maréchal de Mouchy*, 1776.

(3) *Bulle de saint Pie V*. 7me des Décrétales. Liv. V. Titre XVIII.

(4) Voir *Etude historique sur les courses de Taureaux dans les Landes* par Tartière, arch. du départ. des Landes.

(5) **Richard. Loc. cit.**

« se portent assez bien, » on pourrait dire à Fromentières, s'il vivait, que l'usage, détruit par lui, est aujourd'hui plus en vigueur que jamais.

Il poursuivit avec la même énergie le marquis de Poyanne. « Les biens et la juridiction de l'Eglise, disait un jour Fromen- « tières, sont une partie de ce que J.-C. lui a acquis par son « sang. Les grands évêques, persuadés de cette vérité, les ont « souvent défendus jusqu'à l'effusion du leur, et nous honorons « des saints, qui n'ont point eu d'autre cause de leur martyre. » (1) Ce n'est pas là le cri du rhéteur : c'est la conviction de son âme apostolique, jalouse des droits de la sainte Église, droits qu'il n'aurait certainement pas abandonnés à l'autorité du roi, et dont celui-ci, d'ailleurs, ne lui demanda pas le sacrifice. Pour sa part, le marquis de Poyanne comprit que, de ce côté-là, Fromentières était incapable de capitulation et de faiblesse. Le marquis de Poyanne, seigneur de Montaigut, avait droit de présentation à la cure du lieu. Ce droit n'allait pas sans imposer au marquis quelques obligations onéreuses, et, en particulier, une dîme qu'à cette époque on nommait *archif*. Cet *archif* était assez considérable puisque en l'année 1678, il était représenté par sept chars de froment et huit chars de seigle. (2) Le marquis trouvant donc ces redevances onéreuses songeait à s'y soustraire; et retenant son droit de présentation, il voulait se dispenser d'en payer l'honneur. L'évêque maintint ses droits. De là naquit un différend qui dura plusieurs mois, et qui ne se termina que par l'intervention de Hugues de Bar, évêque d'Acqs. (3)

En même temps, se rallumait une vieille querelle entre l'évêque et les jurats de la ville d'Aire. Un édit de Louis XIV, 1678, avait ordonné le dénombrement de tous les biens nobles et communaux. Dans l'acte d'aveu et de dénombrement qu'ils présentèrent à Pierre Loyard, commissaire-député de la Chambre des Comptes

(1) Orais. funèbre de Hardouin de Péréfixe II° partie.
(2) *Archives de l'Evêché d'Aire.*
(3) *Archives de l'Evêché d'Aire.*

de Navarre, les jurats d'Aire mirent au nombre de leurs droits la justice criminelle et politique. Ce dénombrement ayant été lu trois dimanches consécutifs, à l'issue de la messe paroissiale, Claude Foussier, secrétaire de Mgr de Fromentières et agissant en son nom, y fit opposition, motivée sur ce que : « de toute « antiquité, les évêques d'Aire étaient les seigneurs hauts « justiciers de ladite ville et cité d'Aire, sur toute la terre et « seigneurie du Mas (1) ; que toute justice, haute, moyenne et « basse, leur appartenait... que le prétendu dénombrement fourni « par lesdits jurats d'Aire et du Mas n'est qu'un tissu de « rapsodies... qu'ils ne peuvent proposer un aveu qui n'a d'autre « fondement que leur vaine imagination. (6 février 1681).

Le 8 juin de la même année, les jurats firent signifier leur réponse à l'opposition de Fromentières. Pour donner plus de force à leur argumentation intéressée, ils mettaient en avant le pouvoir royal : « Toute puissance émane originairement du roi. « comme de sa source. Ce sont nos rois qui, fondant et établissant « des jurats, consuls et échevins dans les villes de leur royaume, « auraient en même temps annexé à leurs charges la justice « criminelle et politique, comme ils l'avaient de toute « ancienneté, etc. » Ce petit cours d'histoire, sur une question qui les touchait de si près, paraissait aux jurats d'une clarté convaincante, car ils concluaient en demandant que l'évêque fût condamné aux dépens. Fromentières ne se laissa pas émouvoir, et le 4 juillet suivant, il opposa sa requête aux contredits des jurats, qui répondaient à leur tour, le 7 du même mois. La chicane avait encore de beaux jours. Tous ces dits, contredits, requêtes et instances, ayant été déposés à Mont-de-Marsan, au greffe du procureur royal, de Lobit, celui-ci rendit, le 25 juillet 1681, sentence rappelant « qu'il a été décidé par arrêt du parle- « ment de Bordeaux, du 4 juillet 1629, que ladite justice « criminelle appartenait à sa Majesté et audit Evêque d'Aire...

(1) Paroisse suburbaine qui fait partie de la commune d'Aire.

« que les jurats ne peuvent être reçus à faire valoir leur demande,
« et doivent être condamnés à payer les frais. »

On pourrait croire que la sentence du procureur royal mettait
fin aux discussions et terminait les débats. Mais, les jurats,
déboutés de leurs prétentions, étaient moins déconcertés d'avoir
perdu leur partie, que de voir triompher leur adversaire. Avec
une obstination, trop ordinaire dans ces querelles de village, ils
entreprirent de faire payer à l'Evêque la victoire qu'il avait
remportée sur eux, et répondirent malicieusement dans le public
des considérations peu flatteuses sur la seigneurie des évêques
d'Aire. Peu endurant par nature, Fromentières ne ménagea pas
ses détracteurs. Peut-être, eût-il mieux valu les laisser crier et
s'épuiser dans le vide.

Les termes dans lesquels s'exprima l'Evêque ne ménageaient
guère l'amour-propre des jurats. Ceux-ci, blessés dans leur
dignité, protestèrent contre « les invectives et injures atroces
« dont ils se trouvent outragés... ils passent donc sous silence
« toutes ces injures et toutes ces invectives, avec cette
« protestation de ne perdre jamais le respect qu'ils doivent à la
« personne, à la qualité, aussi bien qu'au mérite dudit seigneur
« Evêque. » Cette pièce est du 12 juillet 1682 : il y a un an que
la sentence qui les condamne a été prononcée, et les chicaneurs
terrassés s'efforcent de prouver qu'ils ne sont pas vaincus. Ils
ne persuadèrent personne.

Il convient d'ajouter que la querelle ne portait pas seulement
sur le droit de seigneurie. Dans le dénombrement de 1678, les
jurats mettaient au nombre de leurs possessions le collège
d'Aire. La ville prétendait avoir fourni l'emplacement sur lequel
les édifices avaient été construits. Peut-être, les juristes du
conseil trouvaient-ils qu'il y avait lieu d'appliquer la maxime
juridique, que le propriétaire du sol est propriétaire également
de ce que le sol supporte. (1) De plus, ils se disaient en possession

(1) « *Quod in solo nostro ab aliquo ædificatum est, jure naturali nostrum
fit, quia superficies solo cedit.* » Gaius II. 73. Digeste XLIII. 18. 2.

du titre de fondation. Or ce titre avait disparu et nul ne savait où le trouver.

Les jurats en avaient déposé l'original au greffe de la commission chargée de recevoir l'aveu du dénombrement : ils espéraient que ce tombeau garderait son secret. On était en 1681, et Fromentières s'était rendu à Paris, pour ce carême que la maladie l'empêcha de prêcher à la Cour. Il ne négligeait pas, cependant, les intérêts de son diocèse, et il y obtint, par le sénéchal des Lannes, production de la pièce que, jusqu'à l'heure, les jurats avaient obstinément refusé de montrer. On s'explique le motif de leur refus. Ce titre prouvait contre eux, que le collège avait été bâti à la requête de Mgr de Saint Julien, évêque d'Aire, « pour lui servir à l'établissement d'icelui, que les jurats, qui n'y « sont même pas nommés, n'ont aucun intérêt, et que cette pièce « entre leurs mains ne leur est d'aucune utilité, mais dommageable « en ce qu'elle sert à entretenir leurs vaines et chimériques « imaginations, qui leur font croire qu'ils possèdent le collège, « parce qu'ils tiennent indûment le titre de fondation. » C'est ainsi que Fromentières ménageait les opposants.

Quand on lit les pièces de ces curieux débats et ces chicanes d'un autre âge, qui faisaient circuler la vie, au fond des provinces perdues, et agitaient de pacifiques bourgeois, on se croit ramené, bien au delà du XVII⁰ siècle, au temps où les communes réclamaient leurs franchises et où les évêques, qui gouvernaient au temporel en même temps qu'au spirituel, tenaient à la fois la crosse et l'épée. Entre eux et leurs administrés, que de curieux débats, et souvent, pour quels curieux motifs ! Dans ce même aveu de dénombrement, les jurats avaient porté, au nombre de leurs droits, celui de s'attribuer la hure des sangliers chassés dans le bois de Béros. Le bois de Béros, appelé aussi les *caves de Mauries*, se trouve sur la frontière du Gers et des Landes, entre les villes d'Aire et du Houga. Il était, à cette époque, épais et broussailleux comme une forêt vierge : ses halliers impénétrables étaient peuplés de loups, de renards et de sangliers. On sait que la chasse était un privilège seigneurial, que le seigneur avait le droit de s'attribuer la hure des sangliers tirés sur ses terres. A cet égard, la propriété du bois de Béros constituait un revenu précieux. Les jurats n'en doutaient pas : « *Item,* possèdent et « ont toujours eu lesdits jurats la faculté de prendre la hure « des sangliers qui sont pris dans le bois de Béros. » Et Fromentières fit encore son opposition sur ce point : « Ne sont « pas mieux fondés les jurats à prétendre la hure des sangliers « qui se tuent dans le bois d'Aire, puisque les jurats, n'ayant pas « le droit de chasser dans lesdites terres et seigneuries d'Aire et « du Mas, n'en peuvent prétendre aucun avantage ni prérogative, « à l'exclusion et au préjudice des seigneurs, à qui appartient le « droit de chasser, et de faire chasser aux bêtes fauves et noires, « et de les avoir en entier, quand elles sont prises.» (7 fév. 1681.)

Les jurats de la ville insistèrent, appuyant leurs prétentions « sur des lettres royaux, narratives du droit et de la possession « desdits jurats, datées du 25 février 1510, auxquelles l'antiquité « devait donner créance : elles contiennent permission « d'assigner certains habitants, qui s'étaient retirés dans ledit « territoire de Béros et y prenaient des bêtes rousses et parti- « culièrement des sangliers, sans porter la hure aux jurats, en « signe de reconnaissance : dans lequel droit il était énoncé que « lesdits jurats étaient en possession de tout temps. » Le 17 mars 1681, Fromentières fit une opposition nouvelle, ajoutant pour la ville « l'obligation de payer la redevance de dix sols « morlaas et d'un chevreau à chaque mutation de seigneur. » Naturellement les jurats poussèrent de hauts cris, mais la sentence de Pierre de Lobit, intervenue le 26 juillet, écarta pour le moment cette question. Elle devait renaître en 1753. A cette date, le chapitre interviendra au lieu et place de l'Evêque. C'est à ce coup, que l'Intendant d'Etigny et de Mesmes, son délégué, eurent de la peine à mettre d'accord ces incorrigibles plaideurs.(1)

Pendant que ces petites querelles mettaient aux prises l'autorité spirituelle et le corps des jurats, dans une modeste bourgade des rives de l'Adour, des intérêts plus graves s'agitaient entre le roi de France et le souverain Pontife, Innocent XI. La question de la Régale venait d'entrer dans une nouvelle phase. On sait que la Régale était, pour le roi, le droit de percevoir les revenus des évêchés vacants, et de nommer à tous les bénéfices dont les évêques de ces diocèses étaient les collateurs. Admise par le 2ᵉ Concile général de Lyon, pour les évêchés où elle était établie par titre de fondation ou par une coutume longtemps en usage; pratiquée avec ces réserves par Louis XII, qui écrit en 1499 : « Déffendons à tous nos officiers qu'és archevêchés, « éveschés, abbayes et autres bénéfices de notre royaume, « esquels nous n'avons droit de Régale et de garde, ils ne se « mettent dedans ou peine d'être punis de sacrilège » ; appliquée de la même manière et dans les mêmes limites par Henri IV : « n'entendons aussi jouir du droit de Régale, sinon en la forme « que nous et nos prédécesseurs avons fait, sans l'étendre « davantage au préjudice des églises qui en sont exemptes, » (édit de 1606), (2) elle fut étendue par Louis XIV à toutes les églises du royaume par deux déclarations royales des années 1673, 1675. L'opposition vint des deux évêques d'Alet et de Pamiers, qui refusèrent de recevoir les bénéficiers nommés par le roi et pourvus en Régale. Ces évêques s'adressèrent au souverain Pontife, qui appuya leur droit, et fit entendre de justes réclamations. Comme Louis XIV ne paraissait pas disposé à céder, Innocent XI publia trois brefs, pleins de menaces contre le roi et de reproches contre les évêques de France, qui

(1) Les pièces où se trouvent consignés les souvenirs de tous ces débats sont conservées dans les archives municipales de la ville d'Aire. J'en dois la communication à l'obligeance de M. l'abbé Légé, qui s'est donné la peine de dépouiller ce volumineux dossier.

(2) Gérin : *Recherches historiques sur l'assemblée de 1682*. 2ᵐᵉ édit. Paris 1870, chap. I page 38.

appuyaient ses prétentions. Ces brefs parurent en 1680, tandis que le clergé était réuni en Assemblée générale. Fromentières en faisait partie. L'Assemblée « résolut d'écrire à sa Majesté, la « la brièveté du temps ne lui permettant pas d'entrer dans le « fond de l'affaire, pour lui faire connaître la douleur que le « clergé ressentait de la procédure extraordinaire qui était « contenue dans ces brefs. » (1) La grande partie des évêques de France était contre le pape, du côté du roi, ce qui n'était pas fait pour faciliter la solution des difficultés, les prétentions de Louis XIV trouvant, dans le clergé, un appui réel contre les droits que le Pape ne pouvait que réclamer jusqu'au bout.

En 1681, « comme la confusion et les troubles augmentaient « chaque jour, Messieurs les agents généraux du Clergé (2) « furent conseillés de présenter un mémoire au roi, et supplier « sa Majesté de leur permettre de convoquer les prélats qui se « trouvaient à Paris, à la poursuite des affaires de leurs églises, « afin que, par leur prudence singulière, ils pussent trouver le « moyen de pacifier toutes choses et de les remettre dans « l'ordre. » (3) Au nombre des évêques présents à Paris se trouvait Fromentières, venu pour prêcher le carême à la Cour. Le roi ayant permis cette assemblée, elle tint ses réunions dans le palais de l'Archevêché, vers les derniers jours de Mars. Elle fournit à Racine l'occasion d'une de ces épigrammes, comme il savait les aiguiser, mordante et railleuse :

> Un ordre hier venu de Saint-Germain
> Veut qu'on s'assemble. On s'assemble demain :
> Notre archevêque et cinquante-deux autres
>     Successeurs des apôtres
> S'y trouveront. Or, de savoir quel cas
> S'y traitera, c'est encore un mystère.
> C'est seulement chose très claire,
> Que nous avons cinquante-deux prélats
>     Qui ne résident pas.

(1) *Procès-verbaux des assemblées du clergé.* T. V. Assemblée de 1680. p. 289.

[2] C'étaient les abbés de Bezons et Desmaretz.

[3] Pour ces détails et la plupart de ceux qui vont suivre consulter les *Procès-verbaux des Assemblées du clergé.* Tome V. p. 338 et suiv.

C'est ce qu'on appela la petite Assemblée. Elle ne tint que deux séances : la première qui eut lieu le 19 mars, et la seconde le 2 mai. Quant au rôle qu'y joua Fromentières, il fut absolument nul. Il parut à la première séance, par convenance peut être ou par curiosité. Il ne parut pas à la seconde. Entre les deux séances, en effet, quelques évêques avaient dû regagner leurs diocèses : peut-être avaient-ils fait réflexion que les droits du Souverain Pontife étaient incontestables, et ses revendications fondées sur le droit aussi bien que sur la coutume. Dans la réunion du 2 mai, l'Assemblée résolut « de demander au roi, « qu'il fut permis aux évêques du royaume de s'assembler en « Concile national, ou du moins de tenir une Assemblée générale « du Clergé de tous les pays et terres de la domination de sa « Majesté, dans laquelle on put prendre des résolutions « convenables à l'importance des matières qui se présenteraient. » C'était s'attribuer le droit de résoudre la question en dehors du Souverain Pontife, sans son aveu ou délégation de sa part. Fromentières n'était plus là, quand ce procès-verbal fut signé par trente-deux prélats, par neuf évêques nommés, créatures reconnaissantes du roi, et par les deux agents du Clergé. (1) Il ne sentit pas le désir de rester pour être agréable au roi ; et, lorsque quelques semaines plus tard, Louis XIV fit désigner, dans chaque province ecclésiastique, les candidats agréables qu'il désirait voir siéger à la future Assemblée, Fromentières eut l'honneur de n'être pas choisi.

Les dernières années de sa vie paraissent avoir été consacrées surtout à la conversion des protestants. Le diocèse d'Aire se ressentait du voisinage du Béarn et de la dépendance, dans laquelle il fut jadis, d'une reine calviniste. Or, on arrivait au temps où Louis XIV songeait à révoquer l'édit de Nantes. Pour atténuer ce que pouvaient avoir de désastreux les conséquences de la révocation, sa Majesté avait invité les autorités ecclésias-

(1) *Procès-verbaux des Assemblées du Clergé.* Tome V, page 338.

tiques à multiplier les prédications, pour ramener le plus qu'il se pourrait de protestants à la pratique sincère de la foi catholique. Fromentières déploya toute l'activité de son zèle dans ses prédications, à travers son diocèse, ou sur les confins de celui de Lescar qui l'avoisinait  Les documents, conservés pendant longtemps à l'évêché d'Aire, témoignaient que ses prédications eurent le plus heureux résultat. « Il ramena beaucoup « de calvinistes dans le giron de l'Eglise, tant dans son diocèse « que dans le diocèse de Lescar, comme il conste par les « nombreuses abjurations qu'on voit dans les archives du « diocèse. » (1) Malheureusement les archives dont il est ici parlé sont perdues pour nous, et, c'est à peine s'il reste quelques rares souvenirs de ce bienfaisant apostolat. Ainsi, l'Evêque achevait de prendre sa revanche sur les fanatiques qui cent ans auparavant avaient ravagé son diocèse ; il ramenait leurs descendants à la foi. Pour réussir dans cette œuvre, Fromentières n'eut pas besoin des dragons du roi, pas plus qu'il n'en avait eu besoin pour la conversion de Bernard d'Audijos. Il ne fit appel qu'à la force persuasive de son éloquence : et souvent, il en obtint de merveilleux résultats : « Témoin, celui « qui ayant assisté à une célèbre abjuration, où le prélat avait « parlé avec une force et une éloquence capables de convaincre « les esprits les plus opiniâtres et de toucher les cœurs les plus « durs, fut si pénétré de son discours, qu'il alla lui demander « pardon, de ce qu'il ne lui avait pas rendu par le passé, ce « qu'il devait à son mérite et à son caractère. » (2)

Il aimait à recevoir lui-même les abjurations : c'était la juste récompense de ses travaux. Le 1ᵉʳ avril 1681, il recevait l'acte d'abjuration du fils du célèbre marquis de Beynac, sieur de Tajac, commandant d'une compagnie de cavalerie. La cérémonie eut lieu avec grande solennité à Paris, dans la chapelle de la maison professe des Jésuites, en présence de l'évêque de

(1) *Archives de l'Evêché* d'*Aire, Livre rouge.*
(2) Richard, *Préface des Sermons.*

Tarbes, du P. de la Chaise, confesseur du roi, et de plusieurs autres personnages de marque. (1) Le 18 février de l'année suivante, il recevait l'abjuration des demoiselles Gabrielle et Damaris de Beynac, filles du même marquis. La notoriété de la famille, l'éclat de cette conversion que suivit bientôt celle des autres enfants du marquis et, peut-être, du marquis lui-même, déterminèrent Fromentières à donner à cette cérémonie toute la solennité qu'elle méritait. Elle eut lieu dans le sanctuaire de l'Eglise abbatiale du couvent de Saint-Sever, en présence de l'Evêque d'Aire, de l'Evêque nommé de Condom, d'un grand concours de personnages de haute distinction et de gens du peuple. (2) Tous les *exercices personnels* du culte protestant cessèrent dans le diocèse d'Aire, pendant l'épiscopat de Mgr de Fromentières (3) ; bientôt même il ne compta plus de temple public où il fut encore pratiqué.

En même temps qu'il s'occupait de ces travaux apostoliques, il hâtait ou achevait les embellissements qu'il avait entrepris à sa cathédrale et à son évêché, faisait construire la chapelle de Ste-Anne, et prolongeait dans ses jardins les bâtiments de l'orangerie. Curieux des choses du passé, il s'attachait, avec un soin jaloux, à retrouver les vestiges que le temps n'avait pas effacés, et à reconstituer l'histoire religieuse de son diocèse. Déjà en 1679, il s'était mis en relations avec le savant Bénédictin, dom Estiennot, et avait eu recours à ses lumières sur les questions d'hagiographie, qui intéressaient le diocèse d'Aire. (4) D'un

(1) *Gazette de France* 5 avril 1681.

(2) Dom Buisson. *Historia Monasterii Sancti Severi*. T. I. page 100. La *Gazette de France* écrivait, à ce sujet, à la date du 4 mars 1682 : « on a eu avis de St Sever en Guyenne, diocèse d'Aire, que Gabrielle et Damaris de Beynac, filles du marquis de Beynac, y firent profession de la foi catholique, le 18 du mois dernier, entre les mains de l'Evêque, en l'église abbatiale des Bénédictins, en présence de l'Evêque de Condom, de tout le clergé séculier et régulier, de toute la noblesse du pays. »

(3) *Archive de la Gironde*. Tome 18. Article Aire.

(4) *Annales du Midi*. Tom. II. page 81 à 84, art. de M. Tamizey de Larroque. C'est double fête d'entreprendre une étude sur le XVIIme siècle : on est toujours sûr de rencontrer sur sa route M. Tamizey de Larroque, et de devenir l'obligé du plus aimable des érudits et du plus érudit des gentilshommes.

autre côté, il demandait aux riches collections de l'abbaye de Saint - Sever - Cap en Gascogne, les feuillets destinés à compléter la série historique des prélats qui s'étaient succédé jusqu'à lui, sur le siège épiscopal d'Aire. Il sentait que les souvenirs du passé constituent un patrimoine que les générations ne doivent pas laisser perdre.

On était en 1684, et Fromentières avait toujours en commende l'abbaye du Jard. Or, cette abbaye était trop éloignée pour qu'il put remplir les devoirs que la dignité abbatiale lui imposait. René de Pontacq, abbé de St-Sever en Gascogne, au diocèse d'Aire, venait de mourir à Bordeaux. Louis XIV donna l'abbaye de St-Sever à Fromentières, et celle du Jard au célèbre érudit Louis Dufour de Longuerue, 1ᵉʳ nov. 1684. (1) Mais, l'évêque d'Aire ne jouit pas de son nouveau titre ; il mourut même avant d'avoir pris possession de sa nouvelle abbaye, le 18 décembre suivant 1684. (2) Quelle fut la cause de sa mort, et comment mourut-il ? La notice annexée au cahier rouge, conservée à l'évêché d'Aire, assure que les chagrins abrégèrent ses jours. Faut-il croire que la santé de Fromentières, depuis longtemps affaiblie, n'avait jamais pu se rétablir ; que les fatigues, les luttes, violentes parfois, de son épiscopat ne firent que développer les germes de maladie qui l'empêchèrent en 1681 de prêcher le carême, et hâter l'heure de sa mort? Je l'ignore : mais, en tout cas, c'est par une confusion de noms et de dates que l'abbé Légé (3) a pu dire de Fromentières qu'il était mort écrasé sous les pieds de ses chevaux. C'est le successeur de Fromentières à l'abbaye de St-Sever qui mourut de cette façon tragique. (4)

Fromentières n'avait pas ménagé sa santé ; il ne ménagea

(1) Le marquis de Dangeau écrit dans son *Journal* à la date du 1ᵉʳ nov. : « L'Evêque d'Aire eut une abbaye dans Aire nommée St Sevé et a laissé celle de Jare, près Melun, que le roi a donnée à Longuerue, exempt des gardes, servant depuis 18 mois auprès de Monseigneur. Il l'a demandée pour un de ses frères, qui est d'église et fort savant. »

(2) *Journal de Dangeau*, 25 déc. 1684. *Gazette de France*, janvier 1685.

(3) *Histoire des Castelnau*. Tome II, page 345.

(4) *Gallia Christiana*. Tome I, col. 1181. « *Ludov. Claudius de la Châtre... obiit anno 1699, die 24 maii, ab equis rhedæ conculcatus.* »

pas davantage sa bourse. Je ne sais si le fils du seigneur des Etangs était riche quand il arriva dans son évêché : on pourrait du moins le penser avec assez de raison. Toujours est-il, qu'il mourut pauvre. Les constructions qu'il avait entreprises, les générosités qu'il faisait à son Clergé, les aumônes abondantes qu'il répandait dans le sein des pauvres, avaient épuisé ses ressources. Quand il mourut, tous ses créanciers n'avaient pas encore été désintéressés. Malgré l'opposition de sa famille, qui prétendait encore à ce maigre héritage, il fallut mettre aux enchères la chapelle du saint Evêque ; et l'on vit s'en aller dans les mains les plus diverses, pour un prix souvent dérisoire, les dépouilles du plus noble prélat que le siège d'Aire eût connu dans ce XVIIe siècle : sa montre avec chaîne et clef d'argent fut adjugée pour la somme de dix francs. (1) Celui qui avait si peu ménagé, durant sa vie, sa santé et sa fortune, aurait eu pourtant quelque droit d'échapper à ces humiliations d'outre-tombe.

---

(1) Tous ces détails sont tirés d'un acte passé devant Joseph de Peclaver, avocat et juge d'Aire et du Mas. Pièce communiquée par M. l'abbé Légé.

# Chapitre II

# SON CARACTÈRE

*Portrait physique de Fromentières. — Son portrait moral. —
Un mot de Nicolas Colbert. — Réserve de Fromentières dans
le monde. — Milieux où nous le rencontrons le plus souvent.
— Rang à part que lui donne sa nature mélancolique. —
Exagérations de son tempérament, sa vivacité. — Qualités
aimables que ce caractère nous révèle ; bonté et charité
persuasives, amour des pauvres. — Ses vertus épiscopales :
fidélité à son église. — Humilité manifestée à son lit de mort.*

Une heureuse fortune nous a mis en possession du cuivre sur
lequel Van Schuppen (1) a gravé, en 1688, le portrait de l'Evêque
d'Aire. La tête et le buste y sont représentés, encadrés
dans un ovale qui porte en exergue : Messire Jean-Louis de
Fromentières, Evêque et Seigneur d'Aire, mort à 52 ans, l'an
1684. L'ovale est noué au bas du portrait par les armes de
l'Evêque, qui sont aussi celles de sa famille : d'or à deux bandes
de gueules. Le tout repose sur un socle peu élevé qui forme
piédestal, et répète exactement la légende citée plus haut.
Au coin, à gauche, sur la partie supérieure du piédestal, l'artiste
a mis son nom avec la date : *Van Schuppen faciebat, 1688.*

Le visage est pris de trois quarts. Une riche chevelure
ombrage le sommet du front, couvre les oreilles et descend sur
les épaules en boucles opulentes. L'œil est profond, ferme et
vif, le nez fort, légèrement écrasé aux narines, la bouche
moyenne et tranquille. Le menton d'une ligne très pure termine
harmonieusement l'ovale de la figure, qui n'a rien de sec, de

(1) René Van Schuppen, né à Anvers, 1623, mort à Paris, 1707, fut
élève de Nanteuil.

raide ou de heurté. L'ensemble de la physionomie a quelque chose de distingué, de doux et de méditatif. Saint-Simon a dit de Fénelon qu'il fallait faire effort pour ne pas le regarder ; la physionomie un peu ascétique de Mgr d'Aire plaît : on la regarde volontiers.

Voilà le personnage au physique. Au moral, il serait plus difficile à définir, si nous ne devions attendre que de ses contemporains les détails destinés à nous le faire connaître. Car, on peut appliquer à Fromentières ce qu'il a dit lui-même de St Paul : « Il n'aurait pu être connu, s'il n'avait voulu se faire « connaître, et pour travailler à l'histoire ou à l'éloge de cet « apôtre, il ne faut en prendre la matière que de lui-même. » (1) Encore n'avons-nous pour le connaître que ses œuvres oratoires : toute sa correspondance semble avoir disparu. Ce nous est une raison de plus de l'étudier dans ses sermons et dans ses actes, et de recueillir précieusement les trop rares témoignages qu'ont porté sur lui ses contemporains.

Dans le mémoire dont il a déjà été parlé, Nicolas Colbert fait en ces termes le portrait de l'abbé de Fromentières : « il est « froid, mélancolique, et a bon sens.» Evidemment, l'homme était trop complexe pour que son portrait pût tenir ainsi en quatre mots ; il est dans l'Evêque d'Aire des qualités que Nicolas Colbert oublie, et certains défauts qu'il ne relève pas ; mais, le peu qu'il en dit est juste. Froid, l'abbé de Fromentières le fut surtout dans ses rapports avec le monde, au milieu duquel il porta toujours une dignité pleine de réserve, qui le tint aussi loin des complaisances compromettantes que de l'intrigue. Fils d'un noble seigneur, conseiller du roi ; descendant par sa mère, Marie Perrot, d'une famille parlementaire qui avait sa lignée d'aïeux et de glorieux services, (2) il n'eût probablement tenu qu'à lui de

(1) *Panégyrique de Saint Paul* : Exorde.
(2) Je n'ai parlé plus haut que de sa famille paternelle et de ses aïeux maternels. J'aurais pu parler des alliances survenues qui faisaient entrer dans sa famille les Combaut, dont une petite fille épousera François Mahé de la Bourdonnaye, gouverneur de l'île de France ; les du Mesnil, famille assez considérable pour que le chancelier de Ponchartrain ait songé à s'unir à elle.

se couler dans les salons, où tant d'autres ecclésiastiques
aimaient à se répandre et à remporter des succès mondains, aux
dépens d'autres succès plus enviables que par leur caractère ils
avaient le devoir de rechercher. Les auteurs de *Mémoires* et
de *Lettres* du temps, fort au courant de ce qu'on appelle
aujourd'hui « la vie parisienne, » les ont rencontrés dans le
monde, et se sont donné le malin plaisir de nous les faire
connaître : l'abbé de Clermont-Tonnerre, d'une fatuité sans
bornes et d'une insupportable vanité, (1) plus tard archevêque et
cardinal ; le naïf abbé de Berthier, qui n'en sera pas moins
évêque de Blois ; l'abbé de Roquette « tout sucre et tout miel, lié
« aux femmes importantes de ce temps là et entrant dans toutes
« les intrigues, toutefois grand béat ; » (2) l'abbé de Drubec
pour lequel « parler et offenser est précisément la même
« chose ; » (3) l'abbé Tétu qui, en attendant un évêché, qu'il n'eut
d'ailleurs jamais, tuait le temps à des intrigues galantes ; (4)
les de Harlay, de Villars, de Choisy et tous autres abbés plus
ou moins commendataires, sans parler de tous ces « amphibies, »
qui, suivant le mot de La Bruyère, vivaient à la fois de l'Eglise
et de l'épée. Mascaron lui-même ne dédaignait pas quelquefois,
à son jour et à son heure, de pénétrer discrètement dans le
monde pour s'y distraire, en tout bien et tout honneur, de ses
graves occupations. (5) Je ne parle pas de Fléchier. Le sémillant
auteur des *Grands jours d'Auvergne* avait appris dans la familiarité
des Caumartin, à tempérer la gravité ecclésiastique par le
mélange, à dose légère, de l'élégance mondaine.

Il ne paraît pas que l'abbé de Fromentières se soit répandu

(1) « Sa vanité, dit Fréron, éclatait jusque dans la chaire d'humilité
« où il n'apostrophait jamais ses auditeurs que du nom de « *canaille*
« *chrétienne* » Fréron. opusc. Tom. II. Lettre VI.
(2) St-Simon édit. Chéruel. in-12. T. III. p. 381.
(3) La Bruyère caractères. Chap. V. Tom. I. page 152.
(4) Mme de Sévigny à Mme de Grignan 13 mai 1671. 26 août 1671.
Lettre de Mme de Maintenon à Mgr de Noailles 14 oct. 1695, édition
Lavallée. Tome IV.
(5) Le Hanneur. *Mascaron*, 1re partie. ch. IV. page 82 et suiv.

dans le monde au-delà de la mesure que lui imposaient ses relations de famille et les devoirs de son ministère ; et chacun sait qu'à cet égard, ce dernier point n'impose presque rien. « Prêtres du seigneur, disait-il un jour au Clergé de Paris, « assemblé autour de lui pour entendre sa parole, vous devez « vous séparer du mélange et de la corruption du monde par la « dignité de votre ministère ; et, comme votre sainteté ne peut « être en tout semblable à celle de Dieu, et que vous ne pouvez « vous reposer sur vous-mêmes, c'est à lui que vous devez « uniquement vous attacher. N'en doutez pas, Messieurs, la « grâce du sacerdoce est une grâce de séparation. Il faut que « vous ne teniez au monde que par les engagements de votre « ministère et les nécessités de votre corps, et que vous ne « conversiez avec les mortels que comme J.-C. ressuscité « avec ces deux disciples qui allaient à Emmaüs. Il leur parlait, « il les regardait, il les instruisait, il mangeait avec eux, il « faisait en apparence toutes les fonctions de la vie raisonnable « et animale, et cependant, ce n'était pas un homme comme « eux. » (1) Il y a dans ces conseils un ton de sincérité et un accent de conviction, qui ne permettent pas de douter que la conduite conseillée par Fromentières ne fut celle qu'il suivait lui-même, et que suivaient assurément bien d'autres ecclésiastiques retenus habituellement à Paris, et en particulier Bossuet. C'est probablement à une pareille conduite, qu'il doit d'avoir passé inaperçu. S'il se fut prêté à de louches intrigues ou à d'équivoques complaisances, comme un Daniel Cosnac ou un Gabriel de Roquette, s'il eût pâli dans les antichambres, pour acheter au prix de sa dignité un évêché et des abbayes, le chroniqueur, qui veillait dans la coulisse, n'eût pas manqué de le remarquer et de surprendre son secret. Ce n'est pas à dire que les jugements de Tallemant ou de Saint-Simon soient irréformables, et que tous ceux qu'ils accusent soient condamnés; mais il est des

(1) *Discours prononcé devant une assemblée d'ecclésiastiques.* I<sup>re</sup> partie.

caractères qui devraient se trouver à l'abri de certains soupçons, parce qu'il est des soupçons dont on ne peut se laver complètement. C'est à sa conduite sévère et à son caractère froid, que Fromentières a dù de traverser, sans éveiller les critiques, une époque où la chronique aimait passionnément les histoires galantes et les petits commérages scandaleux.

Les seules relations qu'il paraît avoir eues à Paris, en dehors du cercle de sa famille, nous le montrent dans ce milieu pénitent et dévot où règne, par le droit de la naissance et de la fortune, l'héroïne convertie de la Fronde, la duchesse de Longueville ; autour d'elle se groupent la candide princesse de Conti, estimée si fort de son beau-frère, le grand Condé, « qu'on lui entendit « dire, que s'il trouvait une bergère aussi vertueuse que sa « belle-sœur, il la donnerait pour femme au duc d'Enghien, son « fils. » (1) ; la vertueuse Madame de Guise, abbesse de Montmartre ; Madame de Sablé, qui déjà n'est plus jeune et travaille, dans ces régions d'une sévérité janséniste, à oublier et faire oublier les souvenirs du passé. Dans un milieu encore plus élevé, nous trouvons Fromentières honoré de l'estime et de la faveur de deux reines, portées par leur caractère ou par les vicissitudes de leur fortune, à rechercher dans un ecclésiastique l'homme de Dieu plus que l'homme du monde, l'ami du devoir plutôt que l'ami de l'éclat, de la réputation et du bruit.

Ce mélange d'austérité, de dignité et de réserve, à un âge et dans des circonstances qui lui permettaient d'espérer des succès mondains, ne donnent pas un rang à part à Fromentières ; mais le placent, cependant, au nombre des ecclésiastiques les plus respectés que comptait alors la capitale. Que s'il trouvait autour de lui de nobles exemples pour s'encourager à garder toujours la même attitude, on ne saurait nommer parmi ses contemporains, un seul homme marquant dans le clergé, à qui pût convenir ainsi qu'à lui le qualificatif « mélancolique ». La mélancolie,

(1) *Mémoires du P. Rapin.* Paris 1865. Tome III, liv. XVII.

mal bien rare à cette époque, et qui donne à Fromentières sa physionomie dans l'assemblée des grands esprits dont s'honorait alors l'Eglise de France. Rien n'a troublé la sérénité de Bossuet; aucune contradiction n'a pu détruire la majestueuse unité de sa vie. Il a rencontré sur sa route des adversaires de toute qualité et de tout rang. Défenseur infatigable de la vérité, il a lutté toute sa vie, tendant charitablement la main aux adversaires de sa foi, ou passant sur eux, s'ils refusaient de se rendre : il est arrivé à la fin de sa carrière, plutôt vaincu par l'âge et la maladie qu'épuisé par la lutte On pourrait en dire autant de Bourdaloue. Le sévère jésuite, formé à l'école de son maître Ignace, avait appris à mettre son âme au-dessus des évènements, à ne s'affliger ni se réjouir outre mesure, mais à posséder son cœur dans la paix. Il fit humblement, courageusement et totalement son devoir ; après quoi, il se reposa sur Dieu des succès et des récompenses à venir. Il en fut de même de Mascaron et de Fléchier. Ce dernier, d'ailleurs, par ses habitudes de jeunesse, ses relations dans le monde et les applaudissements qu'il y cherchait et rencontrait souvent, n'était pas amené à trouver le monde trop mal fait. Mais Fromentières ne prit que difficilement, ou plutôt, ne prit pas du tout son parti de la manière dont se passaient les choses de ce monde. La mélancolie, l'humeur noire, sorte de tendance à un mal tout moderne, mais ignoré alors, gâta toujours plus ou moins sa vie, et ne lui permit guère de goûter que de loin en loin, rarement peut-être, le bonheur d'agir, de sentir et de vivre. Elle provenait de l'opposition qu'il y avait entre ses désirs et la réalité, entre ce qu'il aimait et ce qu'il voyait, entre ce qu'il cherchait et ce qu'il trouvait. Ce contraste n'émeut pas également toutes les âmes. Chez l'abbé de Fromentières, élevé près des Etangs à l'ombre des grands bois, il rencontrait un tempérament propre à en recevoir toute l'impression De sorte que son caractère nous fait songer involontairement à Pascal inquiet et à Fénelon vieillissant à Cambrai.

Ce trait fait assurément l'originalité de son caractère ; en revanche, il fit ce que, dans une certaine mesure, on peut appeler l'écueil de sa vie. La mélancolie chez les âmes molles produit le découragement ; aux âmes ardentes elle donne l'impatience et la fièvre. Et la vie de Fromentières est comme échauffée par les ardeurs de la fièvre. Quand on lit ses sermons, on sent parfois déborder l'amertume qui couvre le cri de la charité apostolique, et met dans sa bouche, trop souvent, des épithètes qui ressemblent à des flétrissures. Impatient de son zèle, il demande, ou plutôt, exige la conversion des ennemis de sa foi, et fait appel au bras séculier pour assurer le succès de ses prédications. Fatiguée de ses efforts, bientôt cette ardeur retombe sur elle même, et alors son découragement comme son zèle dépasse la mesure : « quand nous considérons que d'un si grand nombre de
« pécheurs qui se trouvent dans le monde, il y en a si peu qui
« n'en usent pas de la sorte, et qui ne résistent pas aussi
« malicieusement à tous les avis que nous leur pouvons donner,
« il n'y a point de prédicateur qui ne soit tenté de descendre de
« la chaire, ni d'homme zélé, de fermer la bouche pour toute
« sa vie. » (1)

Si nous le suivons dans le cours de sa carrière et de son administration épiscopale, nous trouvons la même ardeur de tempérament et la même chaleur de zèle. Son activité le dévore ; il entreprend de relever à la fois tout son diocèse de ses ruines, il y engloutira, et au delà, ses revenus déjà considérables. Quand il découvre un abus, il prend sur l'heure une décision, et comme elle s'inspire de la première impression, elle est énergique. Sa lettre aux prébendiers de Bresquit est grosse de menaces, et on sent bien qu'il les aurait mises à exécution. Où la bonté des autres avait échoué, sa fermeté réussit, et, de son vivant, les courses de taureaux ne recommenceront pas à Mont-de-Marsan. Le marquis de Poyanne, gouverneur de Dax, haut personnage

(1) Sermon *sur la correction paternelle*. III<sup>e</sup> partie.

au pays de Gascogne, crut avoir facilement raison de l'Evêque d'Aire ; on sait que l'Evêque tint tête au marquis et qu'il finit par en triompher. On pourrait croire que Fromentières avait pris pour devise ce qu'il disait un jour, en chaire, de St-Jean-Baptiste : « il menaça, il tonna, il foudroya,.. . montrant toujours au milieu « de la lutte.... une tête de fer et un cœur d'acier. » (1)

De pareilles âmes ne sont pas faites, généralement, pour les luttes calmes et les discussions courtoises. Elles ont trop d'ardeur, pas assez de sangfroid : elles sentent trop vivement pour conserver la pleine possession d'elles-mêmes. La résistance un peu prolongée les irrite. Les chicanes des jurats de la ville d'Aire, processifs et retors, l'exaspérèrent bien vite, et il eut à leur adresse quelques paroles blessantes, contre lesquelles ces messieurs ne manquèrent pas de protester. C'est là, sans doute, ce que quelques documents biographiques caractérisent d'un mot pittoresque, mais vrai, « son éclipse, qui fut sa vivacité. » (2) Tout ce qui vient d'être dit ne laisse guère la liberté d'en douter. Cette vivacité nuira à l'orateur, à qui elle enlèvera quelque chose de cette suavité qui s'appelle l'onction, et qui va réveiller au fond des âmes ce qu'il y a de plus tendre et de plus humain. Elle nuira plus encore à l'homme, dont elle « abrégea les jours. » (3) A vivre d'une vie aussi active, on use bientôt ses forces. Tant d'œuvres qu'il menait de front, la lutte qu'il soutenait contre les ennemis de l'Eglise ou de son église, lassèrent son courage sans l'abattre. Vaincu par la mort, il n'était pas désarmé : « Ne perdez « pas mon âme avec les impies. » C'est l'éternelle prière que devait adresser au Seigneur la pierre sous laquelle il voulait être enseveli.

Si pourtant Fromentières avait le défaut d'être trop vif, cette vivacité s'unissait chez lui aux plus aimables et aux plus sérieuses

(1) *Panég. de St Charles Borromée* et Sermon sur la *Décollation de St Jean-Baptiste.* II^{me} partie.
(2) *Archives de l'Evêché d'Aire. Livre rouge.*
(3) Ibid.

qualités. Il a dit lui-même qu'un prédicateur « doit avoir un front
« d'airain pour les opiniâtres, un cœur tendre pour les pénitents. »
Et la meilleure preuve qu'au front d'airain il savait joindre le
cœur tendre, nous est donnée par la confiance avec laquelle
Audijos voulut faire sa soumission entre ses mains. On peut
croire qu'en cette occasion, l'homicide aventurier céda moins à
la vigueur du raisonnement qu'à l'ascendant de la bonté ; car de
pareilles âmes peuvent bien être brisées par la force, mais elles
ne sont traitables qu'à la douceur et à la charité. On vit même
de ses ennemis venir se jeter à ses genoux et lui demander son
amitié ; et l'on n'aura pas oublié, sans doute, l'histoire de ce
huguenot, obstinément déclaré contre son Evêque, et qui cependant
dut s'avouer vaincu par la séduction de son âme ardente et
sympathique Il gagna de même, dit un biographe, l'affection de
ses diocésains « par ses exhortations touchantes, l'ascendant de
« ses vertus et le charme irrésistible de sa douceur. » (1) Ses
prêtres savaient qu'ils étaient toujours bien reçus chez lui, et les
pauvres étaient sûrs de rencontrer toujours chez leur Evêque un
appui contre les vexations des riches, et un secours dans leur
misère. « Ce que l'on donne souvent à la vanité ou au plaisir, il
« le consacrait au soulagement des pauvres, qui savaient, presque
« eux seuls, qu'il eût du bien ou des provisions de blé, qu'il
« faisait, en des temps de famine, distribuer avec abondance
« par tous les villages de son Diocèse. » (2)

« On n'est pas bon pour les autres, a-t-il dit un jour, si on ne
l'est pas pour soi-même. » (3) A la lumière de la vérité divine, il
avait compris que la charité pour soi-même consiste « à chercher
un saint repos et à travailler à sa propre sanctification. » (4)
L'histoire de sa vie nous montre assez qu'il n'y manqua pas.
Comme il n'était pas de ceux qui étaient entrés dans l'église

<hr>

(1) *Bibliothèque des orateurs chrétiens*. Art. Fromentières. Paris 1830
Tome XII, page 279.
(2) Richard. *Préface des Sermons*.
(3) *Discours prononcé devant une assemblée d'ecclésiastiques*. II<sup>e</sup> partie.
(4) *Ibidem*.

« sans s'examiner soi-même, sans voir à quoi on est propre,
« sans consulter la volonté de Dieu, sans chercher d'autre règle
« à sa vocation que l'occasion, sa propre légèreté, l'avidité ou
« l'ambition des parents, » (1) il comprit mieux les obligations
de son état, et en pratiqua plus complètement les devoirs. « Il
chercha à honorer le sacerdoce par la vertu et par la science.»(2)
Si d'autres ont pu briguer les honneurs, nous savons que lui
les attendit sans impatience et les accepta sans orgueil : « Bien
« différent de tant d'âmes orgueilleuses et vénales qui briguent
« les premières dignités de l'Eglise qui emploient ce qu'elles
« ont d'amis, de crédit, d'intrigue, d'hypocrisie pour tenir les
« premiers rangs dans le royaume de J.-C., il n'accepta l'épiscopat
« qu'en tremblant, et cette place lui parut si dangereuse, qu'il
« n'aurait jamais consenti à la remplir, s'il n'avait appréhendé
« de résister à la volonté de Dieu. » Ces paroles trouvent leur
commentaire éloquent dans la conduite tenue par Fromentières
quand il apprit sa nomination à l'evêché d'Aire : « Il gémit aux
« pieds du crucifix, et s'écria dans une profonde humilité : si
« Dieu ne me soutient, je serai infailliblement accablé sous une
« charge dont je ne sens pas encore la pesanteur... En vain, lui
« fit-on des compliments sur sa nomination ; l'odeur de l'encens,
« qui fumait autour de lui, ne l'entêta jamais .. et de toutes les
« lettres qu'on lui écrivit sur ce sujet, il n'en reçut aucune qu'il
« crût lui être plus honorable et plus utile que celle de Madame
« la duchesse de Longueville, lettre qu'il a conservé jusqu'à sa
« mort, comme sa consolation et, à ce qu'il disait, le modèle de
« ses devoirs. En voici le texte : Je ne me réjouis pas avec vous,
« monsieur, de la dignité où vous venez d'être élevé. Plus j'ai de
« considération et d'estime pour ceux que Dieu y appelle, plus
« je les plains dans ces occasions. Je ne vous dirai point les
« raisons qui me donnent ces sentiments et qui m'inspirent cette

(1) *Oraison fun. du P. Sénault.* III⁰ partie.
(2) *Ibidem.*
(3) *Panégyrique de Saint-Augustin.* III⁰ partie.

« conduite ; votre piété doit vous en faire sentir tout le poids,
« etc. » (1) En revanche, quand il fut revêtu de cet honneur,
qu'il n'avait ni recherché, ni demandé, l'histoire de sa vie nous
a montré qu'il en accepta toutes les charges, et qu'il en remplit
tous les devoirs, y compris celui de mourir entre les bras de cette
église à laquelle l'onction épiscopale l'avait uni. Des sept
évêques qui passèrent sur le siège d'Aire au XVII<sup>e</sup> siècle, quatre
se laissèrent appeler à des évêchés moins modestes, ou à des
bénéfices plus plantureux. Bernard de Sariac, prédécesseur
immédiat de Fromentières, mourut au château de ses pères ;
Fromentières seul finit ses jours dans ce lointain village, où la
Providence avait fixé le siège de son évêché. A quelques vingt
lieues de là, et vingt ans auparavant, Guillaume le Boux, fils
d'un pauvre notaire de village des environs de Saumur, et, plus
tard, religieux de l'Oratoire, s'ennuyait, dit-on, mortellement
dans son évêché d'Acqs. Par ses instances, dont le public fut
« vivement choqué, » (2) il obtint de Louis XIV un évêché
plus fait à sa mesure, dans un pays moins éloigné du Soleil.
Le fils du gentilhomme des Etangs fut plus digne que l'ancien
religieux : il prit au sérieux le titre d'épouse que l'évêque
donne à son église, et ne s'en sépara pas.

Les derniers traits de la vie de Fromentières sont particulièrement touchants, et achèvent de nous faire connaître le fond de
son âme.

Comme il se sentait mourir, il demanda que les manuscrits
de ses sermons ne fussent jamais publiés, mais que, détruits, ils
ne survécussent pas à leur auteur. Acte d'humilité remarquable,
s'écrie Moreri. (3) Nous le croyons sans peine et d'autant plus
volontiers, que Fromentières, qui n'avait jamais manifesté aucun

(1) Richard. *Préface des Sermons*.
(2) *Menagiana*, Tome III, page 219. Les termes dont se sert le
*Menagiana* sont assez durs pour la mémoire de Mgr le Boux. On voudrait
croire que le narrateur a exagéré les faits, en sacrifiant au plaisir de raconter une méchante histoire et de faire un mauvais jeu de mots.
(3) *Dictionnaire*. Art. Fromentieres.

penchant pour la représentation ou la parade, n'aurait pas choisi, pour jouer un personnage, l'heure suprême « où l'on ne charge « pas ordinaireme nt sa conscience de nouvelles fautes, » (1) en cédant aux mesquines préoccupations de la vanité. Calcul d'amour-propre ! insinue l'abbé Ledru, d'un homme qui reconnaît l 'imperfection de son œuvre et veut en faire disparaître la trace ; » (2) ce qui n'est certainement pas juste. Peut-être le pieux prélat n'obéissait-il, à cette heure, ni à un calcul d'amour-propre, ni à un sentiment d'humilité. Les prédicateurs du XVII° siècle n'avaient pas l'habitude de publier leurs sermons et ne les ont pas publiés. Leurs sermons, c'était leur bien ; ils en usaient seuls. Ils ne savaient que trop le triste usage que la paresse d'un prédicateur peut faire des sermons d'autrui. L'élève de St-Magloire n'ignorait pas avec quelle assurance, quelques années auparavant, on s'appropriait et on récitait les sermons du P. Sénault. Fromentières pensa qu'il n'avait pas à prévenir la stérilité des prédicateurs besoigneux ou ignorants : ses sermons étaient pour lui : ils ne devaient pas lui survivre.

Sa mort fut digne de sa vie. Jeune encore, il dut la saluer sans trouble. « Le chrétien, disait-il un jour, trouve assez de « quoi se consoler de la mort, dans la mort même, et, en attendant « que son corps et son âme entrent en partage du bonheur des « prédestinés, il doit retenir le cours de ses larmes, quand la « dissolution de ces deux parties viendra à se faire un jour. » (3).

Quand ce moment fut venu, ses sentiments d'humilité éclatèrent aux yeux de tous. Il ordonna qu'on l'enterrât sans pompe, qu'au cimetière ses cendres fussent mêlées à celles des pauvres dont la cause avait été la sienne, qu'on ne gravât sur le marbre de sa tombe ni son nom, ni ses armes, et que nulle voix ne s'élevât pour faire entendre un éloge funèbre. Je ne sais si son éloge fut

(1) *Oraison funèbre de Hardouin de Péréfixe*. III· partie.
(2) *Biographie universelle de Michaud*. Art. Fromentières.
(3) *Sermon sur les Avantages de la mort*. Exorde.

prononcé; mais, nous dit un biographe, (1) il mourut « extrêmement
« regretté de son diocèse, malgré les réformes qu'il y avait
« introduites. »

Il n'y a pas de plus belle oraison funèbre.

(1) *Dictionnaire portatif des prédicateurs français*. Art. Fromentières.

DEUXIÈME PARTIE

———

# LE PRÉDICATEUR

# Chapitre I

# ÉTUDE BIBLIOGRAPHIQUE

*I. — Quand et par qui furent publiées les œuvres de Fromentières.
— Editions diverses. — Publications séparées. — Toutes les
œuvres de Fromentières n'ont pas été publiées. — Plan suivi
par l'éditeur ; ce qu'il a de défectueux. — Problème soulevé
par la lecture de certains sermons de Fromentières.*

*II. — Accueil fait à la prédication de Fromentières : 1° par ses
contemporains : témoignages de la Gazette de France, de la
Muse historique, du Journal des Savants, de Boursault, de
l'abbé de Marolles, de l'abbé Legendre, de l'abbé de Villiers ;
2° au XVIIIᵉ siècle, témoignages de Moreri, Houdry, Lambert,
de l'abbé Maury ; 3° au XIXᵉ siècle, Fromentières a perdu de
sa réputation ; pourquoi ? ce qu'en disent la Bibliothèque des
Orateurs chrétiens, l'abbé Hurel, Hauréau.*

I

Mʳ Hauréau (1) admet sur le témoignage de l'abbé Ledru (2)
et de Peignot (3) que « les œuvres de Fromentières furent
« publiées l'année même de sa mort. » Il regrette au même endroit
de n'avoir pas pu se « procurer cette édition qui se compose de six
« volumes.» Cette édition est, en effet, introuvable, pour la bonne
raison qu'elle n'existe pas. On sait que Fromentières mourut
vers la fin de décembre 1684. Or, on se souvient qu'à cette date,
notre prédicateur mourant demanda que les manuscrits de ses
œuvres fussent détruits, pour empêcher par là qu'ils ne fussent

(1) *Histoire littéraire du Maine.* Art. Fromentières.
(2) *Biographie universelle de Michaud.* Art. Fromentières.
(3) *Manuel bibliographique.*

un jour publiés : ils ne l'étaient donc pas encore. Les manuscrits de l'évêque d'Aire devinrent la propriété de Messire Hilarion de Fromentières, qui pourra écrire en tête des œuvres de son illustre frère : « Les plus précieux biens que Monsieur l'Evêque « d'Aire m'ait laissés après sa mort sont ses sermons. » On peut même croire, après ce qui a été dit plus haut, qu'il n'en reçut pas autre chose. Que le seigneur des Etangs n'ait pas voulu mettre à exécution la dernière prière de son frère et détruire les manuscrits, il est naturel de le croire ; que bientôt même la pensée lui soit venue, que la meilleure manière de travailler à la gloire de son nom et de son frère était d'imprimer les précieux manuscrits, il n'y a rien d'étonnant non plus. Mais déjà deux ans s'étaient écoulés depuis la mort de Mʳ d'Aire ; et c'est en 1687 seulement, que l'avocat Richard fut chargé de mettre les manuscrits en ordre et de préparer l'édition. Le premier volume parut, vers les premiers jours de 1688, avec permis d'imprimer du 2 octobre 1687. L'approbation du second volume est du 2 août 1688. L'impression en fut terminée le 31 décembre de la même année. (1)

Le troisième volume parut, dans le courant de l'année 1689, et enfin les trois derniers furent livrés au public, en 1690, avec permis d'imprimer délivré le 4 février 1690. Le *Journal des Savants* annonça la publication de ces trois volumes, comme il avait déjà rendu compte de la publication du premier. (2)

Cette édition parut chez Jean Couterot et Louis Guérin, rue St-Jacques, format in-8°. Le premier volume était orné du beau portrait de Fromentières, buriné par Van Schuppen, et portait en première page une dédicace au roi, signée H. de Fromentières et suivie de la Préface de Richard. Les volumes II et III contiennent les Panégyriques ; les volumes IV et V, les sermons du Carême, et enfin le sixiéme volume porte le titre

(1) Ce volume parut sous ce titre : « *Sermons de Messire Jean-Louis de Fromentières èvêque et comte d'Aire, prédicateur ordinaire de sa Majesté.* »
(2) *Journal des Savants*. N· du 22 mars 1688 et vol. Z. Décembre 189ɔ.

d'*Œuvres mêlées*. Il contient six oraisons funèbres et quelques discours de circonstance. (1)

En 1710, l'éditeur Lyonnais, Briasson, donna les œuvres de Fromentières, en six volumes in-12, et Migne les a publiées aux tomes VIII et IX de sa collection des *Orateurs sacrés*.

En dehors de ces éditions, ou rééditions, on trouve encore quelques sermons qui furent publiés séparément, du vivant de Mgr de Fromentières. Ce sont d'abord les *Oraisons funèbres*. Au XVIIe siècle, c'était un usage assez ordinaire de publier ces éloges, dès qu'ils avaient été prononcés. Ils étaient tirés sur des plaquettes in-4°, de trente à quarante pages, très difficiles à trouver aujourd'hui. Bossuet, qui ne publiait pas ses sermons, laissa imprimer ses oraisons funèbres. Fromentières ne fit pas exception à cet usage ; car nous avons vu les éditions séparées des oraisons funèbres d'Anne d'Autriche, de M. de Lionne, de Hardouin de Péréfixe et du P. Sénault. Nous savons, de plus, que l'Assemblée du Clergé de France, dans sa séance du 30 octobre 1670, demanda à l'abbé de Fromentières que le sermon prononcé par lui, dans la cérémonie du 28 août précédent, fut livré à l'impression. L'abbé de Fromentières y consentit. (2)

Assurément, ces différentes éditions, qui toutes se ramènent à celle de 1688-1690, la plus soignée et la plus complète, ne contiennent pas tous les sermons prononcés par Fromentières. Le seigneur des Etangs a bien pu communiquer à l'avocat Richard tous les manuscrits dont il était devenu possesseur ; mais il faut en conclure alors, qu'il n'avait pas hérité de tous les manuscrits. Nous savons par l'exorde du *Discours sur la Réparation* que, quelques semaines auparavant, Fromentières avait prêché, au service de Monsieur et de Madame de Beaufort, un sermon qu'on chercherait en vain dans les six volumes de sa prédication. — Il

(1) L'éditeur Couterot, resté seul à la tête de la librairie de la rue St-Jacques, à l'enseigne de l'image de saint Pierre, publia une édition in-12. Il serait difficile de dire le nombre de rééditions complètes ou partielles que ce libraire fit tirer des œuvres de Fromentières. Personnellement, nous en avons vu plusieurs.

(2) Procès-verbaux des Assemblées du Clergé de France T. V. p. 122. Il s'agit ici du *Discours sur la Réparation*.

existe à la Bibliothèque nationale sous le n° 9638, fonds français, un volume in-4°, dans lequel se trouve, parmi beaucoup d'autres sermons manuscrits de différents prédicateurs, un sermon inédit de l'abbé de Fromentières *Sur la fête de la Purification*. Ce discours est d'autant plus intéressant, qu'il est sûrement de la période où Fromentières commençait à prêcher à Paris. Je n'hésiterais pas à le rapporter à l'année 1662. Ce sermon, en effet, a été prêché devant des Religieuses, comme il paraît par la péroraison : « Où trouverons-nous donc l'imitation des vertus de « la sainte Vierge, si ce n'est dans les cloîtres et les maisons « religieuses ; c'est mes chères sœurs, votre gloire et votre « bonheur. » Or, en 1662, Fromentières prêcha le carême devant les religieuses bénédictines du Val-de-Grâce. Chacun sait qu'au XVII° siècle le prédicateur du carême prenait possession de la chaire et s'annonçait à son public le jour de la Purification : il se pourrait très bien que le sermon inédit, conservé à la Bibliothèque nationale, fût de cette année-là. Une étude attentive de ce discours ne ferait que confirmer cette opinion. C'est une œuvre de jeunesse, embarrassée dans ses développements, indigente dans son fond. Le prédicateur, qui n'a pas encore eu le temps de féconder sa veine, par la méditation de l'Ecriture et l'étude persévérante des Pères, a recours aux divisions et subdivisions nombreuses, pour fournir une heure de développements. Sa doctrine est sûre ; mais elle manque de cette autorité que donneront plus tard à ses sermons les riches emprunts faits à l'Ecriture Sainte et à la Tradition. Quand il reprendra ce sujet, quelques années plus tard, Fromentières adoptera une division plus simple : le sujet sera plus un, la matière moins confuse, le développement plus nourri. A cette époque, sans avoir rien perdu de son imagination, Fromentières sera formé par l'habitude de la chaire et par une plus longue étude.

Il ne faut pas se flatter que ces deux discours soient les seuls qui aient échappé aux recherches de l'éditeur. Ils nous donnent, du moins, le droit d'affirmer que tous n'ont pas été édités. Il serait inutile de le regretter ; car les six volumes imprimés suffisent déjà à nous montrer Fromentières tel qu'il était dans la chaire. Peut-être, pourrait-on regretter davantage l'ordre suivi par l'éditeur. Quand il composait des sermons ou qu'il éditait ceux des autres, Richard n'avait qu'un but : offrir aux prédicateurs des modèles dont ils pourraient s'inspirer et s'aider. On comprend dès lors que l'ordre à suivre lui fût assez indifférent ; cependant, l'ordre liturgique était pour lui le plus naturel, en même temps que le plus facile. On conçoit donc qu'il ait eu ses préférences. Le calendrier liturgique sous les yeux, Richard range les Sermons et Panégyriques dans l'ordre établi pour les fêtes auxquelles ils se rapportent ; il met en tête le *Sermon pour le jour de la Circoncision* et termine par le *Panégyrique de St Jean l'Evangéliste* (27 décembre). Les discours hors série, dont le sujet ne se rattache pas à une fête liturgique, Sermons de vêture et Oraisons funèbres, viendront ensuite dans le volume des *Œuvres mêlées*.

Dans la classification des Sermons, ceux du carême ont une place à part et sont imprimés séparément aux volumes IV et V de la collection. Mais, ici l'ordre est encore plus arbitraire. Fromentières a prêché plusieurs carêmes : il devait prêcher à la Cour celui de 1681 ; il en fut empêché par la maladie qui allait l'emporter moins de quatre ans plus tard. Cependant, ce carême était prêt, le manuscrit devait être facile à reconnaître, soit à la couleur du papier, soit à la fraicheur relative de l'écriture. Quoi de plus naturel et de plus facile, que d'imprimer séparément ce carême et de réserver, pour les publier à part, les sermons qui se rapportaient aux carêmes précédents ? L'éditeur n'a pas cru devoir le faire ; y a-t-il même songé ? Il nous a donné ainsi un carême grossi au-delà de toute mesure, et comprenant trente-huit sermons, alors que le prédicateur ne dépassait guère la vingtaine. Le prédicateur à la Cour ne prêchait que trois fois par semaine. (1) Dans le carême tel que l'a publié Richard, il n'y a

(1) Abbé Hurel. *Les Orateurs sacrés à la Cour de Louis XIV.* Introduction, page XLI.

pas de semaine qui ne compte quatre sermons, plusieurs en ont cinq chacune ; il arrive même que nous avons deux sermons pour le jour du Vendredi Saint. De là l'impossibilité de reconnaître parfois les sermons qui appartiennent au carême de 1681, ceux qui furent prêchés et ceux qui ne le furent pas.

L'ordre chronologique nous eût mieux convenu ; non qu'il soit si important de noter les progrès qu'a faits Fromentières, à mesure qu'il se familiarisait avec la prédication. L'Evêque d'Aire n'est pas un de ces grands esprits qui nous intéressent dans tous les détails de leur existence, et qu'il est profitable de suivre dans toutes les manifestations de leur talent. Nous nous garderons bien de le surfaire, et d'oublier que ses œuvres oratoires plaisent plus par les résultats qu'elles découvrent, que par les efforts laborieux qu'elles supposent. Mais, l'ordre chronologique, alors même qu'il n'est pas rigoureusement nécessaire, est toujours utile, parce qu'il sert à l'histoire, et qu'il n'est jamais indifférent, pour suivre un prédicateur à travers sa carrière oratoire, d'être guidé par la date de ses sermons. Ce plaisir, car c'en est un, nous est refusé par l'éditeur ; et si, comme nous l'avons dit, (1) il est quelques Sermons, Panégyriques ou Oraisons funèbres dont la date nous est connue, la plupart se rapportent à une époque indéterminée.

Nous en aurons fini avec ces détails bibliographiques, quand nous aurons appelé l'attention sur un curieux problème, soulevé par certaines phrases qu'on lit à la fin de quelques sermons : « Je ne vous propose ici que l'idée de ce que j'avais à « vous dire, parce que l'excessive chaleur m'oblige d'abréger; » (2) ou encore : « ce serait ici le sujet de mon dernier point, mais, « pour ne point fatiguer une patience royale, je le finis en deux « mots et sans reprendre haleine ; » (3) ou ailleurs... « il me « resterait encore à vous faire voir... mais ce discours ayant

(1) Biographie : Chap. I. page 15.
(2) *Sermon pour la décollation de St Jean Baptiste*. Péror.
(3) *Sermon pour le jour de la Toussaint*. Péror.

« déjà eu assez d'étendue etc. » (1) Il ne serait pas difficile de multiplier les exemples. De pareilles remarques ont-elles pu être écrites avant que le discours fut prononcé et quand le prédicateur composait son manuscrit ? Ou bien, entraîné au-delà des justes limites, dans le feu de l'action, l'orateur en chaire a-t-il fait des coupures dans son discours, abrégé les troisièmes parties, et puis, dans un élan de sincérité, a-t-il corrigé le manuscrit pour le mettre d'accord avec le sermon prononcé ? Nous croyons que la première supposition est de beaucoup la plus naturelle. Fromentières donnait à ses deux premières parties un plein développement, qui suffisait parfois à tenir les auditeurs une heure entière. Comme il était temps de finir, les raisons ou les prétextes ne manquaient pas pour couper court, et sacrifier les troisièmes points : la main lassée, il déposait la plume. Et, quand il affirmait que « l'excessive chaleur » l'obligeait d'abréger, les naïfs seuls pouvaient se laisser prendre à cette innocente supercherie. Quand un prédicateur viendra vous dire qu'il s'arrête pour ne pas lasser votre patience, soyez bien sûr qu'il est au bout de son rouleau. Rarement un prédicateur qui récite, — c'est le cas du plus grand nombre, — a de tels ménagements pour son auditoire, qu'il consente à faire le sacrifice de ce qu'il a écrit et appris. Je ne dis pas que Fromentières n'eût pas su le faire, mais je suis plus porté à croire qu'il n'eut pas à le faire.

II

L'accueil fait à cette publication dut être assez favorable, si l'on en juge par la réputation que Fromentières s'était acquise. Les témoignages, qui attestent le mérite de sa prédication et ses succès oratoires, sont en effet très nombreux. Ils sont contenus d'abord dans les journaux du temps. Les louanges de journal, au

(1) *Sermon pour la fête du St Sacrement.* Péror.

XVII° siècle comme au nôtre, tiennent trop souvent de la complaisance, de la banalité et du lieu commun : nous ne le nierons pas. On admettra, cependant, qu'autrefois comme aujourd'hui — de la même manière, sinon dans la même mesure — les journaux étaient l'écho de leur temps. C'est à ce titre qu'ils sont consultés les premiers, quand nous recherchons quelle opinion le XVII° siècle avait de l'éloquence de Fromentières.

La *Gazette de France* fait mention plusieurs fois de la prédication de Fromentières, et c'est toujours avec les épithètes les plus élogieuses et les compliments les plus flatteurs. Tantôt elle déclare simplement que « Fromentières a fait un très beau « discours », septembre 1670 ; ailleurs, qu'il a prononcé un panégyrique « avec grand applaudissement », mars 1665 ; ou bien « avec un merveilleux applaudissement ʳ , février 1671 ; ou encore « avec l'admiration de l'auditoire », février 1671 ; ou enfin « avec « un succès qui répondit à la réputation qu'il s'acquiert tous les « jours par ses belles actions dans la chaire », octobre 1672. Ici l'éloge semble fuir les formules banales et sortir du convenu.

La *Muse historique* de Loret s'occupa, elle aussi, plusieurs fois de Fromentières. C'est en 1662 qu'elle nous signale son nom pour la première fois. Cette année-là, Fromentières prêchait le Carême au Val de Grâce. Ce fut lui aussi qui prêcha le Panégyrique de Saint-Benoit, dont la fête se célébrait au cours de la station. La Reine-Mère assistait à la cérémonie, et la *Muse*, qui n'omettait guère de signaler ces déplacements de sa Majesté, nous fait en même temps connaître le prédicateur qu'elle allait écouter. Fromentières, en 1662, est pour Loret un

> Esprit plein de hautes lumières,
> Et pour la prédication
> Excellent en perfection.
> .... Grandement prisé,
> Des âmes belles et sublimes,
> De plusieurs docteurs doctissimes,
> De tout plein d'évêques sacrés,
> Et d'abbés crossés et mitrès.

En 1664, le même abbé de Fromentières est appelé pour la première fois à la Cour, pour y prêcher la station de l'Avent. L'évènement est d'assez grande importance pour que la *Muse* l'enregistre dans ses vers :

> Monsieur l'abbé de Fromentières
> Qui sur les plus hautes matières
> Est profond et vraiment savant,
> Dans le Louvre prêche l'Avent.
> Je n'ai point de ce personnage
> Encore oui le saint langage.
> Mais quelqu'un me dit l'autre jour
> Que les délicats de la Cour,
> Qui lui donnent leur audience.
> Estiment fort son éloquence.

A quelques jours de là, dans la lettre suivante, la *Muse* parle encore de Fromentières. Une octave de sermons, en l'honneur de la Conception de la Sainte Vierge, est prêchée dans l'Eglise des Récollets du faubourg Saint Germain. La *Muse* cite les huit prédicateurs et donne une appréciation sur chacun d'eux. Elle dit du nôtre :

> L'abbé de Fromentières
> Dont les qualités singulières
> L'ont fait parvenir à son tour
> L'un des prédicateurs de Cour.

C'est vague, mais il faut se souvenir que la *Muse*, quelques jours auparavant, avait été beaucoup plus explicite, et qu'elle n'a pas voulu se répéter. Enfin, le jeudi 19 mars 1665, la fête de Saint Joseph fut célébrée en très grande pompe dans la chapelle des Feuillants. Les deux Reines, accompagnées de la grande Mademoiselle et de plusieurs autres dames de la Cour, assistèrent à la cérémonie du soir. L'assemblée était en même temps très nombreuse et très choisie. La *Muse*, qui nous donne tous ces détails, n'oublie pas de nous parler du prédicateur :

> Monsieur l'abbé de Fromentières,
> Eloquent sur toutes les matières,
> Ledit saint panégyrisa,
> Et si savamment exposa
> Ses qualités toutes modestes.....
>
> . . . . . . . . . . . .
>
> Que toute la grande assemblée
> Fut d'admiration comblée,
> Et jusques au moindre auditeur,
> Du saint et du prédicateur.

Le *Journal des savants* s'occupa de Fromentières dans son n° du 22 mars 1688. Mais, à cette époque, l'édition avec la préface de Richard avait paru et le *Journal des savants* se contente de la résumer, sans rien dire de plus.

Après les témoignages des journaux, il convient de rappeler ceux que nous rencontrons quelquefois dans les *Mémoires* et dans les *Lettres* des contemporains. Le poète Boursault avait un de ses fils, religieux théatin, qui se destinait à la prédication. Le père, soucieux du bon renom d'éloquence que son fils pourrait acquérir dans la chaire, lui donne des conseils et lui indique les modèles que de préférence il conviendrait d'étudier : « Si vous « avez donc quelqu'un à imiter, que ce soit, chez les Jésuites, « Girou, de la Rue et Bourdaloue ; chez les Pères de l'Oratoire, « Hubert, de la Roche, la Tour ; parmi les Evêques, Mascaron, « de Fromentières, Fléchier, Soanen qui sont arrivés à cette « dignité par leur mérite » (1). Bossuet n'est pas nommé : sur ce point, Boursault n'est que trop de son temps, qui méconnut la valeur des sermons de Bossuet. Son témoignage n'en est pourtant pas moins précieux. D'ailleurs, Boursault voulait-il peut-être marquer à son fils qu'il est plus facile d'admirer Bossuet que de l'imiter.

(1) Boursault. *Lettres*. Tome II. Lettre I, page 3.

L'abbé de Marolles, au chapitre de ses *Mémoires* « où se
« trouvent les noms de ceux qui lui ont donné de leurs livres ou
« qui l'ont honoré extraordinairement de leurs civilités, » cite
l'abbé de Fromentières, « personnage éloquent et l'un des plus
« grands prédicateurs de France, qui s'est signalé par un grand
« nombre d'actions mémorables. » (1) Ici la louange n'est pas
banale et porte, dans son exagération même, une sincérité d'accent
qui ne permet pas de douter de l'admiration de celui qui l'a écrite.

Nous ne rapporterons pas ici certains jugements particuliers
mérités par quelques discours de circonstance. Il y aura lieu
d'ailleurs de les rappeler en leur temps. Nous ne tiendrons
compte ici que des jugements d'ensemble. Voici ce que l'abbé
Legendre écrit dans ses *Mémoires* : « La Cour et la ville
« retentissaient encore des acclamations que l'une et l'autre
« avaient données à Fromentières. J'ai ouï dire par les uns qu'il
« y avait dans ses sermons autant d'élévation que de solidité,
« et par d'autres qu'il y avait plus de mots brillants que de
« choses. Comme je ne l'ai point entendu et n'ai rien lu de lui,
« je ne parlerai ni de sa personne ni de ses talents. » (2) Ce
témoignage a d'autant plus de valeur, que l'abbé Legendre
exprime ici, non pas son opinion personnelle, mais celle de ses
contemporains.

Il ne faut donc pas s'étonner que l'auteur de l'*Art de Prêcher*,
d'accord avec Boursault, ait rangé Fromentières parmi les
prédicateurs qui se firent remarquer par leur éloquence, et que la
Cour eut l'occasion d'entendre et d'admirer.

> Là, Bossuet, Grignan, Mascaron, Fromentières,
> Le Boux, Faure, dom Cosme ont porté la lumière. (3)

Et ce qui prouve que tous ces témoignages sont bien conformes
à l'opinion du temps, c'est le nombre des éditions qui s'écoulèrent
dans l'espace de quelques années. Nous n'avons parlé que des

(1) *Mémoires de Michel de Marolles, abbé de Villeloin.* Amsterdam 1755.
(2) *Mémoires de l'abbé Legendre.* édit. Charpentier, Paris 1863, p, 7.
(3) *Art de Prêcher* par Pierre de Viliers. Paris 1682. Ch. IV.

trois éditions complètes de 1685, 1690, 1710 ; mais il est certain que ces éditions furent plusieurs fois réimprimées, au moins partiellement ; car nous avons vu des exemplaires portant les dates de 1692, 1695, 1699, 1700, avec l'indication : nouvelle édition, troisième édition revue et corrigée.

Dès le commencement du XVIII° siècle, Moreri recueille le souvenir des succès de Fromentières et l'enregistre dans la biographie qu'il lui a consacrée, il termine par cette appréciation personnelle : « On peut hardiment assurer que de tous les « sermons imprimés de nos jours, il y en a peu où il y ait plus « d'élévation et de solidité. »

Le P. Houdry, quand il composait sa *Bibliothèque des Prédicateurs,* ne manqua pas de consulter le recueil des œuvres de Fromentières et d'y faire plusieurs emprunts. Tantôt ce sont des plans complets de sermons qu'il emprunte à Fromentières : par exemple, celui du sermon sur les *Afflictions* ; tantôt de nombreux extraits qu'il cite, comme ceux qu'il tire du sermon sur *l'Aumône.* (1) Aussi l'auteur du *Dictionnaire portatif des Prédicateurs* pouvait-il dire, quelques années plus tard, en parlant des sermons de l'Evêque d'Aire : « L'auteur de la « *Bibliothèque des Prédicateurs* les cite souvent, et on peut dire « que de tous les sermons imprimés dans ce temps, il en est peu « où il y ait plus d'élévation et de solidité. » Moreri l'avait déjà dit vingt ans auparavant.

Lambert, dans son *Histoire littéraire du XVII° siècle,* (2) compare Fromentières au P. Sénault et constate que « la « force et la justesse du raisonnement, la noblesse et la « pureté de l'expression, le feu et la vivacité de l'action furent « les mêmes dans les deux célèbres prédicateurs. » De son côté, l'auteur anonyme des *Nouvelles observations sur les différentes manières de prêcher* — c'était Antoine Albert, — rapportant un exemple où l'abus de l'interprétation scripturaire est poussée

(1) *Bibliothèque des Prédicateurs,* 2ᵐᵒ édit. Lyon 1715. Tome I.
(2) Paris 1731, 3 vol. in-4°. Tome I, pages 218-220.

jusqu'au ridicule, ajoute cette réflexion : « Nous ne croyons pas
« que les Bossuet, les Fromentières, les Mascaron et bien
« d'autres aient été capables de telles puérilités. » Fromentières
entre Bossuet et Mascaron ! il n'est pas de meilleure compagnie.

L'abbé Maury tenait notre prédicateur en assez haute estime.
Dans son *Essai sur l'Eloquence de la chaire*, (1) il le range
parmi les orateurs de second ordre dont les œuvres « offriraient
« au choix du goût plusieurs éloquents sermons qu'on lirait avec
« beaucoup d'intérêt et de fruit » ; il le met au nombre de ces
« riches obscurs, » à la faveur desquels « les jeunes candidats
« de la chaire se permettent quelquefois des plagiats ignorés. »

Au XIX⁰ siècle la prédication de Fromentières est fort peu
connue. C'est l'inévitable effet du temps et de l'éloignement, qui,
peu à peu, font rentrer dans l'ombre les talents de second ordre,
et ne laissent subsister dans la pleine lumière que ceux qui
brillent au premier rang. Ainsi dans un paysage aperçu dans le
lointain, l'œil ne distingue que les pièces principales, tandis que
tout le reste se mêle et disparait dans un fond vaporeux et
obscur. Et encore, est-il bien vrai que les grands prédicateurs
du XVII⁰ siècle soient étudiés et médités, même par ceux qui
ont la charge de continuer leur mission ? Est-il bien sûr que les
plus vantés sont toujours les plus lus ? La prédication a changé
de manière dans ce siècle : à l'exposé du dogme tel qu'il se
faisait au XVII⁰ siècle, a succédé l'apologie de la foi ; les
discussions théologiques et les luttes doctrinales ont changé
d'objet, et sur le terrain où la science l'attire, c'est plutôt pour
elle-même, que pour tel ou tel de ses dogmes, que la Religion
doit engager le combat. En même temps ont paru, sous les
titres les plus attirants, les recueils de la prédication moderne,
compilations hétérogènes, sortes de bazars universels où
l'indigence du prédicateur trouve du pain tout cuit et des
sermons tout faits pour les dimanches et fêtes, pour l'inauguration

______

(1) *Essai sur l'Eloquence de la chaire*. Paris. Didot, 1877. Chap. LX,
page 291.

d'un chemin de fer et l'ouverture d'un comice agricole. La
« substantifique moelle » des prédicateurs de génie n'est-elle pas
quelque peu dédaignée, dans la concurrence que leur font les
productions de la librairie moderne ? Ceci n'a-t-il pas quelque
peu tué cela ?

La *Bibliothèque des orateurs chrétiens* dédiée aux enfants de
France (1) contient, au Tome XII, deux sermons de Fromentières,
précédés d'une notice dans laquelle l'éditeur rapproche l'évêque
d'Aire de Bossuet, de Bourdaloue et de Fléchier. « Fromentières,
« dit-il, soutint sa réputation à côté de ces grands modèles : sans
« avoir l'élévation des deux premiers, ni le coloris brillant du
« troisième, il sut se faire remarquer par la pureté de sa morale,
« la solidité de ses principes, l'expression de ses gestes, la
« noblesse de son maintien, et surtout par le zèle ardent qui
« animait ses moindres discours. »

Quant à la critique moderne, ou bien elle ignore le nom de
Fromentières, ou bien elle dédaigne d'en parler. C'est à peine si
son existence est signalée dans les ouvrages qui traitent de la
Prédication au XVIIe siècle. Jacquinet (2) cite une page de lui
pour la gloire du P. Sénault et passe outre.

L'abbé Hurel, dans ses *Orateurs sacrés à la Cour de Louis XIV*,
consacre un article à Fromentières ; mais l'auteur a trop embrassé
de matières pour n'être pas obligé de réduire ses articles et de
s'en tenir à des appréciations générales et incomplètes. Les
dictionnaires biographiques, s'ils parlent de Fromentières, se
contentent de reproduire les articles parus au XVIIIe siècle, et
n'ajoutent rien à ce qu'on savait déjà. Parfois son nom se
rencontre au bas des pages, ou dans les préfaces de quelques
recueils annotés des sermons de Bossuet ; nul n'y prend garde,
car les préfaces et les notes sont faites pour n'être pas lues.
Aussi M. Hauréau, dans son ouvrage plusieurs fois cité, me

(1) Paris. Librairie Bayeux, 1830. Tome XII, page 279.
(2) *Des Prédicateurs du XVIIe siècle avant Bossuet.* 2e édition. Chap. III,
page 204 et suiv.

parait-il être encore celui qui a parlé de Fromentières avec le plus de détails, d'admiration et de justesse. « Ses sermons, dit-il, « se font remarquer par la noblesse, l'élévation, la vigueur « constante du langage. Fromentières appartenait à la grande « école de Bossuet, de Fléchier, de Bourdaloue : il s'exprimait « dans cette langue fière, virile, dont Fénelon a prétendu corriger « la rudesse, dont Massillon a corrompu l'austérité. C'est « d'ailleurs une erreur commune que d'attribuer à Bossuet « l'invention de ce haut style dans lequel il a excellé. L'emploi « fréquent des images saisissantes et de ces locutions hardies « qui tour à tour élèvent et terrassent l'esprit de l'auditeur, « appartient à la manière oratoire du XVIIᵉ siècle ; Bossuet doit « au P. Sénault ce que Corneille doit à Rotrou : il n'a pas inventé, « il a perfectionné les procédés dont il a fait usage. Formé sous la « discipline du P. Sénault, Fromentières a connu ces procédés, et « quelques-uns de ses sermons ne sont pas inférieurs à ceux des « grands orateurs du temps. » Ces lignes nous donnent confiance, et nous mettons sous leur patronage les pages qui vont suivre. Nos conclusions ne diffèreront guère de celles de M. Hauréau : car l'étude des *Sermons* de Fromentières nous a déjà démontré qu'on y trouve : dans le ton, noblesse, élévation et vigueur, et dans la langue, cette fierté virile, cette simplicité, cette franche rudesse parfois que le XVIIIᵉ siècle n'osa pas conserver. En le montrant souvent à côté de Bossuet, de Bourdaloue, de Fléchier et de Massillon, nous prouverons par là même, qu'il ne fut pas indigne de paraître dans la chaire à leur époque, et qu'il n'est pas trop téméraire d'associer quelquefois son nom à leur nom.

# Rhétorique de Fromentières



I

Fromentières n'ignorait pas cette vérité banale, que l'art doit aider la nature, et que les plus heureuses qualités demeurent stériles, si elles ne sont pas cultivées par le travail et fécondées par l'étude. Il ne tint pas à lui qu'il ne réalisât les espérances que sa jeunesse précoce avait données. Sur les hauteurs de la montagne Ste-Geneviève, s'élevait le prieuré ou commanderie de St-Jacques, à côté de l'église et sur la paroisse qui portent encore son nom. Au XVI<sup>e</sup> siècle, les religieux de Saint-Magloire s'en étaient rendus acquéreurs, et l'antique prieuré était devenu abbaye. Sécularisée bientôt et dépendant de l'Archevêque de Paris, Mgr de Gondi résolut d'y établir un séminaire dont il confia la direction aux prêtres de l'Oratoire dès 1620. (1) Mais l'opposition des religieux dépossédés, et plus tard, des difficultés financières retardèrent l'établissement projeté. Ce n'est qu'en 1642, avec l'appui et aussi quelques libéralités de Richelieu, (2) que le séminaire put être ouvert. C'est là qu'au sortir des écoles de philosophie et de théologie, Fromentières vint achever sa préparation directe à la prédication. Rien ne pouvait mieux servir son dessein, que le choix de ses nouveaux maîtres et de cette demeure, « où dans l'air le plus pur et le plus serein de la « ville, tant d'ecclésiastiques respirent un air encore plus pur de « la discipline cléricale. » (3)

L'esprit qui présidait à Saint-Magloire à la formation de la jeunesse cléricale était l'esprit dans lequel les Oratoriens eux-mêmes avaient été élevés. Le but du cardinal de Bérulle, en groupant autour de lui une congrégation de prêtres, était de les amener à la perfection du sacerdoce, sans leur imposer d'autres obligations que celles qui découlent de la sainteté de leur état. Former des prêtres à tous les devoirs que ce caractère auguste leur impose, tel était le but poursuivi à l'Oratoire et à Saint-Magloire. La méthode n'y différait pas sensiblement de celle que Bérulle avait conseillée et suivie lui-même à l'égard des prêtres de sa Congrégation ; elle tenait tout entière dans ces deux mots : *piété, doctrine*, qui se fondaient l'une et l'autre sur

(1) Le Beuf : *Histoire de la ville et de tout le diocèse de Paris*. Paris, 1754. T. I. p. 250.
Cf. *Bibliothèque oratorienne*. T. I. p. 209. Le prieuré des religieux de Saint-Jacques a subi une troisième transformation. En 1792, il devenait Institut National des Sourds-muets, destination qu'il conserve encore aujourd'hui. Cf. *Vie du card. de Bérulle* par l'abbé Houssaye. T. I. p. 467.
(2) *Archives nat*. MM. 624.
(3) Bossuet : *Orais. fun. du P. Bourgoing*. II<sup>e</sup> part.

la méditation des Mystères, et l'étude ininterrompue des
Saints Livres. « Il avait en telle estime la méditation des
« Saints Livres, disent les mémoires de l'Oratoire, qu'il nous
« recommandait de les porter sur nous, et de ne passer jamais un
« jour sans les lire. » (1) Il avait même établi l'usage d'une sorte
de controverse que, par mode de passe-temps, on organisait en
commun après le repas. « Nous proposions donc quelque chose
« de l'Ecriture, de l'Evangile, des cas de conscience, un trait
« de l'histoire ecclésiastique et quelques doutes de piété. » (2)
Aussi, Bossuet pouvait-il dire en toute vérité, en parlant de
l'Oratoire : « Là pour former de vrais prêtres, on les mène à la
« source de vérité : ils ont toujours en mains les Saints Livres,
« pour en chercher sans relâche la lettre par l'étude, l'esprit par
« l'oraison, la profondeur par la retraite, l'efficace par la pratique,
« la fin par la charité. » (3) Nous allons retrouver à Saint-Magloire
le même but et le même esprit.

Ce qui nous permet d'en juger, c'est le plan d'études qu'en
1643 les Oratoriens adressèrent aux évêques de France, pour les
engager à fonder des grands séminaires, et pour leur en demander
la direction. (4) S'il faut en croire l'analyste anonyme, aucun
évêque ne répondit à ces avances. Mais le plan d'études et de
direction n'en fut pas moins appliqué à Saint-Magloire, qui
restait pour les Oratoriens le séminaire modèle, à l'image duquel
tous les autres devaient être formés. Dans ce plan, tout est
prévu et réglé. D'abord le partage de la journée, depuis quatre
heures et demie, moment du lever, jusqu'au coucher, qui a lieu
un peu après neuf heures. (5) Du lever au coucher, rien n'est

(1) *Archives nat.* MM. 621. *Vie manusc. du card. de Bérulle.* p. 127.
(2) *Ibid....* Pour tout ce qui concerne l'Oratoire, voir l'ouvrage de
Mgr Perraud : *L'Oratoire de France*, 1 vol. Paris 1866.
(3) Bossuet : *Oraison fun. du P. Bourgoing.* I^re partie.
(4) *Archives nat.* MM. 628. *Exemplar Seminarii sive Institutionis
ecclesiasticæ,* etc.
(5) *Consurgunt mane hora semi quarta... Undecima, brevi præmissa
recollectione. sine mora pergunt ad prandium, quod pia et multiplici
lectione conditur...: Tandem paulo post nonam pie decumbunt.*

laissé à l'inspiration du moment, et toutes les heures de cette laborieuse journée ont un emploi réglé d'avance. Tous les exercices y tendent à cultiver le cœur par la piété, à orner l'intelligence d'une science solide, à former enfin le jeune disciple à la pratique du ministère sacerdotal : « *Ceterum in summa tria sunt in quibus assidue instruuntur : pietas, doctrina, praxis.*»(1) C'est bien ici que nous retrouvons l'esprit du cardinal de Bérulle. Mais ce qu'on n'avait garde d'oublier, surtout à l'Oratoire, c'était de former les jeunes clercs au ministère de la prédication et à l'art de la parole. Dans ce but, les auteurs du plan d'études avaient combiné une série d'exercices, capables de former les futurs apôtres à l'art d'évangéliser et d'instruire : « *Singuli pro captu ad pueros, ad rudiores, vel ad populum catechises habent, nonnumquam conciones, vel exhortationes pastorales; homiliis quoque in textum evangelicum ex libro lectum, ut olim moris fuit familiari stylo recitandis assuescunt.* » (2)

On s'étonnera, peut-être, que nous nous arrêtions aux détails d'un programme, dont les prescriptions s'étendent aujourd'hui à toutes les maisons qui ont la même destination que Saint- Magloire. Mais, il faut se souvenir que nous sommes en 1643, qu'à cette époque, l'organisation des séminaires n'était ni complète, (3) ni uniforme ; que le plan, dont nous n'avons fait que signaler les grandes lignes, était précisément destiné, dans la pensée de ses auteurs, à procurer cette uniformité de direction. De plus, dans le sujet qui nous occupe, ce plan d'études présente cet intérêt particulier, qu'il nous permet de nous rendre compte de la manière dont furent cultivés ces jeunes clercs qui, plus tard, paraîtront avec éclat dans les diverses chaires de la capitale, et par quelle série d'épreuves variées a dû passer

(1) *Ibidem.*
(2) *Ibidem.*
(3) Saint-Sulpice était à peine fondé. Les séminaristes avaient été réunis pour la première fois en 1642, et ce n'est qu'en 1649, que fut posée la première pierre de l'établissement. Voir *Vie de M. Olier* par l'abbé Faillon. III^mo partie. Livre I.

Fromentières, pour perfectionner ses talents naturels, et pour devenir bientôt le prédicateur que le XVIIᵉ siècle a admiré, au temps même de Bossuet et de Bourdaloue.

Il faut pourtant le reconnaître : d'une manière assez générale, les programmes ne valent que par le mérite de ceux qui les appliquent, et les institutions empruntent leur éclat à la valeur des hommes qu'elles ont à leur tête. Saint-Magloire eut, à son début, l'heureuse fortune d'être dirigé par des hommes de savoir et de talent, (1) le P. Gibieuf, qui en était supérieur, le P. Léonor de Laborde, docteur de Sorbonne, plus tard chanoine de Notre-Dame, qui refusa de souscrire à la condamnation d'Arnauld. Mais, celui qui plus que tous les autres donna du relief à Saint-Magloire, et le mit en réputation, ce fut le P. Sénault. Né en 1601, le P. Sénault était déjà célèbre depuis plusieurs années, quand il prit la direction de Saint-Magloire. Maître de son talent, et sûr de sa méthode, il pouvait dès lors enseigner avec autorité l'art qu'il pratiquait depuis longtemps déjà : connu de la province, admiré à la ville, estimé à la Cour, il avait ainsi l'autorité morale qui impose à l'admiration des disciples, et par suite à leur imitation, les leçons du maître. Ajoutez à cela que, sans être parfait, il tranchait sur ses contemporains et ses prédécesseurs par la gravité de la méthode, la science de la composition, la dignité de la tenue, l'élégance de la forme. (2) La nature ne lui avait même pas refusé ces dons extérieurs, qui font valoir, aux yeux du gros public, les dons supérieurs de l'intelligence ; « jamais homme n'ayant eu « effectivement plus de charmes dans son extérieur, plus de « dignité dans son port, plus de grâce dans toute sa personne. » (3) C'est lui qui contribua si puissamment au succès de Saint-Magloire, que son nom est désormais inséparable de cette institution, et des talents qu'elle vit éclore dans son sein. Nul ne lui a rendu

(1) *Archives nat.* MM 624.
(2) Voir Jacquinet : *Des Prédicateurs avant Bossuet.* Ch. III. page 191.
(3) Fromentières. *Orais. fun. du P. Sénault.* Iʳᵉ partie.

un témoignage plus éloquent et plus ému que son disciple et admirateur reconnaissant, Fromentières. « Les prédicateurs qui « ont depuis vingt ans le plus de réputation n'ont-ils pas été ses « disciples? Avouons-le, puisqu'il est vrai, *de plenitudine ejus* « *nos omnes accepimus*, nous avons tous reçu de sa plénitude, « moi proportionnément à ma faiblesse, mais ces grands hommes « qui vous ont charmés, et que leur mérite a élevés aux dignités « de l'Eglise, avec abondance : et à voir enfin le grand nombre « de prédicateurs qu'il a formés, ne dirait-on pas que Dieu avait « établi ce prêtre en notre siècle, comme autrefois Jérémie dans « le sien, *pour être le maître et le capitaine de tout homme qui* « *devait prophétiser.* » (1)

Or, pour connaître quel était l'enseignement du P. Sénault, nous ne saurions nous adresser à quelqu'un de mieux renseigné que celui de ses disciples qui lui a rendu cet éclatant hommage. Fromentières nous assure qu'il chassa de la chaire « trois choses « monstrueuses, que l'ignorance et le désordre du dernier siècle « y avaient introduites : la confusion, la science profane, la « raillerie ; la confusion par la méthode et la division ; la science « profane par la théologie de l'Ecriture et des Pères ; et enfin « la raillerie par une majesté grave et un style sérieux. » (2) En réalité, le P. Sénault n'avait fait que mettre en pratique, avec plus de talent qu'un autre, les principes du Cardinal de Bérulle : *doctrine, piété*. Pour réagir contre les vices qui, de son temps, déshonoraient trop souvent la chaire, et pour mettre ses disciples dans la voie où se rencontre la véritable manière de prêcher l'Evangile, le P. Sénault comprit qu'il fallait en revenir à l'étude de la doctrine, et demander à la piété la gravité que réclame le ministère de la prédication. Ces principes si simples, et si méconnus de son temps, furent pour une grande part dans

(1) *Orais. fun. du P. Sénault.* II⁰ partie.
(2) *Ibidem.* Le P. Cloyseault : *Vie manuscrite de quelques Pères de l'Oratoire*, dit la même chose et presque dans les mêmes termes, dans les pages qu'il consacre au P. Sénault. Cf. *Bibliothèque oratorienne.* T. II, p. 176.

le mérite et les succès du P. Sénault : ils furent le secret de son
éloquence, « éloquence soutenue par la force de la *doctrine* et
« par l'abondance de la raison, dont les beautés étaient toutes
« chastes, qui n'admettaient jamais d'ornements, que ceux que
« la gravité souffre et que la *piété* même conseille, puisqu'ils
« étaient toujours empruntés de l'Ecriture sainte et des Pères,
« éloquence, par conséquent, dont l'on peut dire qu'il a eu la
« gloire d'être le premier maître, et dont par le mauvais goût du
« siècle précédent, il n'avait trouvé aucune trace avant lui. » (1)

Sans doute, il y aurait à faire la part des exagérations, ou
plutôt, des omissions voulues par l'éloge funèbre. Il est des
défauts que l'admiration reconnaissante et sincère empêchait
l'abbé de Fromentières de signaler, peut-être même de
reconnaître, dans le P. Sénault. Il n'a pas dit que, si dans les
sermons du supérieur de Saint-Magloire on trouve de la piété,
de la gravité, de la méthode, de la doctrine, on y cherche en
vain la variété du ton, l'élan spontané, l'inspiration éloquente, la
chaleur émue, la flamme qui se communique à l'auditoire, la
passion enfin, « qui est comme l'âme de la parole. » (2) On peut
dire qu'il manque aux sermons du P. Sénault l'éloquence même.
Et cependant, sa réputation n'a pas été surfaite, ni sa renommée
exagérée. Le grand mérite de sa prédication est d'avoir su
s'affranchir des défauts de son temps, d'en avoir montré aux
autres le péril et la gravité, et d'avoir enseigné à ses disciples
tout ce qu'il est possible d'enseigner en matière d'éloquence : le
travail et la méthode. Aussi, peut-il compter parmi ses plus
beaux titres de gloire, non pas les sermons qu'il a composés, ou
les panégyriques qu'il nous a laissés, mais les élèves qu'il a
formés. Ajoutons que le P. Sénault, d'un caractère absolument

---

(1) *Ibidem*.
(2) Fénelon : *Lettre à l'Acad*. Ch. IV. « Il lui manque (au P. Sénault,)
« ce que rien ne peut remplacer, chez l'orateur surtout, l'émotion, le
« souffle, l'effusion et l'élan, ce qui fait surtout et plus que tout l'expression
« éloquente, ce qui donne l'âme et la vie à la parole. » Jacquinet. *Loc.
cit.* p. 191.

désintéressé, dut s'efforcer plus d'une fois de faire passer dans l'âme de ses disciples cette habitude de désintéressement qui leur donnera l'indépendance, leur assurera le courage, et leur facilitera la pratique de leur ministère. Nous n'en saurions douter ; car, à peine fut-il investi du généralat de sa Congrégation, qu'il adressa une circulaire à ses religieux, pour les mettre en garde contre le reproche fait aux prédicateurs « de ne chercher que leur honneur, leur profit, de briguer les chaires. » (1) On peut être assuré que le P. Sénault, supérieur de Saint-Magloire, ne manqua pas d'inspirer à ses disciples le même désintéressement, dans l'accomplissement du même ministère.

## II

Nous connaissons l'école à laquelle se forma l'abbé de Fromentières, les études auxquelles on s'y livrait, l'esprit qui les animait, le maître qui les dirigeait. Il n'entre pas dans notre sujet de nous étendre davantage sur le milieu dans lequel il vécut, et de passer en revue les disciples illustres qu'il y rencontra. Il n'est que temps de faire connaissance avec lui-même, et d'apprendre de lui comment il entendait son rôle de prédicateur. Et d'abord, il eut de la prédication une idée très élevée, ce qui est évidemment la première condition pour s'en acquitter dignement : « Les prédicateurs ne se flattent pas « trop dans leur propre cause, dit-il, quand ils soutiennent qu'il « n'y a guère dans l'Eglise de fonction plus élevée que la leur. « Ceux qui s'acquittent avec honneur de ce glorieux ministère « sont les agents et les ambassadeurs de Dieu, ajoute saint Hilaire. » (2) C'est, en d'autres termes, l'idée que s'en faisaient, presque à la même époque, deux hommes bien différents par leur caractère et par leur destinée : « Il n'y a rien

(1) *Arch. nat.* MM 624.
(2) *Panégyrique de saint Dominique.* Exorde.

de si grand que la prédication dans l'Eglise de Dieu, » disait
St Cyran ; et Bossuet disait à son tour que les prédicateurs
« montent en chaire pour y célébrer un mystère, et un mystère
« semblable à celui de l'Eucharistie. » (1) Dans son oraison funèbre
du P. Sénault, Fromentières revient sur la même pensée, qu'il
développe avec plus de force et d'éclat : « S'il n'y a rien qui
« honore tant un homme que la dignité du sacerdoce, ce n'est
« point nous flatter en notre cause, de dire qu'il n'y a rien qui
« honore plus un prêtre que la prédication. La fonction en est
« noble, le sujet en est grand, l'objet en est vaste, la fin en est
« utile. La fonction en est noble, puisque c'est celle de J.-C.
« même.... le sujet en est grand, puisqu'il renferme la parole de
« Dieu tout entière..... l'objet en est vaste, puisque la prédication
« s'adresse à tous les hommes sans distinction .... la fin en est
« utile, puisqu'elle tend à établir le règne de Dieu, et renverser
« celui du démon. » (2) Quelle apparence dès lors, que se faisant
de la prédication une idée si noble et si juste, il n'ait pas
compris l'étendue des devoirs qu'elle lui imposait ? Loin de les
dissimuler ou de les atténuer, il en a mesuré toute l'importance,
et en a proclamé l'obligation pour les autres et pour lui-même.

Le premier devoir qui s'impose au prédicateur est de mener
une vie exemplaire. « Jamais cette obligation n'est plus pressante
« que pour ceux qui sont engagés dans le ministère de la parole.
« Leur devoir est de convaincre l'esprit et d'échauffer le cœur de
« leurs auditeurs ; il faut donc qu'ils joignent leurs exemples aux
« paroles, et qu'ils soutiennent des discours de peu de durée par
« une vie sainte. » (3) Pareille remarque n'est pas nouvelle sans

(1) Bossuet : Sermon *sur la Parole de Dieu*. I$^{re}$ partie.
(2) *Orais. fun. du P. Sénault.* I$^{re}$ partie.
(3) *Panégyrique de saint Dominique.* II$^{e}$ partie. L'auteur de *l'Art de
prêcher* dit à ce sujet :

    Toi qui veux réformer les vices des chrétiens,
    As-tu pris soin, dis-moi, de corriger les tiens ?
    Et si la mode était, à la fin du Carême,
    De prêcher à son tour le prédicateur même,
    Crois-tu qu'on ne pût pas, sans ailleurs en chercher,
    Par tes propres sermons, toi-même te prêcher ? Ch. I.

doute, et j'ajoute même qu'il n'y a pas grande utilité à la faire. Il tombe, en effet, sous le sens, qu'un prédicateur dont la vie donnerait un perpétuel démenti à ses paroles, s'il avait encore le courage de se produire en public et de braver l'opinion, n'aurait ni sympathie, ni confiance, ni peut-être même des auditeurs. Ceux qui blessent par leur conduite les témoins de leur vie, et soulèvent contre eux les murmures de l'opinion, n'osent pas, généralement, prendre sur eux de donner des conseils aux autres. Tenus à l'écart par un public qui leur rend la justice qu'ils méritent, ils s'abstiennent. Cette remarque, toutefois, a l'avantage de nous révéler d'abord quelle dignité de vie Fromentières voulut apporter à sa mission de prédicateur. Mais ce n'est pas tout. Car, il est des vices secrets, qui échappent à l'œil distrait de la multitude occupée d'autres objets, et qui pourtant pervertissent la prédication, en faussant l'instrument qui lui sert d'organe. Fénelon signale quelque part l'insolence des jeunes prédicateurs, « plus occupés de leur fortune que du salut des âmes. » (1) Ce travers est-il donc si rare, et n'a-t-il pas sur les succès de la prédication la plus triste influence ? Il appartenait à l'élève du P. Sénault, après avoir exigé du prédicateur la sainteté de la vie, de mettre le désintéressement en première ligne, parmi les vertus qui lui sont nécessaires. « Ah, si nous étions de vrais et généreux prédicateurs, nous « n'aurions pas pour vous ces indignes condescendances que « nous avons. Nous ne nous mettrions guère en peine de choquer « vos oreilles, pourvu que nous touchassions vos cœurs.... Mais, « comment aurions-nous cette générosité, si nous n'avons un « désir sincère de votre conversion ? Comment nous abstien- « drions-nous de vous plaire dans les chaires, si nous y briguons « votre faveur, pour nous attirer de la réputation et nous pousser « dans les bénéfices ? » (2) Par ces paroles, il faisait le procès de tous ceux qui montent en chaire « sans autre talent ni vocation

(1) *Lettre à l'Académie.* Ch. IV.
(2) *Panégyrique de saint Dominique.* II⁰ partie.

« que le besoin d'un bénéfice. » (1) « A Dieu ne plaise, ajoute-t-il
« ailleurs, qu'on m'accuse jamais de cette lâcheté et que je
« tombe dans le vice que je blâme et que je condamne. » (2)

Il serait difficile de ne pas convenir que ce magnifique
langage révèle chez l'abbé de Fromentières une juste notion
des obligations morales qu'impose au prédicateur le souci de son
ministère et des intentions qu'il y doit apporter. Toutefois, ici
comme ailleurs, les intentions, même les plus droites, ne
suffisent pas, et le bon prédicateur n'est pas seulement un homme
de piété, il faut qu'il soit encore un homme de doctrine. « Je
« vous conjure de vaquer sérieusement à l'étude, disait
« saint François de Sales, car la science à un prêtre, c'est le
« huitième sacrement de la hiérarchie de l'Eglise, et son plus
« grand malheur est arrivé de ce que l'Arche s'est trouvée en
« d'autres mains que celles des Lévites. » (3) On n'a pas oublié
que le cardinal de Bérulle ne séparait pas la doctrine de la piété,
ni la méditation des Livres saints de la pratique des devoirs.
Bossuet qui ne cessa jamais de méditer les enseignements de la
Bible, au point « d'en ruminer nuit et jour le sens », (4) renvoyait
le cardinal de Bouillon à l'étude des Pères, parce que ces
derniers « étant pleins de cet esprit primitif, qu'ils ont reçu de
« plus près et avec plus d'abondance de la source même, souvent
« ce qui leur échappe et qui sort plus naturellement de leur
« plénitude est plus nourrissant que ce qui a été médité

(1) La Bruyère. *Caractères. Chapitre XV. De la Chaire.* Tome II. p. 254.
(2) Sermon *Contre les flatteurs.* I<sup>re</sup> partie. L'auteur de *l'Art de prêcher*
s'exprime ainsi :

> Mais, de tant d'orateurs si tu suis la maxime,
> Du public en prêchant si tu brigues l'estime,
> Si tu veux, peu sensible aux progrès de ta foi,
> Quand tu parles de Dieu, qu'on ne pense qu'à toi :
> Ce n'est point là prêcher ; c'est faire dans l'Eglise
> Le métier qu'au théâtre à peine on autorise,
> Et que l'acteur Baron, moins que toi criminel,
> Exerce tous les soirs en jouant à l'Hôtel. Ch. I.

(3) *Œuvres de saint François de Sales.* Paris 1836. Tome II. p. 604.
(4) Sermon *Sur le mélange des bons avec les méchants.* Exorde.

« depuis. » (1) L'abbé de Fromentières ne fut pas moins
persuadé de cette nécessité de recourir à l'étude et de remplir
son âme de la doctrine, pour être capable d'exercer le ministère
de la prédication. Les prêtres, disait-il, « sont tous obligés de
« savoir ce qui regarde leur vocation, et l'ignorance qui ne
« serait excusable ni dans un juge qui condamnerait une partie,
« faute de savoir la loi, ni dans un médecin qui tuerait un
« malade, pour n'avoir pas étudié ce qui se peut apprendre en
« son art, est bien plus pernicieuse et par conséqueut plus
« criminelle dans un prêtre. D'où vient donc qu'il se trouve
« aujourd'hui tant d'ignorants hors d'état de s'acquitter des
« principales fonctions de leur ministère. » (2) Or, il est bien
entendu que la science requise au prédicateur est, avant tout et
par-dessus tout, celle qui se puise à la source divine dont parlait
tout à l'heure Bossuet par la lecture et l'étude de la Bible et la
tradition : « Il est impossible que nous parvenions à notre fin, si
« nous ne nous servons de moyens qui lui sont proportionnés ; et
« comme un prêtre ne saurait produire J.-C. sur les autels,
« qu'avec des paroles sacramentelles et instituées pour achever
« un si grand mystère, un prédicateur ne saurait aussi produire
« J.-C. dans les cœurs qu'avec des paroles évangéliques, et
« destinées à l'accomplissement d'un si grand ouvrage. » (3)

Il n'y a aujourd'hui que les esprits légers, vaniteux et super-
ficiels, qui puissent méconnaître cette nécessité d'une préparation
laborieuse et d'une longue étude, avant d'oser aborder la chaire.
Les plus grands prédicateurs ne se sont pas piqués à ce sujet
d'un faux point d'honneur : ils n'ont pas fait parade d'une facilité
trompeuse et d'un talent d'improvisation mensonger. Nous

(1) *Défense de la tradition des saints Pères*. Liv. IV. Ch. 18.
(2) *II^me Panégyrique de saint Thomas d'Aquin* I^re partie.
(3) *Panégyrique de saint Dominique*. II^e partie.. Fromentières ne cessa
jamais d'étudier les sources chrétiennes de la prédication. Les sermons
de son Carême de 1681, comparés à ceux de la première partie de sa
carrière oratoire, sont beaucoup plus nourris de l'Ecriture sainte et
des Pères.

savons mieux aujourd'hui par quelle série de lectures, de travaux, de méditations écrites Bossuet se préparait à la prédication. (1) Fénelon lui-même, cet esprit si lucide, si facile, si pénétrant et si prompt, n'admet pas l'improvisation en dehors d'une étude qui, préalablement, aura meublé l'esprit de vastes connaissances, et mis en réserve dans la mémoire une somme considérable de réflexions utiles, prêtes à reparaître au moment voulu. (2) C'est à cela que se borne l'improvisation. Elle suppose, d'ailleurs, une excellente mémoire qui reçoit et conserve ce qu'on lui confie, un travail persévérant, au cours duquel l'esprit s'est cultivé et la mémoire enrichie. Croire qu'il en existe une autre, c'est méconnaître et les difficultés de la parole, et les conditions de l'art qui n'est d'ordinaire que le résultat d'une longue patience. Se fier à sa facilité naturelle quand il s'agit d'exposer les questions les plus ardues de la métaphysique chrétienne, ou de discuter des problèmes de morale avec cette précision et cette mesure absolument nécessaires à la justesse et à la clarté, n'est donné à personne par la nature, séparée des longues épreuves d'un pénible travail. Laissons à la témérité et à la paresse l'illusion de croire à l'efficacité de leurs productions hâtives et stériles, qui font un si étrange contraste avec la gravité de la chaire où elles s'étalent. Peut-être leur moindre inconvénient est-il de ne laisser dans les âmes aucune heureuse influence. Si de telles prédications peuvent parfois entourer de succès faciles ceux qui « cherchent leur réputation, plutôt que l'accroissement « de la famille de leur maître, » (3) il est très sûr qu'en revanche elles ne produisent aucun effet durable sur les âmes. Or, ce n'est pas Fromentières qui aurait envisagé d'un œil sec un pareil

(1) « Nous usons nos esprits à chercher dans les saintes Lettres et « dans les écrivains ecclésiastiques ce qui est utile à votre salut, à « choisir les matières qui vous sont propres, à nous accommoder autant « qu'il se peut à la commodité de tout le monde ; il faut trouver du pain « pour les forts et du lait pour les enfants. » Bossuet : Sermon *Sur la vanité des excuses des pécheurs*, III<sup>e</sup> part.
(2) Fénelon. *Lettre à l'Académie*. Ch. IV.
(3) *Orais. fun. du P. Sénault*. II<sup>e</sup> partie.

résultat de ses prédications. « Si l'on sort de nos prédications
« avec aussi peu d'émotion que de la comédie, tremblons, mes
« frères, tremblons dans l'appréhension que nous ne soyons les
« premières causes de ce funeste abus, parce qu'on s'aperçoit
« que nous ne sommes nous-mêmes que des comédiens, que
« nous faisons un personnage étranger, que tout est hypocrite,
« dissimulé, faux en nos personnes. Le respect que je dois
« au ministère me défend d'en dire d'avantage. » (1)

Pénétré de la grandeur de ses devoirs et de l'importance du
travail, l'abbé de Fromentières soigna sa prédication : il
n'improvisa pas ou n'improvisa guère. Chacun de ses sermons
a reçu la forme dernière qu'il a cru devoir lui donner. Certains
détails auraient disparu, sans doute, si lui-même avait publié
les sermons ; on peut être sûr, je crois, qu'il ne les aurait pas
sensiblement modifiés. La marche en est régulière et la méthode
comme celle de son maître, uniforme. Conformément à l'usage
ordinaire au XVII° siècle, le sermon commence par un premier
exorde terminé par l'*Ave Maria*. Vient ensuite le second exorde,
plus long que le premier. C'est ici que le prédicateur entre
vraiment dans son sujet, qu'il le découvre à ses auditeurs, qu'il
leur en fait voir les points de vue divers, les profondeurs cachées,
et c'est ainsi qu'insensiblement la division du sermon est amenée
et proposée. Cette division se présente généralement sous une
double forme, *thèse* et *hypothèse*, car tout discours de Fromentières, quel qu'il soit, à de très rares exceptions près, comprend
deux parties symétriques, d'un caractère tout différent, qui se
retrouvent l'une à côté de l'autre dans tout le discours : la partie
spéculative ou théorique la partie d'application ou morale, la
seconde découlant de la première. Ce sont deux ordres de
développements qui toujours se font suite.

Le sermon ordinairement a trois parties : c'est ce que

(1) *Panég. de saint Dominique.* I^re partie.

Fromentières appelle sa « méthode ordinaire. » (1) Quand la division a été nettement posée, Fromentières aborde enfin les développements. Aidé du secours de la théologie, « il remonte d'abord au premier principe sur la matière qu'il veut débrouiller, » (2) il éclaire, développe et féconde ce principe par l'enseignement ou par le commentaire tiré de la Tradition. Il lui arrive assez souvent, parce qu'il connaît très bien l'Ecriture Sainte, d'appuyer cet enseignement sur un fait emprunté aux Livres saints et d'amener ainsi, par degrés, l'affirmation de la conclusion qu'il voulait mettre en lumière. Puis, il vient à son auditoire et lui fait l'application de ce qui a été dit, met sa conduite, ses actes, ses maximes en face de la vérité démontrée, les juge à cette lumière, accuse, censure, condamne. La deuxième et la troisième partie sont développées de la même manière et suivent la même marche. En somme, rien de bien original là dedans, mais la forme de sermon la plus connue au XVII<sup>e</sup> siècle. (3)


### III


Un exemple nous fera mieux voir l'application de cette théorie. Nous prendrons pour modèle le sermon prononcé le jour de la Pentecôte. C'est au sortir de ce sermon que Louis XIV, rencontrant Mademoiselle de Montpensier, lui aurait déclaré qu'elle avait eu grand tort de ne pas y assister elle aussi : « le « prédicateur avait été parfait. » (4) Quoi qu'il en soit du compliment, ce sermon avait dû coûter à Fromentières assez de

(1) *Discours pour le sacre de Bossuet.* Exorde.

(2) Fénelon. *Lettre à l'Académie.* Chap. IV.

(3) « Chaque division se compose d'une définition empruntée aux docteurs les plus autorisés ; en regard se place la conduite des pécheurs, la façon dont ils entendent et pratiquent le point en question. » P. Albert. *La Prose. Etude sur les Prédicateurs du XVII<sup>e</sup> siècle.* Paris, 1884. 6· édition, in-12, page 350-351.

(4) Richard. *Préface des Sermons.*

travail et de soin, pour qu'il nous soit permis d'affirmer qu'il représente, aussi bien que tout autre, *sa méthode ordinaire.*

Fromentières tire son premier exorde du contraste qu'il remarque entre l'appareil redoutable avec lequel le Saint-Esprit descend sur les Apôtres et les bienfaits qu'il leur apporte : « Sire... ne dirait-on pas que le Saint-Esprit, précédé d'un si « terrible évenement, vient venger les injures qu'on a faites à « J.-C., et réduire aujourd'hui la ville de Jérusalem en cendres. » Il est vrai, que c'est là un soupçon injurieux à notre Sauveur, qui est monté dans les cieux, non pas pour irriter son Père, mais pour l'apaiser, pour « nous accorder de nouvelles grâces. » « Allons par conséquent, chrétiens, allons en esprit dans le « cénacle de Jérusalem, ouvrons nos cœurs avec les Apôtres au « feu divin qui y tombe du ciel, et pour obliger la Sainte Vierge, « qui y est à leur tête, de nous recevoir, disons-lui avec l'Ange : « *Ave Maria.*

Cet avant-propos ne nous fait pas entrer dans le sujet ; c'est à peine s'il l'annonce, quand il nous fait entrevoir « les nouvelles « grâces » du Saint-Esprit. On le supprimerait que le développement n'y perdrait rien. C'est un de ces hors - d'œuvre qu'autorisait la coutume, et que l'usage légitimait. Dans un siècle où le cérémonial imposait à toute chose ses formes convenues, un prédicateur ne pouvait annoncer son sujet sans y mettre quelque précaution. Simple question d'étiquette, qui d'ailleurs a bien son avantage, car elle donne à la curiosité cinq minutes pour se satisfaire, pour juger de la mine du prédicateur, de son port, de sa voix, de son geste — Pascal ajouterait : de sa barbe — pendant qu'à son tour, celui-ci s'affermit et prend assurance dans la chaire. De plus, on était patient au XVII<sup>e</sup> siècle, et il ne parait pas qu'on s'ennuyât aux longs sermons. (1) De nos

(1) Il fallait que le prédicateur remplit l'heure entière :

> C'est alors qu'attentif à fournir l'heure entière
> On le voit s'écartant dans les digressions

*Art de prêcher.* Ch. IV.

jours on va plus vite, car on est pressé, et ce préambule a dû disparaître : il n'y a pas lieu de trop le regretter.

Après l'*Ave Maria* le prédicateur commence vraiment son sermon : « Sire, l'une des plus belles circonstances de la charité « de J.-C. pour les hommes a été d'avoir fait servir à leur salut « tout ce qu'il a souffert de leur cruauté, d'avoir porté jusque « sur le trône du Père Eternel une chair encore couverte de « plaies..... Si ce bienfait est considérable, ce n'est pas « cependant le seul dont ils lui sont obligés, puisque non « content d'avoir tourné à leur salut ce qu'ils lui avaient fait « souffrir, il n'a rien voulu mériter d'infini que pour leur « avantage. Je m'explique. Qu'est-ce à votre avis que J.-C. a « jamais mérite d'infini en soi ? Une seule chose, la mission du « Saint-Esprit. » Nous comprenons maintenant de quel sujet le prédicateur veut nous entretenir, et nous savons ce qu'il entendait par les « *nouvelles grâces* » dont il parlait tout à l'heure. Comme on peut facilement s'en rendre compte, à mesure qu'il avance dans son développement, Fromentières pénètre de plus en plus dans son sujet, suivant les lois d'une progression naturelle et savante, sépare et distingue la matière qu'il va traiter. Tel qu'il est annoncé pourtant, le sujet ne laisse pas d'être vague dans sa vaste compréhension. Que signifient bien ces mots : la mission du Saint-Esprit? L'orateur en expliquera-t-il les motifs, le mode, les effets ? C'est ce qu'il va nous dire dans la suite de son exorde : « Or, je vous le demande, est-ce pour son « utilité ou pour la nôtre, qu'il fait descendre aujourd'hui ce « divin Esprit? Ecoutez ce qu'il en dit : *Paraclitus Spiritus* « *Sanctus quem mittet Pater in nomine meo, ille vos docebit* « *omnia et suggeret vobis omnia quæcunque dixero vobis.* L'Esprit « que mon Père vous enverra en mon nom, vous enseignera « toutes choses et vous inspirera de faire ce que je vous ai « commandé : voilà le dessein qu'il a eu, et la fin qu'il s'est « proposée en l'envoyant à son Eglise. »

Telle est la proposition par laquelle le prédicateur nous fait connaître qu'il va parler, non pas des motifs ou du mode de la mission du Saint-Esprit, mais de ses effets. Suivant un procédé habituel chez Fromentières, cette proposition ne fait que répéter le texte choisi qui commence le sermon. C'est du texte encore que, sans effort et sans artifice d'aucune sorte, l'orateur tire une division très naturelle et très claire : « il vient la consoler dans « ses afflictions : *Paraclitus ;* il vient l'instruire dans ses doutes : « *docebit vos ;* il vient l'animer dans ses faiblesses : *et suggeret* « *vobis omnia.* » Voilà donc la thèse que mettront en lumière toute la partie théorique et tous les développements spéculatifs du sermon. Mais comme les développements théoriques amènent chacun une application morale, à la précédente division s'ajoute une seconde qui lui est parallèle, et toute d'application morale : « Le Saint-Esprit vient nous animer ; prenons garde de ne pas « éteindre en nous ce principe de notre vie, *nolite spiritum* « *exstinguere.* Le Saint-Esprit vient nous instruire ; prenons « garde de ne pas croire à d'autres maîtres, *nolite credere* « *omni spiritui.* Le Saint-Esprit vient nous consoler ; prenons « donc garde de ne point attrister ce divin consolateur, *nolite* « *contristari Spiritum sanctum.* »

La Bruyère s'est montré fort sévère pour les divisions qu'il trouve « si recherchées, si retournées, si remaniées, si différen- « ciées. » (1) Dans un autre passage, il raille cruellement les prédicateurs qui ont toujours « d'une nécessité indispensable et « géométrique trois sujets admirables » de l'attention des auditeurs. Fénelon (2) n'a pas épargné non plus ses critiques « à « l'égard des divisions, qui, dit-il, dessèchent et gênent le « discours, et joignent bout à bout, aux dépens de l'unité véritable, « deux ou trois discours différents. » C'est une illusion peut-être, mais il me semble que la division du sermon que j'analyse en ce moment, aurait trouvé grâce aux yeux de La Bruyère, et n'aurait

(1) *Caractères.* Ch. **XV.** *De la Chaire.* Tome II, pages 259-260.
(2) *Dialogues sur l'Eloquence.* II· édition. Despois. Paris 1863, p. 202.

pas été trop sévèrement jugée par Fénelon. Ni le premier n'aurait pu y reconnaître ce qu'ailleurs il trouvait recherché, retourné, remanié ; ni le second n'aurait pu dire en quoi cette division desséchait le discours et gênait le développement. Il s'agit d'expliquer la mission du Saint-Esprit : est-il vrai qu'elle ait ce triple effet ? C'est à l'Evangile de répondre. Que si on objecte que chacune des parties peut fournir la matière d'un discours différent, je n'en disconviendrai pas : mais qui niera que ces trois discours s'enchaînent dans l'unité supérieure du sujet unique qu'ils développent ? En réalité, il est beaucoup plus facile de railler l'abus des divisions que d'en supprimer l'usage. Cicéron (1) loue Hortensius de les avoir introduites dans les plaidoiries. C'est que la clarté ne se sépare pas de l'ordre, et l'ordre du classement et des divisions. Où sera le mal si l'orateur dit aux autres ce qu'il s'est dit à lui-même, à savoir, qu'il développera ceci d'abord, cela ensuite ? Assurément, on ne saurait conseiller sans réserve ces divisions à la manière de Bourdaloue où l'orateur semble compter sur ses doigts les multiples points de vue de son sujet divisé et subdivisé. Pareille division est une fatigue pour celui qui écoute, et je comprends même qu'elle « dessèche le sujet et gêne l'orateur. » Mais, quand elle n'est pas plus compliquée que celle dont il est question plus haut, pourquoi la supprimer ? (2)

Le sujet a été donc nettement proposé et divisé : les auditeurs bien avertis peuvent déjà mesurer le chemin qu'ils vont parcourir, et les conclusions pratiques auxquelles le prédicateur veut les amener. Les voies sont libres, il s'y engage et montre tout de suite, que le premier effet de la mission du Saint-Esprit a été de communiquer la vie à l'Eglise : « Que cette Eglise, sortie du « sein de ce Dieu mort, ait paru pendant quelques jours n'avoir

(1) *Brutus, seu de claris Oratoribus.* LXXXVIII.
(2) Les divisions n'ont pas toujours chez Fromentières une forme si simple, et l'on en trouve quelqu'une de celles qu'on peut dire retournées et remaniées ; celle en particulier du sermon inédit *Pour le jour de la Purification.*

« ni âme, ni vie comme lui, c'est peut-être ce que nous ne
« savons ou ne comprenons pas assez. » C'est donc ce qu'il faut
démontrer tout de suite, pour mieux établir que le Saint-Esprit
a fait succéder la vie à la mort. La preuve, Fromentières la
trouve dans l'Ecriture Sainte, dans la conduite des Apôtres
après la mort du Sauveur. « Quoiqu'ils soient les yeux de l'Eglise,
« ils n'ont point de lumières ; quoiqu'ils soient la langue de
« l'Eglise, ils ne rendent aucun oracle ; quoiqu'ils soient les
« mains de l'Eglise, ils sont sans mouvement, sans action et
« sans courage. » Ce fait est assez éclatant, aussi Fromentières
n'y insiste guère, car il a plutôt hâte de montrer que la vie a
pris la place de la mort. A l'aide d'une comparaison tirée de
l'Ecriture Sainte, il passe de la première pensée à la seconde :
« L'instinct de l'autruche est de laisser ses œufs sur le sable et
« de s'en mettre aussi peu en peine que s'ils ne lui appartenaient
« pas. (Job XXXIX). Oserais-je dire que J.-C. parait avoir
« presque la même indifférence pour son Eglise ?... Je me trompe
« chrétiens, je me trompe. Ne voyez-vous pas cette pluie de feu
« qui tombe de toutes parts sur les Apôtres : *ecce novo pluit igne*
« *Deus*. » Dès lors, c'est la vie qui se manifeste par les trois
signes auxquels elle se reconnait : la chaleur, la parole et le
mouvement. L'histoire de l'Eglise suffirait à prouver abon-
damment que les Apôtres se sentirent animés au fond de leur âme
d'un ardent courage, qu'ils parlèrent et qu'ils agirent.
Fromentières ne dédaigne pas cet ordre de preuves tirées des
faits, preuves sensibles et irréfutables, qui ont l'avantage de se
prêter à d'éloquentes amplifications. Mais notre prédicateur ne
sait pas se passer du témoignage des Pères, et il fortifie l'autorité
de l'histoire par les réflexions et les commentaires de saint
Augustin : « Quel étrange changement, s'écrie ce Père, le chef
« des Apôtres tremble à la voix d'une servante, quand il est
« question de défendre son maître, et, quand le Saint-Esprit est
« descendu sur lui, il va faire la loi aux tyrans et aux princes...
« Encore un coup, quel étrange changement ! mais c'est le Saint-

« Esprit qui se fait de nouvelles créatures et qui remplit la
« terre de ses grâces. » Cette dernière réflexion est bien le « ce
qu'il fallait démontrer » qui termine le premier développement.
L'orateur a tenu sa promesse. Dans le premier exorde, il nous
avait fait entrevoir les « nouvelles grâces » qu'allait nous mériter
J.-C. monté aux cieux. Dans le second, il a complété sa pensée
en nous affirmant que ces nouvelles grâces avaient leur
expression dans la mission du Saint-Esprit, laquelle d'ailleurs
se réduit à trois termes dont le premier est : donner la vie. Il
s'était engagé à faire la preuve de ce premier point dans la
première partie. Nous avons vu paraître ces créatures nouvelles
animées par le souffle du Saint-Esprit : il a donc tenu parole.
Son développement très clair, très simple et même très court,
suit une marche progressive où la vérité est mise en lumière par
l'autorité des faits, par celle de l'Ecriture qui les contient et d'un
Docteur qui les commente.

Cependant, au point où il est arrivé, le prédicateur n'a fourni
que la première partie de sa course : il a jusqu'ici parlé à
l'esprit de son auditoire et fait effort pour éclairer son
intelligence. Il lui reste à tirer parti de cette vérité dans un but
pratique, et de toucher les cœurs : après la partie théorique,
vient donc la partie d'application ou morale. Fromentières passe
de l'une à l'autre sans effort, parce que l'application n'a rien de
forcé et qu'elle sort d'elle-même du développement qui précède :
« C'est ce même Esprit, Messieurs, qui anime aujourd'hui
« l'Eglise : c'est lui qui inspire la mortification aux pénitents, la
« chasteté aux vierges.... *nolite exstinguere Spiritum sanctum.*
« J'appelle éteindre l'Esprit-Saint, résister à ses grâces, négliger
« les inspirations et refuser d'agir par son mouvement. »
L'orateur jette en ce moment les yeux sur son auditoire, pour y
reconnaître ceux qui résistent à l'Esprit de Dieu ; il en fait
l'énumération, les met en face de leurs résistances, leur en
montre le péril et l'injustice. Il est tour à tour pressant,
véhément, ironique même. « Saint Chrysostome se moquait

« autrefois fort agréablement des Perses, lorsqu'il leur reprochait
« qu'ils adoraient le feu et qu'ils appréhendaient d'en approcher
« de trop près… Accordez-vous vous mêmes, Messieurs…. vous
« reconnaissez que l'Esprit de Dieu n'est aujourd'hui envoyé à
« l'Eglise que pour l'animer.. et cependant, chose étrange, c'est
« d'autre flammes que vous voulez brûler. » Voilà la morale et
le dernier terme du développement.

La seconde partie du sermon suit une marche identique à celle
de la première. Le prédicateur part de cette vérité à démontrer :
« L'Esprit vous enseignera toutes choses »; l'appuie sur le
témoignage de l'Ecriture et d'un Docteur de l'église grecque,
donne la raison cachée qui a voulu que le Saint-Esprit, tout en
étant l'amour qui échauffe le cœur, fut aussi la lumière qui
éclaire l'intelligence ; passe ensuite aux preuves que fournit
l'histoire de l'Eglise : « ces hommes sans lettres et sans
« érudition confondent les philosophes et persuadent les
« orateurs. » La partie morale ne manque pas de suivre bientôt
après : « Mais, hélas, le Saint-Esprit est notre maître et ce Dieu
« ne dédaigne pas de s'appliquer à notre conduite, et cependant,
« il n'y a point de maître qui soit moins écouté que lui. On
« écoute volontiers les autres, et l'on préfère leurs fatales
« instructions à celles de l'Esprit de vérité, etc. » Une touchante
prière termine ce développement et nous conduit à la troisième
partie.

Nous aurons occasion de le redire encore : la troisième partie
est généralement résumée, abrégée, quelquefois même complètement sacrifiée dans les sermons de l'Evêque d'Aire. On pourra
même trouver assez singulier que préparant ses sermons tout à
loisir, il aime mieux sacrifier quelquefois le troisième développement que reprendre et serrer les deux autres. Dans ce sermon
pour le jour de la Pentecôte, la troisième partie est plus courte
que chacune des deux autres : elle conserve néanmoins assez
d'ampleur, pour que le développement, avec sa partie spéculative
et ses applications pratiques, y soit encore dans son entier.

L'autorité de saint Paul y est invoquée, ainsi que celle de saint Augustin, pour montrer que le Saint-Esprit est consolateur. Les réflexions morales naissent pour ainsi dire d'elles-mêmes, bientôt après : « comparez ces fausses consolations que nous
« donnent la chair et le sang avec ces suavités célestes qui
« viennent du Saint-Esprit.... je vous prie seulement de réfléchir
« sur la joie intérieure d'un homme de bien, sur ce visage
« serein, sur cette conscience tranquille, et sur cette égalité
« d'âme qui ne peut être altérée par aucun accident de la vie. »
Une prière et un compliment au roi terminent le sermon :
« Mais surtout, Esprit saint, prenez sous votre protection le grand
« roi devant qui j'ai l'honneur de parler, et régnez aussi
« absolument sur lui qu'il règne lui-même dans son Etat. Nous
« lui avons vu faire des prodiges qui surpassent tellement
« l'homme, que nous n'avons pas cru nous méprendre de les
« regarder comme quelques-unes de ces impressions extérieures
« de force, que vous faisiez sur les conquérants et les monarques
« de l'Ancien Testament : *Irruit Spiritus Domini in Samson et*
« *interfecit mille viros.* Mais comme ce serait peu qu'il fut
« redouté de ses ennemis et respecté de ses sujets, s'il
« n'était soumis à son Dieu, remplissez, possédez, animez son
« cœur avec autant de force que vous avez paru jusqu'ici animer
« sa tête et son bras, afin qu'après avoir régné par vous sur la
« terre, il règne éternellement avec vous dans le ciel. — *Amen.* »


## IV


Ce sermon du jour de la Pentecôte nous représente assez exactement la manière dont Fromentières comprend le sermon, et la forme qu'il lui donne le plus ordinairement. Nous savons bien qu'un sermon n'est pas une formule algébrique, et qu'il est difficile de ramener toutes les œuvres d'un prédicateur à un type unique ou uniforme. Néanmoins sous la diversité des sujets qu'il traite, et malgré la liberté que le prédicateur s'y donne, on retrouve généralement ce qu'on peut appeler sa manière. Ceci est trop connu pour qu'il soit nécessaire d'y insister. Presque toujours deux exordes, le plus souvent trois parties terminées par une courte réflexion, qui n'a guère aucun air de péroraison ; voilà le cadre dans lequel Fromentières enferme habituellement son sermon : et dans ce cadre, un double développement, l'un pour l'esprit, l'autre pour le cœur, l'un d'ordre spéculatif, l'autre d'application morale qui se partagent successivement chaque partie : telle est en dernière analyse la manière assez uniforme dont Fromentières comprend le Sermon et le Panégyrique. Si nous avons jugé convenable de la faire connaître avec quelques détails, ce n'est pas que Fromentières en ait eu seul le secret. Cette méthode fut celle du XVII<sup>e</sup> siècle ; ce fut surtout celle du P. Sénault, de l'Oratoire, et des prédicateurs qui y furent formés. La variété des sujets et du développement, la diversité des tons et du style la sauvèrent de la monotonie et de l'ennui qu'elle semblait devoir provoquer.

L'attention à conserver habituellement ce cadre et à ne s'écarter qu'avec une extrême réserve de cette manière, n'est pas moindre à l'égard de certains détails particuliers. Car, — et c'est la conclusion à laquelle nous devrons arriver, — ce qui distingue la prédication de Mgr de Fromentières c'est l'application et le soin. On a pu remarquer dans l'analyse du sermon pour le jour de la Pentecôte, que le texte contient tout le discours et les divisions du discours. C'est encore une habitude chez Fromentières de tirer de son texte la division de la matière sur laquelle il va parler. En veut-on un autre exemple ? Prenons le sermon suivant, composé pour la fête de la sainte Trinité. Voici le texte : *In eamdem imaginem transformamur a claritate in claritatem.* Voici comment après les réflexions qui remplissent le second exorde, il arrive à établir la division : « Si nous « passons d'une clarté à une autre, je veux dire, de la nature dans

« la grâce, et de la grâce dans la gloire, c'est toujours dans la
« même image que nous sommes transformés... La Trinité nous
« fait hommes, la Trinité nous fait chrétiens, la Trinité nous fait
« bienheureux. » Dans cet exemple, c'est la pensée contenue
dans le texte qui a donné la division.

Quelquefois ce n'est plus la pensée seulement, ce sont plutôt
les mots qui la portent, qui fournisssent la division. Rien de
plus facile : le prédicateur coupe la phrase en trois et la division
est trouvée. Ainsi en est-il dans le sermon *Sur l'amour des
ennemis*. Voici le texte : *Ego autem dico vobis : diligite inimicos
vestros*, et voici la division : « Qui établit cette loi ? C'est un
« Dieu, qui est votre maître et votre souverain : *ego autem ;* A
« qui la propose-t-il ? à vous, qui avez vous-même besoin
« d'indulgence et de pardon : *dico vobis ;* enfin, en faveur de qui
« vous marque-t-il ce devoir ? C'est pour des gens qui, quoique
« vous les regardiez comme vos ennemis, sont cependant vos
« frères, et font avec vous partie d'un même corps : *diligite
« inimicos vestros.* » Cette manière, d'une extrême simplicité et
qui, pour cela même, frappe les esprits, est assez fréquente chez
Fromentières : il la recherche volontiers. Ce jeu-là n'est pas sans
péril ; car s'il est déjà difficile de trouver un texte adéquat à son
sujet et qui le résume totalement, il est encore plus difficile d'en
trouver dont les membres, isolés les uns des autres, aient une
valeur significative suffisante pour porter, chacun de son côté,
le germe d'un développement. Il peut arriver quelquefois que,
séduit par les apparences, le prédicateur soit conduit à se
payer de mots. Fromentières n'a pas échappé toujours à ce
danger ; et quelquefois, le désir de tirer sa division des mots
eux-mêmes, l'a obligé d'en forcer le sens et de recourir à des
subtilités et aux artifices d'une vaine rhétorique. Ce défaut,
très rare dans les Sermons, est sensible dans les Panégyriques,
parce qu'il est toujours difficile de trouver un texte qui résume
suffisamment les vertus de celui qu'on veut louer. On peut en
voir un exemple dans le *Panégyrique de saint Benoît,* un des

premiers que Fromentières ait prêchés à Paris. Le texte est celui-ci : « *Consepulti sumus cum Christo per baptismum in* « *mortem, ut quomodo surrexit de mortuis, ita in novitate vitæ* « *ambulemus.* » Le sens littéral de cette phrase est très clair, et l'application morale facile. Fromentières laisse de côté et le sens littéral et l'application qui en découle ; il souligne les trois mots qui répondent aux trois idées de sépulture, de mort, de résurrection, établit là-dessus sa division de son panégyrique, dans lequel il va montrer que saint Benoît « imite la mort de J. C. « par un parfait détachement, sa sépulture par une solitude « plus austère, sa résurrection par une sainteté plus glorieuse et « plus féconde. » Je ne sais. Mais il me semble que c'est là « se « contenter de trouver un rapport de mots entre le texte et la « cérémonie » ; qu'on pourrait souhaiter « plus de corps et moins « d'esprit. » (1). Ce défaut est heureusement très rare dans les sermons de Fromentières. Mais il ne l'était pas de son temps, et c'est là ce qui justifiait les critiques de La Bruyère, de Fénelon et de l'auteur de l'*Art de prêcher*, sur l'usage des divisions dans le sermon (2).

Ce sont là de minces détails peut-être : mais l'art en quoi consiste-t-il donc, si ce n'est dans l'harmonie de l'ensemble et la perfection du détail ? D'ailleurs, pour un prédicateur comme Fromentières, qui compte plus sur le travail que sur l'inspiration, sur le soin que sur l'élan spontané, il n'est pas de petit détail qui ne porte la marque de son application et la trace de son esprit. C'est surtout dans ces détails que se révèlent ses habitudes de travail et sa préoccupation constante de ne rien laisser aux hasards heureux de l'improvisation. Le voir à l'œuvre dans ces

---

(1) Fénelon. *Dialogues sur l'éloquence.* I, p. 138.

(2)      C'est la mode, il faut bien que la voix se soulage,
Et le beau du sermon, souvent c'est le partage.
Pour établir son plan, ses propositions,
Chaque prédicateur court les divisions,
Et souvent tout l'effort, tout le fruit de son zèle
Est d'en trouver quelqu'une éclatante et nouvelle.    Ch. II.

moments-là, n'est-ce pas encore le meilleur moyen de le connaître et de le saisir tel qu'il est.

On sait quelle importance avait dans la rhétorique du XVII° siècle la manière d'amener l'*Ave Maria*. L'interlocuteur qui dialogue avec Fénelon n'a pas manqué de noter, dans le discours qu'il vient d'entendre, que la chute de l'*Ave Maria* « a été pleine d'art. » (1) Bossuet et Bourdaloue y mettaient aussi quelque façon. L'idée que pour mieux comprendre les vérités de la foi, il faut la grâce obtenue du Saint-Esprit par le secours de la Vierge, ne leur a pas toujours suffi pour amener cette prière obligée. D'autres également semblent se piquer à cet égard d'une sorte de coquetterie, et font, pour amener la chute, des efforts dignes d'un meilleur emploi. L'auteur de l'*Art de prêcher* raille

> De ces prédicateurs l'éloquence fleurie,
> Qu'une chute de mots jette aux pieds de Marie,
> Et qui sans la faveur d'une transition
> N'oseraient implorer son intercession. (2)

Fromentières ne sut pas s'affranchir toujours de cette préoccupation mesquine, et demanda quelquefois aux rapprochements les plus inattendus la transition dont il avait besoin pour amener la chute. Nous en trouvons un exemple sans quitter le *Panégyrique de saint Benoît,* dont il était question tout à l'heure. Le prédicateur vient d'affirmer que saint Benoît a eu sa grande part dans l'imitation de J.-C., il continue en ces termes : « Mais « avant de vous montrer la part qu'il y a eue, il est juste de « reconnaître que, quelque grande quelle ait été, elle a toutefois « été moindre que celle de Marie : et ce n'est qu'avec cette « respectueuse précaution que nous pouvons implorer son « secours et lui dire : *Ave.* » Quelquefois, c'est par un circuit

(1) *Dialogues sur l'Eloquence.* I. page 136.
(2) *Art de prêcher.* Ch. II.

encore plus long qu'il y arrive, comme dans le *Panégyrique de saint Pierre*. « Mais, puisque j'ai à vous parler de l'amour du « Prince des Apôtres, vous jugez bien que je dois m'adresser « d'abord à l'Esprit adorable qui avait embrasé son cœur, et que, « pour en être favorablement reçu, je dois me servir du crédit « de celle que l'Ecriture appelle la mère du bel amour. Implorons « donc sa faveur avec les paroles de l'ange : *Ave.* » Ne vous semble-t-il pas que tout cela  sent l'artifice et s'écarte des conditions du véritable art, qui sont le naturel et la simplicité ? Combien j'aime mieux la manière dont il amène cette invocation dans le panégyrique suivant : « Pour satisfaire à ces deux « devoirs, implorons les lumières du Saint-Esprit et disons à la « sainte Vierge : *Ave.* (1) » C'est net, c'est franc, c'est simple, et combien cela vaut mieux que les périphrases, alors fort à la mode, qui, sans compensation d'aucune sorte, nous faisaient regretter le naturel sans prétention et facile.  L'Oraison funèbre s'affranchissait de l'obligation d'amener cette prière, comme si la sainte Vierge s'intéressait médiocrement à ces éloges de commande, et aux embarras dans lesquels ils jetaient souvent les malheureux prédicateurs.

On pourra remarquer également le soin avec lequel Fromentières ménage les transitions. C'est chez lui une habitude constante de rattacher les différentes parties du discours.  Il ne lui suffit pas qu'une partie amène l'autre par une suite naturelle et nécessaire, qui ne supporte rien entre les deux. Ce lien logique, le vrai celui-là, qui fait que deux pensées se suivent et se tiennent par le rapport étroit qu'elles ont entre elles, ne frappe pas les yeux. Il en est à qui ce lien ne suffit pas ; il leur faut une transition sensible, qui parle aux oreilles et se mesure du regard, un de ces traits d'union que les vieilles rhétoriques comparent naïvement au pont qui sert à passer d'une rive à l'autre. Fromentières ne manque pas, à la fin d'un développement,

(1) *Panégyrique de saint Paul.*

de jeter la passerelle qui doit nous conduire au suivant. Ce n'est le plus souvent qu'une phrase, une pensée qui soude entre elles deux parties et les relie l'une à l'autre. Reprenons le sermon *Pour le jour de la Pentecôte* : le prédicateur a fini les applications morales qui terminent la première partie : « D'où « vient donc, s'écrie-t-il, que vous vous opposez à son action « (du Saint-Esprit) qui vous serait si salutaire *?* En voici la « raison : c'est que vous écoutez toute autre instruction que « celle de cet adorable Esprit : cependant, la seconde fonction « qu'il vient exercer dans l'Eglise est celle d'enseigner : *ille vos* « *docebit omnia ;* et le respect que vous devez lui porter, c'est de « ne croire à point d'autre maître qu'à lui. Je vous le ferai voir « dans mon second point. » Ce procédé est très simple : on pourra même le trouver puéril. Les transitions, disait le P. Gratry, empêchent de passer : ce qui va tout droit contre leur raison d'être. Les pensées, en effet, doivent se suivre et les développements se rattacher les uns aux autres d'une manière assez étroite, pour qu'il ne soit pas nécessaire d'avoir recours à ces ruses d'école et à ces procédés de métier. Tout circuit que l'on fait, pour aller d'une pensée à une autre, n'aboutit qu'à rendre celle-ci plus lointaine. Que si la seconde avoisine la première, on passe de l'une à l'autre, sans traverser ce terrain vague qui ne pourrait que l'en séparer. Ne creusez pas l'abîme ou comblez-le, et vous n'aurez plus besoin du pont entre les deux rives, suivant la plaisante comparaison des rhéteurs. Serrez vos pensées, distribuez-les suivant un ordre sévère et logique, et vous ne sentirez plus le besoin des transitions : « Il y a dans « l'art d'écrire des secrets plus importants que celui de trouver « ces formules qui servent à lier les idées et à unir les parties du « discours. » (1) Il y a d'abord la nécessité d'un plan bien conçu et d'une division bien faite, logique, née du sujet, bien plus nécessaire à la clarté que les transitions aux rhéteurs si chères.

(1) Suard : *Mélanges littéraires*. Tome II. Notice sur La Bruyère.

Le procédé de Fromentières pourra donc paraître puéril. Si on y regarde de plus près, on est forcé pourtant de reconnaître que, dans l'économie de son sermon, ces transitions devenaient nécessaires. Il faut se souvenir, en effet, que chacune des parties de son sermon présente un double développement, l'un dogmatique, l'autre moral. Si dans le corps d'un premier point le développement moral découle de vérités démontrées précédemment, on ne peut pas dire que ce développement moral amène logiquement et nécessairement la démonstration dogmatique qui va suivre au second. Il faut cependant que ces parties se relient entre elles, et voilà pourquoi Fromentières s'applique, à la fin de chacune des parties, à ménager le passage qui conduit à la suivante : « soit « dans la prospérité, soit dans l'adversité, ayons toujours « recours au Saint-Esprit : dans la prospérité, afin qu'elle ne « nous enfle pas, dans l'adversité afin qu'elle ne nous accable « pas. *Car comment nous accablerait-elle puisque le Saint-Esprit* « *sera notre consolateur et que J.-C. le promet aujourd'hui sous* « *cette qualité à ses Apôtres? Paraclitus Spiritus sanctus.* C'est « par cette réflexion que je vais finir ce discours. » Ce procédé, invariablement le même, est, comme on voit, assez simple. Si l'art a pour loi de se dissimuler, on ne peut pas dire que ce soit là du grand art.

La manière de terminer le sermon marque chez Fromentières des préoccupations beaucoup moindres. On sait combien les rhéteurs et orateurs anciens attachaient d'importance à la péroraison et l'effet qu'ils en attendaient. Quand deux ou plus de deux avocats plaidaient une cause, c'était le plus pathétique et le plus habile qui prenait pour lui la péroraison.

Pour apprendre à toucher, apprends à bien finir

dit l'auteur de l'*Art de prêcher*. Cependant, il ne parait pas que les prédicateurs du XVII<sup>e</sup> siècle aient attaché la même importance que les anciens à cette partie du discours. Les plus brillantes oraisons funèbres de Bossuet, — celle de Condé exceptée, — finissent sur le ton simple de l'exhortation familière et calme. Quand on lit les sermons de Fromentières, on peut se demander souvent s'il y a une péroraison, ou plutôt, si la péroraison est autre chose que la fin du sermon. J'ai déjà eu occasion de dire que les troisièmes parties sont généralement traitées rapidement, abrégées, tantôt « à cause de l'excessive chaleur », (1) tantôt, « pour ne pas lasser une patience royale, » (2), tantôt, « parce « qu'il a donné beaucoup d'étendue aux deux premières parties « du discours, et qu'il reste trop peu de temps pour expliquer » (3) ce qu'il y aurait à dire. Le jour de l'Ascension il renvoie au jour de Pentecôte la troisième partie, parce qu'elle rentre dans le sujet qu'il doit développer dans cette fête. (4) Il arrive ainsi que souvent, pour des raisons diverses, le prédicateur est pressé de finir, et que la péroraison, s'il y en a une, se fond avec l'application morale de la troisième partie ou même en tient lieu. Il lui est aussi arrivé, quand il parlait devant le Roi ou devant la Reine, de terminer par un compliment ou par une simple exhortation à leurs Majestés : la même chose s'observe chez Bossuet et chez Bourdaloue, ce qui prouve que les prédicateurs du XVII⁰ siècle en usèrent assez librement avec ce qu'on appelle la péroraison.

Tel est en ses dehors et, pour ainsi dire, dans sa structure, le sermon de Fromentières : œuvre méthodique par-dessus tout, d'une allure réglée et d'une marche à peu près invariable, avec

---

(1) Sermon *Sur la Décollation de saint Jean-Baptiste.*
(2) Sermon *Pour la fête de tous les Saints.*
(3) *Panégyrique de saint Bernard.*
L'auteur de l'*Art de prêcher* blâme ce défaut.

> Choisis pour tes sermons une heureuse matière ;
> Ne la propose pas sans la fournir entière.
> Souvent au dernier point on n'a pu parvenir
> Que l'horloge sonnant avertit de finir.   Ch. II

(4) Sermon *Pour le jour de l'Ascension.*

ses trois divisions et la disposition symétrique de chacune d'elles. A ces marques on peut reconnaître l'élève du P. Sénault et les habitudes du maître. On sait que Fromentières a loué le supérieur de Saint-Magloire d'avoir « introduit plus d'ordre dans « le discours, par les divisions jusqu'alors inconnues » ; (1) ce que nous avons dit précédemment prouve assez que la leçon et l'exemple du maître ne furent pas perdus pour le disciple. Comme Sénault, Fromentières « introduisit de l'ordre dans le « discours, par les divisions » ; comme Sénault, il s'appliqua à fortifier par le travail ses talents naturels ; comme lui, il eut soin de ne pas négliger les détails et voulut « par sa conduite, par « son application, par son désintéressement et par son zèle faire « honneur à son ministère. » (1)

V

L'élève de l'Oratoire ne se reconnait pas moins au fond des choses qui remplissent ce cadre que nous venons d'étudier. L'Ecriture Sainte, la théologie et les écrits des Pères sont les sources inépuisables où s'alimente constamment l'éloquence de l'abbé de Fromentières. Ce n'est pas qu'il se prive des lumières de la philosophie ou des secours que pouvaient lui fournir les leçons de l'expérience. Bien au contraire, il aime dans ses applications morales à user des connaissances qu'il a acquises sur les hommes et sur les choses, à faire appel à ce que la réalité lui découvre. Pour arriver au cœur de ses auditeurs, il affecte de les attaquer chez eux, en prenant directement à partie leurs inclinations et leurs vices. C'est ainsi que la prédication de Fromentières a toujours pied dans la réalité, et convient à l'auditoire auquel elle s'adresse. Chaque fois, en effet, qu'il a eu l'occasion de porter la parole devant un auditoire spécial et

(1) *Orais. fun. du P. Sénault.* II<sup>e</sup> partie.

homogène, confrérie de charité, communauté religieuse, assemblée à la Cour ou à la ville, il s'est mis en face de cet auditoire et de ses besoins particuliers, et s'est plu à lui parler un langage qui lui convenait spécialement. C'est aussi par là que la prédication chez Fromentières évite ce ton froid, impersonnel et quelque peu indifférent qu'elle a eu souvent, depuis le XVIII° siècle. Nous aurons à le montrer bientôt.

Mais, ne l'oublions pas ; ces considérations morales et ces applications pratiques ne viennent jamais qu'après un exposé doctrinal, après une démonstration dont l'Ecriture Sainte et les Pères fournissent la matière. C'est sur ce fond solide que Fromentières s'appuie, comme le firent les plus grands parmi les orateurs chrétiens du XVII° siècle, avec cette différence toutefois, que ceux-ci, en s'établissant sur le dogme, surent s'en servir librement et mêler leurs propres inspirations à celles du texte sacré, illuminer leurs propres méditations de tout l'éclat que la révélation pouvait leur donner, et fortifier leurs pensées par celles de la foi. Bossuet pose le pied sur le dogme, marche un instant sur ce terrain solide, s'en détache bientôt, comme s'il y avait pris de l'élan et des forces, et vole de lui-même là où le portent ses inspirations personnelles et les sentiments de son âme. Bourdaloue se saisit du dogme, l'étreint, le scrute, on dirait qu'il le féconde, tant il le pénètre profondément et sait en saisir la substance cachée que son intelligence y a découverte, ce qui est encore une manière d'avoir du génie et de faire preuve d'originalité et de force.

Il n'en fut pas ainsi de Fromentières. Il a de la Tradition une connaissance étendue et même solide. C'est là qu'à défaut d'inspiration personnelle il va chercher les idées qui lui manquent. C'est près des auteurs sacrés qu'il aime à se tenir ; c'est en leur compagnie qu'il marche, faisant à leurs œuvres des emprunts aussi larges que répétés (1). Quelquefois même, il

(1) Ce n'est pas ce qu'enseignait l'auteur de *l'Art de prêcher :*
Que les citations soient courtes et serrées.    Ch. II.

se dispense du commentaire littéral qui explique librement le texte en le développant ; mais il se contente de transporter dans son sermon une page de saint Augustin, qu'il traduit pour l'intelligence de ses auditeurs. Le sermon *Sur le délai de la Pénitence* en fournit plusieurs exemples remarquables ; et si, dans ce sermon, on voulait faire la part de saint Augustin et celle de Fromentières, on trouverait que, ce jour-là, saint Augustin a prêché par la bouche de Fromentières. Il est vrai que notre prédicateur se proposait d'enseigner une doctrine tellement sévère, qu'ayant voulu s'abriter derrière une grande autorité, il a fait parler saint Augustin à sa place. D'ailleurs, Fromentières ne fait pas mystère des secours qu'il reçoit des docteurs sacrés, et des emprunts qu'il leur doit. Que le passage qu'il tire d'eux soit long ou court, il ne manque guère au devoir de prévenir ses auditeurs. Un jour il avoue qu'il n'a guère été que l'interprète de saint Bernard (1), tant il pensait peu devoir s'en cacher. Dans une autre circonstance, il déclare qu'il doit à saint Jean Chrysostome « tout ce qu'il y a de supportable dans ce discours. » (2). Il a dit, en louant saint Dominique, que « ses prédications, semblables « à celles des anciens Pères, n'étaient qu'un docte tissu des « passages de l'Ecriture ; et regardant les Epîtres de saint Paul « comme les plus précieuses fleurs de l'éloquence évangélique, « il en exprima comme l'abeille le suc sans les altérer pour en « faire la matière de ses discours. » On peut dire aussi que dans son fond, la prédication de l'abbé de Fromentières « n'est qu'un docte tissu de l'Ecriture » et des Pères. Les emprunts qu'il fait sont plus nombreux et plus larges à mesure qu'il avance dans la prédication. Aussi peut-on se le représenter étudiant sans relâche la Sainte Ecriture, en exprimant « comme l'abeille les « sucs sans les altérer, pour en faire la matière de ses discours », (3) et amassant patiemment dans ce travail ininterrompu de riches

(1) *Panég. de saint François de Borgia*, IIIᵐᵉ part.
(2) Sermon *Pour la translation de saint Benoît*. IIIᵉ part.
(3) *Panég. de saint Dominique*, IIᵒ part.

provisions pour ses prédications futures. N'était-il pas encore en cela l'élève du P. Sénault, qu'il a loué de n'avoir admis dans ses discours d'autres ornements que ceux qui étaient « empruntés de l'Ecriture Sainte et des Pères... d'avoir chassé « la science profane par la théologie de l'Ecriture et des Pères. » Il se serait donné un démenti à lui-même, s'il ne se fût pas appliqué à reproduire dans sa prédication la manière qu'il louait dans son maître. Ce démenti, il ne se le donna pas : il usa largement de ses connaissances, et se servit des richesses qu'au cours de ses études et de ses lectures il avait amassées.

Assurément il n'était que temps, (1) à l'époque où le P. Sénault s'empara de la chaire, que la science sacrée, la Bible et la Tradition, y reprissent la place qui n'aurait jamais dû leur être enlevée, je veux dire la première.

> Quel que soit le sujet que tu veuilles traiter,
> Le divin livre seul te peut plus inspirer,
> Plus t'aider à trouver le sublime du style
> Qu'Homère ou que Platon, Cicéron ou Virgile (2)

écrivait en 1682 l'auteur de l'*Art de prêcher*. Ne peut-on pas regretter, cependant, que Fromentières se soit attaché de si près à la manière du P. Sénault et aux habitudes de l'Oratoire ? Ne peut-on pas regretter, que dans sa prédication, peu habitué à marcher seul, il n'ait que rarement songé à demander à ses inspirations personnelles, à son intelligence, à son imagination et à son cœur ce qu'il s'obstine à demander le plus souvent à la Bible et aux écrits des Pères ? Nous ne nions pas que son sermon y a gagné en autorité et en solidité. La doctrine y est plus sûre, parce qu'elle s'appuie sur les plus hautes autorités, et le recueil des sermons de Fromentières devient par là même un des plus intéressants à consulter, parce qu'il reste un de ceux où l'on trouve le plus ce que Bossuet appelle « la première sève du

(1) Jacquinet. *Des prédicateurs du XVII· siècle avant Bossuet.* Ch. I.
(2) Ch. II.

christianisme. » Mais quelle sera dès lors la part de l'inspiration personnelle, si la voix de l'orateur n'est plus qu'un écho lointain de celle d'autrui ? Que devient son originalité, s'il se borne à citer, commenter ou même traduire ? S'il est tour à tour le porte-parole de saint Augustin, de saint Cyprien, de saint Jean Chrysostome et de tous les autres, sauf de lui-même ? Comment démêler dans son œuvre la part de sa pensée et la part de son âme, s'il ne pense et ne sent qu'avec ou par les autres ? C'est là une considération qui a bien sa valeur, et qui nous fait mieux comprendre pourquoi Fromentières, tout en gardant sa physionomie propre au milieu des prédicateurs du grand siècle, manque de cette forte et puissante originalité qui marque de traits si caractéristiques la personnalité de Bossuet, de Bourdaloue, de Mascaron. Encore une fois, le sermon de Fromentières est méthodique, soigné, mis au net : voilà pour le dehors ; il est savant, raisonné, pratique, largement et richement appuyé sur la théologie et l'autorité de la Révélation ; mais le souffle qui emporte la pensée avec l'âme de l'orateur et marque son œuvre au cachet de sa physionomie morale, ce souffle manque trop souvent. Un développement plein, d'une abondante et d'une agréable fluidité, — le mot est de M. Jacquinet, — ne suffit pas pour nous en consoler.

J'insiste à dessein sur ce point ; mais je n'irai pas jusqu'à dire pourtant que l'âme de l'orateur est totalement absente de ses discours, et qu'on n'y trouve pas de temps en temps la note émue et l'accent personnel. Ce serait se tromper étrangement. D'abord, la partie morale, — généralement très personnelle, — échappe à la remarque faite plus haut ; et cette partie tient toujours une large place dans le développement. Mais, même dans les exposés d'ordre spéculatif, l'âme de Fromentières trouve encore à se montrer. Il se met en scène de diverses manières : tantôt par de simples confidences qu'il fait à ses auditeurs : « quand je fais réflexion sur les paroles de mon « texte, je ne sais, Messieurs, si je pourrai exécuter heureusement

« le dessein qui m'a fait monter en cette chaire ; » (1) ou bien quand il s'écrie : « Où est le prédicateur qui par cette seule « réflexion, ne se trouve vaincu par la grandeur de son sujet et « l'abondance de sa matière ? A mon égard, je vous avoue que « cette circonstance me ravit tellement, que ce que je pourrai « faire en ce discours sera de vous y expliquer les sublimes et « admirables fonctions de la paternité de Joseph. » (2) Parfois, c'est un cri qui jaillit de son cœur ému. « Et moi, oh que je « voudrais être un prophète de mauvais augure ! je te prédis « que cette esclave sera si fort accoutumée à ses fers, qu'elle « n'aura ni le pouvoir, ni la résolution d'en sortir ; et moi je te « prédis que tu te trouveras à la mort aussi avare, aussi impudique, « aussi vindicatif que tu l'étais pendant ta vie. » (3) Ou bien c'est un appel pressant, dans lequel son âme semble passer tout entière, affectueuse et tendre : « Que sais-je, si je ne « serai pas le dernier prédicateur dont la miséricorde divine se « servira pour vous faire entendre sa voix ? si j'en étais sûr, je me « prosternerais à vos pieds pour vous dire : mes frères, que faites- « vous ? Cette habitude infailliblement vous damnera, prenez-y « garde ! mettez-y ordre le plus tôt qu'il vous sera possible. » (4) Il faudrait aussi bien citer toute la première partie du sermon sur la *Parole de Dieu*, où l'orateur se met hardiment et généreusement en cause, car il va instruire le procès des prédicateurs et leur demander compte de la manière dont ils prêchent la parole de Dieu. Ainsi donc, Fromentières n'interdit pas à son âme d'éclater de temps en temps, et de percer à travers la sévérité des expositions dogmatiques ou des considérations morales. Parfois même, et c'est alors évidemment qu'il a été le plus heureux, le discours semble sortir de son cœur plus que de sa pensée, et le cours de ses sentiments passe par ses lèvres avec

---

(1) Sermon *De l'Ambition*. Exorde.
(2) *Panégyrique de saint Joseph*. Exorde.
(3) Sermon *Sur le délai de la Pénitence*. II· partie.
(4) Sermon *Sur l'habitude du péché* III· partie.

abondance, plénitude et majesté. L'*Oraison funèbre du P. Sénault*
est toute dans ce grand style, pleine de pensées qui viennent du
cœur.

Ces cas sont trop rares. Ce qui l'est moins, c'est le ton
familier, affectueux sur lequel le prédicateur parle quelquefois.
On dirait qu'il parle dans une réunion intime à un petit cercle
d'amis. Le *Discours sur la visite des prisonniers,* que l'on
vantait au XVIIIᵉ siècle, est tout sur ce ton, comme aussi le
*Discours sur la paix,* par lequel il clôture le Carême prêché à
Notre-Dame en 1669. Ce sont les adieux du prédicateur à un
auditoire qui parait lui être resté sympathique : « j'ai cette
« confiance en la bonté divine, que je n'aurai pas été si
« malheureux que de vous prêcher inutilement l'Evangile de la
« Paix.... Quand je vous vois, Monseigneur, (1) à la tête de
« cette illustre compagnie, composée de tant de savants hommes,
« qui se font encore plus distinguer par leur piété et leurs rares
« mérites que par leur naissance ou par la place qu'ils occupent;
« quand je réfléchis sur l'admirable union qui est entre vous et
« eux, union si rare dans tant d'autres compagnies du royaume:
« je me représente que c'est ici que ces agréables paroles de
« J.-C. ont tout leur effet, et le plus auguste clergé de la capitale
« vous étant uni, comme les membres le sont à leur chef, on
« n'en doit attendre que toute sorte de prospérité et de bonheur.
« Si je pouvais y contribuer en quelque chose par mes vœux
« et par mes prières, je les offrirais de grand cœur, en
« reconnaissance de la bonté que vous avez eue, Monseigneur,
« d'entendre avec assiduité mes prédications et de suppléer à mes
« défauts. Ce sera à cette intention que j'élèverai tous les jours
« mes mains au ciel, et que je fléchirai comme saint Paul les
« genoux devant Dieu : *hujus rei gratia flecto genua,* pour
« attirer ses grâces et vous souhaiter ce royaume de paix où les
« saints règneront éternellement avec lui. — *Amen.*

(1) Hardouin de Péréfixe de Beaumont, archevêque de Paris.
(2) Sermon *Sur la Paix.* Péroraison.

On peut donc affirmer, d'une manière générale, que Fromentières fait une part assez large, sinon à l'inspiration personnelle, du
moins à l'accent personnel. Et par là doit s'atténuer le reproche,
qui lui était fait tout à l'heure, de trop disparaître derrière les
autorités sur lesquelles il aime à s'appuyer. Il n'en est pas moins
vrai, qu'ainsi atténué, le reproche subsiste, et que Fromentières
prend volontiers ailleurs qu'en lui-même la matière de ses
développements. Il reste commentateur et interprète, jusqu'à ce
que, la démonstration finie, il reprenne pour ainsi dire sa personnalité, et laisse enfin s'épancher son âme et parler son cœur
dans l'exposé des applications morales. Mais ceci ne devait pas
le préserver de l'écart dans lequel il est tombé. Il devait en effet
arriver qu'avec sa vaste connaissance de l'Ecriture Sainte,
Fromentières en pousserait quelquefois l'usage jusqu'à l'abus ;
et l'abus en cette matière consiste d'abord à citer l'Ecriture sans
motif et sans profit ; puis ensuite, à en étendre le sens d'une
manière invraisemblable. Que peuvent bien ajouter à la pensée,
ou seulement au tour donné à la pensée, les quelques mots de
saint Paul cités au passage que je viens de rappeler tout à
l'heure ? Et quel besoin Fromentières avait-il de dire qu'en
fléchissant les genoux il faisait ce que saint Paul avait fait avant
lui ? En ce moment, le prédicateur n'a pas su résister au désir
de citer pour citer. J'ouvre le volume au *Panégyrique de
saint Pierre*, et j'en trouve un autre exemple. L'orateur a montré
le saint pleurant amèrement sa faute : on devine que sa
conclusion pratique sera que nous devons aussi pleurer les
nôtres. Mais il prévoit l'objection de ses auditeurs, qu'il n'est
pas donné à tous de se sentir contrits jusqu'aux larmes. « Eh
bien, mes frères, je veux bien m'accommoder à votre faiblesse :
*humanum dico propter infirmitatem vestram, fratres,* » sans
nous dire qui parle ainsi. Notez bien que je ne prétends pas
du tout que le texte n'exprime pas très bien sa pensée ; mais je
dis qu'il n'y ajoute rien, et devient par là un luxe inutile, qui
expose gratuitement le prédicateur au soupçon ou de n'oser

parler par lui-même, ou de céder facilement au plaisir de faire montre des trésors amassés dans sa mémoire (1).

Encore ce défaut n'est-il pas aussi choquant que celui d'amener le texte sacré par des interprétations peu naturelles, des subtilités d'exégèse et des procédés familiers aux rhéteurs. Le pédantisme et le mauvais goût des âges précédents avaient porté très loin ce défaut. On n'en était pas complètement guéri à l'époque de Fromentières. Mascaron en fournit largement la preuve, et Fromentières nous en donne plus d'un exemple : « Si « vous prenez à ces saintes filles — il s'agit des Carmélites — « quelque chose de leur esprit, elles n'en seront non plus jalouses « que de leur habit ; elles n'auront garde de se plaindre, comme « Laban, que vous leur aurez dérobé leurs dieux : *cur furatus es* « *deos meos ?* » (2). En vérité, nul ne s'attendait à un pareil rapprochement. Quel rapport, en effet, entre Laban et les Carmélites, entre le scapulaire et les dieux de Laban ? Et pourquoi nous étonner par des bizarreries étranges, quand nous ne demandons qu'à être instruits ou touchés ? « Vous êtes près de « tomber à toute heure du faîte de ces dignités comme de dessus « des chevaux fougueux : *fallax equus ad salutem.* N'auriez-vous « pas beaucoup de sagesse, si vous en préveniez la chute par « une descente douce et courageuse ? » (3). La comparaison ne manque pas de vérité, de hardiesse et d'éclat. Le « faîte de ces dignités » où il est si difficile de se tenir, rappelle la plainte amère du vieux don Diègne :

> Nouvelle dignité fatale à mon bonheur !
> Précipice élevé, d'où tombe mon honneur !

mais pourquoi ces trois mots latins du Psalmiste viennent-ils couper la pensée de l'orateur, et quel autre rapport ont-ils avec

(1) C'est ce défaut que La Bruyère condamne dans le personnage d'Hérille. *Caractères.* Ch. XII : *Des Jugements.* Tom. II, p. 119.

(2) Sermon *Sur la fête de Notre-Dame du Mont-Carmel.* Fin.

[3] *Panégyrique de saint Ignace.* 1re partie.

elle, que celui de rappeler l'idée d'un cheval dangereux : ce qui est trop peu. Les supprimer eût été préférable.

Il faut assurément respecter les droits de l'exégèse et de l'interprétation scripturaire : toute application de l'Ecriture qui ne va ni contre la foi, ni contre la morale est tolérée. Mais, cela veut-il dire qu'on doit approuver et conseiller tant d'applications forcées et peu naturelles ? Qu'y gagne la vérité ? Qu'y gagne l'éloquence ? et comment le prédicateur imposerait-il à son auditoire une interprétation dont il est si naturel de se défier ?

Ne faut-il pas quelque bonne volonté pour accepter le rapprochement que Fromentières fait entre sainte Catherine et la femme Jahel ? On sait l'histoire de cette dernière. Le général Sisara, défait et poursuivi par ses ennemis, rencontre Jahel, lui demande un peu d'eau pour étancher sa soif. Celle-ci l'introduit dans sa maison et lui donne à boire du lait qui l'endort. A la faveur de ce sommeil elle lui enfonce un clou dans le front et le tue. Cinquante philosophes d'Alexandrie furent mis en présence de sainte Catherine pour discuter avec elle. Ces détails connus, laissons la parole à Fromentières. « L'amour de la vérité
« et certains mouvements d'une grâce qui touche et qui éclaire
« les faux savants quand il lui plait, avaient pressé ces philosophes
« dont je viens de vous parler ; et, comme sainte Catherine leur
« avait agréablement découvert beaucoup de choses qu'ils ne
« savaient pas, ils se sentaient comme altérés de boire, et, lui
« ayant demandé de l'eau, elle leur donna ce lait de la sagesse,
« qui les endormit et lui facilita le moyen d'insinuer dans leurs
« esprits les articles de notre foi et les maximes de l'Evangile,
« que saint Chrysostome et Origène appellent si bien le clou de
« la parole : *clavus verbi*. » (1) Vous avez bien lu : *le clou de la parole*, et voilà justement et uniquement pourquoi nous avons ici à côté de l'histoire de sainte Catherine, l'histoire de Jahel et de Sisara. Mais, convenons que de pareils rapprochements sont au

_______

(1) *Panégyrique de sainte Catherine*. II· partie.

moins étranges, entortillés, peu simples ! et, n'était l'admiration
que je professe pour Fromentières, combien volontiers je dirais
avec La Bruyère, qu'il faut être savant pour prêcher mal.

Je ne le dirai pas, car la vérité est que Fromentières fait
ordinairement de l'Ecriture Sainte un meilleur usage et de très
heureuses applications. Qu'il soit donc entendu que ce défaut ne
se rencontre chez lui que comme une regrettable exception, la
dernière trace d'un travers, autrefois général, qui tend à
disparaître. C'est déjà trop. Il sut mieux se défendre des auteurs
profanes. Après avoir loué le P. Sénault d'avoir banni du discours
la confusion par les divisions qu'il y avait introduites, il le loue
également d'en avoir chassé la science profane. Sur ce point
encore, Fromentières se montra l'élève du P. Sénault, et garda
vis-à-vis des auteurs profanes plus de réserve encore que son
maître. Il avait fait cependant d'excellentes humanités : à la variété
des maximes qu'il emprunte, il est facile de voir qu'il connaissait
bien les monuments de l'antiquité grecque et latine, et que sa
mémoire était riche en précieux souvenirs. Comme les plus
cultivés parmi ses contemporains, il n'avait pas cessé d'entretenir commerce avec les écrivains qu'il avait appris à connaître
dans sa jeunesse, et que sa maturité lui faisait mieux comprendre,
par suite, mieux aimer. Aussi leur souvenir vient-il souvent se placer
sur ses lèvres, et leur autorité ajouter du poids à ses paroles : tour à
tour, il cite Platon et Aristote, Antisthène et Xénophon, Hérodote
et Plotin, voilà pour les Grecs. Il connait encore mieux les Latins
et cite Virgile, Cicéron, Horace, Tacite, Sénèque, Pline le Jeune,
Végèce même. On pourra croire qu'avec une érudition aussi
étendue, il ne sait pas se tenir assez sur la réserve vis-à-vis du
pédantisme, et qu'il est tombé dans les défauts reprochés à ce
sujet aux prédicateurs du XVI° siècle. Il convient de dire, au
contraire, que les citations sont très peu nombreuses, et ne
dépassent guère la moyenne d'une par sermon. Encore faut-il
ajouter qu'elles sont fort courtes, et que Fromentières, loin de
faire montre de son érudition, ne présente que très timidement

la citation, sans même nommer l'auteur auquel elle appartient :
« Un ancien a dit que personne ne pouvait jamais vivre aussi
« pauvre qu'il était né : *nemo tam pauper vivit quam natus
« est.* » (1). Un ancien disait que quand le soleil ne ferait que
« paraître aux hommes sans que sa chaleur ou sa lumière leur
« fussent favorables, il mériterait d'être adoré... (2). Un ancien
« a cru que comme il n'y avait rien dont on s'ennuyât plus tôt que
« de la douleur, il n'y avait rien aussi qui s'essuyât plus tôt que
« les larmes. » (3). D'après ces exemples, on voudra bien
remarquer la longueur ordinaire des citations et l'usage à peu
près constant de Fromentières de rapporter la pensée d'un auteur
païen sans donner son nom. On pourrait croire que l'unique
raison qu'il eut d'agir ainsi fut d'éviter le reproche de
pédantisme ; c'est une erreur. Sa réserve s'inspire d'un motif
plus élevé et plus désintéressé.

Un jour il a fait un rapprochement entre N.-S. J.-C. et
Alexandre, il s'en excuse : « Si l'Ecriture Sainte, dit-il, ne parlait
« de ce prince avec éloge, je ne me servirais pas de ce trait de
« l'histoire profane pour le considérer aujourd'hui comme une
« figure de J.-C. » (4) Par où il nous découvre qu'il tient pour
suspecte l'autorité de la sagesse antique, dans une chaire où ne
doivent retentir que les oracles de la sagesse divine. Il ne s'est
pas abstenu du reste de nous le dire en termes très clairs :
« Quelle apparence y aurait-il, Messieurs, d'employer d'autres
« instruments que ceux de cet apôtre (saint Dominique) dans
« nos prédications, et quelle injure ne ferions-nous pas à J.-C.,
« si, nous défiant de ses oracles, nous faisions parler Aristote ou
« Sénèque dans les chaires ? Sommes-nous assez peu expéri-
« mentés dans notre profession, pour croire que la morale de
« ces philosophes soit aussi puissante sur nos auditeurs que les

(1) *Panégyrique de saint François d'Assise.* 1ʳᵉ part.
(2) *Discours sur la Réparation d'un sacrilège, etc.,* 1ʳᵉ part.
(3) *Panégyrique de saint Pierre.* 1ʳᵉ part.
(4) Sermon *Pour le jour des Rois.* II· part.

« vérités de Dieu ?» Et un peu plus loin, il semble faire le procès de tous ceux qui cèdent au plaisir d'invoquer ces autorités profanes : « Nous citons peut-être avec plus de plaisir
« les épîtres de Sénèque que celles de saint Paul ; et, comme
« s'en plaignait autrefois saint Augustin, nous aimons mieux
« avoir Platon à la bouche que Dieu dans le cœur... Comme si la
« morale chrétienne, ajoute-t-il, était plus puissante sur nos
« auditeurs que celle de l'Evangile, comme si les maximes d'un
« Sénèque ou d'un Epictète devaient l'emporter sur celles des
« Apôtres et des Pères de l'Eglise. » (1) Comme on le voit, c'est bien une idée arrêtée chez Fromentières, que le prédicateur n'a guère aucun profit à tirer de la sagesse antique. L'abus qu'on avait fait de l'érudition lui en faisait presque absolument condamner l'usage.

## VI

Nous avons étudié, dans ce qui précède, la méthode que suit Fromentières dans la composition de ses sermons, les sources où il va puiser pour féconder ses sujets et remplir ses développements. Nous avons noté le soin qu'il a de rester fidèle à sa manière, et de puiser constamment et largement aux mêmes sources qui sont l'Ecriture Sainte et la Tradition. A ces marques, nous avons reconnu l'élève du P. Sénault. Nous le retrouvons aussi dans la manière dont il exprime ses pensées, dans la forme dont il les revêt et dans le ton dont il varie ses développements. Il a loué son maître d'avoir observé dans ses sermons ce qu'il appelle « la majesté grave et le style sérieux ». (2) Il entendait par là, s'il faut s'en rapporter au commentaire que ses œuvres donnent à ses paroles, la dignité soutenue et une sévérité scrupuleuse dans le choix de l'expression, même quand le ton est familier, la

(1) *Panég. de saint Dominique.* IIe partie.
(2) *Orais. fun. du P. Sénault.* IIo partie.

fuite de toute recherche, l'absence de ces pointes ridicules, de ces comparaisons triviales, de ces jeux de mots malséants qui n'avaient d'autre but que provoquer le rire, préoccupation digne du théâtre sans doute, mais assurément fort peu en rapport avec la sainteté du temple, la dignité de la chaire et le caractère auguste de celui qui doit y paraître. Il ne fallait pas remonter très haut, pour retrouver le temps où, dans Paris même, l'usage des pointes était passé des salons dans les romans, et des romans dans la chaire : «, et le docteur en chaire en sema « l'Evangile. » D'ailleurs, en 1672, année où Fromentières prononçait l'*Oraison funèbre du P. Sénault*, le goût public hésitait encore entre la tradition romanesque et celle que venaient d'inaugurer si brillamment Molière et Boileau, et qui comptait déjà quelques chefs-d'œuvre de Racine et de La Fontaine. Les prédicateurs subissaient eux aussi l'influence de l'esprit public. A laquelle de ces deux traditions s'attacheraient-ils ? Bossuet avait déjà indiqué la route. Fromentières n'hésita pas à l'y suivre. Il fut pour la « majesté grave et le style sérieux. »

A cette gravité soutenue qui distingue la prédication de Fromentières, il faut joindre aussi la simplicité de la forme, l'absence de toute recherche qui vise à l'effet. Pour lui, le modèle de l'orateur chrétien, c'est toujours saint Paul : « Le « grand apôtre, ce savant maître de tous les prédicateurs, déclare, « tantôt qu'il ne prêche point avec des paroles étudiées,... tantôt « qu'il n'a employé ni les ornements de l'éloquence, ni les « subtilités de la philosophie dans les conversions qu'il a faites... « tantôt enfin, il fait avouer à ses disciples qu'il n'a point ébloui « leurs esprits par les faux brillants d'une sagesse humaine... Et « cependant, nous savons que sans chercher des figures et des « liaisons de périodes, il a persuadé, et que les seules vérités « de l'Evangile exposées nûment et sans art, ont eu assez de « force dans sa bouche pour confondre les philosophes et « triompher des orateurs. » (1) Il est vrai que ces prédicateurs

(1) Sermon *Sur la Parole de Dieu*. I<sup>re</sup> partie.

au langage fleuri, comme dit Fénelon, cherchent moins à instruire qu'à s'attirer des louanges, et par là satisfaire une mesquine vanité. Ils détournent la prédication de son but et l'absorbent tout entière à leur profit : « il y a beaucoup d'apparence qu'un « prédicateur qui abuse de la sorte de son ministère, n'a nulle « intention de produire J.-C. dans les cœurs. Savez-vous quel « nom donne saint Paul à ceux qui ont plus de soin de plaire « que de convertir ? Ce sont, dit-il, des adultères de la parole « de Dieu : *adulterantes verbum Dei*. Expression hardie, mais « énergique. » (1) Et comme si le mot de l'Apôtre ne suffisait pas encore, dans sa hardiesse significative, à exprimer toute sa pensée, Fromentières lui cherche dans les Pères un commentaire qui en augmente la saveur cruelle : « C'est pourquoi, « saint Grégoire de Nazianze donne à leurs discours un nom « dont je n'oserais expliquer toute la force : *sermones meretricios*, « des discours énervés, des sermons efféminés et impurs. » Pouvait-on en des termes plus énergiques rappeler au prédicateur le devoir de prêcher avec naturel et simplicité ?

Si ennemi qu'il soit de l'affectation et de la recherche, Fromentières ne s'interdit pas cependant l'agrément de la forme, le souci de l'expression et le choix du détail. (2) On ne professait pas à Saint-Magloire le dédain de la rhétorique, le mépris pour tout ce qui regarde l'art de bien dire. En plus d'une circonstance,

---

(1) Sermon *Sur la parole de Dieu*. I· partie. Voici ce qu'on lit dans l'*Art de prêcher* :

> Mais la vraie éloquence
> Dans le sermon surtout n'est pas ce que l'on pense,
> Et le sublime propre à ce discours sacré
> Plus que jamais peut-être est encore ignoré.     Ch. II.

Et l'*Art de prêcher* est de 1682. L'éloquence du barreau valait-elle donc mieux ? On peut en douter si on s'en rapporte aux Plaideurs, à la lettre de Fénelon *Sur les occupations de l'Académie*, et à ce que raconte Fléchier des avocats de province dans les *Grands jours d'Auvergne*.

(2)     Garde-toi toutefois de traiter de frivole
        L'art que la rhétorique enseigne en son école.

*Art de prêcher*. Ch. II.

le P. Sénault poussa jusqu'à l'affectation le souci de la cadence et des effets de style. Par sa diction étudiée, par ses grâces simples, son éclat tempéré, et l'harmonieux ensemble de ses facultés diverses, Fromentières fut supérieur à son maître. Il sut plus que lui travailler ses discours sans cesser de paraître simple. S'il eut horreur de l'affectation, il fut néanmoins persuadé qu'il était du devoir de l'orateur chrétien de chercher à plaire. N'a-t-il pas dit, en parlant de saint Paul : « Nous savons que cet illustre « prédicateur, nonobstant la simplicité de son langage, n'a pas « cessé de plaire ; que Paul, sans faire paraître qu'il était « rhétoricien, a persuadé. » (1) Mot très juste, et qui nous montre bien qu'en matière d'art, rien ne plaît plus que les beautés simples. Ailleurs, Fromentières nous découvre sa pensée d'une façon plus explicite encore : c'est dans *l'Oraison funèbre du P. Sénault*. Après avoir loué le célèbre Oratorien d'avoir châtié son style et mesuré ses périodes, il poursuit : « C'est une « erreur de s'imaginer que c'est assez d'être théologien pour « être prédicateur ; qu'entendre les mystères et les faire entendre « aux autres dépend d'une même intelligence. Non, non, « Messieurs, ce sont deux choses qui méritent chacune leur « application. Je soutiens qu'un prédicateur est obligé de se « rendre agréable dans la chaire, autant qu'il est nécessaire « pour pouvoir être utile, qu'il doit même avoir soin des paroles « pour ne pas faire tort aux choses. C'est pourquoi, je n'ai « jamais conçu le raisonnement de ces gens qui bannissent « absolument l'élégance et la politesse de notre profession ; « s'imaginant que si le nombre et l'harmonie peut quelque chose « sur l'oreille, tout cela ne peut rien sur le cœur ; car c'est « comme si l'on disait qu'une armée étant bien rangée en est moins « propre à combattre et à vaincre. » Voilà certes une déclaration de doctrine aussi claire que précise : le prédicateur doit plaire, voilà qui est bien ; il doit s'attacher à plaire par sa simplicité

(1) *Panégyrique de saint Dominique*. II<sup>e</sup> partie.

même, c'est encore mieux. Cela bien compris, nous savons déjà ce que fut l'éloquence de Fromentières.

Au point où nous sommes arrivés de cette étude, nous avons cité d'assez larges extraits de notre prédicateur, pour que le lecteur puisse déjà se rendre compte par lui-même si Fromentières a été fidèle à son programme, et si, sans rien perdre de sa simplicité, il a généralement réussi à plaire. Sur ce point notre opinion est faite, et Fromentières reste pour nous ce qu'il était pour le XVIIᵉ siècle, un prédicateur écouté du public pour sa doctrine solide, sa diction agréable, ses manières distinguées ; ce qu'il est pour Jacquinet (1), « l'aimable Fromentières », et pour l'abbé Hurel (2), « l'agréable Fromentières ». Symétrique arrangement de la période, harmonie des nombres qui la composent, choix des termes, correction des tours employés, variété des tons, voilà ce qui se remarque dans l'éloquence de Fromentières, quand on l'étudie de près. Rien de tout cela n'indique du génie, je le veux bien ; mais de la netteté, du soin, du talent et de l'art. Quelques biographes du XVIIIᵉ siècle accusent cependant Fromentières de manquer d'élégance : il a souvent négligé l'harmonie des périodes, « l'élégance et la pureté du style. » (3) J'avoue ne pas comprendre ce reproche. Qu'il y ait des négligences chez Fromentières, des passages mal venus, des tours heurtés, des phrases qui finissent trop court, je ne veux pas le nier. Ce serait merveille, que dans une œuvre dont une partie a vu le jour entre les années 1660 et 1670 on ne pût signaler de semblables taches. On en trouverait chez beaucoup d'autres ; et je ne sais si les plus grands seraient à cet égard à l'abri de tout reproche. Mais, n'est-ce donc rien que cette préoccupation constante, chez Fromentières, de s'adresser à l'esprit par la force du raisonnement, et au cœur par le désir de plaire ? Que souvent, en cherchant à convaincre, il a rencontré

---

(1) *Des prédicateurs au XVIIᵉ siècle avant Bossuet.* Ch. III, page 204.
(2) *Les orateurs sacrés à la Cour de Louis XIV.* Tome I, page 132.
(3) *Dictionnaire portatif des prédicateurs.* — *Biographie Michaud.*

le tour qui plaît, l'expression qui attire, l'éloquence qui charme !
Tantôt, c'est une comparaison d'un mouvement harmonieux et
cadencé, comme la chose qu'elle représente : « Quelque agitée
« que soit la mer, elle a cependant des bornes que le doigt de
« Dieu lui a marquées dès le commencement du monde, et cet
« élément, tout furieux qu'il est, n'ose jamais les passer, repliant
« doucement ses eaux et brisant l'orgueil de ses flots contre un
« faible rivage. » (1) Tantôt, c'est une période dont l'ampleur et
la majesté nous frappent : à la lire un vague souvenir d'une
page de Bossuet se réveille au fond de notre esprit : « Quoique
« l'autorité des évêques soit souveraine dans l'Eglise, et que
« n'étant autre que celle de Dieu, elle ne relève aussi d'aucun
« homme, néanmoins, il est quelquefois arrivé que Dieu même
« l'a comme diminuée, et qu'il a pris plaisir d'en faire passer
« une partie en des mains étrangères. Car, soit qu'il ait voulu
« apprendre pour lors aux prélats qu'ils étaient dépendants et
« qu'ils avaient reçu de lui ce qu'il pouvait suspendre en eux,
« soit qu'il agisse comme les rois qui affaiblissent l'autorité des
« grandes charges par de nouvelles créations, de peur que
« ceux en qui une si grande autorité serait renfermée ne vinssent
« à s'oublier et à se méconnaître, nous voyons qu'il a affaibli
« quelquefois le pouvoir des prélats en leur opposant de simples
« hommes plus puissants qu'eux, et que, comme dans la création
« du monde, il fit subsister pendant deux jours la lumière hors
« du soleil, afin de faire savoir à toute la nature que cet astre
« ne la tenait que de sa main, il a quelquefois voulu faire
« subsister l'autorité épiscopale dans des hommes qui n'étaient
« point évêques, afin de faire ressouvenir ceux qui sont revêtus
« de cette qualité, qu'ils l'ont reçue de sa bonté. » (2) On pourra
trouver qu'un pareil morceau manque de cette aisance et de cette
rapidité que nous aimons aujourd'hui dans un ouvrage écrit en

(1) 2ᵉ *Panégyrique de saint François de Sales*. IIᵉ partie.
(2) *Panégyrique de saint Bernard*. IIᵉ partie.

français. Fromentières n'eût pas été de son siècle, s'il n'eût cultivé la période, et ne se fût appliqué à en mesurer savamment les diverses parties, suivant les lois du rhythme et les exigences de la prononciation.

Un pareil travail ne va pas tout seul : il demande du soin et de l'application. Que devient, dès lors, le reproche fait à Fromentières par des hommes de la fin du XVIII° siècle, d'avoir négligé le soin de la forme ? Car de pareils morceaux ne sont pas rares. Qu'on lise l'exorde de l'*Oraison funèbre de Hardouin de Péréfixe,* les sermons *Pour le jour de la Circoncision, des Rois, de la Purification,* et tant d'autres, et on restera persuadé que le prédicateur n'a pas eu moins le souci de charmer l'oreille que d'éclairer l'esprit. En cela d'ailleurs, il restait fidèle aux leçons de son maître, le P. Senault, qui lui-même élevé à l'école de Balzac, avait gardé des leçons de cet « *empereur de l'éloquence* » le goût du nombre et le culte de l'harmonie. Encore Fromentières a-t-il cette supériorité sur son maître, que son développement étant plus plein, sa prédication mieux nourrie et plus pratique, sa phrase ne sonne pas creux : elle porte une pensée pour l'esprit ou un sentiment pour le cœur, en même temps qu'une sensation agréable pour l'oreille. Qu'il ait été plus attentif au fond des choses, à la rigueur nous le voulons bien, pourvu qu'il soit bien entendu qu'il n'a pas négligé la manière de les dire.

Une autre preuve d'ailleurs du soin que Fromentières eut de la forme, c'est l'attention qu'il porte à varier le ton, tour à tour familier, ironique, pressant, tendre, véhément, se pliant à toutes les nuances de la pensée et à l'expression de tous les sentiments. « Vive Dieu » (1) s'écrie-t-il parfois quand, plein de la vérité qu'il va communiquer aux autres, il aborde la discussion par ces deux mots qui retentissent sur ses lèvres comme le cri du ralliement : Vive Dieu. Une autre fois il poursuit de ses

-----

(1) Sermon *Pour le jour de l'Ascension.* 1^re part.

remarques légèrement ironiques les prétentions des gens du monde, et fustige leur vanité par une heureuse réminiscence : « Tout est tellement confondu, que la principale étude des « personnes de ce siècle semble n'être qu'une certaine hypocrisie « d'habits, de meubles, d'équipages, par laquelle chacun veut « paraître ce qu'il n'est pas. Combien de fois peut-on s'y tromper « et saluer, comme la mère de Darius, Ephestion au lieu « d'Alexandre, parce qu'il est mieux vêtu. » (1). Ailleurs, le ton change d'allure, il semble que la pensée de l'orateur lui communique quelque chose de son amertume et de sa tristesse ; c'est le « tout est vanité » du Sage, si éloquemment commenté par Bossuet, qui inspire également Fromentières : « Il n'y a rien « que de vain et d'imaginaire dans le monde, dit Tertullien. En « effet, si nous appelons une chose vaine celle qui n'a que des « désirs trompeurs sans aucune résistance, ou qui ne tient rien « de ce qu'elle promet, n'est-ce pas là le caractère de ce qui se « trouve dans le monde ? Tant de titres magnifiques qu'il vous « plaira, tant de qualités éclatantes qui font de si spécieuses « distinctions, tant de puissance et de crédit, tant de noms de « haut et de puissant seigneur, qu'est-ce que tout cela, dit saint « Bernard, que des feuilles de figuier pour couvrir la nudité ou « la misère des hommes. » (2) Dans un autre endroit il dira avec plus de relief, de force et de rapidité : « Si j'avais à vous parler « aujourd'hui du corps d'un roi profane et du tombeau d'un « grand prince de la terre, en vain vous entretiendrais-je de « cette spéciale protection de Dieu en sa faveur ; en vain « chercherais-je des épitaphes et des emblêmes ingénieux pour « vous découvrir sa gloire prétendue ; la mort parlerait d'un ton « plus fier et plus haut que moi, et ses cendres, plus éloquentes « ou plus sincères que mes paroles, me répondraient : « Voilà « cependant à quoi se réduit toute la gloire et la force du

(1) Sermon *Sur les péchés des riches.* I^e part.
(2) Sermon *Sur l'ambition.* I^e part.

« monde. » (1). Nous ne pouvons pas tout citer : mais si l'on veut se rendre compte de la variété des tons qu'emploie Fromentières, qu'on lise son sermon *Sur les miracles*, où il a lui aussi son apostrophe aux libertins ; qu'on lise le sermon *Pour la Décollation de saint Jean-Baptiste,* où il prend à partie l'impureté d'Hérode, et lui parle avec la rude franchise de sa parole apostolique ; qu'on lise également le sermon *Pour le jour de Noël* dans lequel il s'élève contre ceux qui n'entrent dans les églises que pour les profaner. Si l'on désire se reposer de ce ton véhément et énergique, qu'on poursuive quelques pages encore, jusqu'au *Panégyrique de saint Jean*, d'un ton plus reposé et d'une allure plus mystique.

En parcourant ces pages, le lecteur rencontrera quelque comparaison tirée de la nature : « L'Eglise, comme la vigne, « n'est féconde que quand on la taille et qu'on la coupe » ; (2) ou bien encore : « Tandis qu'on laisse en liberté l'eau d'une « fontaine, comme elle est naturellement pesante et amie de la « terre, elle se répand et se salit sur sa surface, ou bien elle « demeure enfermée dans son sein ; mais resserre-t-on cette eau « dans un canal de fer ou de plomb, en sorte qu'elle ne trouve « plus de passage pour s'abaisser vers la terre ; c'est alors « qu'elle remonte vers le ciel avec une surprenante rapidité et « qu'elle remonte aussi haut que sa source. » (3). Mais ces comparaisons sont très rares. On sait que le XVII<sup>e</sup> siècle réservait son admiration pour d'autres spectacles que ceux de la nature ; quoique Fromentières eût été élevé au milieu d'une nature sauvage, aux reliefs vigoureusement dessinés, il ne parait guère s'en être souvenu dans son œuvre, et il trouve moins à parler des étangs dont son enfance avait si souvent contemplé les vastes eaux, que des sources artificielles qui

(1) Sermon *Pour la Translation des reliques de saint Domnole,* 1<sup>e</sup> part.
(2) *Panégyrique de saint Victor.* 1<sup>re</sup> part.
(3) *Panégyrique de sainte Rose.* 1<sup>re</sup> partie.

jaillissent comme à Versailles par « un canal de fer ou de plomb. »

Ce qui est moins rare chez Fromentières, c'est l'expression triviale, le mot cru. A la distance où nous sommes du XVII⁰ siècle, malgré l'excessive liberté du réalisme contemporain, nous nous faisons une imparfaite idée des audaces de langage qu'apportaient dans la chaire les orateurs de la première moitié du siècle. Vers l'année 1660, Bossuet ne recule pas toujours devant les termes d'une saveur toute romaine, devant l'expression familière, quand elle est énergique. A certaines heures, Mascaron semble jeter un défi à la délicatesse et au bon goût dans son langage haut en couleur. Fromentières, plus scrupuleux que Mascaron, ne s'effarouche pas cependant d'une comparaison vulgaire qui a le mérite d'exprimer sa pensée avec énergie : « Ne faut-il pas avoir le cœur bien bas pour se contenter de ce « néant ? Ne faut-il pas être horriblement abruti, comme « Nabuchodonosor qui broutait l'herbe comme les bêtes ? » (1) On a reproché aux poètes du XVII⁰ siècle d'avoir cédé trop souvent à la préoccupation de mettre « au cou du chien un collier « d'épithètes. » (2) Le reproche n'est pas juste, même pour les poètes, mais, assurément, il ne saurait être adressé aux prédicateurs : « Si vous aimiez un chien et que vous le vissiez « tomber dans une fosse, quel empressement n'auriez-vous pas « pour l'en retirer? » (3) Et quel réalisme voulu dans cette description du travail de la mort sur le corps humain ! « Je vais « bientôt retourner en cendres, bientôt cette tête grouillera de « vers, et des serpents occuperont la place que les mouches, les « frisures et le vermillon remplissent. » (4) N'est-on pas étonné, quand on songe surtout que c'était à la Cour que de telles

---

(1) *Panègyrique de sainte Rose.* I⁰ partie.
(2) Victor Hugo. *Contemplations. Réponse à un acte d'accusation.*
(3) Sermon *Pour le jour des Morts.* II⁰ part.
(4) Sermon *Sur la pensée de la mort.* I⁰ part.

paroles étaient prononcées, et que du haut de la chaire tombaient des comparaisons comme celle-ci : « Quand une femme de « l'ancienne loi était soupçonnée d'adultère, on lui faisait boire « d'une certaine eau qui la faisait crever sur-le-champ si elle « était coupable. » (1) Le jour de Pâques, devant le même auditoire, il répètera la même parole et dira en parlant du démon, « Il a trouvé comme un hameçon la force de la divinité « sous l'appât de l'humanité, et l'ayant brusquement pris, il en a « crevé et perdu toutes ses forces. » (2) Mais qui donc oserait aujourd'hui se permettre de porter en chaire des comparaisons comme celles-ci ? : « Vous avez vu cet homme perdre dans le vin « sa raison, se saouler comme un pourceau et vous n'en avez « rien dit. » (3) Quelle énergie dédaigneuse des bienséances dans cette apostrophe qu'il lance à la face du riche, avec quelle âpreté il lui parle, traduisant une pensée de saint Augustin : « Quoi ! « j'aurai créé des éléments pour tous les hommes, et toi, riche, « tu en auras seul l'usage ! Tu marcheras seul le ventre plein, « sans te mettre en peine du pauvre, qui meurt de faim à ta « porte et dans ton voisinage! » (4) Tout cela, j'en conviens, est d'un goût douteux, et je me hâte de dire que les exemples d'un pareil langage sont rares. Il ne faudrait pas que les quelques passages tirés des six volumes de la prédication de Fromentières, groupés ensemble, pussent nous donner l'illusion que tout est du même style. D'ailleurs, est-il bien sûr que ce soient là des écarts de goût, ne conviendrait-il pas d'y voir plutôt la marque de la liberté et de la franchise que les prédicateurs apportaient dans la chaire et des dispositions avec lesquelles le public les écoutait? S'ils lui ont tenu à certaines heures un pareil langage, n'est-ce pas qu'ils sentaient l'auditoire disposé à l'entendre? « Amis de la « vertu plutôt que vertueux », nous sommes plus difficiles

(1) Sermon *Sur le jugement*. II⁰ part.
(2) Sermon *pour le jour de Pâques*. II· part.
(3) Sermon *Sur la Correction fraternelle*. Iʳᵉ partie.
(4) Sermon *Sur l'Aumône*. II· partie.

aujourd'hui; sans être meilleurs que nos pères du XVII° siècle, nous attachons plus de prix peut-être à ces formes, qui sont autant d'hommages rendus à la vertu. La hardiesse permise aux prédicateurs du XVII° siècle choquerait dans le nôtre. Avec les mœurs le goût varie, parce qu'il n'est après tout que la manière de juger et de voir chez les hommes dont les points de vue changent, et dont les jugements ont toujours tendance à se modifier, quand il n'est pas question de l'absolu.

Je me suis efforcé de noter ce qui caractérise le style de Fromentières, simplicité, ordre, méthode, élégance étudiée, variété des tons, j'ai marqué également quelques particularités qui dans ce langage étonnent nos mœurs modernes, et quelques libertés qui nous scandalisent. Il est à peine utile de faire remarquer que sa langue est déjà la langue française du grand siècle : elle en a toutes les qualités essentielles. Entre 1660 et 1680, le français a pris droit de cité chez nous avec toutes les qualités qui lui sont propres : richesse, clarté, variété, souplesse... Fromentières n'y ajouta rien, mais il bénéficia des progrès que notre langue avait faits. Çà et là, cependant, chez lui comme chez presque chez tous nos prédicateurs, surtout à cause de leur commerce ininterrompu avec les écrivains de l'antiquité chrétienne, nous retrouvons la trace persistante du latin, et de temps à autre, quelques latinismes nous ramènent aux origines de notre langue.

Ce sont d'abord des termes employés dans le sens le plus voisin de leur étymologie latine qu'ils ont parfois perdu depuis : *tempérament* pour *mélange* : « faire un mystérieux *tempérament* « de crainte et de joie » ; Sermon *pour la Circonc.* II° partie ; — *qualité* pour *fonction* : « la *qualité* de prêtre qu'il exercera, » *ibid.* — *gênes* pour *souffrances* « subir des tortures et des *gênes* « éternelles. » *1er Panégyrique de saint François de Sales* ; — *autoriser* pour *accréditer* : « saint Augustin *autorise* admirable- « ment cette seconde vérité » Sermon *pour le jour de l'Ascension.* II° partie ; — *rassurer* pour *consolider* : « S'il n'y était remonté

« pour *rassurer* la possession, » *ibid* ; — *illustre* pour *éclatant*
se rapportant aux choses « il n'y a rien de plus *illustre* dans la
« religion chrétienne. » Sermon *Pour le jour des Rois.* I<sup>re</sup> partie;
*espèces* pour *apparences* : « Les yeux ne sauraient s'ouvrir qu'ils
« ne reçoivent des *espèces* capables de les troubler. » Sermon
*Pour la Vêture de M<sup>me</sup> de la Vallière.* I<sup>re</sup> partie ; — *condescendance* pour *abaissement* : « une telle *condescendance* n'appar-
« tenait qu'aux âmes fortes et élevées ». *Orais. fun. de
Hardouin de Péréfixe.* I<sup>re</sup> partie. La liste pourrait s'allonger
encore. Elle ne serait pas près d'être close, si l'on voulait
rapporter ici tous les exemples.

Ailleurs ce n'est plus le mot qui est latin, c'est la locution
entière. Je n'en citerai que quelques-unes : *destitués de*
foi et de ferveur ; « il la *destitua* de celles qui lui étaient nécessaires;
« — le ciel s'est rendu *flexible* à nos vœux ; — la nature ne
« *contribue rien* à la formation de la perle ; — il voudrait pouvoir
« *échapper les* dangers ; — un jugement *préoccupé ;* — il *participe*
« *quelque chose* de cette qualité ; — *affecter* l'ignorance à
quelqu'un, ; — se laisser *gourmander* à ses passions ; — *dérégler
la nature ;* — *inciter à venir ;* — *postposé à* quelqu'un ; — *excéder
sa* capacité ; — *impétrer des* grâces ; etc.

Faut-il parler des locutions si familières à la langue française
du XVII<sup>e</sup> siècle, *avant que de, cependant que, à cause que,
ensuite de,* « *avant que de* s'attacher au corps d'une place qu'ils
« assiègent, ils se saisissent de ses dehors. » *2° Panégyrique
de saint François de Sales.* II<sup>e</sup> partie. « *A cause qu'ils* ne les ont
« pas apprises. » Sermon *Pour le jour de l'Ascension.* I<sup>re</sup> partie.
J'aime mieux faire remarquer l'emploi particulier fait par
Fromentières des formes pronominales *ce, soi,* pour *cela, lui.*
« Imitant en *ce* la qualité d'évêque. » *2° Panégyrique de saint
François de Sales.* I<sup>re</sup> partie ; « et *ce* d'autant plus que cet état de
« Jésus-Christ était un état nouvellement conquis. » Sermon *Pour
le jour de l'Ascension.* Exorde. « Dieu appelle à *soi* » *Panégyrique
de sainte Scholastique.* I<sup>re</sup> partie ; « la première sévérité qu'il

« exerça contre *soi* fut de réprimer ses passions « *2° Panégyrique
de saint François de Sales.* « Le pacte qu'il disait avoir fait avec
*soi*-même » *Ibid.* II° partie.

Les lois de la syntaxe, telles que nous les découvre la langue
de Fromentières, ne diffèrent de celles qui sont observées aujour-
d'hui, que par quelques détails qui n'altèrent pas sensiblement la
physionomie de cette langue. Il arrive assez souvent que le
rapport des temps ou des modes n'est pas suffisamment respecté :
« Il *fallait* donc que le même esprit qui a porté depuis les
« Apôtres à braver les tyrans *ait* amené ces rois à faire trembler
« Hérode. » Sermon *Pour le jour des Rois*, I^re part. « ce peuple
« charnel s'imagine que ce prophète *ait* promis Jésus-Christ. »
*Ibid.* II· part. — En revanche, les exigences de l'euphonie et la
recherche des consonnances agréables à l'oreille ne font jamais
reculer Fromentières devant l'emploi des imparfaits du subjonctif,
amenés par les lois de la subordination qui régit les propositions :
« il fallait que vous vous *abaissassiez* jusqu'à nous pour recevoir
« un nom. » Serm. *Pour le jour de la Circonc.* Exorde. « Je ne
« m'étonnerais pas que vous *préférassiez* etc. » Serm. *Pour la
Purific.* I^re part. « Ne faudrait-il pas, pour l'honneur de sa divine
« personne, que vous *découvrissiez* qui vous êtes, que vous *tirassiez*
« de l'erreur tous les témoins de cette cérémonie etc. » *Ibid.* —
« Serait-il possible que vous *refusassiez* de lui immoler une
inclination etc. » *Ibid.* — « Pourvu que nous *touchassions* vos
cœurs. » *Panég. de saint Dominique.* II° part.

L'emploi des prépositions *à, de, dans,* offre parfois certaines
particularités qui s'éloignent aujourd'hui de l'usage ordinaire :
« Ne différez plus *à* satisfaire aux obligations. » Serm. *Pour la
Circonc.* I^re part. — « Je me réserve *à* vous en parler au jour de sa
« fête. » Serm. *Pour le jour de l'Ascension.* III° part. « Engagez-le
« *d*'y régner par des grâces victorieuses. » Serm. *Pour le jour des
Rois.* III· part. « Nous serons traités *de* lui de la même manière. »
Serm. *Sur l'Amour des ennemis.* II· part. Prenant la chose *d*'un
« meilleur sens qu'eux. » Serm. *Pour la Circonc.* III· part. Mais

si Fromentières se sert de la préposition *de* dans certains cas où nous employons plus volontiers aujourd'hui la préposition *dans,* il est vrai qu'en retour, il fait de la même préposition *dans* un emploi qui tend à disparaître de l'usage actuel : « Ce sera *dans* « cette qualité qu'il le placera à sa droite. » Serm. *Pour la Circonc.* Ire part. « Intéressez Jésus *dans* vos besoins » *ibid.* — L'emploi de la conjonction *que* mérite aussi d'être signalé. « Le grand Urbain « a cru beaucoup travailler pour l'Eglise *que* de vous confier « son administration générale. « *Panég. de saint Antoine.* Péror. « — L'Eglise a cru travailler beaucoup pour ses enfants *que* de « vous enrichir. » *Ibid.*

Enfin, on ne sera pas surpris que Fromentières ait très souvent recours à l'emploi du participe présent absolu, transportant ainsi dans la phrase française les propositions participes en usage dans le latin : *n'y ayant personne qui, s'étant rencontré que, étant convenu que :* « Mais c'est là aussi que se bornait son « pouvoir, *n'étant pas juste* qu'elle eut de plus grands droits que « son fils. » Sermon *Pour la Purification.* Ire partie. Cette forme assez commode pour lier l'un à l'autre deux membres d'une période devait se rencontrer fréquemment dans le style périodique. Il ne faudra donc pas s'étonner de la trouver souvent dans les *Oraisons funèbres* de Fromentières,

Nous en aurons fini avec cette étude de la rhétorique de Fromentières, quand, faisant un retour sur le chemin parcouru, nous aurons exprimé l'idée générale qui s'en dégage. Nous avons montré Fromentières à l'école d'une société et d'un maître qui recommandaient le travail comme un moyen de féconder le talent naturel, la piété comme un principe d'élévation morale et de désintéressement apostolique, la lecture des Pères comme la source d'où découle la vraie prédication chrétienne. Il en est résulté qu'à cette école l'élève a parfaitement discipliné ses facultés, qu'il a marqué son œuvre de ses habitudes d'ordre, de netteté, de clarté, qui sont parfois des qualités naturelles, le plus souvent des vertus acquises. Les dons les plus heureux de l'éloquence, l'imagination et la sensibilité furent réglés et tempérés, même au-delà de la mesure, par une méthode sévère qui, plus d'une fois, empêcha l'orateur de s'abandonner à ses inspirations personnelles et de laisser la carrière libre aux élans de son cœur. Nous l'avons vu, en effet, n'osant pas s'aventurer assez sans être guidé par ses maîtres qui furent l'Ecriture Sainte et la Tradition. Le cadre de son sermon est à peu près toujours le même. Une fois le moule créé, Fromentières ne s'est pas mis en peine d'en varier la forme. Il n'a pas oublié pourtant qu'il devait plaire, et que le moyen le plus sûr de convaincre l'esprit était encore de persuader le cœur. Dans l'arrangement de sa phrase il apporta les mêmes habitudes d'ordre, de méthode, d'application, qu'il avait apportées à l'étude des matières et à leur disposition dans le discours. Il eut de la prédication cette haute estime qui la lui faisait aimer : il s'en acquitta avec le désintéressement de l'apôtre. Tant de qualités, plutôt solides que brillantes, firent de Fromentières un prédicateur harmonieux, utile, goûté du public ; il prêcha toute vérité et ne diminua pas la morale : c'est ce que nous avons à voir maintenant.

# CHAPITRE III

# DOCTRINES DE FROMENTIÈRES

*I. — But de ce chapitre... position prise par Fromentières vis-à-vis du Jansénisme; il ne le combat pas directement; il se déclare pour les Jésuites.*

*II. — Vigueur avec laquelle il attaque le Protestantisme; appel au bras séculier; excès de zèle;... un mot sur les sacrilèges de la Voisin.*

*III. — Caractère moral de la prédication au XVII<sup>e</sup> siècle et chez Fromentières;... comment Fromentières enveloppe dans un compliment les leçons qu'il fait au roi; morale qu'il prêche à Louis XIV : dangers de la flatterie; contre l'amour de la gloire, contre la passion de la guerre;... comment un bon roi doit administrer les finances de son royaume;... liberté apostolique de cette prédication.*

*IV. — Devoirs des grands : l'exemple, l'amour des ennemis, le jeûne, la pénitence, l'aumône; raison, qualités et mesure de l'aumône, du socialisme chrétien.*

*V. — Obligations des évêques, vocation, désintéressement, soin des pauvres, prédication, résidence;... devoirs des prédicateurs;... devoirs des pères et mères de famille, à l'égard de leurs enfants, de leurs domestiques.*

*VI. — Caractère pratique de cette prédication;... morale appuyée sur le dogme, ni trop sévère, ni relâchée.*

*VII. — Un mot de M. Jacquinet;... Fromentières et Massillon.*

I

La prédication n'a pas d'autre objet que de faire naître ou développer la vie chrétienne dans les âmes. Or cette vie se réduit à ces deux termes : croire et agir; donner l'adhésion de son esprit aux croyances qui constituent le dogme, et pratiquer les préceptes que comprend la morale chrétienne.

Les sujets que ce vaste ensemble de matières présente à l'orateur chrétien sont si nombreux, qu'il est obligé de choisir, et dans ce choix, il doit s'inspirer d'abord des besoins du peuple pour lequel il parle. S'il est, en effet, un genre littéraire qui doive se ressentir du milieu dans lequel il se produit, c'est assurément la prédication, parce qu'elle n'a précisément d'autre raison d'être que les besoins du peuple auquel elle s'adresse. Etudier ces besoins pour les connaître, les connaître pour y répondre, c'est le devoir de tout prédicateur qui ne se contente pas de frapper l'air de ses vaines paroles, mais qui veut aller à l'âme de ceux qui l'écoutent. Or ces besoins diffèrent avec les milieux et avec les temps : parfois c'est le dogme qui l'emporte sur la morale, parce que la foi court à certaines heures plus de dangers que les mœurs : et dans la morale comme dans la foi, c'est tel précepte ou tel dogme qui dans des circonstances déterminées doit être particulièrement affirmé et plus énergiquement soutenu. Par là il arrive que la prédication fournit à l'histoire une source très riche de renseignements sur les dispositions morales ou les croyances d'une époque : plus que bien d'autres documents, elle nous fait connaître la vie intime d'un âge disparu. Quand l'histoire même se tairait, nous n'aurions pas de peine à deviner, par la lecture des écrits de saint Augustin, que le monde d'Occident au IVᵉ siècle voyait renaître au sein du Christianisme une sorte de stoïcisme chrétien, d'une superbe diabolique lui aussi, puisqu'il enseignait à l'homme sa grandeur, en lui montrant dans sa liberté, séparée de la grâce, les énergies nécessaires et suffisantes pour faire le bien. Nul ouvrage ne nous fait mieux connaître la décrépitude de l'empire de Byzance et des peuples d'Orient, que les homélies de saint Jean Chrysostome. (1) Ainsi, les prédicateurs deviennent eux aussi les

(1) Cf. *Saint Jean Chrysostome et son temps* par A. Puech. Ch. II. Paris 1891.

témoins de leur temps, et leurs œuvres ajoutent à l'intérêt qui leur vient de l'éloquence celui que leur donne l'histoire.

Il faut noter encore que le choix du sujet n'est pas tellement imposé par l'auditoire, qu'il ne soit inspiré aussi par les tendances du prédicateur. Celui-ci est le témoin de son temps ; mais il le voit à travers son âme indulgente ou sévère, tranquille ou inquiète, sereine ou chagrine. La chaire peut bien avoir ses Héraclites qui regardent d'un œil attristé les foules humaines défiler incessamment avec le lugubre cortège de leurs incurables misères : elle a aussi ses Démocrites, cœurs souriants et tranquilles, dont rien ne trouble l'inaltérable sérénité. Il peut y avoir dès lors, dans les doctrines prêchées par le prédicateur, comme un écho affaibli de confidences qu'il nous aurait faites pour se révéler lui-même à nous. Ce n'est donc point pour en juger l'orthodoxie que nous étudierons dans ce chapitre la doctrine de Fromentières, mais pour voir, derrière la doctrine, d'abord le temps auquel il crut de son devoir de la prêcher, ensuite, le tempérament qu'il apporta à son œuvre et la manière dont il s'y révèle à nous.

Les questions de doctrine qui agitèrent le plus le XVII<sup>e</sup> siècle sont celles que soulevèrent l'apparition du Jansénisme, les prédications des pasteurs protestants ou leurs ouvrages de controverse. Fromentières aurait eu quelques sympathies pour la doctrine janséniste, ou du moins pour ses représentants, qu'il ne faudrait pas s'en étonner outre mesure. Plus d'un, parmi les maîtres dont il avait conservé un souvenir affectueux et reconnaissant, avait donné dans les doctrines nouvelles. Le cardinal de Bérulle est soupçonné de s'être laissé circonvenir par l'abbé de Saint-Cyran, et l'on sait que l'Oratoire ne fut pas toujours hostile au réformateur. Si le P. de Condren, durant son généralat, fut peu tendre pour la doctrine de l'*Augustinus*, en revanche, quand cette charge passa aux mains du P. Bourgoing, les esprits eurent plus de liberté pour manifester leurs sentiments et suivre leurs opinions. (1) Il y avait des jansénistes à Saint-Magloire. Aussi les Jésuites tiraient-ils sur la Congrégation, et le P. Annat, qui surveillait de près l'intrigue janséniste faisait-il connaître, dans ses lettres au public, les sympathies secrètes des Messieurs de Saint-Magloire pour le livre de Jansénius. C'était porter un rude coup à Saint-Magloire que d'accuser l'orthodoxie de ses professeurs ; c'était menacer la maison dans son existence même. Le P. Sénault s'en émut, et un jour de l'année 1657, comme il avait prêché au Val-de-Grâce devant la Reine-mère, en descendant de chaire, il demanda une audience secrète de sa Majesté « dans laquelle il lui dit qu'il était fâcheux « que la maison de Saint-Magloire fut calomniée dans le public « sur ses sentiments par rapport aux cinq propositions, tandis que « tous ceux qui la composaient étaient soumis et prêts à faire, « entre les mains du grand vicaire du Cardinal de Retz, telle « déclaration qu'il jugerait à propos. » (2) Le P. Sénault criait à la calomnie : on peut croire sans hésiter qu'il était de bonne foi ; mais il dut être douloureusement surpris, quand, quelques années plus tard (1661), le moment de donner des gages étant venu, plus de cent prêtres de l'Oratoire sur 430 refusèrent de signer le formulaire. L'un des plus obstinés fut le P. Léonard de Laborde, qui avait été et qui était peut-être encore professeur de morale à Saint-Magloire.

En dehors de ses anciens maîtres, Fromentières avait dans le Jansénisme de nombreux et puissants amis : de Ligny, évêque

(1) « Malgré la défense du P. Bourgoing, on allait jusqu'à lire à table dans quelques maisons le livre de Jansénius et autres thèses jansénistes.» *Ann. de l'Orat. Année 1653, Archives nat...* « Le P. Desmares affirme « qu'il n'y a pas de maison de l'Oratoire où l'on ne comptât de généreux « défenseurs de la grâce et peu de molinistes ». *Remontrance chrétienne aux PP. de l'Oratoire. Biblioth. nat. B. 1417.* Dans une lettre, M. Olier raconte qu'un homme étant allé se confesser à Saint-Magloire, le confesseur « l'avait assuré qu'à la cour tout était hérétique excepté « M. de Luynes et M. de Liancourt. » Voir Faillon, *Vie de Mgr Olier.* Tome I, page 196.

(2) *Arch. nat.* MM. 624.

de Meaux, Guy de Rochechouart, évêque d'Arras, la duchesse de Longueville et la princesse de Conti, « ces deux mères de « l'Eglise » (1), bien connues pour le zèle qu'elles déployaient en faveur de Port-Royal : il ne parait pas cependant qu'il ait retiré de ces attaches diverses la moindre faveur pour les cinq propositions et les doctrines qu'elles renfermaient. S'il ne prit aucune part à la lutte, c'est que d'abord en 1662, époque où Fromentières se montre pour la première fois dans les chaires de Paris, la lutte a perdu de son intérêt : la question n'est plus nouvelle ; ensuite, l'autorité diocésaine et le Souverain Pontife ont imposé une trêve par la signature du formulaire. En 1669, la paix sera faite, du moins en apparence, et pour un moment. De plus, Fromentières ne voyait pas le bien qui pouvait résulter de ces « aigres contestations, où peut-être l'orgueil et l'entêtement « de soutenir une nouvelle doctrine ont plus de part que l'amour « de la vérité. » (2) Quel bien, dès lors, pouvait-il en résulter ? « Au lieu de songer à se convertir, on s'arrête à disputer de la « Prédestination et de la Grâce, ou au lieu de se corriger, on « s'amuse malicieusement ou imprudemment à former différents « partis. » (3). Il ne fut donc ni du parti de la Sorbonne, ni du parti de Port-Royal ; il ne soutint ni ne combattit les cinq propositions, il voulut être un catholique tout court, et s'il fût venu au plus fort de la querelle, il est probable qu'il se fût tenu à l'écart, se contentant de prêcher la doctrine commune de l'Eglise, sans plus se soucier de l'*Augustinus*. Car la doctrine de l'*Augustinus* ne fut pas la sienne, et il ne voua pas de culte aux membres de Port-Royal qui s'en firent les plus ardents propagateurs. Nous en avons pour preuves les relations qui existèrent entre Fromentières et les Jésuites. Ceux-ci l'invitèrent plusieurs fois à prêcher dans leur chapelle, et c'est là même, en prononçant le panégyrique de saint François de Borgia, que Fromentières

(1) Mme de Sévigné. *Lettre à Madame de Grignan*, 13 mars 1671.
(2) Sermon *Sur l'Aveuglement spirit.* Iⁿᵉ part.
(3) Sermon *Sur la Samaritaine.* IIᵉ part.

adressait aux Jésuites cet éloge que n'aurait jamais signé, je ne
dis pas un ami, mais un sincère admirateur de Port-Royal :
« La grâce de l'Apôtre n'est pas donnée à tous les chrétiens ;
« Dieu ne les choisit pas tous, comme il fait les religieux de
« cette savante et zélée compagnie, pour être des flèches toujours
« prêtes à sortir de ses mains. » (1) Qu'en dites-vous ? *Choisis
de Dieu, compagnie savante et zélée*, des hommes qui sont des
*flèches* entre les mains de Dieu. Contre qui ? Contre les jansénistes
sans doute, s'il est permis de voir dans cet éloge une allusion
aux luttes les plus récentes que les Jésuites avaient soutenues.
Rien ne démontre mieux le peu d'attaches que Fromentières
pouvait avoir avec ce qu'ailleurs il appelle assez dédaigneusement « les doctrines nouvelles ». Une autre fois il recommande,
contrairement à la pratique janséniste, de « fréquenter les
« sacrements et de se nourrir de la viande et du pain des
« forts. » (2). Enfin, il a tout un sermon sur l'objet même du
débat, l'accord de la grâce et de la liberté : « Il n'y a rien qui
« soit en un sens plus avantageux à l'homme, ni plus
« préjudiciable, en un autre, que sa liberté. Elle lui est
« avantageuse, puisqu'elle le rend en partie maître de ses
« actions et de son sort... mais d'un autre côté, cette même
« liberté lui parait très préjudiciable en ce qu'il s'en sert plus
« souvent contre lui que pour lui, et qu'elle peut le rendre à
« toute heure l'auteur de sa perte. Car, comme la grâce n'agit
« jamais si impérieusement sur l'homme, qu'elle l'enlève sans
« qu'il y consente, il arrive que la volonté est assez indocile
« pour s'opposer à son propre bonheur et résister à la grâce
« même. » (3). C'est tout juste l'opposé de la doctrine contenue
dans l'*Augustinus*, et le sermon tout entier n'est que le dévelop-

---

(1) *Panégyrique de saint François de Borgia*. Péror. Quelques années
plus tard, mais avec des intentions bien différentes, Santeuil disai t :
*pubes jesuitica sagittaria*. Vie et bons mots de M. de Santeuil, § II,
p. 91. Cologne 1744.

(2) Sermon *Sur la Pénitence*. III· part.

(3) Sermon *Sur la perte de la grâce*. Iʳᵉ part.

pement de ces pensées. Il y revient, d'une manière qui n'est ni moins précise ni moins affirmative, dans son sermon sur la *Prédestination*. Ce sujet si délicat, objet depuis quelques années surtout, de discussions si vives, est abordé de front, traité largement, avec ampleur. Le prédicateur, laissant de côté fort sagement ce qu'un tel mystère a d'impénétrable pour l'œil humain, affirme et explique ce double fait d'une prédestination divine et de la liberté humaine pour tous. Mais il se garde dans ce sermon, aussi bien que dans le précédent, de prendre à partie les adversaires du dogme et de transformer la chaire en arène, pour y soutenir contre des ennemis, évoqués par les artifices de sa rhétorique, la cause de l'orthodoxie. Est-ce respect pour les personnes ? Est-ce pour n'avoir pas l'air de rompre la trêve et de dénoncer les traités, qu'il sut observer à l'égard du Jansénisme cette réserve qui n'était guère dans son tempérament ? Sans doute, il y eut de tout cela dans sa conduite. Mais elle lui fut encore plus conseillée par l'expérience que les polémiques acerbes et les discussions envenimées sont de nature à faire plus de mal que de bien : « Allez dans les écoles des « docteurs et voyez si les cœurs ne s'y partagent pas aussi bien « que les esprits pour la défense des opinions, si la charité ne « s'y altère pas dans les disputes aussi souvent que le bon sens « et la raison. » (1). Ce jugement sévère nous aide à comprendre la conduite de Fromentières à l'égard du Jansénisme, et pourquoi, dans la chaire, il ne voulut pas se faire l'écho des luttes qui divisaient les catholiques de France. (2) Il crut mieux faire en prêchant à tous l'apaisement, la concorde et la paix : « Paix de « l'esprit qui en éloigne cet esprit de curiosité, de nouveauté et

(1) Sermon *Sur la Paix*. II<sup>e</sup> part.
(2) Telle parait avoir été aussi la conduite de Bossuet. Un jour que l'abbé Le Dieu lui lisait une lettre de l'abbé de Rancé sur l'esprit et la conduite des Jansénistes : « Tout cela est vrai, dit M. de Meaux, et ce « qui regarde aussi M. Arnauld : il voulait tout décider dans l'Eglise ; « mais je n'ai jamais voulu rien dire, ni m'expliquer sur son sujet : cela « ne sert de rien. » Février 1703.

« d'obstination, source funeste de tous les schismes et de toutes
« les hérésies qui désolent l'Eglise. » (1)

## II

Si Fromentières se contenta d'affirmer le dogme en face du
Jansénisme toujours vivant, il ne garda pas la même réserve et
la même contrainte à l'égard des protestants. Les jansénistes à
ses yeux n'étaient encore que des frères égarés, que les bons
procédés pouvaient ramener dans la droite voie et préserver
d'irréparables écarts. Les protestants étaient des frères
séparés, « des frères séditieux et mutins, » (2) qui avaient
définitivement et ouvertement rompu avec l'Eglise. C'était
l'hérésie complète, consommée, acceptée, demandant son droit
de cité chrétienne. Or, disons-le, l'hérésie, sous toutes ses
formes, ne trouva jamais Fromentières insensible : les hérétiques
de tous les temps lui furent odieux. Voici le portrait qu'il trace
du manichéen Fauste : « La grâce le conduit (saint Augustin) à
« Fauste, homme qui passait pour le plus savant de son siècle et
« le plus habile des manichéens. Il croit rencontrer la vérité dans
« la personne de ce fourbe ; il l'écoute, il s'entretient avec lui, et
« après de longues conversations, il reconnait que c'est un grand
« diseur de rien, un habile imposteur, mais, dans le fond un
« orgueilleux ignorant. » (3) Et Fauste, au XVII<sup>e</sup> siècle, ne faisait
courir aucun danger à l'orthodoxie, car il n'était plus question de
manichéisme. Mais l'hérésie qui depuis plus d'un siècle
préoccupait vivement les amis de l'Eglise catholique, c'était le
Protestantisme. Il avait été réduit à l'impuissance politique par
le pouvoir royal, mais il ne cessait pourtant de s'affirmer, de
faire du prosélytisme, de rechercher des adeptes : — travailler à

(1) Sermon *Sur la Paix*. I<sup>re</sup> part.
(2) *Panégyr. de saint François de Sales*. II<sup>e</sup> part.
(3) *Panég. de saint Augustin*. I<sup>re</sup> part.

prospérer et à s'étendre est la condition même de vie de toute société. Il avait dans ce siècle des prédicateurs ardents et convaincus, des controversistes distingués, des partisans dans les plus hautes classes de la société, aux plus hauts emplois dans la magistrature, aux grades les plus élevés dans l'armée. Ce n'est pas un tel parti qu'on peut traiter de quantité négligeable. Aussi les plus grands parmi les docteurs catholiques songent-ils à lui, et déploient-ils contre lui toutes les ressources de leur génie. Bossuet ne parait pas s'être préoccupé outre mesure du Jansénisme : il semble que ce fût l'affaire de la Sorbonne et des Jésuites; mais déjà à Metz il écrit le catéchisme contre la doctrine de Paul Ferry, et depuis, il ne cessera pas de combattre le Protestantisme. A plus d'une reprise, Fromentières s'efforça de prévenir les catholiques contre les nouveaux dogmes, en insistant d'une manière particulière sur les points de doctrine attaqués par les prédicateurs protestants. C'est évidemment ou pour les prévenir ou pour leur répondre, qu'il expose les dogmes de la Présence réelle, — du Purgatoire, — de la Virginité de la Mère de Dieu. En effet, si « les progrès de Luther et « de Calvin sont bornés pour leurs pernicieuses erreurs... leur « venin se répandant encore tous les jours dans notre conduite « et dans nos mœurs, la plupart des catholiques ne tiennent-ils « pas leur langage sur l'observance du Carême? » Et là-dessus, il établit contre la doctrine protestante la légitimité et la nécessité du jeûne et des anciennes pratiques de la Pénitence.

Mais il y a beaucoup moins d'intérêt à rappeler les dogmes qu'il eut à défendre que la manière dont il les défendit. Fromentières n'est pas un controversiste, mais un prédicateur, et un prédicateur qui, dans la chaire, ne perdit aucune occasion de réclamer l'appui du bras séculier, pour soutenir les vérités menacées et exterminer l'erreur menaçante : « Je suis persuadé, « Sire, que les motifs qu'a votre Majesté de rendre à Dieu « l'obéissance qui lui est due dans ses Etats, sont plus purs et « plus désintéressés, et que, bien éloigné de ces princes qui

« prenant tous les avantages de la religion pour eux, en laissent
« les scrupules à leurs sujets, vous reconnaissez, comme David,
« l'amour de cette loi également nécessaire et pour votre salut
« et pour celui de vos peuples ; que, charmé aussi bien que ce
« prince de la beauté et de la droiture de cette règle immuable
« et éternelle, vous croyez que Dieu ne vous a mis sur le premier
« trône du monde que pour faire observer sa loi, pour l'autoriser,
« et même, s'il est nécessaire, pour la venger. » On sait bien
de qui il s'agit, et en 1631, année où ce sermon fut prononcé,
nul n'ignorait quelles têtes menaçait la vengeance royale. Le
mouvement d'opinion, qui devait aboutir à la révocation de
l'Edit de Nantes, se dessinait déjà avec netteté. Quelques
années auparavant, Fromentières avait dit : « Les hérétiques,
« les impies doivent être détestables aux rois, il faut les
« combattre de toute part, il faut que les princes aussi bien que
« les savants les poursuivent, et puisqu'ils appuient ordinairement
« leurs mensonges par l'artifice, il faut que toutes les puissances
« ecclésiastiques et séculières s'unissent pour les perdre. C'est,
« Madame, le plus saint usage que Votre Majesté puisse faire
« de son autorité. » (1) Ailleurs il y revient, non plus sous la
forme du conseil, mais sous celle des félicitations adressées au
roi, pour le zèle qu'il a montré à l'égard de la religion : « Je me
« persuade, en effet, que cette armée triomphante, que l'Eglise
« nous fait voir aujourd'hui, a secondé la vôtre : et ma raison,
« Sire, c'est que les saints et Votre Majesté n'avaient qu'une
« même cause. Vous marchiez contre leurs ennemis en marchant
« contre ceux de votre Etat. Ces malheureux peuples avaient
« abattu leurs autels, brisé leurs images, foulé aux pieds leurs
« reliques, décrié leur pouvoir, anéanti leur culte ; et Votre
« Majesté, en tirant raison des injures faites à votre couronne,
« a la gloire de les avoir en même temps vengées. » (2)

(1) 2ᵉ *Panégyrique de saint Thomas d'Aquin*. Péror.
(2) Sermon *Pour le jour de la Toussaint*. Péror.

L'allusion historique contenue dans ce passage marque la date
du sermon qui la contient : c'est le 1ᵉʳ novembre 1672 que
Fromentières pouvait parler ainsi, au lendemain de la campagne
de Hollande. Pélisson (1), qui fut un des témoins de cette
rapide conquête, nous a laissé de nombreux détails sur le
rétablissement du culte catholique dans la province d'Utrecht
par les armées françaises. Fromentières put croire de bonne foi
à la durée d'une restauration religieuse accomplie par l'autorité
du sabre, et il s'en applaudit. Mais, en félicitant le roi d'avoir
vengé les saints des outrages qu'une nation protestante leur
avait fait subir, il devait fatalement arriver à demander pour les
mêmes raisons, que le même châtiment fût infligé aux protestants qui vivaient dans l'intérieur du royaume, sous la protection
des lois et la foi des traités. Nous avons vu plus haut qu'il y
était arrivé. Sur ce point, il partagea l'erreur de la plupart des
meilleurs esprits de son temps, qui conseillèrent la révocation de
l'Edit de Nantes, ou bien qui y applaudirent. Mais ce qui donne
à Fromentières sa physionomie à part au milieu de tous ceux
qui poursuivent le Protestantisme, c'est la vigueur de langage
et l'âpreté avec laquelle il le combat. Il ne comprend même pas
qu'on puisse penser à eux sans indignation et sans colère.
« Pouvons-nous, en effet, demeurer froids ou insensibles, quand
« nous voyons ou que nous entendons offenser Dieu ? Pouvons-
« nous écouter tant d'impiétés et de blasphèmes sans rougir de
« colère, et si Tertullien a dit que tous les hommes étaient
« naturellement soldats contre les criminels de lèse-majesté
« humaine, ne le devons-nous pas être, à plus forte raison,
« contre ceux de lèse-majesté divine ? » (2) Or, en ce moment,
ni l'intérêt de la politique, ni celui de la religion ne commandaient de semblables représailles. Les protestants ne menaçaient
pas la sécurité de l'Etat ; ils en étaient « les sujets les plus
« soumis sinon les plus timides. » (3)

(1) *Lettres historiques*. Tome I.
(2) 1ᵉʳ *Panégyrique de saint Thomas d'Aquin*. IIIᵉ part.
(3) De Carné. *La monarchie française*. Ch. III.

On ne saurait donc louer le zèle de Fromentières ou tout au moins la manière dont il se manifeste. Vouloir que l'hérésie soit détruite et que l'erreur disparaisse, c'est très bien et très digne des efforts d'une âme apostolique, qui n'a d'autre but dans la vie que celui de chercher à détruire le mal et à dissiper l'erreur. Mais comment ne pas regretter les excès où l'emporte son zèle, quand le prédicateur se tournant vers les hérétiques ne sait plus leur adresser la parole que pour les outrager et les flétrir. « Perfide « et artificieuse hérésie, produis et fais sortir de ton sein tant de « monstres que tu voudras : quelques ténèbres que tu t'efforces « de répandre sur nos vérités... la science de Thomas a éventé « tes desseins, a prévenu tes impostures. » (1) « Détestable « hérésie, misérables hérétiques, exécrable apostat, » tel est souvent le ton sur lequel il daigne parler à ceux qui sont séparés de lui par la foi. Je ne veux pas dire qu'il ne faut pas combattre l'hérésie, et chercher à convaincre l'hérétique, mais est-ce bien là le ton qui convient à la chaire, et se représente-t-on saint François de Sales portant jusque dans ses prédications aux protestants du Chablais, au lieu de l'onction pénétrante et persuasive, les ardeurs d'un tempérament qui se plaît à l'invective? Pourquoi cet appel incessant au bras séculier ?

Dans un temps qui diffère si complètement de celui où vécut Fromentières et dans un milieu où la tolérance mutuelle, passée à l'état de dogme pratique, est devenue une sorte de nécessité politique et sociale qui garantit à chacun le respect de sa foi et la liberté de ses croyances, on ne comprend plus cet appel incessant au pouvoir civil et l'intervention de la force dans le conflit des doctrines. Passionnés pour la liberté, nous n'admettons pas que les sujets soient responsables de leurs

(1) *Panégyrique de saint Thomas d'Aquin.* I<sup>re</sup> partie.
Mieux inspiré l'auteur de l'*Art de prêcher* a dit :

> Si ton zèle s'applique
> A combattre l'erreur de l'aveugle hérétique,
> Toujours avec égards apprends à le traiter ;
> Il s'agit de l'instruire et non de l'insulter.     Ch. III.

croyances, c'est-à-dire de leurs consciences devant une autre autorité que celle de Dieu, et que le *cujus regio, ejus religio* confère au souverain le droit d'imposer sa foi. Maître dans ses états, il peut bien empêcher les hérétiques de prêcher leur doctrine, mais non les contraindre à professer la sienne; les punir, si par leurs scandales ils multiplient la corruption autour d'eux, non les forcer à pratiquer la vertu. D'autant que « ce qui s'introduit par la force dans l'esprit de « l'homme n'est guère de durée, moins encore de mérite pour la « foi qui doit être libre et s'insinuer doucement par inspiration « divine, par patience, par remontrances et toutes sortes de bons « exemples. Ce sont là les armes desquelles nous prétendons « nous servir pour les ramener (les protestants) à la vraie « religion de laquelle ils se sont séparés. » (1) Fromentières manqua plus d'une fois de s'inspirer de considérations si apostoliques et si sages. Oubliant la parole de saint Augustin qui recommande d'exterminer l'hérésie, mais d'aimer l'hérétique, il enveloppait dans un même anathème et vouait aux mêmes vengeances l'hérétique et l'hérésie. On a vu en quels termes quelquefois. Il ne songea pas que l'invective est le plus souvent stérile, qu'elle ferme les cœurs au lieu de les ouvrir à la confiance, qu'elle n'a même pas pour elle l'excuse de prêter à l'éloquence, voisine qu'elle est de la déclamation. Tout au plus donne-t-elle à la parole l'illusion de la force : et si elle suffit à traduire au dehors les ardeurs d'un zèle mal contenu, peut-être paraîtra-t-elle insuffisante, si on la compare au but supérieur et divin que la prédication se propose d'atteindre. Car ce qui fait du bien aux âmes, c'est la vérité qui les éclaire, la charité qui les attire et qui rayonne sur elles, alors même que la colère éclate, cette atmosphère de bonté qui les enveloppe, les pénètre, et peu à peu, Dieu aidant, les conquiert et les gagne. « Qui prêche avec

---

(1) Remontrance de Pierre Cornulier, évêque de Rennes, au roi Louis XIII au camp de Montauban, 18 août 1621.

« amour, prêche assez contre l'hérétique, quoiqu'il ne dise pas
« un seul mot de dispute contre lui. » (1)

Par tempérament Fromentières était exposé à oublier ces
sages conseils et à outrepasser les règles de la mansuétude
apostolique. Son excuse — s'il y en a une — est dans le regret
qu'il ressentait de l'unité de la foi détruite au pays de France.
Peut-être se laissa-t-il aller un moment à la consolante illusion
qu'elle pouvait être rétablie par le fait du prince, et par les
moyens qui assuraient en Allemagne, Hollande et Angleterre la
prépondérance de la Réforme : qu'il n'était rien enfin qui ne dût
être tenté pour ramener à l'unité deux croyances que l'expérience
des cent dernières années avait montrées peu disposées à vivre
harmonieusement et pacifiquement côte à côte. C'est même cet
espoir qui mit plus d'une fois ses actes en contradiction avec
quelques-unes de ses paroles. Nul ne s'employa avec plus
d'activité que lui à ramener les réformés à la foi romaine ; nul
ne se dépensa plus que lui pour gagner par la persuasion les
protestants de son diocèse, et les témoignages contemporains (2)
nous rapportent que plus d'un se laissa vaincre par l'onction de
sa parole. Disons, en effet, que s'il fut impitoyable dans la
chaire, ce fut surtout vis-à-vis de l'erreur obstinée, affichée
publiquement, et qui par là même, devenait un scandale et un
danger pour la foi des simples, pour les croyances peu fermes.
Quand il disait : « les impies doivent être détestables aux rois, il
« faut les combattre de toutes parts, » il désignait surtout ceux
dont l'impiété constitue un scandale et un péril publics. On le
vit bien dans une circonstance tristement fameuse, quand une
série de révélations firent connaître à la France étonnée les
abominables manœuvres de la Voisin, de ses complices et de
tous ceux qui avaient eu recours à leurs honteux sortilèges.
Encore fallut-il jeter le voile sur ces iniquités, de peur de

(1) *Esprit de saint François de Sales.* Ch. XVIII. 29
(2) Voir au commencement de ce volume. Liv. I. Chap. I, page 50.

découvrir trop d'ordures et de salir trop de noms. (1) Bourdaloue
félicita le roi « d'être intervenu pour faire cesser ces abomina-
« tions que l'Ecriture défend de nommer ». Fromentières ne
manqua pas de le féliciter à son tour : « Votre Majesté, Sire, n'a
« pu voir cette abomination de la désolation dans le lieu saint
« sans frémir et en être pénétrée de douleur. Avec quel zèle
« n'avez-vous pas commandé qu'on les exterminât, et quelle
« fermeté n'avez-vous pas témoignée pour ne rien relâcher de la
« vengeance qui en était due au ciel et à la terre. » (2) Il y
revient quelques jours plus tard : « Qui peut supporter la vue de
« ces désordres publics où l'on voit en même temps étouffer la
« nature, violer les lois, mépriser la religion. » (3) En présence
de tels scandales et qui avaient eu dans le public un si douloureux
retentissement, une âme d'apôtre pouvait-elle ne pas féliciter le
souverain d'avoir vengé la morale publique si honteusement
offensée ?

## III

Hâtons-nous de le dire ; les discussions théologiques et les
questions de controverse tiennent une place relativement
restreinte dans la prédication de Fromentières, parce que la part
qu'il fait au dogme est beaucoup moins considérable que celle
qu'il fait à la morale. Il voulut avant tout aller au cœur pour y
déterminer la volonté au bien. Aussi déclare-t-il un jour « qu'il
« veut, prêcher non d'une manière sèche et abstraite, qui ne sert
« qu'à embarrasser les esprits, mais d'une manière aisée et

(1) P. Clément. *La Police sous Louis XIV*. Ch. III, page 94 et suiv.
La Voisin fut arrêtée le 12 mars 1679, condamnée et brûlée vive le
22 février 1680. Le procès où comparurent 246 accusés, quelques uns
du plus haut rang, dura jusqu'en juillet 1682. 36 furent condamnés à
mort et exécutés, d'autres furent condamnés à la prison perpétuelle, aux
galères. On parlait de mystères horribles, de messes obscènes, d'enfants
égorgés. *Archives de la Bastille*. Paris 1876. T. IV. V. VI. VII.
(2) Sermon *Sur la Tentation*. III⁰ partie.
(3) Sermon *Sur les avantages de la mort*. I⁰ partie.

« instructive qui contribue à les encourager et à les édifier. » (1)
Ce fut là sa préoccupation constante, et il put se rendre ce
témoignage qu'il n'avait pas prêché autre chose que la morale :
« Passez vos jours dans la pénitence, sans cela point de salut.
« Je ne vous ai prêché autre chose pendant mes deux carêmes,
« et quand je vous prêcherais toute ma vie, je ne vous dirais
« jamais autre chose. » (2) Si le sujet l'amenait parfois sur le
terrain de la discussion dogmatique, souvent il faisait coude à
gauche « laissons là ces questions de controverse », et revenait
à la morale. Par où l'on voit que, chez Fromentières, c'est un
parti-pris de ne parler que pour édifier les âmes et les encourager au bien. Il s'arrange pour que toujours la morale arrive à
la suite des expositions dogmatiques, et trouve le moyen de
développer des considérations pratiques, même dans les sujets
qui paraissent leur être le plus étrangers. Dans les sermons qui
ont pour sujet les mystères de la vie de Notre-Seigneur ou de la
Sainte-Vierge, il semble que le premier devoir du prédicateur
serait d'en exposer historiquement et dogmatiquement les
preuves, la convenance, la grandeur, les conséquences ; la
leçon viendrait ensuite, autant que possible, comme une
conclusion pratique. Oui, mais s'y prendre de la sorte serait faire
trop large la part du dogme et prêcher d'une manière « sèche et
abstraite », ce que n'entend pas notre prédicateur. Il se met en
face du mystère sur lequel il doit parler, et l'envisageant sous
des aspects divers, il fait son sujet de celui qui va lui permettre
de donner à l'auditoire d'utiles leçons de conduite. Il nous
découvre d'ailleurs sa méthode dans le sermon composé pour la
fête de la *Conception de la Vierge*. De quelque côté qu'il le
prenne, le mystère dont il va parler reste un fait unique, sans
précédent, et qui restera toujours une miraculeuse exception :
« Mais si cela est, me dites-vous, quelle part pourrons-nous
« donc avoir dans ce mystère ? Vous y en avez plus que vous ne

(1) Sermon *Sur la Prédestination*. Exorde.
(2) 2º *Panégyrique des saints Gervais et Protais*. II· part.

« pensez, mes frères, car pour joindre l'instruction à la doctrine,
« je vous ferai connaître que etc. », et faisant, à côté du dogme,
la part aussi large qu'il peut à l'application morale, il arrive à
la division de son discours. Encore voyons-nous qu'il est pris
d'un scrupule : la part de la morale lui semble trop petite : il se
reprend donc aussitôt : « Mais je me trompe, je vous ai promis
« une morale édifiante et instructive, c'est pourquoi, voici ce
« que j'ajoute, et ce à quoi je vous prie de vous appliquer etc. ».
Vient alors la division des applications morales et les conclusions
pratiques, qu'il tirera même de l'étude dogmatique du mystère.
Il ne faut donc pas s'étonner si Fromentières s'applique à tirer la
leçon morale des sujets qui semblent n'avoir aucun rapport avec la
règle des mœurs. Quand il aborde le mystère de la sainte Trinité,
il n'expose pas les raisons qui nous en expliquent la convenance,
les analogies qui le rendent croyable, ou les preuves d'autorité
qui nous l'imposent : « La foi qui nous le révèle, nous en apprend
« assez pour nous en faire tirer les vérités qui nous édifient et
« qui nous instruisent. » Et c'est sur cet ordre de vérités
édifiantes et instructives qu'il insistera dans le sermon. J'avais
donc le droit de dire que l'habitude de prêcher la morale est un
parti-pris chez Fromentières : s'il vient à parler de la foi, il n'en
explique ni la nature, ni l'objet, ni la nécessité, ni le fondement
qu'elle trouve dans la raison humaine. Il aime mieux en
développer les qualités ; il ne dit pas pourquoi il faut croire,
mais comment il faut croire, d'une foi sincère, entière, suivie de
bonnes œuvres. Dogmatique ou non, le sujet conclut toujours
chez lui par la morale.

La pratique de Fromentières ne constitue pas un fait isolé
dans la prédication du XVII° siècle. Il n'est pas un prédicateur,
pendant cette seconde moitié du siècle, qui ne fasse une très
large part à la morale. Bossuet, Bourdaloue, Fléchier, Mascaron
se préoccupent surtout de la morale, sans parler de Massillon
qui, venu plus tard, lui sacrifiera presque entièrement le dogme.
Vu du dehors, le grand siècle était croyant. L'esprit public

restait encore foncièrement et sincèrement empreint de christianisme. Le libertinage d'esprit, qui devait faire de si rapides progrès à la fin du règne de Louis XIV, ne s'affirmait pas et ne s'affichait pas comme une doctrine, en face d'une religion qui, par son caractère officiel, semblait être une institution d'état. Contenu par le pouvoir royal et aussi par l'opinion, le libertinage gardait encore des allures assez discrètes et se tenait sur une prudente réserve. Mais il existait, et Pascal, qui avait vu de près les libertins, songeait à leur démontrer avec une rigueur géométrique la divinité de l'Eglise, quand il jetait sur les feuilles éparses les matériaux de son *Apologie*. Le P. Mersenne estimait qu'ils étaient au nombre de cinquante mille à Paris. (1) « Il faut donc que vous sachiez, écrivait Nicole, que la « grande hérésie du monde n'est plus le Calvinisme ou le « Luthéranisme, que c'est l'athéisme, et qu'il y a de toutes « sortes d'athées, de bonne foi, de mauvaise foi, de déterminés, « de vacillants et de tentés. » (2) Et cependant, tout en vivant près d'eux, parce qu'ils se taisaient sans doute, les prédicateurs ne les jugèrent pas redoutables. Si, de temps à autre, ils leur ont adressé d'éloquentes admonestations, il ne parait pas cependant qu'ils aient totalement prévu le danger qui de ce côté menaçait la foi. En revanche, il leur sembla que la morale avait besoin d'être fortement soutenue. Le XVIIᵐᵒ siècle n'en trouvait pas la pratique facile, et les prédicateurs n'ignoraient pas avec quelle indépendance, dans certaines classes et dans certains milieux, on s'affranchissait de ses gênantes prescriptions. « Les vérités

(1) *Quæstiones in Genesim*, in-f⁰ Paris 1663, col. 671.

(2) Lettre XLV. « L'incrédulité est devenue la véritable hérésie de « notre temps » disait Bourdaloue, Sermon *Sur la Prédication*. Et Bossuet à son tour dénonçait le libertinage du haut de la chaire. Ce mouvement qui emportait déjà les esprits vers l'incrédulité a laissé sa trace jusque dans les chansons du temps, où l'on tournait en ridicule les querelles des théologiens et des docteurs catholiques ;

> L'un dit qu'on détruit l'espérance,
> L'autre se plaint que c'est la charité :
> C'est la foi qui périt et personne n'y pense. *Correspond.*

*de la duchesse d'Orléans*, Paris 1881, Tom. 1, p. 198.

« spéculatives, dit Fromentières, ne choquent point la plupart
« des chrétiens ; mais pour les vérités de pratique, que d'incré-
« dulité, que de doute, que d'incertitude ! » (1)

La diversité des auditoires devant lesquels il a paru, la qualité
de ceux qui l'écoutaient et les nombreuses circonstances dans
lesquelles il a parlé ont permis à Fromentières de parcourir, à
peu près entière, la série de nos devoirs. Il a des leçons, des
conseils et des reproches pour les rois, les grands, les évêques,
les prêtres, les pères de famille, les maîtres de maison, si bien
qu'à l'aide de ses sermons, on trouverait à répondre à bien des
questions que soulève l'étude du Décalogue. Et puisqu'il a parlé
au roi, voyons d'abord quelles leçons il lui adresse : « *Ab Jove*
« *principium.* »

Le plus souvent, la leçon que Fromentières adresse à Louis XIV
est indirecte et enveloppée dans un compliment. Ce compliment,
servitude obligée qui dut mettre souvent à la gêne l'esprit des
prédicateurs, ne semble pas avoir trop vivement préoccupé
Fromentières. Celui-ci, en effet, s'y meut à l'aise, sans aller jusqu'à
verser au roi « ce poison abominable de la flatterie la plus
« insigne qui déifia le roi, jusque dans le sein même du
« Christianisme. » (2) Il s'en tire d'une façon qui n'est pas banale
et se sauve précisément du danger de la flatterie, parce que,
sur ses lèvres, le compliment est toujours ou presque toujours
tempéré par une leçon utile. Or une leçon n'est jamais
banale : comme la vérité, elle a toujours quelque chose de neuf
dans son ancienneté, parce qu'elle répond toujours à un besoin
présent. Un jour, il fait appel à l'intérêt propre du roi pour
l'encourager à l'accomplissement de la loi de Dieu. On croirait
à un compliment ; si on y regarde de près, le compliment n'est
qu'à la surface : « Si j'avais à parler à un roi qui n'eût en vue
« que de faire servir la religion à son ambition ou à ses intérêts,
« je lui dirais que l'obéissance à la loi de Dieu est d'une telle

(1) Sermon *Pour le jour de l'Ascension,* 1ᵉ part.
(2) Saint-Simon. *Mémoires.* Tome IV. 120. VIII. 84.

« conséquence pour un Etat, qu'il ne saurait subsister sans elle,
« que les peuples ne se soumettent aux ordres de leurs souverains,
« que parce que les commandements divins les y obligent, et
« qu'il n'est rien, par conséquent, de plus dangereux pour leur
« autorité que de souffrir que l'on méprise celle de Dieu. Mais
« je suis persuadé, Sire, que les motifs qu'a Votre Majesté de
« rendre à Dieu l'obéissance qui lui est due dans ses Etats sont
« plus purs et désintéressés, et que, bien éloigné de ces princes
« qui prenant tous les avantages de la religion pour eux, en
« laissent les scrupules à leurs sujets, vous reconnaissez, comme
« David, l'amour de cette loi également nécessaire et pour votre
« salut et pour celui de vos peuples. » (1) D'autre fois, la leçon
est plus directe encore ; elle ne se mêle plus au compliment, mais
le suit ; l'un fait passer l'autre, ou plutôt, après avoir satisfait à
la louange, il en détruit l'effet par une leçon sévère : « Sire, je
« me sers aujourd'hui de la gloire pour combattre la gloire
« même... On a dit de Trajan qu'il avait de si belle qualités que
« l'imagination des hommes ne pouvait s'en former de plus
« grandes, et qu'à peine la puissance des dieux aurait pu les
« augmenter ; et que, cependant, il avait trouvé le secret de se
« méconnaître lui-même à la vue de ses propres mérites, et
« d'effacer par une royale modestie les traits éclatants dont on
« avait voulu le relever. J'ôterais volontiers au panégyriste de
« cet emperenr les éloges qu'il lui a rendus, pour vous les
« appliquer avec plus de justice ; mais j'aperçois, Sire, que
« l'exemple que j'ai à proposer aujourd'hui à Votre Majesté me
« le défend. Car si J.-C., après avoir vécu dans l'obscurité et
« l'humiliation pendant plus de trente années, n'a donné que
« quelques moments de gloire à son humanité sainte, en se
« transformant sur une montagne écartée, à la vue de quelques
« disciples, un roi qui, quelque glorieux qu'il soit, n'est
« cependant qu'une simple et misérable créature aux yeux de

(1) Sermon *Pour le jour de la Purification*. Exorde.

« Dieu, pourrait-il bien pendant la fragile durée de son règne,
« recevoir avec complaisance les couronnes qu'on lui offre, sans
« en faire un sacrifice aux pieds du trône de Celui devant qui
« tous les souverains, comme les vingt-quatre vieillards d'Israël,
« doivent se prosterner ? » (1) Le compliment sous cette forme peut
trouver grâce même auprès de ceux qui sont les plus sévères :
car, dans le passage que nous venons de citer, Fromentières
semble ne décerner des louanges au roi que pour avoir le droit
d'insister plus fortement sur la leçon morale. Et certes, cette
leçon d'humilité et de modestie chrétienne n'était pas inutile, en
présence d'un prince amoureux de la gloire, et profondément
pénétré du sentiment de sa grandeur.

En voici encore une qui n'allait pas moins directement au but.
Enveloppée comme les autres dans les plis d'une discrète
louange, elle n'en frappe pas moins juste les prétentions de
Louis XIV, trop porté à se croire le maître absolu des biens de
ses sujets, l'universel propriétaire du royaume de France : (2)
« Mais quelle est la fin d'un véritable roi ? C'est de travailler
« plus au bien de ses peuples qu'à sa propre grandeur ; de se
« représenter que ses états ne sont pas tant à lui qu'il n'est lui-
« même à ses états ; que la Providence ne l'a placé sur le
« trône que pour veiller de plus haut à la sûreté de son royaume,
« comme un astre qui n'est attaché au ciel que pour éclairer
« l'univers, et que, du moment qu'il s'est consacré au monde
« qu'il gouverne, il s'est en quelque manière dérobé à lui-même :
« *Ex quo se orbi terrarum dedicavit, sibi eripuit.* Tous ceux qui
« m'écoutent ici, comprennent bien, Sire, que c'est la fin que
« Votre Majesté s'est toujours proposée dans le gouvernement de
« ce florissant royaume. » (3) Oui, tous ceux qui auraient écouté

(1) Sermon *Sur la Transfiguration.* Exorde.
(2) « La disposition de la fortune des sujets appartient sans contrôle
« au souverain. » *Mém. et Inst. de Louis XIV pour le Dauphin.* Tome II,
page 93.
(3) Sermon *Sur la Royauté de J.-C.* III° part.

le compliment auraient compris la leçon, et le roi ne se serait pas mépris sur la qualité de l'éloge. Averti que son autorité est une charge plus encore qu'un honneur, qu'elle impose plus de devoirs qu'elle ne procure de plaisirs, qu'elle doit s'oublier elle-même pour penser aux autres et se dévouer pour eux, le roi n'aurait prêté qu'une oreille distraite à ce compliment de commande, qui n'est qu'un artifice employé par le prédicateur pour tempérer la sévérité de la leçon. Tel est, en effet, le droit divin de la monarchie et le caractère de toute autorité légitime, depuis que la Vérité s'est fait entendre par la bouche de Celui qui a dit : « que celui qui est le premier parmi vous se fasse le serviteur de ses frères. » (1) Telle est l'économie divine des sociétés qui reposent sur l'ordre établi par Dieu, que les devoirs y croissent avec les droits, les responsabilités avec les charges, les obligations avec les honneurs, et que celui qui est le souverain est en même temps le serviteur de tous.

Cette corrélation constante qui existe entre les responsabilités et les honneurs, la conscience la devine, et l'Eglise, par la voix de ses prédicateurs, la proclame devant les grands de la terre, trop portés à oublier qu'ils se doivent à ceux qui sont au-dessous d'eux. Quelle garantie n'offrirait pas pour le maintien du bon ordre, de la paix et de la sécurité publique, le monarque qui comprendrait ainsi son devoir, et comme Louis XIV eût plus heureusement régné, si, au lieu de prêter l'oreille aux inspirations de conseillers quelquefois passionnés et violents, il eût suivi les conseils que lui donnaient dans la chaire ceux qui l'éclairaient sur ses devoirs de roi ! Il eût épargné à son pays des guerres ruineuses et des sacrifices stériles, à lui-même, les douloureuses calamités qui accablèrent les dernières années de son règne, et à sa mémoire les malédictions qui s'élevèrent au jour de ses funérailles, et dont l'écho attristera toujours ceux qui sont le plus enclins à l'admirer. A l'heure des aveux suprêmes, il n'aurait pas été

(1) *Evangile selon saint Mathieu.* Ch. XXIII. v. 11.

obligé de confesser qu'il avait trop aimé la guerre, s'il ne l'avait
déclarée et conduite qu'avec ces réserves dont les prédicateurs
s'étaient plu si souvent à l'instruire : « Cependant, Madame,
« j'ose encore vous dire avec tout le respect d'un très humble
« sujet, mais aussi avec la liberté que la chaire et votre piété
« me donnent, que vous devez inspirer au roi le même dessein,
« que vous devez lui persuader que l'amour de la gloire n'est
« pas un motif assez légitime pour perpétuer la guerre, qu'il y a
« eu dans l'Ecriture Sainte des Princes punis pour n'avoir point
« eu d'autre raison de combattre que celle-ci : *faciamus nobis*
« *nomen* (1). » Quand Fromentières parlait ainsi, ce devait être
au commencement de la guerre de Hollande, au temps où les
vaincus, battus et repoussés sur tous les champs de bataille,
auraient été heureux d'obtenir la paix à des conditions
honorables. Louis XIV passa outre à ces conseils, il aima mieux
continuer une guerre dont l'incendie du Palatinat reste le plus
douloureux épisode. Fromentières s'était exprimé de même
dans l'*Oraison funèbre de Monsieur de Lionne,* déclarant que « les
« conquêtes les plus dignes d'être faites, sont celles des cœurs. »
Enfin dans le Sermon *Pour la fête du Rosaire*, qui suivit
probablement la paix conclue à Aix-la-Chapelle en 1668, il
vante la part que la reine y a eue, et laisse éclater les sentiments
de son cœur chrétien et français : « Cette considération, Madame,
« ne nous permet pas de laisser passer l'occasion sans vous
« ouvrir nos cœurs, et, quoique nous sachions que Votre Majesté
« qui n'oublie jamais un bienfait à faire, l'oublie du moment
« qu'il est fait, elle me pardonnera néanmoins, si je lui représente
« au nom de tous les bons Français, qu'ils seront éternellement
« reconnaissants des faveurs qu'ils auront reçues d'elle.
« Continuez donc, Madame, à en répandre tous les jours de
« nouvelles sur ce royaume. » En tenant un pareil langage,
Fromentières ne restait pas seulement fidèle à la voix de sa

(1) Sermon *Pour le jour de l'Annonciation.* Péror.

conscience et de son patriotisme, il continuait la tradition des prédicateurs qui, dans la chaire, n'avaient cessé de prêcher aux rois l'amour de la paix : « La guerre est un si grand mal, que « rien ne la peut excuser que la seule nécessité... Le désir de la « gloire n'en est pas un motif assez légitime. Il faut que « l'honneur de Dieu, la protection de ses sujets ou de ses alliés « engagent le souverain dans la guerre, et qu'il tente les voies « de la douceur avant de tenter celles des armes (1). » Après le traité des Pyrénées, Bossuet (2) célébrait la « paix bienheureuse, « qui n'est pas moins le repos de l'Eglise que de l'Etat ; » et Bourdaloue après la paix d'Aix-la-Chapelle félicitait à son tour Louis XIV : « Ce qui soutient nos espérances et en même temps « ce qui augmente notre vénération et notre zèle pour Votre « Majesté, c'est que son amour pour son peuple l'emportera « toujours en ceci par-dessus ses intérêts propres, et que, « touchée de ce motif, il n'y aura rien qu'elle ne sacrifie « au bienfait de cette paix : qu'ainsi, en véritable imitateur du « Dieu des armées et du Dieu de paix, vous aurez, Sire, « l'avantage, après avoir été le héros du monde chrétien, d'en « être encore le pacificateur (3). » Tels sont les conseils de sage modération que les prédicateurs faisaient entendre au roi : les politiques tinrent souvent un autre langage. Mais, encore aujourd'hui, il est permis de constater que la parole des prédicateurs était plus conforme aux intérêts de la France, et de regretter que leurs conseils n'aient pas été plus écoutés et mieux suivie.

Au nombre des maux causés par la guerre, il faut compter la ruine de la fortune publique, et par conséquent l'aggravation des charges qui pèsent sur le peuple et l'augmentation des impôts : « *Neque quies gentium sine armis, neque arma sine stipendiis,* « *neque stipendia sine tributis* » disait autrefois Végèce, cité par

(1) Senault. *Orais. fun. de Louis XIII.* IIᵉ partie.
(2) Carème de 1660 aux Minimes.
(3) Iᵉʳ Avent. Sermon *Pour la Nativité de J.-C.* Péror.

Fromentières. (1) Mais, si les guerres se prolongent ou se succèdent sans donner au pays épuisé le temps de se reposer de ses fatigues et de refaire dans la paix la fortune de l'Etat ; s'il arrive qu'avec des besoins sans cesse renouvelés, les charges publiques augmentent toujours : quelle ne sera pas, à la fin, la misère du peuple, obligé de faire face à d'écrasantes nécessités ? On le sut au XVII° siècle, sous le règne de Louis XIV ; même à l'époque où la plus sage économie veillait à l'administration du Trésor ; l'argent rentrait mal, l'impôt était difficilement payé, la misère ne cessait de grandir dans les provinces. (2) Assurément, il n'appartient pas au sujet de déterminer directement et par lui-même dans quelle mesure il doit l'impôt à son pays. Il n'a ni qualité, ni autorité pour décider quand l'impôt cesse d'être légitime et peut être légitimement refusé. Mais, d'un autre côté, le souverain doit se souvenir qu'il n'est pas le maître de la fortune de ses sujets (3), et qu'il ne peut pas les frustrer des fruits de leur travail, pour engager l'Etat dans des guerres inutiles, ou satisfaire ses goûts pour le faste et pour la dépense. Voici comment s'exprimait Fromentières à ce sujet : « Hélas, ce « pouvoir qu'un souverain a d'exiger des contributions de ses « sujets est quelquefois un droit dont il abuse. S'il aime l'argent

(1) « Les dix campagnes qui précédèrent la paix de Ryswick, et les « douze campagnes que termina la paix d'Utrecht coûtèrent plus de trois « milliards huit cent soixante-cinq millions de notre monnaie actuelle, « seulement en dépenses immédiates et directes ; car le calcul ne saurait « atteindre tout le dommage que causa l'état de guerre, soit en « destructions, soit en obstacles à la reproduction ». Lemontey. *Monarchie de Louis XIV*, ch. III.

(2) De là ces soulèvements en Normandie, Auvergne, Guyenne, Berry. Voir P. Clément : *la Police sous Louis XIV*.

(3) Telle était pourtant l'opinion de Louis XIV : « La disposition de « la fortune des sujets appartient sans contrôle au souverain... Tout ce « qui se trouve dans l'étendue de nos Etats, de quelque nature qu'il soit, « nous appartient au même titre... Vous devez donc être persuadé que « les rois sont seigneurs absolus et ont naturellement la disposition pleine « et libre de tous les biens qui sont possédés, aussi bien par les gens « d'église que par les séculiers, pour en user en tout temps comme « de sages économes ». *Mémoires et Instruct. de Louis XIV pour le* « *Dauphin.* Tom. II, p. 121.

« et s'il s'abandonne à la violence de sa passion, d'intéressés
« casuistes lui persuadent aisément que tous les biens de son
« royaume lui appartiennent, qu'il est maître absolu de la
« fortune de ses sujets, qu'ils n'ont rien en propre, qu'ils ne
« doivent travailler que pour lui, et qu'il peut en faire autant de
« victimes de l'insatiable avidité de ces voleurs publics, qui,
« sous prétexte de donner leurs soins pour grossir les finances,
« ruinent son peuple et s'engraissent de la substance de ses
« provinces. » (1) On remarquera d'abord avec quelle énergie
Fromentières repousse la théorie de ceux qui voudraient que
le royaume ne fut qu'un gros bénéfice en commende entre les
mains du souverain, dont les sujets ne seraient plus que les
tenanciers naturels. Il serait difficile de citer, parmi les
ouvrages des grands prédicateurs, une seule parole qui pût
faire croire qu'ils ont pensé, sur ce point, comme les *casuistes
intéressés*. On remarquera ensuite la flétrissure dont il frappe la
race avide et sans entrailles des Turcarets, voleurs publics, —
le mot est répété deux fois dans la même page — qui ajoutaient
encore aux charges pesant sur le peuple par la brutalité avec
laquelle ils percevaient l'impôt et poursuivaient la misère. Eux
seuls ne cessaient de mener à bonne fin leurs honteuses
spéculations, et trouvaient à s'enrichir, quand le peuple et l'Etat
voyaient s'effondrer la fortune publique. Aussi dépourvus de
sens que de morale, ces financiers parvenus s'installaient ensuite
à Paris, y étalaient leur luxe insolent et tapageur, sans craindre
que l'opinion leur fit rendre compte de leur fortune. (2) Nous les
y retrouverons. En attendant, il faut saluer au passage le
qualificatif dont Fromentières les flétrit. De telles paroles

(1) *Panégyrique de saint Louis*, 1er part.

(2) « Les peuples ne seront plus exposés aux mangeries des traitants,
« sangsues l'Etat, dont le nombre serait suffisant pour remplir les galères,
« mais qui, après mille friponneries punissables, marchent la tête levée
« dans Paris, parés des dépouilles de leurs concitoyens avec autant
« d'orgueil que s'ils avaient sauvé l'Etat. » Vauban. *La Dîme royale*, éd.
Daire Paris 1851. Ch. XI, p. 144.

soulagent la conscience humaine, heureuse de voir ces « voleurs
« publics » troublés dans la possession tranquille du bien mal
acquis, et poursuivis au moins par le mépris des honnêtes gens,
quand la justice du roi était impuissante à les atteindre. On est
heureux aussi, de voir les prédicateurs dénoncer à l'indignation
publique ces hommes avides, contre lesquels les pauvres n'avaient
aucun recours. Il appartenait, en effet, aux orateurs de la chaire
d'appeler l'attention sur des iniquités presque officielles, et de
prendre hautement le parti des petits et des humbles.

Notons enfin que la leçon avait encore une portée plus haute,
et qu'elle s'adressait directement au roi. En lui dénonçant la
conduite de ses officiers, Fromentières l'avertissait de son devoir
de veiller sur eux et de se souvenir, qu'étant constitué chef du
peuple pour procurer le bien de tous, il ne doit pas permettre
que ses officiers, abrités derrière l'autorité royale, s'appliquent
impunément à faire le malheur commun. Mais, si telles étaient
les leçons que Louis XIV recevait du haut de la chaire, que
deviennent, dès lors, ces assertions souvent répétées, qui tendent
à nous faire croire que le roi n'a jamais entendu la vérité, parce
que la morale restait captive dans la bouche de ceux qui avaient
mission de la prêcher, et que la chaire, muette au temps des
désordres royaux, n'osait pas faire entendre sa voix ? Si tous
ceux qui font aux prédicateurs du XVIIe siècle le reproche dont
nous venons de parler, s'attendaient à trouver sur les lèvres de
ces prédicateurs des admonestations véhémentes, des invectives,
des allusions directes à de graves écarts de conduite et des
personnalités blessantes, ils ont raison de se montrer déçus.
Non, ce n'est pas devant Louis XIV que les prédicateurs ont
osé dire : « Dans le lit où avait dormi saint Louis, Sardanapale
« était couché... Stamboul avait visité Versailles et s'y trouvait
« à l'aise. » (1). Ces choses-là, si tant est qu'elles puissent se
dire, ne se disent pas en face. On pourra également trouver plus

(1) Lacordaire. *Conférences de Notre-Dame*. Conférence XXXIII.

noble et plus courageuse la conduite de saint Ambroise, repro-
chant à l'empereur Théodose le massacre de Thessalonique, et les
audaces de saint Jean Chrysostome contre l'impératrice Eudoxie.
Mais de tels exemples, si beaux qu'ils soient en eux-mêmes,
quelque honneur qu'ils fassent à ceux qui les ont donnés, ne sont
propres qu'à séduire l'esprit de ceux qui pensent qu'ils peuvent
se généraliser, et devenir la règle habituelle des prédicateurs
chargés de prêcher la morale et de corriger les hommes. En
pareille matière, la persuasion fait plus que la violence, et la
douceur plus que la force. « Il faut leur montrer la vérité sans
« rudesse, trouver un milieu pour les instruire sans les offenser,
« ce qui n'est pas d'une prudence vulgaire. » (1) Quel est donc
l'homme qui aime être repris ouvertement de ses passions, au
moment où il lui plaît de les suivre ? Quel est l'homme qui
souffre de se voir affiché publiquement ? Si les prédicateurs
de la Cour n'avaient eu en vue que de venger la morale offensée,
ils auraient pu céder à la tentation de renouveler contre
Louis XIV les invectives éloquentes qu'on leur oppose : mais
ils visaient plus haut et plus loin ; ils aimaient mieux convertir
le pécheur, que le damner par leurs apostrophes courroucées.
Ce qu'il faut de tact, de prudence et de patience pour convertir
le commun des hommes, leur avait appris ce qu'il fallait de
charité et de mesure pour se faire écouter des rois : « S'il y a de
« la difficulté pour reprendre les hommes ordinaires, il faut
« avouer qu'il est presque impossible de reprendre les rois...
« Les souverains protestent tous par la bouche de David qu'ils
« ne sont responsables de leurs actions qu'à Dieu, et comme ils
« n'ont péché que contre lui seul, il n'y a aussi que lui qui ait
« le droit de les reprendre. » (2) Ailleurs Fromentières ajoute :

(1) Fléchier. *Panég de saint Bernard.* 1683 1re partie.
(2) *Panégyr. de saint Bernard* IIIme partie. Ces paroles ne semblent
que le commentaire de celles de Louis XIV : « Celui qui adonné les rois
« aux hommes, a voulu qu'on les respectât comme ses lieutenants, se
« réservant à lui seul le droit d'examiner leur conduite. » *Mém. et Ins.
pour le Dauphin. T. II, p. 336.*

« Chose si vraie, que l'Ecriture dit qu'il n'appartient qu'à Dieu
« d'appeler les rois des apostats, et de les accuser d'impiété.
« Cet orgueil qui semble inséparable du trône, cette prétendue
« liberté de faire tout ce qui leur plaît, ce droit imaginaire de
« régler leurs actions sur leur volonté, et leur volonté sur leurs
« passions ; cette troupe de flatteurs qui les assiègent et qui
« sont, non-seulement les ministres, mais encore les panégyristes
« de leurs vices, cette multitude d'envieux et de courtisans qui,
« pour plaire à un prince, lui rendent suspects les plus zélés
« ministres du Seigneur, tout cela fait qu'un homme puissant, et
« surtout un souverain, ne recevant jamais de bonne part les
« charitables remontrances qu'on lui fait, il faut ou qu'un Dieu
« ou qu'un homme extraordinaire, animé de son esprit et revêtu
« de son autorité, entreprenne un si glorieux, mais si difficile
« emploi. » (1)

Les prédicateurs comprirent donc la mesure que les
convenances leur imposaient, et aussi l'esprit que demandait le
glorieux, mais « si difficile emploi », qu'ils avaient à remplir. Ils
surent concilier les droits de la morale avec les inévitables
exigences de la politesse et du savoir-vivre. Que si ce n'est pas
assez, nous dirons que Fromentières, comme d'ailleurs Bossuet,
Bourdaloue, Mascaron, a porté aussi loin que possible la liberté
et la hardiesse de la parole sainte ; et que, pour employer une
de ses expressions, il s'est fait « un front d'acier et une tête de
« fer pour briser l'idole de l'impureté et de l'injustice ». (2) C'est
leur gloire d'avoir osé faire leur devoir, et c'est aussi la gloire de
Louis XIV de s'être laissé instruire de ses devoirs de roi, comme
il n'est guère permis de nos jours d'instruire le peuple de ses
devoirs de citoyen.

(1) Sermon *Pour la Décollation de saint Jean-Baptiste.* II· partie.

(2) Sermon *Pour la Décollat. de saint Jean-Baptiste.* Nous en avons la
preuve dans ce même sermon, dans le sermon sur les Péchés des
Riches, sur la Tentation, sur l'amour des ennemis, et bien d'autres dont
la morale sévère s'adresse à la Cour.

## IV

Il n'est pas possible qu'ayant fait la leçon au roi, Fromentières hésite à dire la vérité aux grands. La vertu dans les hautes situations n'est pas tellement en sécurité, qu'il ne soit pas nécessaire de l'encourager par tous les mobiles divins que la prédication peut mettre en œuvre. C'est un devoir d'autant plus impérieux pour le prédicateur, de solliciter au bien les classes élevées, que, mises en vue par le rang qu'elles occupent, elles sont un exemple permanent pour tous ceux qui ont les yeux attachés sur elles. Les prédicateurs n'ignoraient pas la puissance de l'exemple, et Fromentières a fait aux grands un devoir de ne donner jamais que de nobles exemples : « Il est « vrai que dans la corruption générale du siècle et l'étrange « autorité que le vice s'y est acquise, les grands sont obligés « d'aider à la faiblesse du commun des chrétiens, en leur rendant « honorables, par leur exemple, les pratiques de la Loi qui leur « font le plus de peine.... Quand est-ce que les grands seront « bien persuadés qu'un de leurs principaux devoirs est de faire « connaître aux petits, par leur exemple, qu'il est glorieux « d'obéir à Dieu. » (1) Passant ensuite au détail de leurs devoirs, c'est à eux évidemment qu'il adresse son sermon *Sur l'Amour des ennemis ;* c'est devant eux qu'il proteste contre « les pernicieuses « maximes du siècle et les erreurs de la coutume.... dont à peine « les édits des princes (2) et les foudres de l'Eglise peuvent « arrêter le cours. » Il adjure ces « hommes de sang... de ne pas

(1) Sermon *Pour le jour de la Purification*, II^me part.

(2) Louis XIV surpassa contre les duellistes les sévérités de Henri IV et de Richelieu. Au jour de sa majorité, dans la cérémonie du sacre, il prêta serment de poursuivre les duels, mais dans la suite il détruisit en partie l'effet de ses ordonnances : « J'ai vu le feu roi bien sévère sur les « duels ; mais en même temps, si dans son régiment, qu'il approfondissait « plus que tous les autres, un offficier avait une querelle et ne s'en tirait « pas selon l'honneur mondain, il approuvait que l'on lui fît quitter le « régiment.» Lettre du comte de Toulouse au card. Fleury, 27 mars 1737.

« violer les droits de la nature, de l'honnêteté et de la vertu ».
C'est bien du duel qu'il s'agit, et c'est bien aux grands que la
leçon s'adresse : malgré les édits et les tribunaux, ils ne se
résignaient pas à venger, autrement que par les armes, leur
honneur outragé.

C'est encore aux grands du monde qu'il prêche la douceur et
la mansuétude à l'égard de leurs inférieurs : « Si Dieu vous a
« élevés au-dessus d'eux, ce n'est pas pour exercer sur eux un
« empire tyrannique, c'est pour les traiter avec charité, avec
« justice... avec une miséricorde qui imite et qui seconde sa
« Providence dans les desseins qu'elle peut avoir (1). » C'est à
eux surtout qu'il prêche la pénitence et la pratique du jeûne. Il
sait qu'habitués à toutes les délicatesses et familiarisés avec les
facilités du bien-être, ils sont mal disposés à accepter l'idée
de la pénitence ; mais est-ce une raison pour les en dispenser ?
« Tous les gens du monde qui sacrifient leur sommeil, leur
« santé, leur propre vie, pour assouvir leur avarice ou leur
« ambition, peuvent-ils honnêtement s'exempter de l'abstinence
« du Carême, sur ce qu'elle intéresserait l'une de ces choses en
« leur personne ? (2) » Et comme si ce n'était pas assez d'exposer
le précepte, d'en expliquer la nécessité, la convenance, les
avantages, il s'efforce d'aller réveiller au fond de l'âme des
grands du monde qui l'écoutent, les sentiments de générosité, de
justice et d'honneur, pour mieux combattre les prétextes sur
lesquels on se croit dispensé de la pénitence : « Vous êtes
« robustes, quand il faut courir toute une nuit pour travailler à
« votre plaisir et à votre fortune. Ni veilles, ni courses, ni
« jeûnes même ne vous coûtent rien pour réussir dans vos
« desseins ; jusque là que les Pères ont cru que, si vous souffriez
« pour Dieu la moitié de ce que vous endurez pour le monde,
« vous seriez de grands martyrs ; et quand l'Eglise vous

(1) *Panégyr. de saint Joseph*. II<sup>e</sup> part.
(2) Sermon *Sur le Jeûne*. II<sup>e</sup> part.

« ordonnera quelques jeûnes et une légère abstinence, pour
« expier vos crimes, vous tremblerez ; votre force selon la
« plainte de Dieu même paraîtra différente de ce qu'elle était. »

Comme Bourdaloue, il s'est élevé contre l'ambition des grands
du monde : « Les inférieurs ne veulent plus avoir de supérieurs,
« les supérieurs jaloux ne souffrent pas que leurs inférieurs
« s'élèvent ; et les égaux, comme nous le voyons dans notre
« Evangile, ne cherchent qu'à se tirer de pair et à l'emporter
« les uns sur les autres (1). » Il en étudie le principe, qu'il trouve
dans l'ignorance et la présomption ; les prétentions, qui sont les
dignités et les honneurs ; les moyens, qui s'appellent impudence
et bassesse : « Oh que les dangers y sont grands ! je ne parle
« pas du péril qu'il y a de s'en voir ôté par quelque honteuse
« chute : les grandes fortunes sont comme les pointes de rocher,
« sur lesquelles il est difficile de se tenir, et d'où l'on ne descend
« jamais qu'on ne se jette dans un précipice. Mais ce ne sont
« pas ces révolutions et ces chutes que j'appréhende. Oh quelles
« seraient avantageuses à la plupart des gens du monde ! Ce qui
« m'y parait le plus funeste, c'est que deux choses me fon
« presque désespérer de leur salut, le pouvoir de faire le mal et
« l'impunité qu'ils y trouvent. »

Il a prêché aux riches du siècle le devoir de faire l'aumône.
Et ici il faut s'appesantir, pour montrer avec quelle éloquence
hardie, familière, il se fait auprès des heureux du monde l'avocat
de tous les déshérités. On remarquera avec quelle liberté
Fromentières, laissant de côté les raisons théologiques ou les
considérations philosophiques qui persuadent à l'homme le devoir
de soulager son semblable, aime mieux descendre dans la
réalité, pour prendre dans le domaine des faits les arguments qui
sont les plus propres à ébranler ses auditeurs. La vraie charité
ne doit pas être confondue, dit-il, avec cette compassion
qu'inspire la vue des misères humaines. Car la vraie charité

_______________

(1) Sermon *Sur l'Ambition*. I<sup>re</sup> part.

prévient ces misères, tandis que la compassion « ne s'excite qu'à
« force de cris et de pitoyables objets : on peut dire que c'est
« moins une vertu qu'une faiblesse, et que, par conséquent, elle
« ne prévient presque jamais les besoins des misérables. Les
« pauvres ne le reconnaissent que trop, lorsque, souvent, ils
« feignent des maux qu'ils n'ont pas, pour arracher des riches
« l'aumône qu'ils leur refusent et qui, comme dit saint Chrysos-
« tome, sont les causes de cette imposture. Car, n'est-ce pas pour
« amollir la dureté des riches que ces pauvres sont quelquefois
« leurs propres meurtriers, qu'ils se couvrent de plaies, qu'ils
« prennent un visage livide, un ton de langueur, des pieds et des
« mains estropiés. »

Ces difformités de la misère, conséquence de l'avarice des
grands, qui ne se laissent toucher que par l'aspect de « pitoyables
« objets », l'orateur ne se contente pas de les exposer devant les
yeux de ses auditeurs, familiarisés avec d'autres spectacles. La
misère engendre des plaies morales plus hideuses encore, car
elle est mauvaise conseillère ; elle pousse à des flétrissures plus
repoussantes encore que les plaies vives dont elle se sert pour
émouvoir : « L'une des plus dangereuses tentations des
« pauvres est la misère ; et souvent nous en voyons qui, trouvant
« leur indigence plus fâcheuse que le péché, se portent à
« d'étranges extrémités plutôt que de la faire disparaitre... Or
« il ne faut qu'une aumône faite à propos pour prévenir, tantôt
« le larcin de cet homme, tantôt la prostitution de cette fille,
« ici la friponnerie de ce malheureux, là le parjure et
« là le faux témoignage de ce misérable. » Et plus loin, quel à
propos, quelle vérité crue dans ce reproche qu'il adresse à ses
auditeurs : « Avant que de pouvoir arracher une aumône de vos
« mains, combien faut-il employer de sollicitations, de prières,
« d'importunités ? Bien différents de J.-C., vous détournez vos
« yeux de dessus la misère de votre prochain ; le pauvre est un
« objet trop désagréable et trop incommode, vous le fuyez
« comme si c'était un pestiféré. Mais de quoi est-ce que je me
« plains ? Vous en voyez souvent, mais c'est sans compassion,

« vous vous faites des entrailles de fer pour ne rien ressentir de
« leur malheur, et ces Lazares seraient pendant tout un jour à
« vos portes, que vous n'en seriez pas plus touchés que le mauvais
« riche. » On croit entendre à travers ces accents d'une franchise
apostolique, comme un léger écho de ces hardiesses que saint Jean
Chrysostome se permettait dans la chaire, quand il se plaisait à
reprocher aux riches d'Antioche leur luxe et leur dureté de cœur.

Poursuivons, car l'apôtre n'a pas encore tout dit, et ses
auditeurs n'ont presque rien entendu des sévérités qu'il leur
réserve : « Après cela, ils n'ont garde d'être prévenus dans leurs
« besoins ; ils faut qu'ils parlent, qu'ils crient, qu'ils gémissent,
« qu'ils soupirent pour se faire entendre, et l'on croit encore beau-
« coup faire, quand enfin on leur donne quelques sous, qu'ils ont
« depuis si longtemps achetés par leurs prières et par leurs larmes.
« Si Dieu vous traitait avec la même dureté, où en seriez-vous ? »
Bientôt le ton s'élève, et c'est le cri de l'indignation qui succède
au reproche. « Anathème à ces magnifiques du siècle ; malédiction
« à ces prodigues et à ces ambitieux de la terre ; aussi bien y
« a-t-il longtemps que le Saint-Esprit l'a fulminée contre eux :
« Malheur à vous qui ne songez qu'à joindre une maison à une
« autre ! malheur à vous qui enfermez le champ de vos voisins
« dans le vôtre ! Croyez-vous que la terre n'a été faite que pour
« vous, et par quelle autorité en chassez-vous ceux qui y ont
« droit autant que vous ? Quoi, j'aurai créé des éléments pour
« tous les hommes — c'est ainsi que saint Augustin fait parler
« Dieu — et toi, riche, tu en auras seul l'usage ! Tu marcheras
« seul le ventre plein, sans te mettre en peine du pauvre qui
« meurt de faim à ta porte et dans ton voisinage ! Eh ! pourquoi
« dérobes-tu à ton frère ce que j'avais donné et pour lui et pour
« toi ? Pourquoi dévores-tu seul ce que ma Providence avait
« préparé pour vous deux ? » Cette idée, que le riche dérobe ce qui
manque au pauvre, revient souvent sur les lèvres des prédicateurs
chrétiens. Elle a sa raison dans cette considération, que le
« premier dessein de la Providence a été de rendre communs

« tous les biens de la terre, » pour suffire aux besoins de tous, communisme que le péché d'Adam a rendu impossible, en créant parmi les hommes d'inévitables inégalités. Mais si l'ordre providentiel, d'après lequel chacun devait avoir une égale part aux biens de ce monde, a été détruit, un autre lui est substitué, providentiel aussi, qui en a voulu l'inégal partage, mais qui n'admet pas que nul en soit privé, au point de manquer du nécessaire. Or c'est la charité qui doit réparer les injustices et les inégalités de la fortune aveugle, et faire revivre en quelque manière ce communisme primordial, devenu imposslble sous sa première forme. Ainsi la charité, sous le nom d'aumône, devient le droit naturel du pauvre et le devoir du riche. Tel est le communisme dans le sens chrétien du mot : il se distingue totalement du communisme révolutionnaire et socialiste, car dans le premier, « c'est aux riches à faire en sorte que l'égalité soit « rétablie, » dans l'autre, c'est le pauvre qui prétend prendre au riche et, au besoin, rétablir l'égalité par la force. Telle est la doctrine soutenue, avec une énergie qui nous étonne encore, par les Chrysostome, les Ambroise, les Basile. Les grands orateurs chrétiens du XVII° siècle, avec plus de mesure dans la forme, mais avec non moins de vigueur dans la doctrine, insistèrent sur ce même devoir : « Dieu a ramassé en de certaines sources, dit « Fromentières, tout ce qui est nécessaire au reste de la nature : « dans le soleil, des trésors d'influence et de lumière ; dans la mer, « toute la réserve des eaux : et ces causes universelles répandent, « dès le commencement du monde, ce qu'on leur a d'abord « communiqué. Riches de la terre, voilà votre état ! » Si, parfois, les prédicateurs parurent exagérer cette obligation de l'aumône, s'ils parurent n'y pas apporter ces justes tempéraments, sans lesquels on semble autoriser les prétentions insolentes qu'à de certaines heures font entendre les classes déshéritées, qu'on se souvienne qu'en parlant ainsi ils ne s'adressaient qu'aux grands du monde.

S'il est facile d'établir la nécessité de l'aumône, il ne l'est pas d'en préciser la mesure. Elle est, en effet, variable avec les

biens dont on dispose et les nécessités en présence desquelles on
se trouve. Fromentières s'appuie sur l'autorité de saint Thomas,
qui veut que, dans l'aumône, on consulte deux choses : « Son
« pouvoir et la nécessité des pauvres ; le trop de richesse leur
« est acquis, *quod superest, date ;* et quelquefois même dans les
« nécessités extrêmes, ils sont obligés de retrancher quelque
« chose de leur nécessaire. » Mais où finit le nécessaire, où
commence le superflu ? Si chacun en est juge, le précepte de
l'aumône, ainsi soumis aux appréciations intéressées de ceux qui
ont obligation de la faire, court le risque d'être tourné en bien
des cas. Fromentières ne prend pas, comme Bourdaloue, la peine
de réfuter une à une les objections de l'égoïsme, et de repousser
la mauvaise foi de l'avare jusqu'en ses derniers retranchements :
ce serait une perte de temps : « en vain m'efforcerais-je de la
« leur persuader, puisque je vois même que j'en ai trop dit pour
« me faire cent objections ; » et au lieu de répondre dogmatiquement, méthodiquement à chaque objection, il préfère gourmander
la mauvaise foi de ceux qui ont mille prétextes pour se dispenser
de faire l'aumône : « Vous n'avez rien dites-vous ; vous n'avez
« que le nécessaire ? Eh ! que sont donc tous ces meubles
« précieux, ces lits magnifiques, ce buffet de vaisselle d'argent,
« cette nombreuse livrée, cette quantité de chevaux et de chiens ?
« Grand saint Chrysostome, le luxe de Constantinople vous
« donnait-il plus de sujet que ne ferait celui de Paris, de fermer
« aux riches les portes de votre église, de leur interdire non-
« seulement la participation, mais la vue même des saints
« mystères. » L'orateur ne recule pas devant le terme vulgaire,
l'expression commune, mais énergique. Rien de mieux que cet
inventaire pour confondre l'égoïsme et dévoiler la mauvaise foi.
Ce qui suit n'est pas moins hardi : « Ne me dites pas que c'est
« le nécessaire de votre condition, car souvent, quelle chimère
« que cette condition prétendue ! De vingt personnes qui
« allégueront aujourd'hui leur condition, peut-être n'y en a-t-il
« pas deux qui soient bien fondées. J'ai ma condition à soutenir.

« Eh ! misérable, qui sors de la poussière, il n'y a pas trente ou
« quarante ans que ton père était dans la roture et dans la
« misère ! Ta condition ? Oui, tu en as une à soutenir, mais
« sache que c'est celle de chrétien, et que l'autre n'est qu'une
« monstrueuse production de tes rapines et de ton orgueil. »
Cela s'appelle, suivant le mot de Madame de Sévigné, « frapper
« à tort et à travers, » ou je ne m'y entends pas. Après tout, un
pareil langage, dans sa franchise hautaine et sa mordante audace,
était peut-être aussi le plus habile pour détruire des objections qui
n'avaient rien de commun avec la sincérité, et contre lesquelles,
par conséquent, le raisonnement ne pouvait rien.

Il ne faut donc accepter qu'avec une extrême réserve, les
insinuations qui tendraient à faire croire que les moralistes
chrétiens du XVII⁰ siècle ont amoindri dans la chaire le précepte
de la charité. Nous n'avons pas à défendre ici Bossuet et
Bourdaloue contre les accusations de P. Albert. Il est
regrettable que celui-ci n'ait pas connu Fromentières : il aurait
peut-être jugé inutile d'insister sur les ménagements que les
prédicateurs témoignent à leur auditoire. (1) Notons aussi
l'injustice qu'il y aurait à opposer les prédicateurs du XVII⁰
siècle à ceux du IV⁰, Bossuet et Bourdaloue à saint Chrysostome
et à saint Ambroise. Témoins attristés de lamentables misères,
ceux-ci ont fait entendre les raisons du cœur à des auditoires
peu faits pour goûter les raisons théologiques. Tout autre est
l'esprit du XVII⁰ siècle. Rien n'était plus facile alors, comme
au temps des Chrysostome, que de déclamer sur la misère des
classes pauvres, et j'admets que ces déclamations, alors comme
aujourd'hui, auraient difficilement trahi la vérité. Mais les
prédicateurs, au siècle de Bossuet, ne savent pas déclamer.
Quelque sujet qu'ils traitent, ils vont droit à l'esprit pour
l'éclairer et le convaincre ; puis, ils s'adressent au cœur. Si
aujourd'hui encore les hautes classes qui détiennent la fortune et

(1) P. Albert. *La Prose. Les Prédicateurs de l'Aumône*, page 375.

sont maîtresses du sol, voulaient bien méditer les sermons de Bossuet, de Bourdaloue et de Fromentières sur l'aumône et les mettre en pratique, il est permis de croire que la question sociale aurait fait un grand pas.


## V


Un sujet familier aux prédicateurs de cette époque, c'était la manière dont se faisait le choix des évêques et l'esprit avec lequel on arrivait à l'épiscopat. On en vit qui entraient dans l'Eglise comme de Retz « avec l'âme la moins ecclésiastique « peut-être qu'il y eût dans l'univers. » Et, non seulement on était engagé dans l'Eglise sans avoir manifesté aucune inclination pour les fonctions ecclésiastiques, mais on y était engagé dans un âge où ces inclinations n'avaient pas encore eu le temps de se produire, ou le droit de s'affirmer. A huit ans, Charles Maurice Le Tellier était abbé commendataire de Daoulas-Plougastel ; à dix ans une seconde abbaye, celle de Saint-Pierre de Lagny, venait grossir les revenus de la première. Il n'avait pas vingt-six ans, qu'il était coadjuteur de Reims. Nicolas Colbert, à vingt-six ans, était coadjuteur de Rouen, et Henri de Pardailhan-Gondrin coadjuteur de Sens à vingt-quatre. Chiverny obtint pour son fils, qui n'avait que seize ans, la promesse de l'évêché d'Orléans. Il arrivait même, que les seigneurs confiaient volontiers à l'Eglise le soin de faire la fortune de leurs enfants qui n'auraient pas pu la faire dans le monde, comme on le vit pour ce cardinal de Sourdis qui, s'il faut en croire Tallemant des Réaux, « fut destiné à « l'Eglise parce qu'il était menacé d'épilepsie », et pour l'abbé de la Trémouille, difforme et bossu, — c'étaient ses moindres défauts, — à qui la princesse des Ursins, sa sœur, mérita le chapeau de cardinal et plusieurs abbayes, « pour l'honneur de la famille. » (1) Par une conséquence naturelle, ces hommes entrés dans l'Eglise pour y faire fortune, ne se contentaient pas d'un seul bénéfice : on cumulait abbayes et prieurés. Le cardinal de Joyeuse en avait six, le cardinal de Retz possédait quatre abbayes et six prieurés, qui lui donnaient cent mille livres de revenu. La Vrilière, archevêque de Bourges, avait, outre les revenus de son archevêché, ceux de quatre abbayes. A sa moit, ses petites économies s'élevaient à cent mille écus. Qui s'en étonnerait ? Mais aussi quel scandale ! (2)

Avant même d'être évêque, Fromentières s'éleva avec une noble et courageuse liberté contre ceux qui n'apportent d'autre disposition à l'épiscopat que « la volonté d'y être ; » (3) contre ceux qui se hâtent de passer « des bancs sur le trône, » (4) « qui, « par mille intrigues de femmes et de faux dévots, par des « complaisances et des bassesses indignes d'un homme « d'honneur, par des confidences et des simonies cachées, ont le « front de mettre la main sur l'encensoir et d'entrer dans le « sanctuaire. » (5) C'est dans le même sens que Bossuet s'écrie : « Ne proposez plus à une imprudente jeunesse les dignités de « l'Eglise comme un moyen de piquer son ambition, ou comme la « juste couronne des études de cinq ou six ans, qui ne sont qu'un « faible commencement de leurs exercices. Qu'ils apprennent « plutôt à fuir, à trembler, et du moins à travailler pour « l'Eglise, avant que de gouverner l'Eglise ; car voici la règle de « saint Paul, règle infaillible, règle invariable, puisque c'est la « règle du Saint-Esprit : qu'ils soient éprouvés et qu'ils « servent. » (6) Dignités mal acquises, et plus mal remplies

(1) *Historiettes*, édit. Monmerqué et P. Paris. T. 11, p. 338.
(2) Les recueils de *Lettres* ou de *Mémoires* contiennent à ce sujet de nombreux renseignements. On en trouvera un grand nombre dans l'ouvrage de L. Gérin. *Documents pour servir à l'histoire de l'Assemblée de 1682.* Ch. VII. VIII. IX.
(3) *Panég. de saint Sulpice.* II<sup>e</sup> part.
(4) *Panégyrique de saint Charles Borromée.* I<sup>re</sup> part.
(5) *Panégyrique de saint Charles Borromée.* I<sup>re</sup> part.
(6) Sermon *Pour le jour de Pâques.* 1681. I<sup>re</sup> partie.

encore par tous ces prélats « qui croient que pour soutenir leur
« dignité, ils ont besoin d'un autre éclat que de celui de la
« vertu. »

Quand ils sont arrivés à ces dignités, en suivant les voies
les plus autorisées et les plus saintes, ils ont à se souvenir
qu'ils ne peuvent pas se permettre d'égaler le faste des princes ;
que l'Eglise leur octroie les richesses, mais pour les répandre dans
le peuple, et les distribuer aux pauvres en même temps que la
parole de Dieu. « Si l'église a des trésors, dit saint Ambroise
« cité par Fromentières, ce n'est ni pour les garder, ni pour en
« enrichir ses ministres, c'est seulement pour les distribuer aux
« pauvres, dont tous les évêques sont appelés par tous les saints
« canons, les protecteurs, les tuteurs, les pourvoyeurs et les
« pères. » (1) Combien on en voyait, parmi ces évêques que la
faveur avait poussés et les richesses séduits, qui étaient tentés
d'oublier ce devoir. Nicolas Colbert avait fait du château de
Gaillon une résidence princière. « Souvenez-vous, Monseigneur,
« lui écrivait Fénelon, encore simple prêtre, que les revenus
« ecclésiastiques sont le patrimoine des pauvres, que ces pauvres
« sont vos enfants et qu'ils meurent de tout côté de faim. » (2)

Après le devoir de nourrir les pauvres, il y a celui de les
instruire. C'est même le premier devoir et la fonction pour
laquelle les évêques ont été sacrés. Par nature et par état,
l'évêque est prédicateur et Docteur au milieu du peuple ; il est
élevé au-dessus des autres pour parler à tous et pour les instruire.
« Non, Messeigneurs, il n'y a rien de si utile aux peuples qui
« vous sont soumis, que de voir, en vos personnes, les premiers
« évêques de l'Eglise se souvenir de ce qui leur a été dit à tous
« dans leur sacre : *Vade et prædica populo tibi commisso
« evangelium ;* ne dédaigner pas de s'acquitter eux-mêmes de la
« fonction apostolique, d'aller comme J.-C. instruire les pauvres
« dans les villages et dans la campagne : *Pauperes evangelizantur.*
« C'est pour lors que vous êtes les pères des fidèles, les époux

(1) *Panégyr. de saint Charles Borromée.* IIᵉ part.
(2) Fénelon à Nicolas Colbert. 8 août 1692.

« de l'église, les nuages divins qui fertilisent des provinces
« entières par la rosée de vos paroles. » (1) Ce n'est pas un
hommage complaisant, une vaine louange que Fromentières
adressait en ce moment aux évêques réunis autour de sa chaire.
S'il est des prélats qui ne durent leur élévation qu'aux basses
intrigues de la politique, il y en eut bien d'autres qui firent
briller aux yeux du monde tout l'éclat des vertus épiscopales :
Camus, le saint évêque de Grenoble, Henri de Barillon, évêque
de Luçon, qui vivait de son patrimoine, pour distribuer en
bonnes œuvres tous les revenus qu'il retirait de son évêché ;
Arnaud de Béthune, évêque du Puy, qui refusait de posséder
une abbaye en même temps qu'un évêché, et ne paraissait plus à
la cour, depuis qu'il était évêque ; François de Nesmond, évêque
de Bayeux et neveu de Lamoignon ; Beaumanoir de Lavardin,
évêque de Rennes. (2) Plus d'un, parmi les membres du haut
clergé de France, se dépouilla de ses richesses pour fonder des
séminaires, des hôpitaux, et, s'il y en eut un trop grand nombre
qui ne furent pasteurs que « pour tondre leurs brebis, » (3)
d'autres, au contraire, furent admirables dans le zèle qu'ils mirent
à les évangéliser.

Il est vrai que, pour évangéliser son diocèse, il faut y être.
L'évêque ne peut oublier que « par une loi indispensable il
« devait sa présence à son troupeau, pour le conduire, pour le
« défendre, pour le nourrir. » La résidence ! J. Baptiste
d'Etampes, titulaire de l'évêché de Perpignan de 1675 à 1680, ne
parut jamais dans son diocèse, pour ne pas s'éloigner de sa
famille. « Nous avons trouvé le bon évêque de cette ville
« (Froulai de Tessé, évêque d'Avranches,) mort et enterré depuis
« huit jours ; c'était un saint évêque qui avait si peur de mourir
« hors de son diocèse, que pour éviter ce malheur il n'en sortait
« point du tout. Il y en a d'autres qu'il faudrait que la mort tirât

(1) Sermon *Du sacre de Bossuet.* IIIe part.
(2) Voir L. Gérin. *Recherches sur l'Assemblée de 1682.* Ch. VII. VIII. IX.
(3) Fromentières : *Panégyrique de saint Sulpice.* IIe part.

« bien juste pour les y attraper. » (1) Le mot de Madame de Sévigné est cruel, mais vrai ; et Fromentières, rapportant le fait de Mgr de Péréfixe, qui se démit de l'évêché de Rodez parce que, en sa qualité de précepteur, il n'y pouvait résider, qualifie cet acte « de miracle dans le siècle où nous sommes. » Nous savons que ce miracle fut renouvelé par Bossuet, et qu'il y eut à cette époque des évêques, auxquels le titre d'épouse, donné à leur église, rappela sans cesse l'attachement et la fidélité qu'ils lui devaient.

L'évêque est obligé de prêcher. Mais quelle influence peut avoir la prédication d'un Sébastien de Guémadeuc, « linotte « mitrée, » qui, un jour des quarante heures, « donne un bal à « toutes les dames et un grand souper ; » (2) ou de Valbelle dédaigneusement appelé le « freluquet ; » de Champigny, « digne « comme un autre de marquer les feuilles de son bréviaire avec « des tranches de jambon, qui joue, qui soupe chez les dames, « qui va à l'Opéra. » (3) ? Il faut d'abord prêcher par l'exemple. Fromentières insiste sur ce devoir dans le sermon *Du sacre*, dans l'*Oraison funèbre du P. Sénault*, dans le sermon *Sur la Parole de Dieu*. Il demande instamment aux prédicateurs, évêques ou simples prêtres, de mettre d'accord leurs paroles et leurs actes : « Quelle apparence, en effet, que nous persuadions le jeûne et « l'austérité à des gens qui savent que nous aimons, peut-être « autant qu'eux, les festins et les autres divertissements de la « vie. Nos raisons sont-elles bien puissantes pour détromper les « chrétiens de l'ambition, s'ils reconnaissent que c'est l'ambition « même qui nous fait monter en chaire ? Et pouvons-nous trouver « étrange, que l'on sorte du sermon avec aussi peu d'émotion « que de la comédie, si l'on s'aperçoit que nous jouons des « personnages étrangers, et que ce que nous enseignons peut

(1) *Madame de Sévigné à Mme de Grignan*. 9 mai 1689.
(2) *Ibidem*. 15 décembre 1675. 4 août 1680. 17 juillet 1680.
(3) *Ibidem*. 31 août 1689.

« être appelé notre métier plutôt que notre opinion. » (1) Mais,
s'il accuse les prédicateurs qui par leur conduite détruisent
l'efficacité de leur enseignement, il a aussi des paroles sévères
pour les auditeurs qui se refusent à distinguer la doctrine de la
vie de celui qui prêche, et s'obstinent à juger de la première par
la seconde : « Sa vie est-elle bonne ? c'est pour son salut. Sa
« doctrine est-elle sainte ? c'est pour le vôtre. » (2)

Ces exemples et ces bonnes doctrines, que le prédicateur doit
unir dans sa vie, Fromentières déclare qu'ils sont également du
devoir des pères et des mères, qui ont mission, eux aussi, d'édifier
et d'instruire. Faut-il croire qu'à cette époque ces devoirs étaient
particulièrement négligés, et que les parents se préoccupaient
peu, ou s'occupaient mal de l'éducation de leurs enfants ?
Toujours est-il que le prédicateur revient sur le même sujet
dans le *Panégyrique de saint Joseph*, dans celui de *sainte
Monique*, dans le *deuxième Panégyrique des saints Gervais et
Protais*, et chaque fois, c'est avec une insistance nouvelle. Il
faut citer une de ces pages : elle donnera l'idée de la franchise
apostolique de Fromentières, et aussi « des ménagements qu'il
avait pour l'auditoire. » Jamais il ne fut plus énergique, j'allais
dire plus violent. « Pères et mères, qu'est-ce que vos enfants
« tirent du sang que vous leur avez communiqué ? Trois choses,
« dit saint Thomas : la matière du corps, la source du péché,
« l'origine de la concupiscence. Mais quoi ? C'est un malheur
« auquel vous ne sauriez apporter de remède. Ce n'est donc pas
« par cet endroit que je dois vous blâmer ; mais, ce que je ne
« puis m'empêcher de vous reprocher en cette occasion, c'est
« que vous ne vous contentez pas de leur communiquer un sang
« naturellement impur, qui les porte à l'ambition, à la colère, à
« la vengeance, et à plusieurs autres passions, mais que vous
« leur inspirez encore le pernicieux dessein de les satisfaire.
« Avant que vos enfants puissent parler, vous les destinez à de

(1) Sermon *Sur la Parole de Dieu*. I<sup>re</sup> part.
(2) *Ibid.*

« certaines conditions qui, pour l'ordinaire, leur sont très désavan-
« tageuses ; mais par quel esprit les y destinez-vous ? Souvent
« par ambition, quelquefois par caprice, toujours par intérêt.
« Vous dédiez cet enfant aux autels, parce que vous espérez que
« le prince ou un parent les chargera bientôt de bénéfices. Vous
« destinez cette fille à la religion sans la consulter, ou plutôt, vous
« l'y condamnez, vous l'égorgez toute vivante pour décharger
« votre famille, *non offertis, sed jugulatis ;* voilà une étrange
« vocation.

« Mais quand vous avez de la sorte destiné vos enfants, les
« instruisez-vous du moins conformément à la profession que
« vous leur marquez? Le dirai-je à votre confusion ? Pour peu
« qu'on examine l'éducation de vos enfants, on ne peut y penser
« qu'avec horreur. Car, quelles sont les premières paroles que
« vous leur faites prononcer en bégayant, et avec lesquelles vous
« dénouez le plus souvent leur langue ? Sans entrer dans un
« détail qui me porterait trop loin, reconnaissons seulement que
« nous avons plus de raison de dire aujourd'hui, que n'en avait
« cet ancien : *inter execrationes parentum crevimus;* qu'il ne
« faut pas s'étonner si tant de malheurs nous accablent pendant
« notre vie, puisque nous croissons au milieu des anathèmes et
« des imprécations de nos proches.

« Mais ce qui ruine encore davantage l'éducation des enfants,
« c'est le mauvais et fatal exemple que leur donnent leurs pères
« et mères. Saint Cyprien, parlant des crimes des idolâtres,
« déplore leur malheur, en ce que adorant des dieux qui s'étaient
« auparavant souillés de mille crimes, ils avaient sujet de
« croire qu'ils faisaient des actes de religion en les imitant,
« *fiebant miseris religiosa delicta.* Pères et mères, j'en puis dire
« ici de même. Que vos enfants sont à plaindre, lorsque le
« respect que la nature leur imprime pour vos personnes, leur
« donne de l'estime pour tous vos désordres, et qu'ils sont assez
« aveuglés pour s'imaginer qu'ils pratiquent des vertus, quand
« ils ne font souvent que commettre vos crimes ! Puisque vous

« ne donnez à vos enfants que des exemples d'ostentation et
« d'orgueil, ne devez-vous pas vous attendre à n'en faire que
« des victimes de vanité ? puisque vous ne leur donnez que des
« exemples de vengeance, en devez-vous espérer autre chose
« que d'en faire des ennemis irréconciliables ? Puisque vous
« succombez devant eux aux tentations les plus honteuses, que
« pouvez-vous prétendre, sinon d'en faire des impudiques et des
« libertins ? Pères cruels, infortunées marâtres, mais aussi
« malheureux enfants ! » (1) Des accusations aussi directes
doivent trouver leur explication dans les faits. Jamais l'indignation du prédicateur n'avait coulé de ses lèvres avec plus
d'abondance et plus d'amertume : mais aussi, s'était-il jamais
trouvé en présence d'abus plus intolérables et de plus
criminelles injustices ? Les droits sacrés des enfants à choisir la
carrière pour laquelle ils se sentent nés, le devoir impérieux des
parents de les aider à l'atteindre, étaient parfois étrangement
méconnus au XVII° siècle. Sans égard pour leurs aptitudes ou
pour leur goût, « par inclination du père ou de la mère, » (2) ou
pour des raisons d'intérêt, les enfants étaient précipités dans
l'Eglise, devenue le « dépôt des enfants surnuméraires, » (3) et
voués par la force à une vie pour laquelle ils ne se sentaient pas
faits. J'ai dit plus haut le mal qui en résultait pour l'Eglise, et
quels tristes exemples donnaient trop souvent ces ecclésiastiques
sans vocation. Mais on ne saurait assez insister sur l'amère
existence que, trop souvent, des parents aveugles imposaient à
leurs enfants. C'étaient de vrais holocaustes, de douloureux
sacrifices, dans lesquels les enfants étaient trop souvent
immolés, (4) Fromentières dit « égorgés » par la main de leurs

---

(1) *Panégyrique des saints Gervais et Protais*. II° partie.
(2) Bourdaloue. I⁻ Dim. ap. l'Epiphanie : *Sur le devoir des Pères par rapport à la vocation de leurs enfants*.
(3) Taine. *Revue des Deux-Mondes*. I⁻ juin 1891.
(4) « La princesse Bénédicte, la plus jeune des trois sœurs, fut la première *immolée* à ces intérêts de famille. » Bossuet. *Or. fun. d'Anne de Gonz*. I⁻° partie.

parents. « La pauvre enfant, qu'elle est heureuse, si elle est contente ! » disait madame de Sévigné en parlant de sa petite-fille, Marie-Blanche, qu'à l'âge de seize ans ses parents jetaient dans un cloître pour débarrasser la maison... « si elle est « contente ! » Et sur un ton de mélancolie, qui laisse percer toute la tristesse de la grand'mère, elle ajoutait : « Cela est sans doute, « mais vous m'entendez bien. » (1) Pas un prédicateur, au XVII° siècle, qui n'ait élevé la voix contre de si monstrueux abus : Bossuet dans l'*Oraison funèbre d'Anne de Gonzague* et dans le Sermon *Pour le jour de Pâques* 1681 ; Bourdaloue dans une *Dominicale* pour le premier Dimanche après l'Epiphanie protestent avec éloquence : « On immole un enfant à Dieu, et on « l'immole sans peine, même avec joie, et on l'immole sans que « Dieu le commande, ni même qu'il l'agrée, et on l'immole lors « même que Dieu le défend, et qu'il ne cesse point de dire : *non* « *extendas manum super puerum.* »

Et ce n'est pas le seul abus contre lequel s'élève Fromentières dans la page qu'on vient de lire. « Il s'est trouvé des pères même « assez barbares pour immoler, selon le Prophète, leurs enfants « aux démons. » (2) Emporté par sa rude franchise, notre prédicateur précise les accusations avec une amère éloquence et une crudité choquante. Nous passerons sur d'aussi lamentables révélations. Aussi bien comprendra-t-on que nous n'ayons aucun goût à nous étendre sur des désordres que chaque âge voit malheureusement se renouveler. Mais, comme on trouve légitime l'indignation du prédicateur, quand il est amené par son sujet à signaler de tels crimes dans la chaire chrétienne : « Bon « Dieu ! que les choses sont dans un étrange renversement ! « Combien trouve-t-on aujourd'hui de pères et de mères, (si « toutefois on peut leur donner ce nom), qui nourrissent dans « leurs enfants des passions criminelles et honteuses, qui par

---

(1) *Lettre à Madame de Grignan.* 1ᵉʳ février 1690.
(2) Fléchier : *Pensées diverses.* Vol. VII, page 267.

« leurs exemples ou leurs complaisances les portent et les
« souffrent dans la débauche. » (1) Il était donc nécessaire de
rappeler aux pères et aux mères le devoir de l'exemple. Si les
leçons apprises de vive voix et les conseils multipliés peuvent
être de quelque efficacité pour l'éducation morale d'un jeune
cœur, chacun sait qu'en pareille matière, rien ne vaut l'exemple
« si efficace surtout quand il est domestique, et que l'autorité et
« l'amitié paternelle le soutiennent. » (2) Fromentières ne
pouvait manquer de rappeler ce devoir avec éloquence et
fermeté.

## VI

Il faut en finir avec cet exposé, bien vite ennuyeux, des
doctrines que l'abbé de Fromentières prêcha dans la chaire. Ce
qui ressort en premier lieu de toutes les démonstrations qui
précèdent, c'est le caractère pratique de la prédication de
M. d'Aire. S'il a parlé aux rois et aux grands de la cour ; si dans
les principales églises de la capitale, il s'est trouvé en présence
d'un auditoire choisi, ou si quelquefois il a eu l'honneur de
prendre la parole dans l'assemblée de ses frères ou des évêques,
il s'est fait une loi de ne s'inspirer jamais que des devoirs
particuliers qu'impose à chacun sa condition de vie. En faisant
mieux connaître ces devoirs, il n'a poursuivi d'autre but que
celui d'être utile. Il n'oublia jamais que la fin de toute prédication
était de rendre meilleurs ceux auxquels elle s'adressait. Il a
rappelé au roi qu'il était sujet de la loi de Dieu, comme ses sujets
l'étaient de lui-même, que pour être maître au regard des
hommes, il n'en était pas moins sujet vis-à-vis de Dieu. Aux
grands il a prêché la pénitence, de peur que leur vie, n'étant
qu'une fête perpétuelle, ne fût bientôt suivie d'un cruel lendemain.

(1) *Panégyrique de sainte Monique.* Iʳᵉ partie.
(2) Ibid.

Il a prêché aux riches l'aumône, aux pères et aux maîtres le devoir
de l'exemple, aux prêtres l'obligation d'unir la sainteté de leur
vie à la sainteté de la doctrine, à tous la fuite du monde, le
respect de la parole sainte, et la soumission aux vérités qui leur
étaient enseignées. C'est par là qu'il entre en communication
plus directe avec son auditoire, et qu'étant plus près de lui, il
arrive plus sûrement à lui faire partager ses convictions, à lui
faire sentir ses ardeurs, et à lui communiquer sa flamme. « La
« substance morale dans l'ensemble de la prédication est une
« condition d'éloquence, » (1) a dit Vinet. Je le crois bien, car si
la controverse intéresse l'esprit, la morale intéresse le cœur, et
c'est sûrement au cœur que le prédicateur s'adresse, quand il
parle à l'homme de ses devoirs, des obstacles qui l'en éloignent
et des mobiles puissants qui doivent servir à l'y ramener. C'est
par là aussi que les prédicateurs du XVII<sup>e</sup> siècle en général, et
Fromentières en particulier, furent entendus et goûtés par
la génération qu'ils évangélisèrent ; en prêchant la morale, ils
éveillèrent de puissants échos dans les âmes.

Ce qui ressort en second lieu, c'est que jamais Fromentières
ne s'aventure sur le terrain de la morale qu'en s'appuyant sur le
dogme, qu'il ne hasarde aucun principe dont il ne puisse rendre
compte à l'aide de la théologie et des Pères. S'il montre une
certaine liberté dans l'application des principes, il s'en tient
le plus souvent, pour l'interprétation, à la lettre même de l'autorité
à laquelle il les emprunte. La morale est, en effet, comme une
science exacte ; les principes, comme les formules, n'ont qu'un
sens, quoique leur application puisse varier à l'infini. Aussi ne
faut-il pas chercher des témérités de doctrine chez Fromentières :
en matière de dogme ou de morale, il ne recherche pas la
nouveauté : il n'a d'autres principes que ceux que la Tradition
lui a légués. Alors même qu'il parait le plus hardi, absolument
personnel, presque paradoxal, il est soutenu encore par quelque

(1) *Histoire de la prédication parmi les Réformés de France.* Paris 1860.
Introduction.

grave autorité qui enlève à sa doctrine, sinon ce qu'elle a d'étrange, du moins ce qu'elle paraissait avoir de neuf, d'original. « Il est certain que la vertu et la milice ont de tout temps paru « avoir beaucoup d'antipathie, et pour être, ce semble, bon « soldat, il est en quelque manière nécessaire de cesser d'être « bon chrétien. » (1) Dans son tour énergique et sa forme serrée, cette affirmation nous parait tout au moins hardie ; elle a même reçu des démentis assez nombreux, pour qu'en principe, il soit permis de la tenir pour fausse. Ne vous hâtez pas cependant de l'attribuer à Fromentières, et de croire à une exagération de rhéteur. Encore une fois, nous sommes en présence d'un prédicateur dont la doctrine n'a rien de personnel, et qui maîtrise jusqu'à l'excès l'inspiration de son âme. Il a d'abord pour lui l'autorité de Végèce : « *ut militis disciplina sit austerior in* « *bellicis, laxior est in moralibus.* » Mais Végèce n'était pas précisément un Père de l'Eglise, et il est très probable que si Fromentières n'avait eu pour lui que cette autorité, il n'aurait pas hasardé son affirmation. Mais il a pour lui la pratique même de l'Eglise, qui imposait le devoir à ceux qu'elle admettait à la pénitence publique, « de renoncer à la milice comme à une « profession contraire à l'innocence de la vie. » Il semble qu'il pouvait s'en tenir là : non seulement son affirmation ne nous parait pas avoir quelque chose de personnel, mais elle cesse même de paraître étrange, téméraire. Et cependant, cet appareil de preuves ne suffit pas à Fromentières, et aux autorités qui précèdent, il ajoute encore le commentaire de saint Augustin : « Ce n'est pas un péché de servir la République, mais c'en est « un de violer les lois chrétiennes en la servant ; et, comme ces « deux choses se rencontrent assez souvent, il est très rare, « ajoute ce Père, de trouver dans un même homme un bon soldat « et un bon chrétien. »

Presque tout ce que dit Fromentières sur l'aumône est tiré de

(1) *Panégyrique de saint Victor.* I$^{re}$ partie.

saint Augustin et de saint Grégoire. Dans le sermon *Sur la Correction fraternelle,* il ne fait que développer les principes de la théologie, de même que dans le sermon *Sur l'amour des ennemis,* il se contente d'exposer un chapitre de philosophie morale. Encore une fois, on trouvera peut-être que cette doctrine manque d'originalité, mais il faut bien se souvenir que ce n'est pas tant l'originalité qu'on demande à la doctrine que la sûreté. Celui qui blâmait « les doctrines nouvelles » n'était guère exposé au péril d'innover dans le dogme ou dans la morale. Disciple fidèle des maîtres qu'on lui avait appris à aimer, il se borne à suivre leurs enseignements et à les appliquer suivant les besoins de ceux qui l'écoutent. Loin de penser que le prédicateur doit apporter dans la chaire des doctrines à lui, et déguiser, dans l'intérêt de sa réputation ou par calcul d'amour-propre, les emprunts qu'il fait à autrui, il a toujours la sincérité de citer les auteurs sur lesquels il s'appuie, et de prouver aux autres que la doctrine qu'ils entendent n'est pas nouvelle dans l'Eglise, puisqu'elle découle des sources mêmes où la foi s'alimente : les Pères et la théologie.

Cette doctrine fut-elle sévère, fut-elle relâchée ? La question est assez intéressante, car elle nous ramène au XVII\ siècle, et nous rappelle un des phénomènes les plus curieux de cette époque féconde en contrastes. Il y avait alors, en effet, les partisans de la morale sévère et les partisans de la morale relâchée : je ne veux pas dire seulement dans la pratique, car le vice avoisinera toujours la vertu, mais en théorie ; l'une et l'autre avaient leurs docteurs. Toute la lutte des *Provinciales* s'était concentrée autour de ce point ; les Jésuites, dans l'opinion, furent considérés comme les docteurs de la morale relâchée, et les jansénistes comme les théoriciens de la morale sévère. Cette lutte d'ailleurs ne se produisit pas comme un phénomène isolé, qui ne se rattache à aucune cause connue. Ces discussions sur les qualités de la morale tenaient à l'état des esprits, et à la direction que la première moitié du XVII\ siècle leur avait imprimée. C'est de la première moitié du XVII⁰ siècle, bien mieux que de la seconde, qu'on pourrait dire ce que Bossuet disait de Condé : « Chez lui, tout tendait au grand. » (1) Dans cette période, tout s'améliore, se réforme et s'agrandit : la politique à longue vue, avec Henri IV et Richelieu, la noblesse avec le salon de la marquise de Rambouillet, le clergé avec saint Vincent de Paul, Olier, Bérulle, la poésie avec Corneille, la philosophie avec Descartes, la langue avec Malherbe et Balzac ; l'ordre succéde à l'anarchie politique du dernier siècle, la règle au caprice, l'autorité s'impose et est acceptée, les âmes savent rester maîtresses d'elles-mêmes. Ceux qui furent élevés dans cette période, qui va jusqu'au règne personnel de Louis XIV, respirèrent dans leur jeunesse cet air de grandeur dont ils furent enveloppés ; ils en reçurent des impressions qui souvent déterminèrent la direction de leur vie. Une pareille génération était faite tout exprès pour accueillir le Jansénisme et la morale sévère qu'il représentait. Il arriva donc ainsi qu'il y eut sous le règne personnel de Louis XIV une première période de 1660 à 1685, où, sous l'empire des grandes idées qui avaient été celles de la première moitié du siècle, dans une Cour la plus brillante qui fut jamais et la plus adonnée au plaisir, sous un roi dans toute la sève de la jeunesse, on aimait encore entendre les principes de la morale sévère, et l'on suivait avec entrain les maximes de la morale la plus relâchée. Bourdaloue le constate et le dit : « Chose admirable, on aime la « sévérité partout et en tout, hors en soi-même. On l'aime dans

(1). « Les hommes que Louis XIV trouva sous sa main, lorsqu'il
« commença à gouverner par lui-même, furent d'ailleurs les instruments
« principaux d'une supériorité qui ne fut pas moins éclatante dans les
« lettres que dans les armes. C'est ici que l'on touche à la racine même
« de toutes les grandeurs de ce temps, et qu'il faut constater la rare
« fortune d'un pouvoir auquel il fut donné de se servir, pour sa gloire,
« de tous les grands exploits fécondés par les agitations de la période
« antérieure, en même temps qu'il profita, pour son omnipotence, de
« l'extrême lassitude provoquée par ces agitations elles-mêmes. »
de Carné : *La monarchie française,* page 8.

« autrui, on l'aime dans les livres, on l'aime dans les discours
« publics. Un prédicateur qui la prêche et qui la porte au plus
« haut point de perfection, pour ne pas dire à des extrémités,
« sans mesure et sans discrétion, est regardé comme un apôtre :
« on le suit avec empressement et l'on y traîne après soi la
« multitude » (1). Bourdaloue, sans les nommer, désigne assez
clairement les jansénistes par ce prédicateur « qui porte la
« morale au plus haut point de perfection », et il dénonce très
clairement la contradiction qu'il y avait dans les âmes, et le
démenti que les actes donnaient aux idées.

Dans un pareil milieu, comme partout ailleurs, le devoir du
prédicateur est de prêcher la véritable doctrine, celle qui fuit
toute extrémité. La morale sévère décourage les âmes faibles et
communes, la morale relâchée ne suffit pas aux âmes droites, et
reste encore trop sévère pour les âmes lâches. On ne peut
espérer convertir à la vraie morale en la diminuant, et il faut
désespérer des âmes qui ne sont plus capables d'aimer la vérité
pour elle-même et telle qu'elle est. S'il y a des tempéraments à
apporter, ce n'est pas dans les doctrines, mais plutôt dans la
manière de les présenter : « Je n'exagérerai rien, mes chers
« auditeurs » (2) disait Bourdaloue, et Bourdaloue avait raison.
Fromentières suivit la même conduite. Il s'était bien rendu
compte des dispositions de ses auditeurs. Il savait que trop souvent
on n'apporte au sermon que le désir de juger la parole du
prédicateur, qu'au lieu de chercher « la parole de Dieu, les
« chrétiens d'à présent ne cherchent que la parole d'un homme...
« que la curiosité et le divertissement sont les principaux motifs
« de nos auditeurs dans l'attention qu'ils nous prêtent...
« qu'aujourd'hui une foule de prédicateurs annoncent la parole
« du Seigneur à des peuples chrétiens ; et parmi une infinité
« d'auditeurs, à peine trouve-t-on un homme qui quitte ses

(1) Pensées : *Du retour à Dieu et de la Pénitence*. Tome XIV, p. 232.
(2) *Dominicales* : I<sup>er</sup> *Dimanche après l'Epiphanie*. II<sup>o</sup> partie.

« habitudes criminelles, et une femme qui renonce à son luxe. » (1). Il a constaté que les chaires sont entourées d'auditeurs et que, néanmoins, les résultats pratiques de la prédication sont à peine sensibles ; qu'on écoute les prédicateurs, mais que, si l'esprit s'intéresse au sermon, la volonté se refuse à en retirer quelque fruit. Ce n'est pas dans un tel milieu qu'il pouvait être tenté d'exagérer les obligations de la morale et d'outrer la doctrine. De telles exagérations, si admirables qu'elles puissent paraître dans la conduite des autres, ne sont pas d'une pratique assez facile pour gagner des chrétiens, « qui « se choquent et se scandalisent d'une morale qui leur parait un « peu trop sévère. » (2)

Mais s'il jugeait imprudent et inutile d'imposer à ses auditeurs des obligations trop onéreuses, il n'a jamais reculé devant le devoir de réclamer les sacrifices nécessaires : « Le secret de ne « pas faire ce qui est défendu est de s'abstenir de ce qui est « permis... Pour ne pas succomber aux mauvais désirs et ne « pas tout accorder à sa satisfaction, le grand secret est de « refuser beaucoup de choses à la nature et à la nécessité. » (3) On a vu plus haut les devoirs qu'il impose aux grands, aux riches, aux prédicateurs, aux pères de famille. Qu'on ne croie pas surtout, qu'il hésite à faire connaître à ses auditeurs l'étendue de leurs devoirs, ou qu'il s'efforce du moins de faire accueillir l'idée du sacrifice, en tempérant les sévérités de la morale par la suavité du ton. Il ne connait pas ou ne connait guère de pareils ménagements : « Y a-t-il grandeur, richesses, « réputation, tout ce que le monde estime que nous ne dussions « de bon cœur sacrifier à l'honneur de J.-C., qui pendant plus « de trente-trois ans a privé sa chair et ses sens des consolations « divines pour notre salut ? et un plaisir brutal tiendra contre

(1) Sermon *Sur la Parole de Dieu.* II· partie.
(2) *Ibidem.*
(3) *Panégyrique de saint Sulpice.* I<sup>re</sup> partie.

« les douleurs d'un Dieu crucifié ; la chair corrompue d'une
« prostituée contre la chair meurtrie et ensanglantée de mon
« Sauveur ! » (1) Cette idée du sacrifice, qui constitue le fond
même de la morale chrétienne, se retrouve à toutes les pages
des sermons de Fromentières : elle les résume, parce qu'elle
résume en même temps la morale évangélique. « Qui dit un
« chrétien dit un homme crucifié au monde, et à qui le monde
« l'est aussi. » (2) Cette assimilation du chrétien à son maître et
à son Dieu, devait amener l'orateur à rappeler aux fidèles qu'il
leur fallait marcher à la suite de leur divin Maître dans la
voie des immolations, tendre à la gloire par l'humiliation, à
la récompense par le sacrifice. Vérités cruelles, sans doute, pour
les cœurs enchantés du monde, mais auxquelles le prédicateur
n'a rien voulu enlever de leur sévérité. Il avait la certitude de
rester ainsi dans son rôle d'apôtre, et de mieux servir les intérêts
de ceux qui se réunissaient autour de sa chaire. Il leur en fit la
confidence, un jour qu'il avait prêché *Sur le Jugement* que Dieu
exercerait contre les réprouvés. Vers la fin du sermon il s'écria :
« Je vois bien, mes frères, que je vous parais rigoureux en vous
« prêchant des vérités si terribles. Hélas ! savez-vous bien
« qu'elles ne sont pas terribles à cause que je les prêche, mais
« que je vous les prêche parce qu'elles arriveront, et qu'elles
« seront terribles. Quand je ne vous les prêcherais pas, elles ne
« laisseraient pas d'arriver, et elles pourraient même arriver
« d'une manière plus cruelle pour vous, parce que vous ne les
« auriez pas prévues... A la vérité, je pourrais les adoucir, mais
« si j'avais le malheur de le faire, ne serais-je pas prévaricateur
« de mon ministère ? et si je les effaçais de la Bible, ne serais-je
« pas en danger d'être effacé moi-même du livre de vie ? » (3)
Et l'on comprend, après la lecture de ce passage, comment un
jour Fromentières pouvait dire à ceux qui l'écoutaient : « Je ne

(1) Sermon *Sur le mystère de la Transfiguration*. II· partie.
(2) *Panégyrique de saint Benoît*. I" partie.
(3) Sermon *Sur le Jugement des réprouvés*. III· partie.

« vous ai jamais flattés dans les discours que je vous ai faits. » (1)
Il avait eu pour cela deux raisons : l'intérêt de ses auditeurs, et
le sien propre.

## VII

M. Jacquinet a dit de « l'aimable Fromentières » qu'il était
le vrai précurseur de Massillon dans l'Oratoire par sa méthode
« insinuante, son abondance persuasive, sa douce fluidité. » (2)
Jacquinet n'a pas assez dit : il aurait pu ajouter que les sermons
de Fromentières, imprimés pour la première fois en 1688, ont dû
faire souvent le sujet des lectures de Massillon et lui fournir
quelquefois la matière de ses plus belles inspirations. Lorsque,
après avoir lu les œuvres de l'Evêque d'Aire, on aborde la lecture
de Massillon, on est étonné de retrouver, je ne dis pas les mêmes
doctrines, ce qui est inévitable, mais la manière dont elles sont
exposées et les considérations sur lesquelles elles s'appuient.
« O Dieu, s'écrie Massillon, ne maudissez-vous pas ces races
« cruelles et ces richesses d'iniquité... Hélas, on est surpris
« quelquefois de voir les fortunes les mieux établies s'écrouler
« tout d'un coup ; ces noms antiques et autrefois si illustres
« tombés dans l'obscurité, ne traîner plus à nos yeux que les
« tristes débris de leur ancienne splendeur ; et leurs terres
« devenues la possession de leurs concurrents ou de leurs
« esclaves. Ah ! si l'on pouvait suivre la trace de leurs malheurs !
« Si leurs cendres et les débris pompeux qui nous restent de
« leur gloire dans l'orgueil de leurs mausolées, pouvaient parler :
« voyez-vous, nous diraient-ils, ces marques lugubres de notre
« grandeur ? ce sont les larmes des pauvres que nous négligions,
« que nous opprimions, qui les ont minées peu à peu et enfin

(1) Sermon *Sur la correction fraternelle.* Iʳᵉ partie.
(2) *Des Prédicateurs du XVIIᵉ siècle avant Bossuet.* Ch. III, p. 204.

« entièrement renversées : leurs clameurs ont attiré sur nos
« palais la foudre du ciel ; le Seigneur a soufflé sur ces superbes
« édifices et sur notre fortune et l'a dissipée comme de la
« poussière ; que le nom des pauvres soit honorable à vos yeux,
« si vous voulez que vos noms ne périssent jamais de la mémoire
« des hommes ; que la miséricorde soutienne vos maisons, si
« vous voulez que votre postérité ne soit pas ensevelie sous leurs
« ruines ; devenez sages à nos dépens ; et que nos malheurs en
« vous instruisant de nos fautes vous apprennent à les éviter.» (1)

A la lecture de cette page, on se souvient tout de suite que
Fromentières avait dit avant Massillon : (2) « D'où pensez-vous
« quelquefois qu'il y a tant de maisons qui se ruinent, tant de
« fortunes solidement établies et qu'on voit renversées en très
« peu de temps ? Vous êtes souvent en peine d'en chercher les
« raisons, principalement quand vous savez que ce ne sont ni
« des maisons ni des fortunes élevées par des voies criminelles
« et suspectes ; mais en voici une que le Saint-Esprit vous en
« rend : c'est qu'on a eu de la dureté pour les pauvres, c'est
« qu'on ne les a pas assistés, dès qu'ils ont exposé leurs besoins,
« et ces misérables ne pouvant souffrir de si cruelles remises,
« ont fait des imprécations que Dieu a écoutées. Ils ont commis
« un grand péché, en vous donnant des malédictions et demandant
« à Dieu le renversement de votre fortune, mais Dieu s'est servi
« de leur misère et de leur péché pour vous punir ; vous avez
« différé de les assister, et les malédictions qu'ils vous ont
« données vous ont perdus : *maledicentis tibi in amaritudine*
« *animæ suæ exaudietur deprecatio illius.* » Si on dépouille ces
deux passages de la forme qui les enveloppe, on trouve que la
pensée est la même, malgré la différence du développement.
Fromentières a pris l'idée dans l'Ecriture Sainte. Massillon ne
l'aurait-il pas pu faire aussi ? Son développement complète si

(1) Massillon : Sermon *Sur l'Aumône.* IIe partie.
(2) Sermon *Sur l'Aumône.* Ie part.

bien la pensée de Fromentières, qu'on n'hésite pas à croire qu'il a moins remarqué cette pensée dans le texte sacré que dans le commentaire déjà donné par son prédécesseur. Mais si la pensée est la même, il faut bien convenir qu'en dehors d'elle, tout est différences dans les deux passages que nous avons rapprochés ; et, si courts qu'ils soient, ils nous permettent de nous rendre bien compte de la distance qui sépare les deux prédicateurs. L'un, c'est Fromentières, prédicateur sans apprêt, sans artifice, se contente d'exprimer sa pensée simplement, fortement, La Bruyère pourrait dire, chrétiennement. Plus préoccupé de faire pénétrer dans l'âme une pensée solide, capable d'y éveiller de généreuses résolutions, que de plaire à l'imagination, il se borne à opposer à ces fortunes si solidement établies et ruinées en peu de temps, la dureté pour les pauvres et les imprécations que Dieu a écoutées. Et comme il ne veut pas qu'on s'en rapporte seulement à sa parole, il ne manque pas de la faire suivre du texte dont il s'est inspiré. Encore une fois, la manière de Fromentières se retrouve dans ce court morceau.

Quelles différences dans la page citée plus haut de Massillon ! Nous ne sommes plus en face d'un prédicateur, mais d'un orateur qui connait son art et toutes les habiletés du métier. La pensée n'est exprimée ni avec la même simplicité, ni avec la même franchise. C'est par degrés que l'orateur la présente. Avant de l'exprimer, il l'annonce. Il ne suffit pas à l'orateur de nous parler des fortunes les mieux établies, expression trop abstraite qui ne dit rien à l'imagination et au cœur. Habile à découdre une pensée, pour étaler aux regards tout ce qu'elle contient, il nous rappelle « ces noms antiques et autrefois si illustres tombés dans « dans l'obscurité, ne traînant plus à nos yeux que les tristes « débris de leur ancienne splendeur. » Ce style figuré, si goûté au XVIIIe siècle, déplaisait aux contemporains de Molière et de Boileau. Et Massillon développe avec le même appareil d'artifices oratoires, avec le même éclat, chacun des termes dont se compose la pensée. Après avoir rendu sensible ce qu'il convient d'entendre par les fortunes les mieux établies, il ne se contentera pas de dire que ce sont les imprécations des pauvres qui ont amené ces ruines : cela est trop court, trop simple. Il fera parler les cendres qui reposent « dans l'orgueil des « mausolées, » et ces riches d'autrefois viendront confesser « que « le Seigneur a soufflé sur ces superbes édifices. » Comme ces morts n'ont aucun intérêt à n'être pas charitables, ils ne sauraient rentrer dans l'orgueil des mausolées sans donner, en partant, une utile leçon : « que la miséricorde soutienne vos maisons, si vous « voulez que votre postérité ne soit pas ensevelie sous leurs « ruines. » Il y aura ainsi dans Massillon une prosopopée de plus.

Tout ce passage a grand air, de l'éclat, de la force même : il y circule un souffle puissant qui l'anime. Une progression calculée et savante nous conduit graduellement, par la prise de possession de notre imagination, de notre esprit, de notre cœur, jusqu'aux limites dernières de la pensée que l'orateur veut imprimer en nos âmes et qui s'y fixe profondément, car elle est à la fois pensée, sentiment, image. Ce couplet oratoire enchante nos oreilles en même temps que nos âmes ; et telle est l'harmonie de ce morceau, que, la lecture faite, on croit en percevoir encore les échos prolongés. De telles différences n'accusent pas seulement la diversité des talents, mais encore celle de l'époque qui les vit naître.

Celles qu'on peut remarquer dans le ton habituel aux deux orateurs ne sont pas moindres. « Il ne faut qu'une aumône faite « à propos, avait dit Fromentières, pour prévenir, tantôt le « larcin de cet homme, tantôt la prostitution de cette fille ; ici, « la friponnerie de ce malheureux, là, le parjure et le faux « témoignage de ce misérable. » (1) Ce qui nous frappe surtout dans ces lignes, c'est le peu de ménagements que le prédicateur se croit obligé de montrer envers ses auditeurs ; il ne sent aucune contrainte, aucun besoin d'adoucir sa pensée, de

(1) Sermon *Sur l'Aumône*. I<sup>re</sup> partie.

voiler ce qu'il peut y avoir de choquant et de difforme dans l'objet qu'elle nous rappelle. C'est bien la *prostitution d'une fille*, la *friponnerie d'un malheureux*, le *parjure d'un misérable*, qu'il évoque pour porter ses auditeurs à la commisération. Massillon sera plus réservé, plus discret, plus voilé. Nous aurons la pensée enveloppée dans des termes généraux et abstraits, dont la force même sera diminuée par tout un appareil d'épithètes inutiles, musique agréable qui frappe harmonieusement l'oreille, mais qui empêche la pensée d'arriver saisissante jusqu'à notre esprit. « Quelle sera l'extrémité d'une populace « obscure, réduite peut-être comme cette mère infortunée, non « à se nourrir du sang de son enfant, mais à faire de son « innocence et de son âme le prix funeste de sa nécessité. » (1) On veut dire la chose, mais on recule devant le mot : nous arrivons à l'époque où Buffon conseillera l'emploi des termes généraux ; on redoute une lumière trop vive et trop crue. Le XVIII<sup>e</sup> siècle a des raffinements et des délicatesses que le XVII<sup>e</sup> ne connaissait pas ; on n'ose pas lui parler de prostitution, de friponnerie, de misérables ; on lui parlera donc « d'une « populace obscure, de l'innocence qui devient le prix funeste de « la nécessité. » Il faudrait applaudir à cette réserve, s'il était vrai que la politesse des manières fût la preuve évidente des délicatesses de l'âme et de l'austérité des mœurs.

On a vu plus haut (2) avec quelle âpreté de langage Fromentières combat les prétextes des roturiers parvenus, qui prétendent se dispenser de l'aumône pour mieux soutenir leur condition. Veut-on savoir ce que la même idée devient sur les lèvres de Massillon ? N'attendez pas que le brillant orateur offense par des vérités trop cruelles à entendre, les oreilles de ceux qui l'écoutent : il sait trop bien les ménagements que demande son auditoire. En passant par sa bouche, l'énergique apostrophe de Fromentières devient un gracieux tableau, qui nous remet sous

(1) Sermon *Sur l'aumône.* I<sup>re</sup> part.
(2) Page 183.

les yeux la manière de vivre des ancêtres du roturier parvenu :
« les festins étaient des repas de sobriété et de charité...
« n'ayant point ici-bas de cité permanente, ils ne s'épuisaient
« pas pour y faire des établissements brillants, pour illustrer
« leur nom, pour élever leur postérité et anoblir leur obscurité et
« leur roture ; ils ne pensaient qu'à s'assurer une meilleure
« condition dans la patrie céleste ; et... aujourd'hui, nul n'est
« content de son état, chacun veut monter plus haut que ses
« ancêtres, et leur patrimoine n'est employé qu'à acheter des
« titres et des dignités, qui puissent faire oublier leur nom et la
« bassesse de leur origine. » (1)

Enfin il est une autre différence, plus grave celle-ci et
toute à l'honneur de Fromentières. La doctrine de Massillon est
vague parfois, flottante, peu sûre même, en certains endroits.
On connait son sermon *Sur le mauvais riche*. Procédant par
élimination, Massillon se demande quel a donc été le crime de
ce mauvais riche, et il arrive à cette conclusion que cet homme
« essentiel sur la probité, réglé dans ses mœurs, vivant sans
« reproche, et selon que le monde veut qu'on vive quand on a
« du bien... un de ces hommes que le siècle loue, que la voix
« publique exalte, qu'on propose pour modèles et que la piété
« elle-même n'oserait condamner » (2) n'a commis d'autre crime
que celui d'être riche. Or je ne puis admettre une pareille
conclusion : je demande donc à Fromentières ce qu'il en pense
et il me répond : « que la condition des riches est indifférente
« par elle-même... Quelque indifférente qu'elle soit de sa nature,
« elle est souvent une cause de réprobation, par rapport aux
« péchés qui ordinairement sont inséparables des richesses. » (3)
Cette fois j'en crois l'orateur, parce que le bon sens, qui se refuse
à croire que la richesse soit criminelle par elle-même, comprend
qu'elle est pourtant ou la cause ou l'occasion de bien des

(1) Massillon. Sermon *Sur l'aumône*.
(2) *Sur le mauvais riche*. I<sup>re</sup> partie.
(3) *Des péchés des riches*. Exorde.

crimes. Ce n'est pas le seul point sur lequel on pourrait trouver en défaut la théologie de Massillon : dans son œuvre oratoire, qui est assez étendue, il est plus d'une affirmation dont il serait facile de relever l'exagération et l'inexatitude. (1) C'est qu'à l'inverse de Fromentières, il se préoccupe assez peu d'appuyer sa doctrine sur la théologie. Les sujets dogmatiques ne semblent pas convenir à son tempérament. Il aime mieux expliquer, développer, commenter la morale. Mais la morale avec lui se sécularise : au lieu de l'appuyer comme les prédicateurs du XVII° siècle sur l'autorité de l'Ecriture Sainte et de la Tradition, il lui donne ce qu'au XVII° siècle elle n'avait pas, cet air de philosophie mondaine qui lui convient dans une chaire d'académie, non pas dans une église, « dans l'école d'Athènes aussi bien que dans la « chapelle de Versailles. » (2) Les textes tirés de l'Ecriture Sainte y sont assez rares, et quand ils se mêlent à la trame du discours, on sent bien qu'ils n'y sont qu'à titre d'ornements et pour donner au sermon les dehors chrétiens : ils y sont parce qu'il convient qu'ils y soient. Le sermon *Sur l'Aumône* en fournit la preuve. On peut voir comment Massillon établit la nécessité de l'aumône, comment il en règle les convenances : ce sont des raisons de sentiment, d'intérêt, « le code de la bienfaisance et de l'humanité pour les grands. » (3) Mais par là même, Massillon affaiblit la portée de son enseignement ; car, tant qu'il s'en tient aux considérations humaines, le prédicateur court le risque de manquer de motifs suffisants pour toucher le cœur : « sans l'autorité de la doctrine, dit Nisard, « un sermon n'est qu'une leçon de morale sur le ton de « l'homélie. » (4) Il faut aux âmes communes, qui sont l'immense

(1) F. Brunetière, *Revue des Deux Mondes*. 1ᵉʳ janvier 1881. *L'Eloquence de Massillon*.

(2) *Ibid*.

(3) Thomas. *Eloge de Massillon*.

(4) D. Nisard : *Histoire de la littérature française*. IIᵐᵉ édit. Tom. IV. Chap. VII, page 265.

majorité, d'autres stimulants que ceux de la morale, aimée pour elle-même. En la dépouillant de ses motifs divins, Massillon affaiblit la morale. Ce n'est pas tout : si la chaire avec lui ne perd rien de son éloquence, elle perd de sa sainteté. Le temps n'est pas éloigné, où les prédicateurs traiteront dans la chaire des sujets qui n'ont rien de commun avec le Christianisme. (1) Sans qu'il s'en doutât, Massillon n'a pas peu contribué à lancer la prédication dans cette voie. C'est dans la voie toute opposée que nous avons trouvé Fromentières.

-----

(1) « On prêchait alors, je m'en souviens avec douleur, sur les petites « vertus, sur le demi-chrétien, sur le luxe, sur l'honneur, sur l'égoïsme, « sur l'antipathie, sur l'amitié, sur l'amour paternel, sur la société « conjugale, sur la pudeur, sur les vertus sociales, sur la compassion, « sur les vertus domestiques, sur dispensation des bienfaits etc. etc. enfin « sur la *sainte Agriculture*... Maury. *Essai sur l'Eloquence*. Chap. **XXIV** « page 82. »

# FROMENTIÈRES MORALISTE



I

On l'a remarqué et répété souvent : il n'est pas de prédicateur qui, par son ministère, ne soit forcément doublé d'un moraliste parce que, en chaire, tout se réduit à parler ou de Dieu ou de l'homme, et que pour parler de l'homme la première condition est de le connaître.

On a dit aussi que par le ministère qu'il exerce au confessionnal, le prêtre a des moyens d'information très puissants, qui le mettent en mesure de pénétrer les plus intimes secrets de notre nature : c'est là que les actions se dévoilent, que les mobiles se découvrent, que les vertus apparentes s'évanouissent comme de pâles ombres, pour nous révéler les vices cachés qu'elles recouvraient ; c'est là qu'on sonde les plaies vives de l'âme, qu'on étudie les troubles profonds que la déchéance originelle y a produits. Tout cela a été dit. Mais il est une considération sur laquelle on n'insiste pas assez, quand on veut expliquer pourquoi les prédicateurs furent généralement éclairés d'une lumière si vive à l'égard de l'âme humaine, et l'on ne tient pas assez compte de l'étude méditée qu'ils ont faite d'eux-mêmes, par la pratique religieusement quotidienne de l'ascétisme chrétien. On ne saurait dire à quel degré de profondeur cette pratique peut nous faire descendre dans l'étude de l'homme, et de quelles lumières elle peut nous envelopper. Il y a dans l'Ecriture Sainte des livres moraux d'une profondeur étonnante, et qui en disent plus long que les *Pensées* de Pascal et les *Maximes* de la Rochefoucauld. Il y a dans ces livres, pour l'homme qui sait s'isoler des bruits du dehors et s'absorber dans la méditation d'une pensée profonde, des mots suggestifs, d'une portée fort étendue, qui fournissent à l'âme qui réfléchit une riche matière à considérations morales, et illuminent au regard de son intelligence les profondes perspectives que présente la nature de l'homme.

Or il y a eu des hommes qui ont passé une grande partie de leur vie à prier, et à méditer la substance cachée dans les divines Ecritures. C'étaient souvent, en même temps que des saints, des hommes d'un esprit vaste et d'un génie profond, un saint Augustin ou un saint Bernard. De leurs méditations sont quelquefois sorties des œuvres mystiques d'une merveilleuse pénétration, où l'on trouve des aperçus, aussi riches que variés, sur la nature de l'homme et sur ses penchants. (1) D'autres sont venus, qui ont lu ces méditations et qui les ont méditées à leur tour. C'est à pareille école que s'est formé l'auteur inconnu de cet admirable poème qui s'appelle : l'*Imitation de Jésus-Christ*. C'est l'œuvre d'un ascète, d'un mystique qui fera école à son tour. De pareils livres ne sont pas rares entre les mains des prédicateurs ; et pour mieux juger quel utile secours ils peuvent fournir à ceux qui veulent apprendre à se connaître et à connaître les autres, qu'on étudie un cas particulier. Voici Bourdaloue debout à quatre heures du matin dans la maison professe de Saint-Louis, au faubourg Saint-Antoine. Dans le silence recueilli qui règne au dehors, aussi bien qu'au dedans de sa cellule, il livre sa belle intelligence reposée par le sommeil de la nuit à la tranquille méditation des *Exercices spirituels* de son illustre fondateur. Il applique en ce moment à l'étude de son âme toutes les forces vives de son intelligence et s'étudie sincèrement, parce qu'il s'étudie librement, sous le regard de son Dieu : car Bourdaloue n'ignore pas que toute l'économie de la vie chrétienne consiste à se connaître soi-même, pour se perfectionner et pour se vaincre. A cette lumière divine plutôt qu'humaine, mais humaine encore, puisqu'elle se produit par l'effort de l'intelligence, il voit clair dans son intérieur ; il y découvre « ces monstres d'impiété « et d'orgueil » comme parle Bossuet, il y voit en germe la racine de toutes les vertus et de tous les vices, puisque il y a de tous les hommes dans chaque homme. Cet exercice a duré une heure, et il s'est répété tous les jours. On peut affirmer hardiment que Bourdaloue en a plus appris dans cette étude recueillie de lui-même, que dans les longues séances qu'il a pu tenir au confessionnal. Outre qu'au confessionnal l'exposé des faits tient plus de place que l'étude approfondie des mobiles secrets et des

« (1) Les Pères de l'Eglise restent les princes des psychologues et « des moralistes, malgré le fatras microscopique de notre science « actuelle. » P. Bourget, *Sensations d'Italie*. Paris. Lemerre 1891, p. 337.

causes cachées, il faut ajouter que celle-ci suppose de la part du confesseur une connaissance étendue de l'âme, l'habileté à découvrir ses misères et à mettre au jour ses secrets. Cette connaissance, la pratique du confessionnal et l'étude du monde peuvent bien l'étendre, mais d'abord elles la supposent ou pour mieux dire l'exigent. Avant d'étudier « le grand livre du monde », Descartes a interrogé sa conscience. Ainsi fait le moraliste : il s'étudie avant d'étudier les autres : il analyse d'abord, généralise après, d'autant plus pénétrant, d'autant mieux informé sur la nature de l'homme qu'il se connait mieux. Et peut-être les hommes qui, au XVII° siècle, ont le plus connu l'homme et le plus finement analysé son âme, ce ne sont ni Pascal ni La Rochefoucauld, ni La Bruyère, pas même Nicole avec « la « lanterne » dont parle M^me de Sévigné ; ce n'est pas le P. Sénault, quoiqu'il ait doctement écrit sur l'*Usage des Passions ;* ce n'est pas même Bossuet : ce sont saint François de Sales et saint Vincent de Paul. Les lettres du premier, les entretiens du second forment une mine inépuisable pour la science de l'âme.

Ce qui est vrai de Bourdaloue l'est aussi, dans une moindre mesure sans doute, de Fromentières. Nous le savons par les recommandations que l'abbé du Jard faisait un jour au clergé de Paris, auquel il conseillait de se réserver tous les jours une heure pour l'oraison et la contemplation : Par l'oraison « vous « vous élèverez à Dieu... par la contemplation vous jetterez sans « cesse les yeux sur vous. » (1) Jeter sans cesse les yeux sur soi ! C'est bien là le « connais-toi toi-même, » principe de toute connaissance et de toute observation morale. Habitué à se considérer et à s'étudier lui-même, il devait arriver fatalement à porter autour de lui ses habitudes d'observation et de réflexion, à étudier le monde en même temps que lui-même, et à juger les hommes de son temps, les mœurs de son siècle. Ce qu'il vit autour de lui, le coup d'œil qu'il jeta sur la société qui l'environnait et les impressions qu'il en ressentit, prirent souvent une forme assez originale pour mériter d'être signalés.

(1) *Discours prononcé devant une Assemblée d'ecclésiastiques.* I^re part.

Eclairé par sa raison aussi bien que par sa foi, Fromentières arrive aux mêmes conclusions que Pascal, et, s'il n'a pas connu les *Pensées* de l'apologiste chrétien, il a tout au moins le mérite de nous en rappeler le souvenir : « Premièrement, si l'homme se « considère en lui-même, que d'infirmités dans son corps ! que « d'ignorance dans son esprit ! il n'y a rien de plus honteux que « sa conception et sa naissance, rien de plus imbécile ni de « plus stupide que son enfance, rien de plus téméraire ni de « plus emporté que sa jeunesse, rien de plus inquiet ni de plus « ambitieux que sa virilité, rien de plus méprisable ni de plus « accablé de douleurs et de maladies que sa vieillesse. » (1) On n'attendait plus que l'énergique conclusion du philosophe : « Si « on le vante, je l'abaisse. » Ici le prédicateur condense, en quelques lignes, la matière que Pascal développe avec ampleur et avec une amère éloquence. L'un présente en quelques traits courts, mais pris sur le vif, le tableau des misères de l'homme, l'autre en fait l'impitoyable analyse, et n'oublie rien de ce qui peut nous rabaisser à nos propres yeux.

Pascal n'a pas craint d'envisager la majesté royale, qui représente aux yeux des hommes la plus grande somme de bonheur, avec la plus grande somme de jouissances, et il estime que le roi « est misérable, tout roi qu'il est, s'il y pense... aussi « ne manque-t-il jamais d'y avoir, auprès des rois, un grand « nombre de gens qui veillent à faire succéder le divertissement « à leurs affaires. » (2) Cette pensée sur les grandeurs et les servitudes royales, ne vous semble-t-elle pas trouver son magnifique commentaire et sa démonstration éloquente, dans cette page de notre prédicateur ? « N'est-il pas vrai que, s'il y a « quelques personnes au monde dont le bonheur paraisse « consommé, ce doivent être les rois, que tout le monde regarde « encore avec plus d'envie que de respect ? Et cependant, sans « parler de leurs peines et de leurs disgrâces dans la conduite

(1) Sermon *Sur les avantages de la mort.* I<sup>re</sup> partie.
(2) *Pensées.* Edit. Havet. Art. II et III.

« de leurs Etats, il est certain que tout cet éclat, qui les
« environne et qui vous éblouit, ne défend pas leur propre
« personne de la misère : *semper spina proxima est*. Dans
« l'enceinte de ces balustres d'argent, dessous ces dais et dans
« ces lits brodés d'or et de perles, il semble qu'on ne saurait
« jamais être malade et qu'on n'y devrait faire que d'agréables
« songes ; et c'est là néanmoins que les plus honteuses maladies
« ont souvent attaqué les rois, et ont triomphé de leur orgueil.
« C'est là que les nuits paraissent quelquefois pleines de
« fantômes et de spectres, où les remords cuisants viennent
« agiter une conscience effrayée, et faire des reproches à celui
« qui n'a ouï tout le jour que des acclamations et des louanges. »(1)
Et Pascal aussi bien que Fromentières ne sont ici que l'écho de
la plainte immortelle de Salomon, malheureux lui aussi, tout roi
qu'il était : « J'ai parcouru tout ce qui se trouve sous le soleil, et
« j'ai vu que tout était vanité. »

Fromentières commente et développe Pascal, quand celui-ci
déclare que « notre propre intérêt est encore un merveilleux
« instrument pour nous crever les yeux agréablement. » (2) Voici
comment s'exprime le prédicateur après le philosophe : « Il est
« étrange que chaque homme se fasse ordinairement une morale
« conforme à l'inclination perverse qui le domine. Un peintre
« donnait autrefois à toutes les divinités la ressemblance du
« visage qu'il aimait, et aujourd'hui, un chacun se forme une
« idée de son attachement sur son inclination déréglée. Un
« avare tourne tout du côté de ses intérêts, un ambitieux du
« côté de ses honneurs, un impudique du côté de ses plaisirs,
« et de la malheureuse idole qu'il adore. En un mot, chacun se
« fait aujourd'hui une morale au goût de ses passions, et, comme
« dit saint Hilaire, il se trouve dans le monde autant de
« doctrines que de mœurs. » (3) A côté de l'intérêt qui nous

(1) Sermon *Sur les avantages de la Mort*. I<sup>re</sup> part.
(2) *Pensées*. Edit. Havet. Art. III.
(3) Sermon *Pour le jour de Pentecôte*. II<sup>me</sup> part.

aveugle, il a remarqué au fond de notre âme ce penchant secret à la flatterie, qui triomphe de toutes nos résistances, nous séduit et nous subjugue par la douceur et le charme avec lesquels elle glisse jusqu'au fond de notre âme. La conscience a beau protester au dedans ; au dehors on ne proteste contre la flatterie que pour la forme, s'il est vrai pourtant qu'on proteste, et que la flatterie ne nous paraisse pas un juste hommage rendu à nos mérites : « Quand on a exagéré le peu de bien que vous faisiez, « et qu'on a excessivement loué quelques-unes de ces qualités « médiocres que vous voulez bien qui paraissent, n'est-il pas « vrai, qu'au lieu de vous renfermer dans les bornes de la « modestie chrétienne, vous avez oublié tout d'un coup vos « faiblesses, et cru être effectivement autre que vous n'aviez « pensé ? N'avez-vous pas dit secrètement en vous-même, qu'il « fallait que votre voisin vous connût mieux que vous ne vous « connaissiez, et, en rejetant au dehors ces louanges, ne les « avez-vous pas recueillies par une funeste et ridicule com- « plaisance ? » (1) Ce n'est pas la seule fois que le prédicateur observe et dépeint le charme secret de la flatterie, né de « l'antipathie qu'on a pour la vérité. »

## II

Si par quelques-unes de ses observations morales Fromentières nous rappelle Pascal, il en est d'autres par lesquelles il nous fait penser à La Bruyère. Quoi d'étonnant d'ailleurs ? Les moralistes travaillant sur la même matière se rencontrent, alors même qu'ils ne se sont pas concertés ? En jetant ses regards autour de lui, sur la société dont il était environné, il est arrivé à Fromentières de remarquer ces personnages ambitieux, si nombreux à cette époque dans la classe des parvenus : « Voyez-vous cet homme

(1) Sermon *Contre les flatteurs*. I^re part.

« infiniment élevé au-dessus de ce qu'il est et de ce qu'il mérite.
« C'est la chimère de son siècle ; jamais caprice de la fortune n'a
« été si loin. Cependant, demandez-lui s'il est satisfait : ou il ne
« vous répondra pas sincèrement, ou il vous répondra qu'il n'en
« a pas encore assez. Il a fait entrer les plus belles charges de l'Etat
« dans sa maison ; emplois, gouvernements, il a chez lui de quoi
« élever et enrichir dix familles : avec tout cela il n'est pas
« content. On ne fait point de grâces aux autres qu'il ne
« s'imagine qu'on les lui dérobe ; quoique étant sorti de la boue,
« il ne soit à bien dire parent de personne, il veut être héritier
« de tout le monde. » (1) C'est avec un même sentiment
d'indignation et de mépris pour d'aussi tristes personnages, que
La Bruyère a parlé de ces « âmes sales, pétries de boue et
« d'ordure, éprises du gain et de l'intérêt, comme les belles âmes
« le sont de la gloire et de la vertu ; capables d'une seule volupté
« qui est celle d'acquérir ou de ne point perdre. » (2) De toutes
les ambitions, celle d'entasser sans repos, d'accumuler les gains
et les héritages est la plus détestable et la plus dangereuse.
Elle avilit et dégrade celui qui en est possédé, parce qu'elle
dessèche en lui le cœur, principe de toute affection humaine et
de tout noble sentiment. « Un bon financier ne pleure ni ses
« amis, ni sa femme, ni ses enfants » dit La Bruyère. A l'époque
où nous ramènent le moraliste et le prédicateur, de pareils
hommes étaient un malheur et un péril publics. Les traitants, un
moment ébranlés par le coup de foudre qui avait terrassé
Fouquet, ne tardèrent pas à relever la tête. Absorbé par les
soins multiples de son ministère, Colbert, malgré son application
à surveiller les finances, ne put réprimer tous les abus et mettre
fin à tous les scandales. Les partisans, plus discrets peut-être,
mais non moins âpres au gain, échappèrent à sa vigilance.
En 1680, ils encombraient la capitale de leur luxe insolent et

(1) Sermon *Sur l'Ambition*. II⁰ part.
(2) *Caractères*. Ch. VI : *Des biens de la fortune*.

tapageur, de leur fortune bruyante. (1) L'or qui remplissait leurs caisses leur donnait toutes les audaces. Parvenus à la fortune, ils visaient à prendre rang dans la noblesse pour y noyer leur roture. Les occasions ne leur manquaient pas ; car, si les financiers avides s'enrichissaient, il ne se rencontrait pas mal de nobles qui se ruinaient au jeu, à la Cour, à l'armée, ou ailleurs. M. Jourdain ne veut pour gendre qu'un gentilhomme. Il sait « que le besoin d'argent a réconcilié la noblesse et la « roture ; » (2) il a vu le duc de Brancas, l'étonnant Ménalque, épouser M^{lle} Garnier, fille d'un riche partisan ; il sait que le maréchal de Lorges a épousé la fille du financier Frémont, et le duc de Brissac, celle du charretier enrichi, Gilles Ruellan ; on lui a dit que le marquis de Grignan n'a voulu donner pour femme à son fils que la fille d'un fermier général, pour la bonne raison « qu'il fallait de temps en temps du fumier pour « fumer les meilleures terres. » (3) « Les millions sont de bonne « maison » disait avec sa grâce habituelle Madame de Sévigné. Or ce n'était pas l'avis du philosophe moraliste qui vivait à Chantilly : il savait très bien ce que le plus souvent il y avait au fond de l'âme d'un traitant ; « de telles gens ne sont ni parents, ni amis, « ni citoyens, ni chrétiens, ni peut-être des hommes, ils ont de « l'argent. » (4) Quant au moraliste prédicateur, il poursuit les adorateurs du veau d'or d'invectives plus sanglantes encore, et, s'il est possible, va plus loin que le philosophe, quand il déclare que de telles gens ne diffèrent pas des bêtes. Il faut citer ses paroles : « Que pensez-vous même de ce riche que je viens « de vous faire voir, qui demeure dans un palais autant ou plus

(1) Cf. Vauban. *Dîme Royale.* Ch. V. p. 113. Ch. XI. p. 144.
(2) La Bruyère. *Caractères.* Ch. XIV. page 193. *De quelques usages.*
Boileau a constaté le fait :
    Alors le noble altier pressé de l'indigence
    Humblement du faquin rechercha l'alliance.   Sat. V.
(3) Bertin : *Les mariages sous l'ancienne monarchie française.*
(4) Qui ne sait l'histoire du traitant La Touanne, « ce pâtre enrichi du « péage de nos rivières ? » Acquéreur du château de Saint-Maur, bâti au siècle précédent par Catherine de Médicis, il y dépensa 700.000 fr., pour « l'embellir et le rendre plus digne de lui et de sa fortune. »

« magnifique qu'un temple, dont la personne est environnée de
« tout ce que l'art et la nature fournissent de plus brillant, au
« milieu d'une troupe de domestiques, destinés comme autant
« de ministres au service de cette divinité ? Vos yeux ne sont
« guère pénétrants, si au travers de tant de dorures et de
« somptuosités vous ne découvrez une âme de bouc ou de serpent,
« une nature toute ensevelie dans la matière, qui n'a plus de
« raison que pour satisfaire ses sens et qui, se laissant emporter
« à la gourmandise, à l'impureté, à la volupté la plus infâme, ne
« diffère presque plus en rien des bêtes. »

Si La Bruyère, exceptionnellement placé à Chantilly « dans
« sa loge de coin », comme dit Sainte-Beuve, charge chaque jour
ses tablettes de nouvelles observations, on voit qu'il en est
d'autres à côté de lui qui ne restent pas indifférents au spectacle
que la société du temps étale à leurs regards. Au fur et à mesure
que les divers acteurs qui jouent un rôle dans cette société
défilent sous leurs yeux, ils notent leurs traits et prennent leur
physionomie. Les prédicateurs sont au premier rang de ces
spectateurs, ou plutôt de ces observateurs ; ils apportent ensuite
dans la chaire les portraits des personnages qui ont passé sous
leurs regards.

C'est vers le milieu du XVII⁰ siècle que la mode des portraits
se répandit en France. On jouait aux portraits dans les salons
où Célimène amusait ses visiteurs par sa facilité à « découdre
« les gens » ; les auteurs de *Mémoires* en ont semé leurs récits ;
les romans de Mademoiselle de Scudéry en sont pleins : c'est
même par là que s'explique la vogue dont ils jouirent. La mode
passa des salons dans les églises, et les prédicateurs, souvent,
rivalisèrent avec les romanciers. C'était de leur part un
redoublement d'application pour être exacts et fidèles dans leurs
peintures ; c'était de la part des auditeurs un redoublement de
curiosité, d'attention et de plaisir. La piété seule n'y trouvait
pas son compte ; le but pratique de la prédication était sacrifié :

> Souvent par cent portraits placés à l'aventure,
> Le sermon n'offre aux yeux qu'une vague peinture (1)

(1) *Art de prêcher.* Ch. III.

et la morale ne doit pas être vague, sous peine de n'être plus. Il n'est pas impossible, de temps à autre, de rencontrer dans les sermons de Fromentières un essai de peinture morale, une esquisse légère de portrait, à la manière de La Bruyère. Nous en avons la preuve dans ce qu'il dit plus haut des riches parvenus. Il serait facile de montrer, par d'autres passages, que Fromentières ne dédaigne pas d'égayer, de temps à autre, l'austérité de son sujet par quelque court tableau, où l'ironie, le trait mordant, le tour rapide tranchent sur la gravité familière au prédicateur : « Le monde n'a pas toujours couru après « ceux qui l'ont quitté... Celui qui a assez de bonheur ou de « courage pour abandonner sa famille, peut en quelque manière « s'assurer qu'on aura bientôt beaucoup d'indifférence pour son « éloignement. Des frères intéressés répandent d'abord quelques « larmes par hypocrisie ou par pitié ; mais elles se tarissent « quelquefois dans le même moment ; ravis de recueillir « une plus riche succession que leur frère leur abandonne par « sa retraite, ils se font un scrupule de traverser sa vocation et « encore plus de l'aller persécuter dans son exil. » (1) Mais que le ton de ses peintures soit âpre, indigné, éloquent, ou légèrement ironique, Fromentières ne peint jamais pour le plaisir de peindre, pour amuser ses auditeurs : il avait la prédication en trop haute estime, il y apportait des idées trop élevées, des préoccupations trop graves pour en compromettre le succès, en cédant aux caprices de la mode. Toutes les peintures morales ont un caractère assez général pour convenir à des catégories entières, et défier les efforts de ceux qui s'obstineraient à y découvrir un portrait. Fromentières, par la date de ses prédications, appartient à l'époque où la manie des portraits n'était pas encore devenue un abus dans la chaire. On sait que cet abus ne se produisit qu'après l'apparition de

---

(1) 2ᵐᵉ *Panégyrique de saint Thomas,* 1ʳᵒ part.

Bourdaloue : (1) or la prédication de Fromentières se place presque tout entière avant Bourdaloue.

III

Si les riches et les traitants, « ces voleurs publics », ont été maltraités à plusieurs reprises par Fromentières, il faut bien dire que les femmes n'ont guère été ménagées par lui. On sait avec quelle verve les auteurs de fabliaux les ont autrefois poursuivies. Le *Roman de la Rose* et les *Contes* du moyen-âge sont plein des railleries malicieuses, où se plaisait, à l'adresse des femmes, la verve gauloise de nos pères. Avec plus de sérieux dans le fond et plus de tenue dans la forme, les moralistes du XVII<sup>e</sup> siècle ne les ont pas non plus épargnées. La Bruyère leur consacre tout un chapitre de ses *Caractères*, et ne les exclut pas des autres. Les écrivains leur font la leçon avec d'autant moins de ménagement, que, dans le commerce ordinaire de la vie, la politesse et les convenances sociales assurent aux femmes plus de respect et plus d'égards : on dirait une revanche des droits de la vérité. Il ne faut donc pas trop s'étonner que, de tout temps, les moralistes chrétiens aient été sévères pour elles, soit dans leurs écrits, soit dans la chaire. Ils n'ont pas oublié le rôle de la femme à l'origine de l'humanité, et la part qu'elle a dans la chute de l'homme leur a paru d'une vérité toujours ancienne et en même temps toujours nouvelle : « c'est par elle, dit un poète « chrétien du V<sup>e</sup> siècle, que tous nos biens ont été perdus, par « elle que la mort a été produite ; à peine séduite, elle séduit à

---

(1) C'est du moins ce que Boileau insinue dans sa dixième satire :
> Nouveau prédicateur aujourd'hui, je l'avoue,
> Ecolier ou plutôt singe de Bourdaloue,
> Je me plais à remplir mes sermons de portraits.

Mais cette imitation de Bourdaloue ne portait pas bonheur. « Tous « les prédicateurs qui l'ont voulu copier, disait M<sup>me</sup> de Termes, n'ont fait « que des marmousets. » *Menagiana* tome II, 228.

« son tour... non, quand j'aurais cent langues et cent voix, je ne
« saurais dire assez combien est funeste la beauté de la femme.»(1)
Et ce cri n'est guère que l'écho d'une tradition ininterrompue
dans les livres de morale chrétienne. Les prédicateurs du XVII<sup>e</sup>
siècle ne feront pas exception. Nous verrons, d'ailleurs, que leurs
plaintes n'étaient que trop souvent justifiées.

Sans doute le XVII<sup>e</sup> siècle donna naissance à d'honorables
tentatives pour élever à la dignité qui leur convenait les femmes
des hautes classes. Le salon de Mme de Rambouillet ne fut pas
seulement une protestation contre le sans-gêne de l'âge précédent ;
il fut encore un retour à la réserve, à la tenue, qui ajoutent aux
charmes de la femme en les rendant plus délicats et plus purs.
Les femmes d'ailleurs, comme les hommes, subirent l'influence
des idées qui, lentement, dès le commencement du grand siècle,
préparèrent la grandeur du règne de Louis XIV. On verra,
cependant, celles qui portent un grand nom et sont de noble
race, se mêler avec éclat aux luttes civiles et politiques. Quant à
celles qui tiennent à la bourgeoisie, ou sortent à peine de la
roture, si elles n'ont pas qualité pour fronder la royauté et
insulter Mazarin, sont-elles sans reproche ? Pour une marquise
de Rambouillet qui entreprend de travailler à la politesse des
mœurs et du langage, que de Célimènes qui ouvraient leur
salon dans un tout autre dessein ! La fadeur sentimentale des
romans à la mode descendit bien vite, vers le milieu du siècle,
des régions de la métaphysique romanesque, et changea de
nature, en passant dans la pratique de la vie et la réalité des
faits. Un roi, dans l'enivrement de sa fortune et de sa jeunesse,
donnait le signal et marquait le pas ; autour de lui gravitait une
noblesse qui marchait à son allure et suivait ses exemples
faciles. La ville trop souvent imitait la Cour. Ainsi vont les
choses de la vie humaine dans leur éternel recommencement de
grandeurs et de petitesses, de montées et de descentes.

(1) *Commonitorium* sancti Orientii. Ch. I. Vers 339-340. 387-388.

Les femmes, dans un pareil milieu, dans une atmosphère aussi surchauffée par l'appât de toutes les convoitises, risquent d'oublier que la sauvegarde de leurs vertus est dans la religion sincèrement pratiquée. On les remarque autour des tables de jeu. Un jour la douce Marie-Thérèse perdit « la messe et vingt mille écus. » (1) L'aimable princesse de Conti, d'un jansénisme si austère, gagnait, un jour, à Daniel de Cosnac mille pistoles, dont elle exigeait sur l'heure le paiement. (2) Le marquis de Trichâteau, correspondant de Bussy-Rabutin, lui annonçait que dans une seule nuit la marquise de Montespan avait perdu et regagné cinq millions. (3) On en vit plus d'une risquer, « quelquefois en un seul coup, la fortune de ses enfants et « l'héritage de ses ancêtres. » (4) Aussi, dans l'*Avare* de Molière, Frosine n'avait pas tout à fait tort de mettre au nombre des qualités de Mariane, qu'elle n'aimait pas le jeu, chose rare à cette époque. (5) D'autres s'adonnent à la boisson, et dans cette cour si polie, en apparence du moins, il y a des dames du plus haut rang, une marquise de Richelieu ou une duchesse de Berry qui se piquent d'une abominable émulation, tiennent tête à leurs maris et se font gloire de résister mieux qu'eux aux effets de l'ivresse. Quel opprobre, s'écrie Bourdaloue ! (6) Mlle

(1) *Lettre* de Mme de Sévigné à Mme de Grignan, 24 nov. 1675.
(2) *Mémoires* de Daniel de Cosnac T. I, p. 233-234.
(3) P. Clément : *La police sous Louis XIV*, Ch. III.
(4) Massillon : Sermon *Sur le mauvais riche*.
(5) « Elle a une aversion horrible pour le jeu, ce qui n'est pas « commun aux femmes d'aujourd'hui, et j'en sais une de nos quartiers « qui a perdu, à trente et quarante, vingt mille francs cette année. » Acte II, scène VI.
(6) « Que le sexe soit vain, qu'il soit jaloux d'un agrément périssable, « qu'il mette sa gloire à paraître et à briller ou par la richesse des « ornements dont il se pare, ou par l'éclat de la beauté que la nature lui « a donnée en partage, c'est une mondanité qu'on lui a reprochée dans « tous les temps ; mais que, par une corruption toute nouvelle, il en soit « venu à des intempérances qui lui étaient autrefois inconnues ; qu'il « affecte sur cela une prétendue force et qu'il s'en glorifie, c'est un abus « que l'iniquité des derniers âges a introduit parmi nous, et plaise au « ciel qu'il n'achève pas de bannir du christianisme toute vertu ! » *Dominicale*. VI° Dimanche après la Pentecôte, II° part.

d'Enghien, femme du duc de Vendôme, abusa des liqueurs fortes jusqu'à en mourir, (1) et la duchesse de Chartres, « dégoûtante créature, s'enivrait comme un sonneur, trois ou « quatre fois la semaine. » (2)

Il y avait aussi les femmes qui affichaient publiquement l'impiété ou le scandale, comme la Palatine, la duchesse de Bouillon, la comtesse de Soissons, de Polignac, du Roure, les duchesses de Vivonne, d'Angoulême, de Vitry ; d'autres qui donnèrent lieu à des soupçons par leurs airs faciles, d'autres sur qui pesèrent les accusations les plus graves, et dont la mémoire est liée aux empoisonnements de la Brinvilliers et aux dégoûtants sacrilèges de La Voisin. « Les femmes de ce temps me sont « insupportables, écrit Madame de Maintenon : leur habillement « insensé et immodeste, leur tabac, leur vin, leur gourmandise, « leur grossièreté, leur parure, tout cela est si opposé à mon goût « et, ce me semble, à la raison, que je ne puis le souffrir. » (3).

Voilà ce qu'il était nécessaire de faire connnaître, pour mieux comprendre les sévérités de Fromentières à l'égard des femmes. Comment, en présence de tels excès, aurait-il pu être tendre ? Et d'abord, il part de cette considération que la femme mondaine n'a de religion que l'apparence : « Cette femme engagée dans le « grand monde prie-t-elle Dieu ? Eh ! comment le ferait-elle ? « Dormir jusqu'à midi, se parer l'après-dînée, passer le reste du

(1) Saint-Simon, tome XI. p. 35.

(2) *Correspondance de la duchesse d'Orléans,* traduction Jaeglé. t. I, p. 138. 7 mars 1696.

« La grande mode est présentement que les dames s'enivrent « comme les hommes et fassent toutes sortes de choses ignobles. » *Corresp. de la duch. d'Orléans,* 1er fév, 1693... Le plaisir de boire n'allait pourtant pas sans celui de manger : « Le chapitre des pois, écrit « Mme de Maintenon, dure toujours ; l'impatience d'en manger, le plaisir « d'en avoir mangé et la joie d'en manger encore sont les trois points que « j'entends traiter depuis quatre jours. Il y a des dames qui, après avoir « soupé avec le roi, et bien soupé, trouvent des pois chez elles pour « manger avant de se coucher. *Corresp.* édit. Lavallée. 18 mai 1695.

(3) *Lettre* de Mme de Maintenon citée par P. Clément. *La police sous Louis XIV* Ch. VII. « Je ne puis souffrir que les dames prennent du « tabac, rien n'est plus contraire à mes goûts. » Duch. d'Orléans, 5 nov. 1701.

« jour au jeu, courir toute la nuit les assemblées, où trouvera-t-on
« en tout cela un seul moment pour la prière ? Si, dans les jours
« de fête, on prend un quart d'heure pour venir à l'église,
« (et Dieu sait encore ce que souvent on y vient faire,) on croit
« s'être bien mis dans son devoir, et qu'on a acquis le droit
« d'obtenir la santé, des biens, du bonheur, tout ce qui peut en
« un mot rendre la vie agréable. Allez, allez, malheureuses
« femmes, vous ne connaissez ni ce que c'est que la prière, ni le
« besoin que vous en avez : vous paraissez même incapables de
« de l'apprendre. » (1) En cet endroit, Fromentières ne fait que
signaler, dans une rapide parenthèse, un déplorable abus qui ne
pouvait échapper à son observation. Quoiqu'elles aient laissé de
côté la pratique sincère des exercices de la dévotion, il arrive
cependant aux femmes du monde d'affecter encore les dehors de
la piété. Elles vont à l'église, au sermon, sont de toutes les
confréries. Cette hypocrisie se remarque surtout dans les
milieux, où la pratique religieuse a une sorte de caractère
obligatoire : elle était inévitable à la cour de Louis XIV,
où la religion recevait du pouvoir une consécration officielle :
on suivait le roi dans sa chappelle, comme à Marly, pour y
faire sa cour. Rien ne le prouve mieux que le tour joué
aux courtisans faux dévots par le commandant des gardes,
Brissac. (2) Mais, si l'église est un lieu où l'on va faire sa cour,
quelle y sera la tenue des femmes qui n'y apportent aucun
sentiment de sincère piété ? Fromentières va nous le dire : « Quel
« peut être le dessein de cette femme qui entre dans l'église d'un
« air fastueux et plein d'arrogance ? dans un habillement
« également avantageux et magnifique, et, pour me servir de la
« comparaison de l'Ecriture, plus ornée que le temple même ?
« *Circumornata ut similitudo templi*. Que veulent dire ces
« regards libres et qui se tournent si facilement de toutes parts ?

(1) Sermon *Sur la prière*. Iʳᵉ partie.
(2) Saint-Simon, t. IV, p. 110, nous raconte cette amusante histoire.

« Que signifie entre autres ce choix particulier d'église, cette
« affectation d'une certaine heure ? Est-ce trop penser que de
« croire que cette créature veut s'attirer les yeux et l'attention
« de tous les assistants, et les dérober par conséquent à J.-C. et
« à ses mystères ? Est-ce juger témérairement de dire qu'elle
« veut effacer la présence de Dieu ? » (1) Dans sa foi de chrétien
et sa conscience d'honnête homme, La Bruyère s'indigne d'une
pareille hypocrisie, et s'exprime là-dessus avec une liberté de
langage que la chaire, malgré ses hardiesses, ne pouvait permettre
aux prédicateurs. « Quelques femmes donnent aux couvents et
« à leurs amants : galantes et bienfaitrices, elles ont jusque dans
« l'enceinte de l'autel des tribunes et des oratoires, où elles
« lisent des billets tendres et où personne ne voit qu'elles ne
« prient point Dieu. » (2)

Un jour cependant, le ton du prédicateur s'élèvera : l'indignation
et la douleur de voir les saints mystères profanés lui arracheront
des plaintes éloquentes, dans lesquelles on sent encore passer
l'amertume d'un cœur honnête, et l'accent d'une âme d'apôtre :
« J.-C. à cet autel nourrit les hommes de sa chair pour les rendre
« immortels, pour leur inspirer des sentiments de pureté, pour
« éteindre en eux les ardeurs de la concupiscence, et toi, tu
« viens ici avec un corps criminel, infecter les yeux, empoisonner
« les âmes et allumer dans tout un temple des feux plus
« détestables que ceux de l'enfer ! Quel attentat ! Opposer une
« chair impure à la chair toute sainte et toute immaculée de
« l'agneau, détruire par un amour infâme la charité la plus
« parfaite d'un Dieu ! pendant qu'il sauve les hommes, vouloir
« les perdre, et, si nous en croyons saint Paul, mettre jusqu'aux
« anges en péril. Après cela, femmes du monde, êtes-vous
« chrétiennes ? Eh ! quel plus grand désordre pourriez-vous
« faire dans nos églises, si vous étiez païennes ! Si vous étiez
« chrétiennes, paraîtriez-vous ici dans un autre état que dans

(1) Sermon *Sur les irrévérences dans les églises*. I<sup>re</sup> partie.
(2) *Caractères*. Ch. IV *Des Femmes*. p. 91.

« un état d'humilité et de pénitence ? Il est aisé de juger par
« votre pompe extérieure, que ce n'est pas la religion qui vous
« y amène, et que tout votre dessein est d'y voir comme d'y être
« vues. » (1) On remarquera que c'est sur un ton bien différent
que le philosophe de Chantilly parle « des femmes qui vont
« à l'église; » l'amertume de l'honnête homme est à peine sensible
sous l'ironie dont il poursuit ces manèges hypocrites. Mais
l'âme de l'évêque rend un autre son : elle mesure le dommage
causé à la vertu des faibles, des « anges mêmes, » par ces
femmes, qui viennent dans les églises pour « y cajoler comme au
« bal... et rire comme à la comédie ; » elle s'afflige, et c'est avec
une sorte de découragement empreint d'amère tristesse qu'il
s'écrie : « Misérable femme, dont les regards, les paroles et les
« afféteries enlèvent plus d'âmes à J.-C. en un jour, que nous
« ne saurions lui en conserver pendant des carêmes entiers,
« jusqu'à quand seras-tu l'instrument des démons, et l'apôtre
« pour ainsi dire de l'enfer ? »

Pour bien comprendre combien était légitime l'indignation du
prédicateur, il faut se souvenir de quelles profanations,
autorisées par la mode, les églises étaient alors le théâtre :
« ce n'est pas seulement dans les maisons particulières, dans les
« bals, dans les ruelles, dans les promenades, que les femmes
« paraissent la gorge nue; il y en a qui, par une témérité
« effroyable, viennent insulter à J.-C. jusqu'aux pieds des

(1) Sermon *Sur les irrévérences dans les églises.* 1ʳᵉ part... Le P. Le
Jeune avait dit : « Les Josabeth de ce temps sont encore plus irréli-
« gieuses et plus injurieuses à Dieu... Les dames sont comme l'empereur
« Adrien et Pilate, qui mirent des idoles dans le temple et au milieu du
« sanctuaire... Vous mettez des idoles au milieu du temple, où tous les
« fidèles sont obligés de venir; vous leur donnez sujet d'offenser Dieu là
« où ils étaient venus pour l'apaiser ; de profaner sa maison, de souiller
« son sanctuaire, d'irriter sa colère, d'attirer son indignation... Vous
« êtes cause qu'au sacrifice de vérité on dit des mensonges ; vous
« démentez le prêtre qui tient la place de J.-C. et qui dit : *Sursum*
« *corda*, élevez vos cœurs à Dieu, vous dites : non, ne les élevez pas à
« Dieu, abaissez-les à une vile créature. Appliquez vos cœurs à me
« regarder et à m'aimer. » Sermon *Sur le péché le plus ordinaire aux
femmes.*

« autels. » (1) En 1683, ce désordre était si commun, que le
pape Innocent XI, fulminait la peine d'excommunication contre
les femmes qui paraîtraient dans les églises avec des toilettes
inconvenantes. Il ne faut donc pas s'étonner, si Fromentières
est si dur pour une pareille coutume, et s'il va jusqu'à dire aux
femmes qui l'écoutent qu'elles ajoutent à la passion de J.-C.
« Mais vous, Mesdames, qui par vos infâmes et scandaleuses
« nudités causez tant de désordres dans le Christianisme, et
« tant d'ignominies à J.-C, n'est-ce pas vous qui le frappez, et
« n'est-ce pas de vous qu'on peut dire avec le roi prophète, que
« vous ajoutez douleur sur douleur pour le maltraiter davan-
« tage ? » (2) Ce n'est pas ici le lieu d'établir une casuistique sur
un point de morale, assez délicat d'ailleurs, et d'une solution
assez embarrassante. Le monde a ses usages depuis longtemps
établis, que la coutume autorise, que l'habitude protège et
défend peut-être des abus pour lesquels la morale est prête à
s'alarmer. Cependant, « les toilettes et les modes des femmes,
« ce signe rarement trompeur de l'état des mœurs publiques,
« n'étaient point faites pour rassurer le prédicateur. L'appareil
« provoquant du costume, le surcroît de la parure joint à
« l'insuffisance du vêtement, révélaient chez les femmes un désir
« immodéré de plaire et de séduire. » (3) Aussi tous les
prédicateurs s'élevèrent-ils contre cette coutume. Et quand ce
désir immodéré de plaire et de séduire s'affirmait jusque dans
les églises, comment trouver mauvais que Fromentières ait fait
éclater son idignation ?

A côté de ces femmes que la vie mondaine emporte dans son
tourbillon, et qui font, comme disait le cardinal de Retz, « un
« salmigondis perpétuel de dévotion et de péché, » il en est
d'autres que ce même tourbillon a laissées retomber. Ces
dernières ont eu leur heure de célébrité, de vie mondaine et de

---

(1) Petit écrit imprimé à Bruxelles, 1678, et attribué à l'abbé Boileau.
(2) 2ᵉ Sermon *Pour le Vendredi saint*.
(3) A. Feugère. *Bourdaloue*. III· part. Ch. II. page 417. 5ᵐ· édit.

plaisirs. Cette heure a été courte, comme tout ce qui passe. Délaissées du monde, elles ont senti renaître en elles les inspirations du sentiment religieux. « Elles comptaient autrefois « une semaine pour les jours de jeu, de spectacle, de concert, « de mascarade, » (1) elles donnent maintenant dans la dévotion. Hélas ! ces conversions par contrainte ou par dépit ne sont pas toujours exemptes de petitesse ; et, comme la Didon antique, ces converties gardent au fond du cœur une incurable blessure : le regret de n'être plus. « Elle se perdaient gaiement par la « galanterie, par la bonne chère et par l'oisiveté ; et elles se « perdent tristement par la présomption et par l'envie. » (2) Il y avait donc alors, dans le salon de Célimène ou ailleurs, des Arsinoés qui avaient fait leur temps. Comprenant qu'elles n'étaient plus rien pour le monde, elles n'auraient pas été fâchées de laisser croire que le monde n'était rien pour elles. Cette manière de déguiser leur défaite et leur retraite forcée n'a pas échappé à Fromentières : « Femmes du monde, qui avez passé les plus « beaux jours de votre vie en divertissements, en jeu, en luxe, « en vanité, qui ne vous êtes presque refusé aucun plaisir,... « femmes délicates et sensuelles, qui vous êtes uniquement « occupées à flatter votre corps, à l'engraisser, qui avez perdu « tant de temps à l'embellir comme une idole, par un amas de « parures immodestes ou d'ornements inutiles ;... croyez-vous, de « bonne foi, en être quittes devant Dieu, de renoncer simplement « à votre luxe et à vos divertissements, à un âge où vous êtes « plus incommodes au monde, que vous ne lui êtes agréables, « sur le retour d'une vie caduque, où votre beauté se flétrit, « où vos maladies vous rendent incapables de goûter ce « que vous voudriez goûter encore ? » (3) Les traits sont durs, mais ne sont-ils pas mérités ? Et tout ce que dit Fromentières ne se rapproche-t-il pas de ce qu'a écrit La

(1) La Bruyère. *Caract.* Ch. III. *Des Femmes.* Tome I, page 94.
(2) *Ibid.*
(3) Sermon *Sur la Pénitence.* III<sup>e</sup> partie.

Bruyère au sujet de ces femmes chez lesquelles la dévotion se montre « comme le faible d'un certain âge ? » S'il fallait en croire certaines anecdotes, la plupart des conversions n'auraient pas eu d'autres mobiles plus élevés et plus surnaturels. (1) Nous n'en croirons pas une affirmation aussi absolue. D'autre part, comme le prédicateur en chaire n'attaque les abus qu'autant qu'ils tendent à prendre un caractère général, il faut bien croire qu'à cette époque les femmes dévotes, « incommodes, sur le retour, » étaient encore légion. (2)

Ailleurs, ce n'est plus la femme qui s'adonne à la fausse dévotion qui est le sujet de ses traits satiriques, mais la femme qui a le culte de la parure, et ne semble vivre que pour se vêtir et se parer : « Femmes du monde, vous trouvez tant de motifs « d'entretenir votre orgueil et votre vanité, vous croyez avoir « tant de sujets de complaisance pour vos personnes ; quelque « proportion dans votre taille, quelque délicatesse en votre visage, « c'en est assez pour vous rendre amoureuses de vous-mêmes et « insupportables à tout le monde. » (3) C'est encore à elles qu'il adresse cette cruelle épigramme : « Mais répondez de bonne foi : « si vous étiez seules, prendriez-vous tant de peine à vous parer ? « Les paons resserrent ordinairement leurs plumes, quand personne « ne les regarde, et ils ne font voir la beauté de leur plumage que « lorsqu'ils s'aperçoivent qu'on a les yeux attachés sur eux. » (4)

Il y avait encore, à l'époque de Fromentières, les femmes romanesques qui raffinaient sur l'amour, comme les précieuses sur la langue : les unes et les autres venaient de l'hôtel de Rambouillet, par exagération de deux qualités que la marquise imposait autour d'elle : la décence des mœurs et le culte du

---

(1) « La plupart des chrétiennes de nos jours ne pensent à Dieu que « lorsque le monde ne pense plus à elles. » *Amante convertie*. Mons 1678.
(2) Fléchier dit à ce même sujet : « On s'éloigne du monde, parce « que le monde lui-même commence à s'éloigner... on se jette dans des « partis de dévotion, pour se consoler, en quelque façon, de n'être plus « propre pour les intrigues du monde. » *4ᵉ dimanche de l'Avent*, 1682.
(3) Sermon *Sur l'usage des afflictions*. IIIᵉ partie.
(4) Sermon *Sur le péché de Madeleine*. IIᵉ partie.

beau langage. C'est le danger commun à toutes les coteries de s'écarter du bon sens, en se jetant hors des voies fréquentées du grand nombre. En se séparant du vulgaire, les habitués des salons finirent par parler une langue ridicule, et par entendre l'amour autrement que tout le monde. A force de disserter sur l'essence et les variétés de l'amour, on en vint à la conception d'un amour idéal, platonique, qui n'était plus une faiblesse, mais une vertu. (1)

> Mais nous établissons une espèce d'amour
> Qui doit être épuré comme l'astre du jour :
> La substance qui pense y peut être reçue,
> Mais nous en bannissons la substance étendue. (2)

Sous le chimérique prétexte que cet amour n'avait rien de sensuel et de grossier, une femme, tout en se respectant, mettait sa gloire à réunir autour d'elle des adorateurs ravis de ses charmes, à les désespérer par ses résistances et à les contraindre à un amour romanesque. C'était à la fois une erreur et un danger. Voici ce qu'en pense Fromentières : « A l'égard de
« ces femmes qui s'imaginent que ce n'est pas un grand mal de
« se faire aimer, pourvu qu'elles n'aiment pas, c'est que, quand
« même ce qu'elles pensent serait vrai, elles ne sont pas pour
« cela justifiées aux yeux de Dieu, ni innocentes dès qu'elles
« consentent à rendre les autres criminels. Ce n'est donc rien, à
« votre avis, de donner la mort aux autres, pourvu que vous ne
« la receviez pas ? Ce n'est donc rien de débaucher les sujets du
« roi, d'enlever à Dieu les âmes et les cœurs qui lui appar-
« tiennent ? Non, non, ne vous flattez pas sur cet article,
« l'Ecriture et les Pères vous condamnent. Vous êtes coupables

---

(1) C'est contre une pareille conception de l'amour que proteste le bon sens de Boileau :
> Que l'amour dans vos vers, de remords combattu,
> Paraisse une faiblesse et non une vertu. *Art poét.* Ch. III.

(2) Molière. *Femmes savantes*. Act. V. Scène II.

« des mauvais désirs qu'on forme en vous voyant ; et, si chastes
« que vous soyez en vous-mêmes, Dieu vous châtiera des
« passions impures que vous aurez allumées dans les autres. » (1)

Quelquefois le ton change, et Fromentières poursuit les
femmes avec une sorte d'ironie cruelle. « La bonne mine
« dépend-elle de nous ? Si cela était, il n'y a pas une femme
« qui ne fut un miracle de beauté. » (2) Après tout, cela ne serait
pas si malheureux, et l'on n'est pas damnable pour être belle.
Mais, c'est un procès que le prédicateur fait à la vanité des
femmes « qui aimeraient mieux perdre leur âme que leur
« embonpoint. » Ici l'accusation est plus grave, et il faut bien
admettre que le prédicateur lui-même aurait su nommer de
nombreuses exceptions. Sa parole, dès lors, ne dépasse pas la
portée d'une saillie échappée à la causticité de son humeur.

Ailleurs au contraire, Fromentières qui est ordinairement si
grave, semble s'égayer quelquefois des travers des femmes ; et
alors, qui le croirait ? ce mélancolique se rencontre avec le
moins mélancolique des poètes, avec ce joyeux enfant de la
Champagne qui s'appelle La Fontaine. La coïncidence, si rare
qu'elle soit, mérite d'être signalée : « Une femme a-t-elle perdu
« son mari ? Elle est d'abord inconsolable, elle gémit et pleure
« nuit et jour ; tout ce que ce mari a touché, les endroits où il a
« demeuré, les habits qu'il a portés, les lettres qu'il a écrites,
« tout cela lui renouvelle son mal et lui en remet la pensée
« devant les yeux. Mais, laissez écouler quelques semaines et
« quelques mois ; cette douleur s'apaise, ces larmes cessent ;
« elle n'a plus la même répugnance qu'elle avait, elle entre dans
« sa chambre, elle couche dans son lit, elle visite ses papiers,
« elle regarde son tableau, et enfin elle l'oublie, et quelquefois,
« elle s'en souvient aussi peu que si elle ne l'avait jamais vu. »(3)

---

(1) Sermon *Sur le péché de Madeleine*. III<sup>e</sup> part.
(2) *Panégyrique de sainte Madeleine*. III<sup>e</sup> part.
(3) Sermon *Sur l'habitude au péché*. I<sup>re</sup> part.

C'est bien la même pensée qu'avait déjà exprimée La Fontaine :

> Entre la veuve d'une année
> Et la veuve d'une journée,
> La différence est grande : on ne croirait jamais
> Que c'est la même personne. (1)

Ce que le fabuliste dit avec sa naïveté malicieuse, en passant, comme un trait qu'il décoche, le prédicateur le développe, passe et repasse sur la même idée, l'analyse, la décompose, dresse une sorte de tableau des degrés par lesquels, dans son veuvage, une femme passe de la douleur à l'oubli. Cela n'a pas la rapidité, la finesse, le mordant des quatre vers insolents du fabuliste, mais l'analyse manque-t-elle de vérité ou du moins de vraisemblance ?

En tout ceci, Fromentières paraît tenir beaucoup du P. Lejeune. On sait les hardiesses de ce prédicateur aveugle, qui, dans la chaire, ne ménageait pas les vérités cruelles à l'adresse des femmes. Dans plusieurs circonstances, il a parlé de leur luxe, de leur vanité, de leurs artifices et de leurs séductions, non seulement en apôtre qui voit le mal et veut le combattre, mais encore avec la liberté d'un esprit original, ami de l'étrangeté, de la franchise, du pittoresque. (2) A l'époque où Fromentières étudiait à Saint-Magloire, Le Jeune était avec

(1) Liv. VI. fable XXI.

(2) « Dans l'église, au lieu de penser à Dieu, vous pensez à vous et à
« vos ornements, vous êtes comme le paon ; il a un beau plumage, mais
« la tête fort petite et fort légère, et peu de cervelle ; vous tournez la
« tête, çà et là, plus souvent qu'une girouette, pour voir et pour être
« vues... Vous êtes comme le basilic qui ne tue pas seulement les autres
« par ses regards, mais qui se tue lui-même, se regardant dans un
« miroir ; vous vous présentez au miroir cinquante fois par jour ; vous
« vous mirez, admirez, adorez, idolâtrez vous-mêmes ; vous vous baignez
« sottement dans la vaine complaisance d'une beauté prétendue.... Ce
« sont ordinairement les plus laides qui découvrent leur sein et leurs
« bras, qui usent de fard et de mouches ; et la raison en est claire :
« n'ayant point d'attraits naturels, elles ont recours aux artifices, elles
« veulent gagner quelque niais, quelque brutal et sensuel par l'appât
« d'une pièce de chair. » Sermon *Sur le péché le plus ordinaire aux
femmes.* Voir aussi les sermons *Sur le scandale, Sur la chute de
Madeleine, Sur les effets du péché de Madeleine.*

Sénault le prédicateur le plus renommé de l'Oratoire : il eut des admirateurs et des disciples.

Il est curieux de se demander quelle était, en présence d'accusations si directes, l'attitude des femmes qui assistaient au sermon ? L'esprit de foi était assez vivant à cette époque, pour leur imposer une soumission tout au moins apparente, et, la vanité aidant, comme il fallait avoir l'air de ne pas se sentir atteinte, on laissait patiemment éclater l'orage et passer la tempête. Mais au fond des âmes, ces admonestations sévères éveillaient quelquefois de sourds murmures, et le nom de l'orateur n'était pas toujours mêlé à des louanges. Un mot de Madame de Sévigné à sa fille nous fait connaître les sentiments intimes qui pénétraient ces âmes, après de telles prédications : « Nous entendîmes l'autre jour l'abbé de Montmor. Je n'ai « jamais ouï un si beau jeune sermon : je vous en souhaiterai « autant, à la place de votre Minime. Il fit le signe de la croix « et ne nous gronda point, il ne nous dit point d'injures, il nous « pria de ne point craindre la mort, puisqu'elle était le seul « passage que nous eussions pour ressusciter avec J. C. Nous « le lui accordâmes ; nous fûmes tous contents. » (1) Ce prédicateur édulcoré plaisait aux dames, nous savons pour quels motifs : il n'était pas de l'école du P. Le Jeune, et peut-être n'aurait-il pas pu dire comme l'évêque d'Aire « je ne vous ai « jamais flattés dans les sermons que je vous ai faits. » (2) Mais les femmes qui venaient fronder Dieu jusque dans les églises, et y abriter leurs scandaleuses intrigues, celles qui, sur le retour, n'avaient que les apparences de la dévotion, celles encore qui venaient au sermon comme on va au spectacle, étaient-elles bien dignes de ménagements ? Fromentières ne le crut pas.

En revanche, il n'a pas hésité à reconnaître les sérieuses qualités des femmes de son temps, et les grandes choses dont

(1) Mad. de Sévigné à M^me de Grignan 1^er avril 1671.
(2) *Sermon contre les flatteurs.* I^re part.

elles ont été capables. Fromentières savait assurément les noms et les vertus de Mesdames de Chantal, Acarie, Legras, de Melun, de Lamoignon, de Dampierre, de Miramion, de Pollalion, d'Arbouze, de Chevreuse, de Beauvilliers, de Montmorency, de Mortemart, quelques-unes mortes alors, après avoir donné au monde de rares exemples de piété, de charité, d'innocence et de résignation chrétiennes, les autres continuant à édifier leur époque par l'intégrité de leurs mœurs et la dignité de leur vie. Le XVII⁰ siècle avait vu en même temps, sur le trône de France, deux reines qui instruisaient la Cour par leurs exemples. Que s'il y eut des femmes qui donnèrent le scandale et acquirent une triste célébrité, on en connait, qui eurent le courage de se reprendre et de donner au monde le spectacle de la pénitence généreusement acceptée, simplement et chrétiennement accomplie : Madame de Longueville, Anne de Gonzague, la Vallière sont au-dessus des éloges que leur conversion peut leur avoir mérités. Même parmi ces dames qui semblaient suivre avec entrain les fêtes de la Cour, et se livrer à toutes les jouissances, combien qui conservaient un esprit sérieux, capable d'une résolution généreuse, et une âme inclinée au bien par sa pente naturelle ! Combien qui gémissaient en secret peut-être de la vie à laquelle la naissance les avait condamnées, et qui, incapables de résolutions extrêmes, auraient souhaité un genre de vie mitoyen qui leur aurait permis de concilier tous les devoirs ! « Une de mes grandes envies, c'est d'être dévote, écrivait « Madame de Sévigné à sa fille ;... je ne suis ni à Dieu ni au « diable, cet état m'ennuie, quoique, entre nous, je le trouve le « plus naturel du monde. On n'est point au diable, parce qu'on « craint Dieu, et qu'au fond on a un principe de religion ; on « n'est point à Dieu aussi, parce que sa loi est dure, et qu'on « n'aime point à se détruire soi-même. Cela compose les tièdes, « dont le grand nombre ne m'inquiète pas du tout : j'entre dans « leurs raisons. Cependant Dieu les hait ; il faut donc en sortir

« et voilà la difficulté (1). » Ces tièdes, qui composaient le grand nombre, étaient plus dignes de la compassion que des sévérités du prédicateur.

Fromentières rencontrait donc, dans son pays et dans son temps, des femmes qui prouvaient à quelle hauteur de noblesse et de vertu leur sexe était capable de s'élever. Il leur devait cette justice de le reconnaître, et il n'y manqua pas. Il proteste contre la prétention des hommes qui jugent les femmes incapables de se livrer aux études, de cultiver les sciences, incapables aussi de grandes actions et de grandes vertus : « Ils exigent « d'une femme les mêmes vertus que d'un homme, et cependant « ils ne veulent pas qu'elle en soit capable ; comme si la « Providence, qui a destiné ce sexe à une même fin que l'autre, « ne lui avait pas donné les mêmes moyens; comme si les vertus « et les âmes avaient des sexes, dit Tertullien, comme si dans le « tempérament et dans l'esprit des femmes, il y avait je ne sais « quelles oppositions naturelles et invincibles aux actions « héroïques ; comme si J.-C. enfin distribuait inégalement ses « grâces à l'homme et à la femme, et que saint Paul se soit « trompé quand il a dit : *in Christo non est servus neque liber,* « *non est masculus neque femina.* » (2) Voila bien de quoi calmer les rancunes que les précédentes déclarations auraient pu attirer à notre prédicateur. Il ne se contente pas de défendre la femme contre les préjugés des hommes, il revendique pour elle le droit à l'héroïsme, il lui reconnait la même aptitude à cultiver les sciences et à se livrer aux travaux de l'esprit : « Ils veulent que « les femmes soient, de leur nature, incapables de science.... ils « ajoutent que les sciences leur sont inutiles, et que, quand la « nature les aurait rendues capables de les acquérir, elles ne « trouveraient jamais l'occasion de les appliquer. Mais ceux qui « savent que les connaissances dans un homme, et principa- « lement celles qui regardent la morale, ne doivent servir qu'à « régler sa volonté, verront bien qu'elles peuvent avoir le même

(1) Aux Rochers : 10 juin 1671.
(2) *Panégyr. de sainte Catherine.* I^re part.

« usage dans une femme, et que, les deux sexes ayant les mêmes
« vertus à obtenir et les mêmes vices à éviter, il est juste de
« leur accorder les mêmes lumières. » (1)

Il faut savoir gré à Fromentières d'avoir prêché l'éducation
des femmes, même dans un temps où elles avaient fait un si
grand abus de l'érudition. Notre prédicateur ne parait pas avoir
été ébranlé dans son opinion par le ridicule que le pédantisme
féminin avait attiré sur certaines classes. Il n'a voulu voir dans
l'étude sincèrement cultivée, qu'un moyen supérieur d'élever les
âmes, de les porter au bien ; et, à ce titre, il a réclamé le bénéfice
d'un secours si puissant pour les femmes, parce qu'elles ont les
mêmes obligations que les hommes. Il ne s'est pas demandé si
la situation différente que fait à la femme son rôle au foyer
domestique et dans la société devait amener des différences dans
l'éducation des deux sexes. Il n'a pas essayé de déterminer dans
quelles limites leur éducation doit se contenir ; il s'est contenté
d'affirmer, contrairement à La Bruyère, que les femmes sont aptes
à tout apprendre, parce qu'elles ont le devoir de se bien conduire.
Une telle déclaration sera bien reçue dans un temps où
l'instruction des femmes est à l'ordre du jour.


## IV


Les femmes nous amènent à la Cour « dont elles sont les
« sirènes » dit Fromentières. Quand celui-ci parut dans les chaires
de Paris et à la Cour, de 1662 à 1681, le règne de Louis XIV
était dans tout son éclat, et la Cour dans toute sa splendeur.
Rien n'arrêtait les succès de nos armées au dehors, rien ne
troublait sérieusement au dedans la tranquillité d'un pays qui se
sentait grandir, à l'abri d'une politique habile et d'une royauté
partout puissante. A part quelques rares seigneurs et quelques
dames qui formaient l'entourage d'Anne d'Autriche ou de

(1) *Panégyr. de sainte Catherine.* II· part.

Marie-Thérèse, le reste ne songeait qu'à courir de Versailles à Fontainebleau, de Fontainebleau à Saint-Germain ou à Marly. Molière ne suffisait plus à écrire des comédies pour amuser cette Cour, tout entière livrée à la joie de vivre. Lulli et Quinault travaillaient de concert aux opéras pour varier le spectacle et mêler la musique à la comédie. Quelles réflexions pouvait inspirer aux prédicateurs, dans un pareil milieu, cet amour des jouissances, signe trop évident de la corruption des mœurs ? Aussi de temps à autre criaient-ils au scandale ; de temps à autre élevaient-ils la voix, pour jeter le trouble dans la conscience du roi et de ses adulateurs. Bourdaloue faisait retentir la chaire de ses plaintes éloquentes contre l'impureté. Mascaron se permettait des allusions si directes et si transparentes contre les désordres de Louis XIV, que l'entourage du roi, d'ordinaire si maître de lui-même, perdait contenance et témoignait que la liberté de l'apôtre l'avait frappé à l'endroit sensible. A ces leçons Fromentières joignit les siennes. Il n'y a plus lieu, à cette place, de refaire le chapitre précédent et de dire comment Fromentières a fait la leçon au roi et aux grands ; mais plutôt de montrer ce que l'observation morale lui a découvert dans le palais des rois et dans la familiarité des grands. Or, ce que Fromentières a vu à la Cour, ce sont des rois enivrés de leur puissance et des courtisans avilis. C'est du moins l'impression que laisse après lui le tableau qui suit : « Cette « impiété est encore plus grande dans les mauvais rois que dans « les autres hommes ; et à mesure que leur prospérité est plus « éclatante, leur aveuglement est plus opiniâtre et plus terrible. « Ils s'endorment dans les plaisirs ; ah ! qu'il leur est difficile de « s'éveiller pour penser à Dieu ! ils sont dans l'abondance ; ah ! « qu'ils se mettent peu en peine de procurer la félicité de leurs « sujets ! ils sont au faîte du palais de la gloire ; quelle « apparence qu'ils ne s'oublient, et qu'en un lieu si éminent « la tête ne leur tourne, et qu'ils ne tombent dans cette espèce « de vertige dont l'Écriture nous parle en tant d'endroits !

« Enivrés de leur gloire, ils méconnaissent Celui dont ils l'ont
« reçue ; appliqués à se tromper les premiers, ils se laissent
« agréablement séduire par tant d'âmes lâches et vénales, qui
« flattent leurs passions, qui canonisent leurs vices, qui par des
« louanges intéressées les mettent déjà au rang des dieux, ou
« qui, sous prétexte d'un peu de bien apparent qu'ils font, leur
« donnent à connaître qu'ils ont acheté le droit de faire
« impunément le mal que leur autorité permet... Etranges
« circonstances, qui ont fait dire à saint Ambroise, que le pouvoir
« de commander est un grand attrait au péché, et que, si une
« souveraine puissance est souvent inutile aux princes, elle leur
« est presque toujours très préjudiciable et très funeste. » (1)
Que de traits dans ce tableau, sous lesquels l'allusion se
dissimule à peine !

Ce roi enivré de sa gloire, c'est Louis XIV triomphant de ses
ennemis, presque avant de régner, et prenant, dès les premiers
jours de son règne, l'attitude d'un maître qui veut imposer ses
lois à l'univers. Ses passions, on ne les connait que trop, sans
parler de son ambition démesurée et de son orgueil aveugle. Ces
âmes lâches et vénales qui mettent le prince au rang des dieux,
Bourdaloue dira « jusqu'à le substituer en la place du premier
« souverain maître (2) », c'est ce maréchal de La Feuillade qui
fit élever la statue du roi, et « fonda des lampes perpétuelles »,
pour brûler devant elle nuit et jour, comme devant le Dieu des
Tabernacles (3) ;... celles qui flattent ses passions, c'est le prince
de Marcillac, nouveau Mercure, qui, la nuit, le manteau sur le
nez, accompagne chez Alcmène le moderne Amphytrion (4), c'est
Villeroi, libertin de haute marque, qui sert ses faiblesses et en

(1) *Panégyr. de saint Louis.* Ire part.
(2) 2° sermon *Sur la Purific. de la sainte Vierge.*
(3) L'abbé de Choisy. *Mémoires,* liv. VI.
(4) Saint Simon. *Mémoires.* T. II. Ch. III. Les chansonniers du temps
trouvèrent là une excellente occasion de tourner en ridicule le roi et
Marcillac, son favori.

profite (1). Ce bien apparent que font les rois, ce sont les donations aux églises, les libéralités faites aux couvents, aux pauvres, libéralités qui ne leur coûtent guère, puisqu'elles ne font que restituer au peuple avec mesure ce que le peuple donne si généreusement au roi.

Si le pouvoir de tout faire impunément est un terrible privilège chez le monarque absolu, Fromentières déclare que ce privilège est rendu plus dangereux encore par la présence des courtisans qui entourent le prince : « Si, au lieu d'un ministre ou d'un « conseiller fidèle qu'un prince croit avoir choisi, pour se « décharger sur lui d'une partie du gouvernement, il ne se « trouve environné que de gens d'une complaisance lâche et « intéressée, à quels périls est alors exposée sa conscience et « son Etat ! Ils s'étudieront à connaître ses passions pour les « favoriser, et lui ôteront, s'ils peuvent, tous les scrupules qu'il « aurait d'entreprendre contre les lois anciennes et la liberté « publique, ne manquant pas d'excuser tout ce qu'il peut « commander d'outré et de violent, se rendant esclave de son « avarice ou de ses plaisirs, lui persuadant que les peuples ont « été de tout temps des animaux plaintifs, et qu'il n'y a jamais eu « d'autre secret de les satisfaire, que de ne pas les écouter. » (2) Tous les moralistes du temps ont observé l'application du courtisan à combattre les scrupules des princes. Et quand Racine nous représente Narcisse combattant les scrupules de Néron, qui hésite encore à répudier Octavie et à perdre Britannicus, il dépeint les courtisans de son époque aussi bien que les affranchis de la Rome impériale : « Vivez, régnez pour « vous, » (3) c'est le cri de tout courtisan qui sait son métier.

Et pourtant, ce danger que court le souverain, de ne rencontrer autour de lui que des « âmes lâches et vénales, » qui combattront ses scrupules et canoniseront ses vices, de sentir le pouvoir de

(1) *Ibidem*. T. XII. Ch. VI.
(2) Sermon *Contre les flatteurs*. I<sup>re</sup> partie.
(3) Racine. *Britannicus*. Acte II. Sc. IV.

faire impunément ce qui lui plaira, d'être enfin investi de la
grande puissance, « féconde en crimes », (1) n'est pas le seul, ou
plutôt, celui-là n'est grand, que parce que, à côté du pouvoir de
tout faire, la séduction des cours porte les rois à tout vouloir.
L'atmosphère capiteuse dans laquelle on vit, les plaisirs de tout
genre au milieu desquels on se trouve, font de la cour le séjour
le plus dangereux pour la vertu : « Que s'il est difficile de faire
« son salut dans le monde, quelle apparence, M. F., de le
« pouvoir faire dans le grand monde, dans ce qui s'appelle la
« cour ;... la cour où toutes les grandeurs sont à leur comble ; la
« cour où l'on peut dire que les passions sont déchaînées, les
« occasions présentes, les exemples pernicieux. Ah ! qui peut se
« conserver vivant dans un séjour où, comme dit si bien saint
« Ambroise, la mort entre par tous les sens jusque dans la
« substance de l'âme, où les yeux ne sauraient s'ouvrir qu'ils ne
« reçoivent des espèces capables de troubler l'esprit, où l'oreille
« ne peut rien entendre, que ce ne soit un poison qui se glisse
« aussitôt dans le cœur... La cour étant un air si contagieux,
« quel peut donc être le secret de n'y pas périr ? Messieurs, si
« vous voulez que je m'explique sincèrement, je n'en sais guère
« que celui de n'y pas demeurer... Il y a trop de combats à
« soutenir pour la vertu ; il n'y a pas de moment où elle ne soit
« réduite à la dure nécessité de vaincre ou d'être vaincue... Si
« vous me le demandez, le seul moyen assuré aux gens de cour
« de se sauver, c'est la fuite. » (2) Le mot de la fin ne parait pas
trop sévère, quand on songe à la vie de dissipation et de plaisir
qui était celle de la Cour, à l'époque où Fromentières parlait
ainsi (juin 1674). (3) De plus, le conseil de fuir avait son

(1) Bossuet. Sermon *Sur l'Impénitence finale.*
(2) Sermon *Pour la vêture d'une religieuse.* Ire part.
(3) Si l'on veut savoir à quelle hauteur s'élevaient les idées morales à
la Cour, au plus beau moment du règne de Louis XIV, qu'on lise la
lettre adressée, le 6 mars 1680, à Mme de Grignan, par Mme de Sévigné.
Les hauteurs de la Montespan ont fini par dégoûter le roi, dont le cœur
s'est laissé ravir à d'autres charmes. Mademoiselle de Fontanges, qui a
su lui plaire, est créée duchesse avec une dotation de vingt mille écus

commentaire le plus touchant, sa démonstration la plus éloquente, dans la présence de Madame de La Vallière, qui, dans la chapelle des Carmélites, assistait vêtue du voile des novices, à ce sermon, dont elle était l'occasion et le sujet. Deux fois elle avait essayé de la fuite, et, pour des raisons différentes, deux fois elle était revenue au milieu de cette Cour, qui l'épouvantait et l'attirait en même temps. Cette fois, elle avait fui pour toujours un milieu où elle était encore en danger pour elle-même, et un danger pour les autres. Car si la cour offre tant de séductions, Fromentières nous assure que c'est par les femmes : « La cour « a été appelée par saint Jérôme une mer, et ce Père a « remarqué qu'elle avait, comme elle, son calme et ses orages, « qu'elle cachait des écueils sous ses flots, qu'elle nourrissait « des poissons et des monstres dans son sein. Mais, si cette « cour est une mer, on peut dire, après ce saint docteur, « que les femmes en sont les sirènes et que leurs approches ne « sont pas moins fatales à l'innocence, que celles dont les poètes « ont tant parlé dans leurs fables. » (1)

Cependant, le danger des cours n'est pas tout entier dans l'éblouissement des yeux, l'enchantement des oreilles et l'enivrement des cœurs. La cour « où tous les plaisirs sont dans « leur centre, » (2) est en même temps « le théâtre naturel de « l'ambition; » (3) et si, d'un côté, on y est menacé par les sirènes, il n'en est pas moins vrai que, d'un autre, « on y demeure parmi « les scorpions » (4) Comme si la pensée n'était pas assez claire sous

---

par an. « Elle en recevait aujourd'hui les compliments dans son lit, et « cela était, en effet, très naturel ; le roi y a été publiquement, elle « prend demain son tabouret, et s'en va passer le temps de Pâques à « l'abbaye que le roi a donnée à une de ses sœurs. » C'est complet comme tableau de mœurs. Libertinage et religion ; scandale public et pratiques dévotes : cynisme enveloppant le tout. Don Carlos se travestissait pour se rendre chez Doña Sol, Louis XIV chez La Vallière : il y a bientôt vingt ans de cela, *grande mortalis ævi spatium !*

(1) *Panégyr. de saint Sulpice.* I<sup>re</sup> part.
(2) Sermon *Pour la vêture d'une religieuse.* I<sup>re</sup> part.
(3) *Oraison fun. de Hardouin de Péréfixe.* II<sup>e</sup> part.
(4) Sermon *Contre les flatteurs.* I<sup>re</sup> part.

ce luxe de métaphores, voici qu'ailleurs elle se dégage des voiles qui la recouvrent, et se présente à nous dans toute sa franchise et dans toute sa clarté : « Allez dans les cours des rois, et voyez si « l'envie, la vanité, la vengeance, l'ambition n'y entretiennent « pas, au milieu de la paix de l'Etat, des guerres continuelles et « sanglantes. » (1) On sera tenté de croire que le tableau est poussé au noir, tant nous sommes facilement dupes de l'illusion que produit, à distance, la pompe du grand règne et l'éclat de la Cour. Mais, quand on soulève les voiles, que de misères se cachaient sous cette pompe extérieure, quel désordre sous cette décence apparente, que de vilenies sous les convenances affectées du dehors ! Et comme on est forcé de convenir que de telles observations ne sont pas contredites par les faits ! Colbert s'acharne contre Fouquet ; Louvois mécontent de Vivonne compromet l'expédition de Messine, en dépit des intérêts évidents de la politique et de l'armée ; Colbert et Louvois, ligués ensemble, travaillent de concert pour faire tomber Pomponne du ministère. On intrigue pour des gouvernements, des intendances, des évêchés, des abbayes. Il y a entre ces hommes des questions d'intérêt, des rivalités d'orgueil qui les divisent profondément. Faut-il parler des femmes, « ce peuple « de rivales » ? comme dit Racine. Les dépositions de la Brinvilliers et de la Voisin sont instructives à ce sujet. (2) Mais, sans entrer dans de plus longs détails, de quelles avanies La Vallière ne fut-elle pas poursuivie, au temps de sa malheureuse fortune, quand d'autres s'efforçaient de prendre sa place dans le cœur du roi ? De quels insolents dédains ne fut-elle pas l'objet, lorsque, captive dans la Cour, mais déchue, elle n'avait pas encore gagné sa retraite définitive ? Tout Racine y passerait, si on voulait commenter, avec les allusions dont son théâtre est rempli, l'observation de Fromentières, et si on pouvait montrer tout ce qu'il y eut de sourdes intrigues, de haines dissimulées et

(1) Sermon *Sur la Paix*. II· part.
(2) P. Clément : *La Police sous Louis XIV*. Ch. III.

de jalousies féroces au milieu de ce Versailles, dont le prestige nous éblouit. La cour des rois, dit Fléchier, « c'est une région « de ténèbres... où la lumière de la foi disparaît, comme l'étoile, « qui guidait les mages, s'éclipsa sur la cour d'Hérode. » (1)

« Ce pays-ci est effroyable, écrit Madame de Maintenon, et il « n'y a pas de tête qui n'y tourne... Je suis à la source et c'est « ce qui me fait voir trahison sur trahison. La Cour change les « meilleurs. » (2) Fromentières n'exagerait donc rien, quand il « qualifiait la Cour : « une école de vices. » (3).

Dans ces peintures, Fromentières ne s'inspire que de la vérité et de l'amour du bien. L'expérience lui avait appris, combien il était difficile à la parole divine, de prendre racine dans des âmes si agitées de passions diverses, et de porter des fruits dans un milieu si profondément remué par les orages du cœur.

Aussi Fromentières désespère-t-il de la vertu des gens de cour. Pour la sauver et la défendre, il ne faut pas un miracle moindre « que celui qui parut autrefois, dans la cour de « Nabuchodonosor, » pour sauver des flammes les trois jeunes Hébreux dans la fournaise. Et les miracles sont toujours rares. Si pourtant toutes les défaites ne sont pas triomphantes à l'envi des victoires, du moins serait-il à souhaiter que la vertu tombât avec honneur, après avoir combattu. Mais ces combats de la vertu, ces nobles efforts d'une âme qui veut garder ses positions et rester à sa hauteur, la cour les ignore, dit Fromentières. Là, on est vaincu sans combats : « Gens du monde, qui m'écoutez, « ne vous attendez donc pas que le démon se serve de grandes « violences dans les tentations qu'il vous livre. Il vous regarde, « je ne dis pas toujours, mais très souvent, comme des places

(1) *Panégyrique de saint Louis.* 1681. Cf. l'abbé Fabre : *Fléchier orateur.* II<sup>e</sup> édit. p. 375.

(2) Lettre à M. de Noailles, archev. de Paris, 1695. Elle écrit encore : « Comptez, Monseigneur, que presque tous les hommes noient « leurs parents et leurs amis pour dire un mot de plus au roi, et lui « montrer qu'ils lui sacrifient tout. Ce pays-ci est effroyable, et il n'y a « pas de tête qui n'y tourne. » Edit. Lavallée. Tom. IV. 15 nov. 1695.

(3) *Panégyr. de saint Sulpice.* I<sup>re</sup> part.

« qui sont à lui et auxquelles il n'est plus nécessaire de livrer
« d'assaut. » (1)

Certes, voilà des avertissements auxquels on ne saurait
reprocher de manquer de franchise. Il y avait quelque mérite,
assurément, à présenter aux yeux de la Cour, une image aussi
peu flatteuse d'elle-même. Mais saint Paul ne flattait pas les
chrétiens de son temps; « et moi, dit Fromentières, je suis
« obligé d'imiter ce grand apôtre. » Il comprit que c'était son
devoir de présenter à la Cour une image sincère d'elle-même,
et de faire passer sous ses yeux le tableau de ses petitesses, de
ses défaillances, de ses misères. Qui donc plus que le prédicateur
conservait encore la liberté de faire entendre le cri de la vérité,
au milieu du concert des louanges ? Qui en avait plus que lui
le devoir ?

Là est toute la raison des peintures morales qu'on trouve, à
côté des exposés théologiques, dans la prédication de Fromentières. La conclusion qu'il en tire devant la Cour, c'est que le
bonheur ne naît pas de l'accumulation des plaisirs, ni de l'éclat
des dignités, ni de la vanité des honneurs. « J'en atteste ici vos
« consciences, messieurs, vous qui paraissez élevés au faîte des
« grandeurs humaines, et qui, ne connaissant que peu de têtes
« au-dessus des vôtres, voyez tout le reste à vos pieds, goûtez-
« vous dans cette élévation un plaisir aussi pur, aussi charmant,
« aussi solide, que vous vous l'étiez promis ? Avouez - le
« ingénûment, vous ne vous trouvez pas même payés de vos
« peines ; ce que vous avez acheté si cher ne vaut pas ce que
« vous avez donné ; et, en matière de biens temporels, le désir
« que vous avez de les posséder a plus de charmes et d'attraits
« que l'usage et l'expérience que vous en faites.... Que
« d'inquiétudes, que de dégoûts, que de supplices et de
« remords dans les hautes fortunes.... (1) Si vous me demandez

(1) Sermon *Sur la Tentation.* I<sup>re</sup> part.
(2) « Si vous vous imaginez, écrit la duchesse d'Orléans, qu'ici c'est
« un pays de cocagne, vous vous trompez fort. L'ennui règne ici plus
« qu'en aucun autre lieu du monde. » 22 août 1698.

« d'où cela provient, j'en trouve deux raisons, l'une du
« côté de l'homme, l'autre du côté du monde. Le cœur
« de l'homme est infini et le monde n'a que des biens finis et
« limités. Ce cœur est comparé dans l'Ecriture, tantôt à un
« abîme dont on ne saurait trouver le fond, tantôt à l'enfer qui
« ne dit jamais : c'est assez ; tantôt à la mort qui ravit tous les
« hommes dans son sein, sans en être rassasiée. D'ailleurs, le
« monde avec tous ses biens, toutes ses dignités, tous ses
« plaisirs, n'est qu'un néant, une motte de terre, et, comme
« l'appelle un prophète, une goutte d'eau. » (1)


V


On a pu s'étonnner, en parcourant ces pages, que nous
n'ayons cité de la prédication de Fromentières que les passages
qui accusent les misères du clergé au XVII<sup>e</sup> siècle, les mœurs
relâchées des femmes, la vie scandaleuse et les périls de la
cour. La faute en est au prédicateur, qui n'a guère voulu voir
les beaux côtés de son temps, ou plutôt, à la prédication elle-
même. Celle-ci est moins faite pour célébrer les louanges des
hommes, que pour reprendre leurs vices ; et, quand elle se trouve
en présence de la vertu, elle se préoccupe moins de la flatter que
de l'encourager à continuer, contre les vices de la nature humaine,
la lutte sans laquelle elle cesserait d'exister. Encore faut-il dire
que ce dernier cas est plus rare que l'autre ; car les âmes
héroïques et vertueuses sont dans l'assemblée des fidèles l'élite,
c'est-à-dire le petit nombre. Or, c'est pour le grand nombre que
le prédicateur prêche l'Evangile, pour la généralité et non pour
l'exception, pour ceux qui sont malades moralement, et non pour
les âmes saines, qui n'ont pas besoin de remède et de guérison.
Ne nous étonnons donc pas, si Fromentières a été sobre de

(1) Sermon *Sur la Tentation*. I<sup>re</sup> part.

renseignements flatteurs et de louanges à l'égard du monde, surtout à l'égard des grands.

Et cependant, nous pourrions ici comme plus haut, quand il était question du clergé de France et des femmes, citer d'honorables exceptions. Car dans ce milieu de la Cour, à côté des rivalités déchaînées, malgré la servilité, l'intrigue, la haine, l'ambition du plus grand nombre, il y eut des hommes d'une nature franche et loyale, qui se tinrent à l'écart des intrigues, et ne traversèrent la scène que pour y donner le spectacle de leur grand caractère et de leurs nobles vertus : un Chevreuse, « offrant « tout à Dieu, qu'il ne perdait jamais de vue »; (1) un Beauvilliers « dont la vie était entièrement partagée entre les exercices de « piété, les fonctions de ses charges et les affaires; » (2) un Pomponne, digne fils de son père par l'austérité de ses mœurs ; un de Saint-Louis, « l'un de ces preux militaires, pleins de droiture « qui la mettent à tout. » (3) « La magistrature comptait dans son « sein des modèles d'intégrité et de vertu, l'honneur de nos « vieux parlements, les Lamoignon, les Séguier, les Le Fèvre « d'Ormesson. » (4) Combien qui suivaient l'exemple donné par l'abbé de Rancé et l'abbé Le Camus, comme ce du Charmel qui, exilé de la Cour et du plus grand monde, devint « homme de « cilice à pointes de fer, à toutes sortes d'instruments de « continuelles pénitences. » (5) Quel puissant ressort il y avait alors dans les âmes, puisqu'elles étaient capables de résolutions si soudaines et d'une persévérance si héroïquement soutenue ! « Ainsi l'on s'abandonnait au mal, on s'y jetait souvent avec « fureur : mais on ne s'y livrait ni sans combat, ni sans retour. « Pour être juste envers le XVIIᵉ siècle, il ne faut l'appeler « absolument ni le siècle de la vertu, ni le siècle de la corruption ;

(1) *Mémoires* de Saint-Simon. T. IV. p. 97.
(2) *Ibidem*, T. VII. p. 116.
(3) *Ibidem*, T. I. p. 397.
(4) A. Feugère : *Bourdaloue*. 2ᵉ édit. p. 494.
(5) *Mémoires* de Saint-Simon. T. III. p. 243.

« il faut l'appeler le siècle des grands repentirs, ce qui suppose
« tout à la fois et de graves désordres, et de puissantes énergies
« morales pour les réparer. C'est là le trait dominant des mœurs
« de cette époque, et ce qui les distingue plus profondément de
« celles des temps qui suivirent. Au XVIII<sup>e</sup> siècle, la licence
« sera, sinon plus scandaleuse, du moins plus générale encore,
« et l'on ne se repentira plus. » (1) Ajoutons à cette remarque
d'un esprit impartial, qui fut un homme de savoir et de goût,
que la meilleure preuve du christianisme, dont les âmes
gardaient l'empreinte, au milieu même de leurs désordres, est
dans la liberté que le XVII<sup>e</sup> siècle accorda aux prédicateurs
dans la chaire.

D'ailleurs, il faut se souvenir que la Monarchie française ne
comptait pas seulement un roi entouré de sa noblesse. Après
Paris et Versailles, il y avait encore la France ; après la noblesse,
la bourgeoisie et le peuple. Les rares écrivains qui ont daigné
s'occuper du peuple, nous parlent de sa manière de vivre simple,
de ses vertus antiques, de sa résignation à supporter les durs
labeurs, de son énergie dans le travail et de sa persévérance à
refaire sans cesse sa fortune, sans cesse compromise par les
exigences de l'Etat. Entre la noblesse qui jouissait de ses
avantages héréditaires, et le peuple qui travaillait, se plaçait la
bourgeoisie. Celle-ci s'enrichissait ; elle préparait lentement,
peu à peu, sa fortune politique et sa place dans les conseils de
la monarchie. Bientôt, nous la verrons dirigeant les affaires de
l'Etat. C'est là que le travail, l'émulation, le désir de parvenir
entretiennent le plus de vertus. Louis XIV fut l'héritier, grand
seigneur et richement doté, d'ancêtres économes : mais il
dépense sur place la fortune qu'il a reçue, et, contrairement à la
loi du progrès, il laisse à ses héritiers une situation moins
brillante que ne l'était la sienne en 1660. Sans s'en douter, il a
préparé la décadence. La noblesse agit comme son roi.

(1) A. Feugère. *Bourdaloue.* p. 499.

## VI

Il est des moralistes qui ont besoin d'alimenter leur veine en
s'inspirant d'autrui. On croirait, à les voir, ou que par eux-mêmes
ils n'ont pas un assez riche fonds d'observation pour en vivre,
ou qu'ils n'osent pas s'aventurer seuls, de peur de s'égarer. Ils
aiment avoir quelqu'un qui leur marque le point de départ ou le
point d'arrivée. Ces esprits manquent d'énergie ou d'assurance ;
peut-être sentent-ils l'impuissance de pousser bien loin leurs
observations, s'ils ne sont pas soutenus. Montaigne aimait bien
trouver dans Plutarque, Sénèque, ou d'autres encore, des
maximes, des anecdotes qui servaient de point de départ à ses
inspirations personnelles, excitaient sa pensée, stimulaient sa
verve, et dispensaient de tout effort ce penseur nonchalant, qui
d'ailleurs en était incapable : appuyé sur ses auteurs, il allait
aisément son train, et entrait souvent dans sa pensée en pénétrant
d'abord dans la pensée d'autrui. Dans un but et pour un motif
différents, Fromentières fait un peu la même chose. Sans doute,
il est doué d'assez de réflexion et d'observation pour être capable
de voir par lui-même, et de dire ce qu'il a vu ; cependant, il est
rare qu'il s'aventure seul, et que, dans ses peintures ou observations morales, il ne soit accompagné d'une autorité qui donne
du poids à sa morale et fortifie ses observations : et cette
autorité, on le devine, appartient toujours à la littérature sacrée,
la Bible ou la Tradition. Parmi les passages déjà cités, il en est
très peu qui ne puissent servir à faire la preuve de ce que nous
avançons maintenant. En voici un autre exemple : c'est encore
une peinture de la cour ; elle complètera tout ce que Fromentières
a déjà dit sur les grands et les courtisans : « Etes-vous engagés
« dans la cour? Quel enchaînement de malheur pour vous !
« Avez-vous l'oreille du prince? Vous ne lui dites jamais la
« vérité, à moins qu'elle ne vous soit avantageuse ; toujours prêts

« à défendre indifféremment le crime comme la vertu, si votre
« intérêt l'exige : grands observateurs des saisons et des vents,
« pour profiter de ceux qui vous seront favorables; religieux à
« garder les lois du temps et de la faveur et nullement celles de
« Dieu; hardis et précipités dans vos promesses, froids et
« menteurs dans leur accomplissement, *in promissione veloces*,
« *in exhibitione mendaces ;* graves et sérieux dans vos paroles,
« lascifs et impurs dans votre âme et votre conduite, *in verbo*
« *graves, in animo turpes ;* ravis quand vos desseins réussissent,
« abattus quand vous les voyez traversés, *læti ad prospera,*
« *fragiles ad adversa*; pleins d'orgueil quand on vous sert et
« qu'on vous loue, inquiets et impatients quand on vous méprise,
« *inflati ad obsequia, anxii ad opprobria.* C'est du moins le
« reproche que vous faisait autrefois saint Prosper. » (1) En
mêlant ainsi ses observations morales à celles des Livres Saints
et des Pères, Fromentières reste fidèle à sa méthode de faire
remonter toujours la prédication à ses sources, de lui donner de
l'autorité, en fortifiant la parole de l'homme par les emprunts faits
à la parole de Dieu. Ce n'est de sa part ni impuissance à observer
par lui-même, ni nonchalance à faire un effort pour pénétrer
dans sa pensée, mais bien conviction raisonnée qu'un prédicateur
ne saurait produire Jésus-Christ dans les cœurs, « qu'avec des
« paroles évangéliques. » (2)

Mais ici, Fromentières s'écarte à peu près totalement de la
manière de Bourdaloue. Si nous comparions les deux prédicateurs, nous constaterions qu'ils ont prêché les mêmes doctrines.
Quelques rapprochements très rapides, faits au cours de cette
étude, nous ont prouvé que ces deux prédicateurs s'éclairent
parfois l'un l'autre. Mais quelle différence dans leur manière !
Bourdaloue, doué d'un rare talent de pénétration, va très
profondément dans l'observation morale. Au lieu de s'arrêter,
comme Fromentières, à ce que la pratique du monde a surtout

(1) *Panégyr. de saint Sulpice.* I<sup>re</sup> part.
(2) *Panégyr. de saint Dominique.* II<sup>e</sup> part.

d'extérieur, à ce que les penchants de l'âme manifestent au dehors, il démêle habilement les motifs qui nous font agir, analyse nos penchants secrets, et porte tellement la lumière au plus profond de nous-mêmes, qu'il y aurait bien lieu de répéter à son sujet ce que Madame de Sévigné a dit de Nicole : « Ce qui « s'appelle chercher au fond du cœur avec une lanterne, c'est ce « qu'il fait. » De là ces analyses fines, pénétrantes, admirables de clarté autant que de vérité, d'une logique surprenante, qui, de degré en degré, descendent dans les profondeurs de l'âme, y portent la lumière, et découvrent à l'homme ce qu'il est en son fond. Atteindre ainsi nos penchants à leur point d'origine est le privilège des moralistes de race, des observateurs de génie, le signe évident de la maîtrise intellectuelle. D'autres, moins clairvoyants et d'un regard moins ferme, restent plus à la surface de l'âme, et l'étudient moins en elle-même que dans ses manifestations au dehors : ils dépeignent la vie humaine plutôt que l'âme de l'homme. C'est dans ce dernier groupe qu'il faut placer Fromentières.

Cette différence en amène une seconde : les observations morales de Fromentières sont courtes, le plus souvent, comme des maximes ; rapides comme des constatations, où l'on ne dit juste que ce qu'il faut. D'une manière très délicate et très fine, où le détail abonde, Bourdaloue nous rend compte de ses investigations poursuivies jusqu'aux derniers replis de l'âme humaine ; ses analyses sont souvent des études complètes d'un coin inexploré de notre cœur. Si l'on veut se faire une idée de cette manière différente des deux prédicateurs, qu'on prenne le sermon de Bourdaloue *Sur la Charité chrétienne et les amitiés humaines.* Dans une page, trop longue pour être rapportée, le Jésuite montre comment de l'estime on passe à l'amitié, puis, par quelles pentes et quels degrés on arrive insensiblement à l'amour, et à l'amour sensuel. Il note tous les intermédiaires, et marque les moindres nuances. Tout le morceau est d'une observation morale remarquable, d'une ingénieuse analyse, d'une admirable finesse. (1). Fromentières suit une marche plus rapide, il est vrai, mais moins frappante : il n'analyse pas, il constate : « D'abord c'est une honnête civilité ; cette civilité « est suivie de complaisance, cette complaisance d'attachement, « cet attachement d'amour impudique, cet amour impudique « d'infidélité à son propre mari. » (2) Cela est très sec auprès de la manière pleine et large de Bourdaloue. Celui-ci avait-il compris le goût de son siècle pour l'analyse morale et les portraits ? Je ne sais. Toujours est-il, que c'est par là surtout qu'il séduisit ses auditeurs et les charma. Madame de Sévigné écoutait Bourdaloue, comme elle lisait Nicole, et pour les mêmes raisons : l'enthousiasme qu'elle a pour le prédicateur est bien le même que celui qu'elle professe pour l'auteur des *Essais de morale*. C'est par là que Bourdaloue obtint plus de suffrages, au XVII<sup>e</sup> siècle, que Bossuet lui-même ; et c'est par là que Fromentières lui serait notablement inférieur, s'il était vrai, qu'en tout le reste, il put lui être comparé.

En revanche, c'est ici que Fromentières se rapproche d'une manière assez sensible de Massillon, et qu'on peut voir dans le second la continuation ou plutôt le perfectionnement du premier. Dans l'observation morale, Massillon, comme Fromentières, ne descend pas à une grande profondeur. On ne peut pas dire qu'ils aient vu l'homme et la société de leur temps, autrement que le plus grand nombre de leurs contemporains, et qu'en cette matière, ils aient fait des découvertes. Les moralistes profonds de la chaire sont Bossuet et Bourdaloue ; les autres n'ont guère pénétré au-delà de la surface extérieure, par laquelle se trahit l'âme de l'homme ; et, s'ils ont pu quelquefois faire illusion sur la profondeur de leur pénétration, c'est, comme souvent La Bruyère, par l'originalité du tour et le pittoresque de l'expression qui traduit leur pensée. Mais ce qui distingue Fromentières de Massillon, c'est le charme et l'ampleur avec lesquels

(1) Cette page est citée par A. Feugère, op. cit. p. 419.
[2] Sermon *Sur la Décollation de saint Jean-Baptiste*. I<sup>re</sup> part.

celui-ci développe ses pensées morales, l'habileté, dans laquelle il excelle, à les envisager sous tous les aspects et à les montrer dans le jour le plus intense. C'est le moins sentencieux des moralistes ; il se plaît dans l'amplification et connaît tous les secrets pour développer un lieu commun. Là il est maître. Au contraire de Bourdaloue qui descend de plus en plus, par degrés, dans l'âme de l'homme, Massillon ne change pas de niveau, mais il explore et nous fait connaître parfaitement celui où il s'est arrêté. Et, tandis que Fromentières, se contentant d'indications précises et brèves, interroge surtout sa raison, Massillon, jusque dans l'observation morale, fait œuvre d'imagination et de sensibilité.

Nous n'insisterons pas sur ce point. Aussi bien la comparaison que nous avons établie à la fin du précédent chapitre, entre Fromentières et Massillon, suffit à montrer l'intervalle qui sépare les deux prédicateurs. Par tout ce que nous venons de dire, nous avons surtout voulu nous ménager le droit de conclure, que les œuvres de Fromentières ne sont pas dépourvues de cet intérêt particulier que donnent, à toute œuvre littéraire, la peinture d'une époque et le reflet des mœurs du temps.

# Chapitre V

# Les Panégyriques de Fromentières

*I. — Nombre et variété des panégyriques de Fromentières...
Comment le XVII° siècle entendait le panégyrique... Comment
l'entendait Fénelon... Comment l'entendait Fromentières...
Comment il l'a traité.*
*II. — Dans son ensemble le panégvrique a été mal compris par
Fromentières... On y rencontre de bonnes pages; d'heureux
détails; exemples pris dans les panégyriques de saint Pierre...
de saint Paul...*
*III. — De l'histoire dans les panégyriques de saint Sulpice, de
saint Bernard et de saint Charles Borromée... Fromentières
et Fléchier... Conclusion du chapitre.*

I

Quand j'ai parlé de la Rhétorique de Fromentières, de sa
doctrine et de sa morale, je me suis appuyé également sur des
exemples empruntés soit aux *Panégyriques*, soit aux *Oraisons
funèbres*. Si ces deux derniers genres n'offraient pas un caractère
tout différent de celui du sermon, il est clair qu'il n'y aurait pas
lieu de leur consacrer une étude à part, et les deux chapitres qui
vont suivre n'auraient plus leur raison d'être. Mais, par la nature
des sujets qu'ils traitent et du but qu'ils poursuivent, les
panégyriques et les éloges funèbres se distinguent du sermon,
sinon dans leur forme et dans la doctrine qu'ils contiennent, du
moins dans leur caractère général, dans le ton, et aussi dans la
manière dont ils doivent être conçus. Il n'est pas sans intérêt, il

est même nécessaire, pour que cette étude soit complète, de voir quelle idée Fromentières s'était faite du panégyrique et comment il l'a réalisée.

Ce qui frappe tout d'abord, quand on parcourt le recueil de la prédication de Fromentières, c'est la place considérable que les panégyriques y occupent. Sur les six volumes, il y en a deux qui ne contiennent que des panégyriques. Si l'on était pressé de conclure, on serait porté à dire que Fromentières aimait particulièrement ce genre de prédication, et qu'il s'y distinguait, peut-être, plus que dans le sermon. Je ne serais pas éloigné de croire qu'il eut un faible pour les manuscrits qui contenaient ses panégyriques, qu'il les conserva avec plus de soin, et que, pour cela même, ils ont eu meilleure fortune, je veux dire qu'il s'en est moins perdu. L'élève du P. Sénault eut sans doute la faiblesse de croire, comme son maître, que le panégyrique est l'œuvre d'un homme habile, qui s'applique à rehausser les vertus admirables des saints par sa parole : « que c'est le dernier effort de l'éloquence, et que « l'orateur se couronne lui-même, quand il compose des guirlandes « pour les autres.» (1) Puisque donc il s'agit de guirlandes, disons tout de suite qu'il en a composé près d'une quarantaine, consacrées à des saints de tout rang, de toute condition, de tout sexe, de toute époque, saint Pierre, saint Paul, saint André, saint Jean l'Evangéliste : voilà pour les apôtres ; saint Benoît, saint Bernard, saint Dominique, saint François d'Assise, saint Ignace : voilà pour les fondateurs d'ordres religieux, desquels l'hagiographie et l'histoire ecclésiastique conservent pieusement les traits, la physionomie morale, et le souvenir de leurs grandes actions ; saint Louis, saint Charles Borromée, saint François de Sales, dont le nom, à chaque page de leur histoire, se trouve mêlé aux événements contemporains ; qui prirent une part active aux luttes de leur temps, eurent une influence marquée sur la marche des idées dans leur époque, qu'ils dominent par l'ascendant de leur sainteté, ou même quelquefois, de leur génie. Il en est d'autres

(1) Cité par M. de Tréverret. *Du Panégyrique des Saints au XVII<sup>e</sup> siècle*. Page 9.

qui n'éveillent en nous que peu de souvenirs, comme saint Victor, saint Sulpice, saint Etienne, les saints Gervais et Protais. En revanche, des figures comme celles de sainte Monique, de sainte Thérèse, offraient une riche matière pour d'émouvants tableaux et d'intéressantes études. Si dans ces panégyriques Fromentières eût été supérieur à ce qu'il est dans ses sermons, disons tout de suite qu'il nous présenterait un spectacle unique parmi les prédicateurs du XVII° siècle. On voit déjà la conclusion à laquelle nous arriverons à la fin de ce chapitre. Essayons d'en établir les preuves.

Dans son « *Traité de la Prédication* », saint François de Sales nous enseigne qu'il y a trois manières de faire un panégyrique : « Il faut rapporter les pièces de la vie du sainct « chascune à son rang... Ou bien considérer comme il a combattu « le diable, le monde, la chair... ou bien.... comme il faut « honorer Dieu en son sainct, et le sainct en Dieu. » (1) L'aimable prélat comprenait, sans doute, que le vrai panégyrique est celui qu'il met au premier rang, et qui nous fait connaître le saint par le récit des faits qui composent la trame de sa vie. Mais, il savait aussi que cette méthode n'était pas toujours possible, parce qu'il y a des saints dont la vie est peu ou point connue : le moyen, en effet, de faire connaître saint Michel par l'histoire ? Comme, d'ailleurs, toute prédication ne doit jamais perdre de vue le but d'édifier et d'instruire, quand la matière historique, pour faire connaître le saint, venait à manquer, il restait toujours possible de développer, à son sujet, une suite de considérations théologiques et d'applications morales ; c'est-à-dire, comme l'entend saint François de Sales, de faire une instruction religieuse et morale, sur un sujet chrétien, à propos du saint qu'on avait à louer ; ce qui n'est rien de plus qu'un sermon. C'est cette dernière méthode qui prévalut au XVII° siècle. Comme si les prédicateurs avaient craint le danger de n'intéresser

(1) Œuvres complètes de saint François de Sales. Edit. Berche et Tralin. T. II, page 20.

par le panégyrique que la curiosité de leurs auditeurs, et de ne pas arriver jusqu'à leurs âmes pour y éveiller des sentiments chrétiens, ils y firent entrer les considérations dogmatiques et les applications morales, dans une si large mesure, que la part faite à l'histoire du saint et au simple récit des faits fut souvent la plus restreinte, et toujours peu considérable. Telle fut la pratique, non seulement du P. Sénault, mais de Bossuet, de Bourdaloue, de Fléchier même. Aussi l'abbé Maury a-t-il pu dire : « Les Panégyriques sont restés parmi nous à une distance « infinie de ces magnifiques discours (Oraisons funèbres) ; c'est « le domaine le moins riche de notre éloquence sacrée. » (1) Et le jugement de Maury ne nous semble pas avoir été ou devoir être réformé.

Quoi donc ? les *Panégyriques de saint Bernard*, de *saint Paul* par Bossuet ne trouveraient pas grâce devant la critique ? Ce sont de magnifiques sermons, dignes de l'orateur qui a prononcé le *Discours sur l'Unité de l'Eglise* et tant d'autres, connus et admirés par tous ceux qui ont du goût ; mais des panégyriques, c'est-à-dire, des œuvres destinées à reproduire d'une manière complète, et sous une forme animée, vivante, la physionomie de ces héros du christianisme, dans les situations et les conditions diverses où la main de la Providence plaça leur vie, je ne le crois pas. Bourdaloue négligea plus encore peut-être que Bossuet de leur donner ce caractère. Si Fléchier s'appliqua à faire une part plus large à l'histoire, dans ses panégyriques, il resta pourtant encore en deçà de la ligne qui marque le point précis où la figure se dégage dans son ensemble avec relief, netteté et précision. Il n'entre pas dans mon sujet d'en faire la démonstration. Elle a été faite d'ailleurs par M. de Tréverret dans sa thèse *Sur le Panégyrique des saints au XVII^e siècle :* j'y renvoie tous ceux qui voudraient sur ce point des détails et des preuves. (2) Mais qu'il reste acquis désormais,

(1) *Essai sur l'éloquence de la Chaire.* Ch. XXVII, p. 97.

(2) *Du Panégyrique des Saints au XVII^e siècle :* Thèse présentée à la Faculté des lettres de Paris par M. A. de Tréverret. Paris, Thorin, 1868.

que le panégyrique au XVII⁰ siècle se rapproche du sermon, qu'il tend au même but (1), par les mêmes moyens, qu'il n'en diffère que par la place faite aux exemples tirés de la vie du saint.

Fénelon, qui, en toute chose, pensa par lui-même et se permit de ne pas suivre les sentiers battus, là où la foi n'imposait pas la croyance et ne commandait pas le respect, Fénelon, esprit très ouvert et très pénétrant, comprit que cela n'était pas le panégyrique. « Le meilleur moyen de louer le saint, dit-il, c'est « de raconter ses actions louables. Voilà ce qui donne du corps « et de la force à son éloge ; voilà ce qui instruit, voilà ce qui « touche. Souvent les auditeurs s'en retournent sans savoir la vie « du saint dont ils ont entendu parler une heure. Tout au plus, « ils ont entendu beaucoup de pensées sur un petit nombre de « faits détachés et marqués sans suite. Il faudrait, au contraire, « peindre le saint au naturel, le montrer tel qu'il a été dans tous « les âges, dans toutes les conditions et dans les principales « conjonctures où il a passé. Cela n'empêcherait point qu'on ne « remarquât son caractère : on le ferait même bien mieux « remarquer par ses actions et par ses paroles, que par des « pensées et des desseins d'imagination. » (2) C'est à regret que

(1)  Car, vainement l'esprit de l'éloge est charmé,
   Si par l'exemple aussi le cœur n'est enflammé.
   A ce double dessein il faut que tu t'appliques,
   Ou n'entreprends jamais aucuns panégyriques.
           *Art de prêcher*, ch. IV.

(2) Ces desseins d'imagination allaient parfois jusqu'à la fantaisie la plus extravagante et les inventions les plus puériles. L'auteur de l'*Art de prêcher* fait allusion à un *Panégyrique de saint Romuald*. Le prétentieux prédicateur a travesti la légende et l'histoire : il croit avoir de bonnes raisons pour agir ainsi :
   Mais ce n'est pas un discours fructueux,
  Ce n'est pas un discours touchant et pathétique
  Que l'on m'a demandé, c'est un panégyrique.
  L'esprit seul doit briller dans l'éloge des saints,
  Et nous laissons le fruit à faire aux capucins.  *Chant IV.*
C'est un peu l'opinion de l'abbé du Jarry dans sa préface des « *Panégyriques choisis.* » Paris 1700.

je me prive du plaisir de citer toute cette fin du *3^mo Dialogue sur l'éloquence* ; mais le passage qui vient d'être transcrit, contient à la fois la critique de la méthode suivie par les panégyristes du XVII^e siècle, et la juste notion du panégyrique. Le panégyrique, suivant Fénelon, devrait avant tout, pour être autre chose qu'un sermon ordinaire, faire revivre la physionomie du saint, le suivre de près à travers « les conditions principales de sa « vie », le faire connaître par le récit « de ses actions louables », nous faire entrer dans le secret de son âme, pour nous découvrir à quels mobiles supérieurs et divins elle obéissait, nous faire admirer sa marche ascendante dans le bien ; et, mettant le saint « devant les yeux de ses auditeurs parlant et agissant », leur donner à contempler ce qui est le plus beau des spectacles, les merveilles de la grâce et l'héroïsme de la vertu. On aimait mieux, à l'aide « d'un petit nombre de faits détachés et marqués « sans suite », se procurer à soi-même l'occasion de moraliser, d'adresser à ses auditeurs des exhortations pratiques, un enseignement direct. Au lieu de laisser l'impression salutaire se dégager elle-même du récit, on l'en dégageait presque de force, parce qu'on l'en séparait, pour substituer au récit le développement de ses propres pensées et ses imaginations. Vus par ce côté pratique, et considérés comme des sermons, les panégyriques de Bossuet restent de beaux morceaux oratoires : mais ce que Bossuet fit si bien dans l'oraison funèbre pour les grands du monde, nous regrettons qu'il ne l'ait pas fait dans le panégyrique pour l'honneur et la gloire des saints. (1)

Par ces observations qu'il était bon de faire au début de ce chapitre, j'ai déjà indiqué d'une manière générale de quelle manière Fromentières comprit le panégyrique, et j'éprouve moins de peine à remarquer qu'il ne s'y est pas attaché à réaliser l'idéal rêvé quelques années plus tard par Fénelon. Au contraire, cette subtilité scolastique, qui consiste « à réduire toutes les « actions et toutes les vertus d'un saint en un seul point, » c'est

(1) **Cf. A. de Tréverret** : *Du Panégyrique des Saints.* ch. IV.

ce que trop souvent il s'efforce d'imiter et de mettre en pratique. Ecoutons-le, lui-même, nous faire part des préoccupations s'emparent de lui, quand il a le devoir de composer un panégyrique : « L'une des plus grandes difficultés des « prédicateurs, dans les éloges qu'ils font de la mère de J.-C., est « celle de se résoudre sur le choix de ses vertus. » Vous avez entendu : il s'agit de la sainte Vierge, il est vrai ; mais pressons un peu le sens des mots, et il ne nous sera pas difficile d'en exprimer une théorie générale. Si l'éloge de la sainte Vierge, tel que l'entend Fromentières est difficile, c'est qu'elle a pratiqué toutes les vertus à un degré héroïque, que son caractère, par conséquent, ne s'explique pas par l'exercice d'une vertu qui aurait tenu toutes les autres sous sa subordination, et qui, pratiquée à un degré suréminent, aurait fait le ton et l'unité de sa vie. Eh bien, ce qui est arrivé à Fromentières à l'égard de la sainte Vierge, a dû lui arriver aussi à l'égard de bien d'autres saints : plus d'une fois il a dû être embarrassé et gêné par sa théorie. Car, s'il est des saints dont le caractère s'explique par une vertu qui a été, à l'exclusion des autres, l'âme de leur vie, et le principe de leur sainteté, comme cela est vrai d'un Vincent de Paul, il en est d'autres, et c'est le plus grand nombre, dont la physionomie morale ne peut pas se ramener à cette unité. Leur physionomie est complexe, plusieurs vertus y brillent d'une égale clarté. Le devoir du prédicateur serait de les montrer les unes et les autres, pour faire mieux voir les aspects divers de la physionomie du saint. Le panégyrique aurait son unité dans l'unité de la physionomie révélée aux auditeurs ; mais Fromentières en cherche une autre, celle du sermon développant un sujet unique, abstrait, une vérité dogmatique ou morale. Le *Panégyrique de saint Dominique* devient dès lors un sermon *Sur les Caractères de la vraie prédication*, celui de saint Augustin, un sermon *Sur l'efficacité de la grâce*, celui de saint Ignace, un sermon *Sur la nature du zèle de la gloire de Dieu*.(1)

(1) Cette manière de concevoir l'éloge des saints favorisait les prédicateurs besoigneux, qui avaient à leur service quelques panégy-

La peinture morale y perd et le saint n'en sera que médiocrement connu. Mais le panégyrique aurait-il donc uniquement pour but de nous faire connaître l'âme d'un saint ? Fromentières ne le pense pas : « Si Dieu expose à notre piété ses saints, pour être « autant d'objets d'un culte inférieur à la suprême adoration qui « n'est due qu'à lui seul, c'est autant pour notre bien que pour « la manifestation de leur gloire. » (1) Je ne conteste pas la justesse de l'idée, j'en trouve l'application malheureuse. Pourquoi s'obstiner à croire, que le seul spectacle d'une vie passée dans l'héroïsme des vertus chrétiennes, ne soit pas un exemple assez fortifiant par lui-même ; et pourquoi se flatter surtout, que les considérations théologiques et philosophiques auront sur les âmes un ascendant plus fort, et les pénétreront d'un charme plus irrésistible que les enseignements qui se dégagent tout seuls du récit d'une noble vie ?

Ce fut donc le tort de Fromentières de le croire, et aussi de conformer ses panégyriques à l'idée qu'il s'en faisait. Il est visible, quand on les lit, que son effort se porte à combiner dans une mesure inégale le sermon et l'éloge : le premier comporte même la plus large part. Son attention à ne pas cesser d'être sermonnaire, en devenant panégyriste, l'oblige, presque toujours, ou à supprimer l'histoire, ou à l'écourter, ou bien encore à rappeler sèchement et brièvement les faits, au lieu de faire parler, agir et vivre son héros sous nos yeux. Du caractère du personnage nous

riques d'un caractère suffisamment général et vague pour s'adapter à plusieurs personnages. C'est ce qu'insinue l'auteur de l'*Art de prêcher* :

> Souvent dans un éloge un saint est enchassé,
> Comme l'est un tableau dans un cadre placé ;
> Otez l'un, bientôt l'autre en remplira la place,
> Et tel prédicateur paresseux, plein d'audace,
> Pourra prêcher demain, n'en changeant que le nom,
> Tous les saints qu'on voudra sur le même sermon.
> Ainsi, sur trois d'entre eux, j'ai vu le Père Pancrace (*sic*)
> Prêcher la même pièce. Il prêcha saint Ignace :
> Ce saint, un mois après, devint saint Augustin ;
> Saint Augustin ailleurs se trouva saint Martin.

(1) Sermon *Sur la Translation de saint Domnole*, II<sup>e</sup> part.

ne saurons presque rien, car les faits qui seront rapportés, n'étant pas liés les uns aux autres, l'ensemble de la physionomie morale reste dans l'ombre. S'agit-il de louer saint Thomas d'Aquin ? Fromentières nous montre, dans les trois parties du discours, que ce docteur a mérité sa science éminente par son détachement, qu'il l'a reçue par sa prière, qu'il l'a enfin employée et rendue utile par son zèle. Je pourrais faire remarquer que la science théologique de Fromentières, si sûre dans le sermon, me paraît ici quelque peu en défaut : il prouve difficilement, et même ne prouvera pas du tout, que saint Thomas doit sa science à son détachement. Et c'est ici qu'apparaît mieux encore le vice de sa méthode. Ce qui fait le caractère distinctif de saint Thomas, c'est bien sa science prodigieuse. Mais comment, par la science qui ne regarde que l'intelligence, arriver au cœur du saint, montrer son âme, et nous faire connaître ses vertus ? Par des tours de force, ingénieux sans doute, mais pas encore assez, peut-être, pour convaincre ceux qui cherchent des raisons sous des mots.

Mais laissons cette chicane, et admettons que saint Thomas a bien mérité sa science par son détachement. Ce développement commence par quelques considérations très élevées sur la nécessité du sacrifice ; elles amènent le récit des deux ou trois faits qui, dans la jeunesse de Thomas d'Aquin, mirent en relief son dégoût pour la chair et le monde ; encore sont-ils entremêlés de pensées générales, inutiles pour le moins, et nous arrivons à l'exhortation morale. Il en sera de même au deuxième et au troisième point, de sorte que ces allusions à l'histoire, sans lien les unes avec les autres, et de plus, enveloppées dans les démonstrations abstraites qui les précèdent et les suivent, ne font pas corps ensemble et laissent dans le vague la physionomie du saint. Pendant une heure, comme dit Fénelon, nous avons entendu le nom de saint Thomas d'Aquin passer et repasser dans la trame du sermon, et son histoire, cependant, ne nous est pas connue : nous n'avons pas contemplé sa physionomie morale, dont notre imagination ne gardera pas le vivant souvenir ; et les faits eux-mêmes, que le prédicateur a rappelés en termes généraux, dans leur froide entité, n'ont guère fait impression sur notre âme. En revanche, nous avons retrouvé tout l'appareil des sermons : considérations générales appuyées sur l'autorité de la Bible ou des Pères, applications pratiques, peintures morales de l'homme, conseils, admonestations éloquentes. Quelques-uns des panégyriques de Fromentières s'écartent un peu de l'idée que je viens d'en donner ; il en sera parlé tout à l'heure ; le plus grand nombre lui est conforme ; enfin, quelques-uns ne pouvaient pas être traités d'une autre manière. Il y a des saints sur lesquels la légende et l'histoire fournissent trop peu de détails pour qu'ils suffisent au panégyrique. En mêlant leur nom à un sermon édifiant, Fromentières a trouvé le seul moyen possible de les louer. Mais, ce jour-là, les sujets sont venus à lui : ils étaient juste à la mesure de son panégyrique.

## II

Laissons de côté les vues d'ensemble, la manière générale dont Fromentières ordonne son panégyrique, pour en considérer de plus près quelques détails, et nous serons obligés de constater qu'à côté de passages d'une noble simplicité et d'un grand effet, il s'en trouve d'autres, d'un éclat trop recherché et d'un goût douteux. On est tenté de croire que Fromentières s'est trop souvenu du mot du P. Sénault, qui prétendait que le panégyriste se couronne lui-même, en composant des guirlandes pour les autres. D'ailleurs, c'était une opinion assez reçue, au XVII° siècle, que le panégyrique était une composition d'une nature particulière, qui demandait plus de pompe, d'apprêt et d'éclat que le sermon :

L'esprit seul doit briller dans le Panégyrique. (1)

(1) *Art de prêcher*, ch. IV. Voir aussi la Préface citée plus haut des *Panégyriques choisis* de l'abbé du Jarry.

Celui qui parlait ainsi ne faisait qu'exagérer la théorie : il ne l'inventait pas. Aussi les panégyriques de Fromentières, même vus seulement par le détail, sont-ils inférieurs à ses sermons. Son goût est soumis à une plus rude épreuve et se trompe plus souvent. Prenons le *Panégyrique de saint Pierre*. Fromentières considère d'abord, dans le premier point, l'apostasie de l'apôtre, suivie de repentir ; dans le deuxième, sa triple protestation d'amour, si magnifiquement récompensée par le Sauveur ; dans le troisième, son martyre. L'idée de cette division était heureuse. Ajoutez à ces trois grands faits, qui dominent la vie de saint Pierre, les faits secondaires qui les préparent ou les suivent, et vous avez une physionomie vivante, pleine de relief, d'une touchante et saisissante originalité. Il va sans dire que Fromentières n'a pas osé nous donner ces trois tableaux, et que le panégyrique n'est pas fait. Que reste-t-il dès lors ? Quelques passages plus ou moins heureux, mais sans lien qui les unisse. J'en détache le suivant : « Un regard du Sauveur, pressant « doucement son cœur, l'obligea de pousser tout à coup ce « déluge par ses yeux : *conversus Jesus respexit Petrum ; et* « *egressus foras, flevit amare*. Représentez-vous ici le soleil qui, « frappant de ses rayons une nuée grosse d'orages, la résout « d'abord en pluie. C'est là ce qui se passe en la conversion de « saint Pierre. Cet homme semble attaquer le ciel par ses « serments, et ce nuage grossi de tempêtes contribue autant « qu'il peut à l'éclipse et à la mort de J.-C. *Non novi hominem.* « Mais que fait pour lors ce soleil adorable de nos âmes ? « *Conversus Jesus respexit Petrum.* Ce soleil frappe ce nuage « d'un de ses rayons. J.-C. regarde Pierre, un Dieu jette ses yeux « sur ce pécheur ; eh ! qu'arrivera-t-il. *Egressus foras flevit* « *amare.* Ce nuage se résout aussitôt en pluie, ce cœur que la « crainte de la mort avait glacé, s'amollit tout d'un coup, ce « pécheur enfin fond en larmes. » Il n'est pas besoin d'insister, pour faire remarquer tout ce qu'il y a de forcé dans ce rapprochement, ainsi poursuivi de détail en détail. Ce déluge des

larmes nous ferait croire que le souvenir des vers malheureux de
Malherbe pesait sur la mémoire du prédicateur, dont les
comparaisons exagérées nous rappellent quelque peu celles du
poète.

Combien Fromentières a été mieux inspiré dans le tableau
suivant, d'une mâle tristesse et d'une poétique mélancolie :
« C'est tout vous dire que Pierre n'ouvrait jamais les yeux pour
« regarder, que ce ne fut aussi pour pleurer, et que la pénitence
« lui faisait trouver dans tous les objets de justes motifs à ses
« larmes. S'il regardait le ciel, il pleurait d'avoir renoncé celui
« qui lui en avait ensuite confié les clefs ; s'il voyait la mer, il
« pleurait d'avoir désavoué celui qui, d'un simple pêcheur, l'avait
« fait pilote de son église ; s'il se trouvait avec les autres apôtres
« ou disciples, il pleurait de s'être témérairement vanté, en leur
« présence, de mourir pour son maître ; si le hasard lui faisait
« rencontrer des femmes, c'était pour lors qu'il pleurait
« amèrement le malheur où l'une de ce sexe l'avait réduit. Le
« coq ne chantait jamais, que ce chant, frappant son cœur, ne
« changeât ses yeux en deux sources de larmes : en sorte qu'il
« ne trouvait jamais le moyen de les essuyer ; et, quoique à force
« d'en répandre, il ne connut presque plus, ni les couleurs, ni
« la lumière, il était persuadé que ses yeux ne lui avaient jamais
« plus fidèlement servi, puisqu'ils pleuraient son péché. » Ici,
l'âme de l'orateur a rencontré celle du saint ; elle en a compris
l'incurable tristesse et l'immortel repentir, et, dans un morceau
d'un sentiment pénétrant, elle arrive, sans que la recherche y
paraisse, à nous les faire comprendre et sentir. A la première
lecture, nous reconnaissons ce qu'il y a de vrai et de douloureusement expressif dans ce court poème des larmes de saint
Pierre, et nous nous laissons gagner par le sentiment de son
repentir et de sa douleur.

Le *Panégyrique de saint Paul* n'offre pas des passages plus
heureux. Quel magnifique sujet, pour une âme éloquente, que la
vie de cet apôtre ! Quel homme extraordinaire ! Quel héros ! Quel

saint ! Bien connu celui-là ! Avec une physionomie d'un relief puissant et d'un éclat sans pareil ; dont la vie, tourmentée comme un jour d'orage, se développe, sans que rien ne trouble la sérénité de son âme, et ne retarde sa course conquérante à travers ce monde qu'il foule, emporté comme le prophète par le souffle de Dieu. « Cet homme du troisième ciel », comme dit Bossuet, fait son apparition dans le monde avec la menace aux lèvres et la soif du meurtre dans le cœur : *spirans cædis et minarum*. Pour le gagner à sa cause, Dieu met en œuvre les moyens les plus extraordinaires, et cette âme ardente, quand elle a été violemment retournée, se précipite avec toute son impétuosité naturelle, centuplée par la grâce, dans les fatigues incessantes de son merveilleux apostolat. Nous suivons saint Paul dans sa carrière, marquée à toute heure par des actions qui nous découvrent son âme tout entière : quand il paraît devant Félix, devant Festus, devant l'Aréopage, devant saint Pierre qu'il réprimande ; nous le suivons jusqu'au palais de Néron, où l'ont poussé son zèle des âmes et la flamme de l'Apostolat. Nous avons aussi ses lettres, qui contiennent les confidences de son cœur, et nous font connaître ce qu'il y eut de tendresse et de force, d'abnégation et de charité, dans cette âme miraculeusement transformée. Vraiment, il était permis, même à Bossuet, quand il commençait le panégyrique de cet apôtre, de se sentir « étonné de la « grandeur de son entreprise, » à la pensée « qu'un tel sujet ne « permettait rien qui fut au-dessous de son éloge. »

Je suis persuadé que Fromentières n'éprouva ni les mêmes sentiments, ni les mêmes scrupules. Son dessein, dans le *Panégyrique de saint Paul*, n'était pas tant de nous faire connaître l'apôtre, que la merveilleuse efficacité de la grâce. Elle a fait son chef-d'œuvre dans la conversion de saint Paul, elle en a fait son plus universel instrument dans son apostolat. La seule lecture de cette division nous découvre déjà l'importance donnée à la thèse au préjudice de l'éloge. Le panégyrique de saint Paul n'est pas fait, lui non plus ; mais on y rencontre pourtant certaines pages, d'une inspiration heureuse, dont la lecture établit suffisamment que Fromentières avait, dans son langage, assez de rapidité, de relief et de trait, pour raconter dans un style sobre, mais expressif, les faits donnés par l'histoire. Qu'on en juge par le passage suivant, détaché du même panégyrique : « A considérer ce qu'il (saint Paul) a fait dans « l'exercice de son ministère, on dirait qu'il a participé à « l'immensité de Dieu ; que, comme lui, il s'est trouvé et a agi « partout par l'étendue de son zèle : en sorte que le soleil n'a « presque point éclairé de terres par ses lumières, où il n'ait « porté le flambeau de l'Evangile. Il fait son coup d'essai dans « la Palestine ; de la Palestine il passe dans la Grèce, il entre « dans Athènes et enlève à l'Aréopage le plus habile de ses « philosophes; de là, il passe en Ephèse, où, malgré les séditions, « il confond les idolâtres ; et, s'il quitte l'Asie, ce n'est que pour « venir en Europe, employant moins de jours à convertir le « monde, que Rome n'avait employé d'années pour le réduire à « son obéissance. Que dirai-je davantage ? Paul passe comme « la foudre d'Espagne en Italie, il entre dans Rome, il pénètre « dans le palais de Néron, il lui enlève de ses favoris et de ses « concubines. N'est-il pas vrai, que si toutes les histoires ne « rendaient un témoignage non suspect à ces merveilles, et si le « fruit de ses prédications ne restait encore aujourd'hui, on « prendrait ses travaux pour ceux d'un Hercule ou d'un Ulysse? « Car, qui peut s'imaginer que Paul n'ait qu'un corps et qu'il « soit partout, qu'il n'ait qu'un cœur et qu'il y renferme tout le « monde ? Saint Chrysostome en est si étonné, qu'il dit que la « grâce lui a donné des ailes et une inconcevable agilité, pour « passer de villes en villes, de provinces en provinces, de « royaumes en royaumes ; et saint Isidore de Damiette, enché- « rissant encore sur cette pensée, l'appelle d'un beau mot : « *Pennatum agricolam.* » Négligeons, si vous le voulez bien, ce malencontreux souvenir mythologique, qui fait tache sur le morceau, mais, cette réserve à part, n'est-il pas vrai que le passage a de la rapidité, de la couleur, de l'harmonie ? N'est-il pas vrai que le prédicateur a été fortement saisi par la grandeur surhumaine de son héros, courant à la conquête des âmes, et qu'il a su nous le montrer dans cette attitude, le faire vivre et agir sous nos yeux ? Quelle image expressive dans les deux mots empruntés à saint Isidore, et quelle heureuse compensation pour nous consoler du souvenir accordé à la fable !

De pareils morceaux ne sont pas rares : il serait facile de trouver, dans tous les panégyriques, des pages qui délassent des considérations arides, des tableaux qui reposent l'imagination, des passages qui intéressent l'esprit et touchent le cœur. Je me permettrai de signaler, en particulier, le récit de la conversion de saint Ignace, blessé au siège de Pampelune, se réfugiant ensuite à Manrèze, celui des austérités et des pénitences par lesquelles il se prépare à sa nouvelle carrière. On peut lire également le tableau de l'apostolat de saint François de Sales, dans le premier panégyrique que notre prédicateur lui a consacré. Les études générales, sur l'état de la civilisation et des mœurs, ne sont pas absentes non plus : le prédicateur a compris que le caractère et la vie des saints s'explique, en partie, par les milieux qui les ont vus naître ; et ces études ne manquent ni de vérité, ni d'intérêt, ni d'éclat, malgré la rapidité avec laquelle il trace ses tableaux et la timidité avec laquelle il s'engage sur le terrain de l'histoire. Le *Panégyrique de saint Dominique* nous ramène au commencement du XIIIᵉ siècle, à cette époque où le midi de la France était ensanglanté par la guerre des Albigeois ; le *Panégyrique de saint Bernard* nous jette en plein XIIᵉ siècle, au milieu des luttes qui faillirent amener un schisme au sein de l'Eglise. Je dois dire pourtant que ces peintures générales sont très rares ; elles ne sont d'ailleurs possibles que dans le panégyrique d'un saint qui fut assez mêlé aux évènements de son époque, ou pour les diriger, ou pour en recevoir la profonde empreinte. On ne conçoit pas non plus pour quelle raison Fromentières se départirait de sa méthode habituelle, et ferait à l'histoire générale d'une époque — laquelle ne rentre que secondairement dans son sujet — une place qu'il n'accorde pas au sujet lui-même, et pourquoi il n'excluerait pas les faits qui peignent un siècle, alors qu'il n'admet qu'avec une sorte de réserve timide les faits qui nous aident à connaître les saints.

Donnons aux considérations qui précèdent cette conclusion, que les passages les plus heureux des panégyriques de Fromentières, si nombreux qu'ils soient d'ailleurs, ne suffisent pas à faire que ces panégyriques se distinguent essentiellement des sermons.


### III


Cependant, j'ai hâte de le dire, il est quelques-uns des panégyriques de Fromentières qui se distinguent de ceux dont je viens de donner une idée, et qui plaisent dans leur ensemble. Ce n'est pas qu'ils s'éloignent totalement de la formule que dans les pages précédentes j'ai essayé de préciser et de proposer : qu'on lise le panégyrique de saint Louis, qui est tout aussi bien un sermon sur les devoirs des rois ; qu'on lise le panégyrique de saint Dominique, qui complète l'oraison funèbre du P. Sénault et enseigne aux prédicateurs quels sont leurs devoirs, on verra que le sujet de l'éloge et celui du sermon sont si étroitement unis, que l'intérêt ne se partage pas, que les considérations générales ne font pas disparaître la figure du personnage, et qu'on a sans cesse sous les yeux l'image de saint Louis ou de saint Dominique, quand Fromentières nous entretient des devoirs d'un roi ou d'un prédicateur. Il en est quelques autres où, contrairement à sa méthode ordinaire, il donne au récit des faits une place plus large qu'au développement des idées générales. Parmi ces derniers, je citerai volontiers les Panégyriques *de saint Sulpice, de saint Bernard, de saint Charles Borromée.*

La seule division du premier de ces panégyriques : 1° saint Sulpice s'est sanctifié à la Cour, 2° saint Sulpice s'est sanctifié dans l'épiscopat, nous promet un développement qui ne saurait reposer que sur la narration des faits, exposés dans leur ordre chronologique. C'est d'abord un tableau charmant de la jeunesse de saint Sulpice, ce « jeune homme élevé dès ses plus « tendres années dans le sein de la Cour, et qui, néanmoins, passe « au travers de toute cette fortune et de tout cet éclat sans se « corrompre, comme la lumière, qui ne contracte aucune « impureté des choses qu'elle touche, et pour qui le milieu « dissolvant des cours, n'a été qu'une académie de vertu, un « sanctuaire de pureté et d'innocence. »

Sans doute les détails caractéristiques, les traits qui laissent une forte empreinte, manquent dans le tableau auquel j'ai emprunté quelques traits ; le dessin en est encore un peu confus et l'expression trop générale : mais ce dessin y est pourtant, et si l'exécution n'est pas très frappante, du moins l'intention s'y reconnaît et je la note. L'intention s'affirme davantage encore dans le récit de la jeunesse de saint Sulpice et de sa conduite à la Cour du roi Clotaire : « Qu'on l'appelle à la Cour, les mauvais « exemples ne l'y corrompront jamais ; qu'il ait les bonnes « grâces du roi, il ne perdra pas pour cela celles de Dieu ; qu'il « aille à l'armée de Gontran, il se formera à lui-même une « autre espèce de milice, et apprendra aux soldats les moyens « de bien servir Dieu en servant le prince ; qu'il parle à Clotaire « et qu'il lui donne des conseils, l'État n'aura rien à craindre « d'un favori qui a une foi vive : il parlera au prince et non à sa « fortune ; il lui parlera avec la soumission d'un sujet ; mais, en « même temps, avec la liberté d'un chrétien et la générosité d'un « homme qui, sous l'habit d'un courtisan, sert un maître « infiniment plus grand que lui. » C'est ainsi que la fantaisie et la vérité, l'imagination et l'histoire se mêlent l'une à l'autre, que par des allusions nombreuses, le prédicateur fait visiblement effort pour devenir historien.

La seconde partie du panégyrique entre plus encore dans le dessein de l'histoire : le fait y est plus précis. Le prédicateur nous montre quels furent les sentiments de saint Sulpice, quand il se vit élevé à l'épiscopat; comment il comprit ses devoirs, quels résultats il obtint par ses prédications, quelles réformes il opéra dans son clergé : « Il assembla le second concile de « Mâcon, y dressa des canons, y décerna des peines, et, ôtant « du clergé la simonie et l'avarice, dont il le trouva « particulièrement souillé, il rétablit l'Eglise dans sa première « et antique discipline. Voulant prêcher lui-même d'exemple « pour obliger ses ecclésiastiques à la frugalité et à la modestie... « il quitta sa maison, il vendit ses meubles, il congédia ses « domestiques, et n'ayant rien qu'en commun avec ses prêtres, « il ne voulut jamais avoir plus dans sa nourriture que le « moindre d'eux. » Enfin, le trait suivant, raconté bientôt après, achève de nous révéler un aspect différent de l'âme du saint que le panégyriste s'est proposé de louer. « Saint Sulpice se reprocha « d'avoir été cause qu'un enfant était mort de faim et de froid, « pour ne lui avoir pas rendu lui-même les secours qu'il devait « lui rendre, et s'être contenté de l'avoir abandonné aux soins « de l'un de ses domestiques. Il crut qu'il devait tout quitter « pour soulager ce petit misérable, sans le confier à une charité « étrangère; et, afin de réparer sa prétendue dureté, il fit tant « auprès de Dieu par ses prières, que s'étant penché sur son « cadavre, comme un autre Elisée, il lui rendit la vie. » Si court que soit ce trait, quel jour il projette sur l'âme du personnage, sur sa bonté naturelle, sur sa facilité à compatir au malheur, sur sa simplicité dans la charité, en même temps que sur son crédit auprès de Dieu ! Il semble que le prédicateur a trouvé la bonne manière de faire le panégyrique, et l'unique moyen de nous montrer le saint. Mais, comme s'il avait peur de s'égarer, il s'abstiendra de mettre en lumière les autres vertus de son héros. Il les résumera dans une sèche et froide énumération, avec l'intention naïvement exprimée de ne pas les faire mieux connaître : « Que serait-ce, si je vous parlais de ses autres vertus ? » Eh, mon Dieu, nous n'en connaîtrions que mieux le saint dont il vous plaît de nous entretenir.

Bien que ce panégyrique ne réponde pas assez à l'idée qu'il faut se faire de ce genre, je crois qu'il reste, pour le fond et pour la forme, un des meilleurs qu'ait prêchés Fromentières, et aussi un des meilleurs qui aient été prononcés, à cette époque, dans la chaire de Saint-Sulpice. Il n'est pas sans offrir quelque ressemblance avec celui que Bossuet prêcha sur le même sujet, le 19 janvier 1664. Entre le panégyrique de Bossuet et celui de Fromentières, prononcé en janvier 1673, il s'est écoulé un espace de neuf années. Il est peu probable que le théologal du Mans ait entendu Bossuet, et presque sûr que le manuscrit de ce dernier ne lui aura pas été communiqué. Il ne faut donc pas chercher par la comparaison des deux œuvres ce que la seconde doit à la première. Notons simplement la rencontre fortuite des deux prédicateurs dans la manière générale de développer le sujet : *Sulpice à la Cour ; Sulpice évêque :* Fromentières s'arrête à ces deux ordres de considérations ; Bossuet y ajoute : *Sulpice religieux ;* mais il insiste à peine sur cette troisième partie. Hors de là, il n'y a que des différences dans les développements. Fromentières fait à la biographie une plus large place que Bossuet : il analyse avec vérité les mœurs de la cour, insiste sur les périls que la vertu y rencontre, multiplie les détails. Bossuet n'analyse guère. Quelques traits rapides lui suffisent pour dénoncer les dangers qu'offre la Cour, puis il laisse parler son âme, émue par la beauté morale du héros qu'il se propose de louer, et son émotion se traduit, un moment, par un vrai cantique, dans lequel il célèbre les triomphes de la chasteté ! Le ton s'élève dans ces effusions lyriques auxquelles l'orateur livre volontiers son âme. Dans la deuxième partie du panégyrique de Fromentières, on pourra remarquer avec quelle liberté le prédicateur fait la leçon aux évêques. Bossuet se contente d'indiquer aux prêtres les devoirs que leur imposent la fuite du monde et les obligations particulières auxquelles ils sont soumis. Il ne faut pas lire deux fois ces panégyriques, pour remarquer et pour conserver l'impression différente que laissent après eux l'orateur de race, qui fait parler son âme, et le prédicateur méthodique, élégant, agréable, qui a de la facilité, de l'aisance dans le développement, de l'harmonie dans l'ensemble, mais dont l'inspiration ne procède pas assez du cœur.

On pourra faire la même remarque, au sujet du panégyrique de saint Bernard. Après les considérations si élevées et si poétiques de Bossuet, sur la jeunesse de saint Bernard et sa sainteté dans le cloître, il y a encore de l'intérêt et du charme à lire, dans Fromentières, la démonstration par les faits de l'influence, il serait plus juste de dire la séduction, qu'exerçait sur les âmes la figure de ce moine réformateur, qui rajeunit d'une sève nouvelle l'ordre monastique, et domina l'église d'Occident par l'ascendant de son éloquence et l'éclat de ses vertus : « les « princes quittent leurs Etats, les régents de France et de Suède « abandonnent le gouvernement de ces royaumes, les Hildebert, « les Geoffroy remettent leurs évêchés entre les mains du pape, « un peuple de princes et de prélats, toutes sortes de conditions, « touchées de la retraite de notre saint, viennent apprendre de « son exemple, dans un cloître, à vaincre leurs passions et à « mortifier leurs sens.... Avec ces charmes, je lui vois attirer « dans Clairvaux jusqu'à sept cents religieux.... à l'odeur de « ses parfums, je vois courir après lui cent soixante troupes qui, « de son vivant, peuplent autant de monastères et le reconnaissent « pour leur maître. »

Le rôle que saint Bernard joua dans l'Eglise, principalement à l'époque où Pierre de Léon fut sur le point de provoquer un schisme d'Occident, la conduite qu'il tint à l'égard des princes chrétiens, ne sont pas marqués d'un style moins ferme, avec moins de précision et de relief. C'est d'abord Henri d'Angleterre, qui, sourd à la persuasion, est contraint par la menace à faire sa soumission au pape Innocent, c'est Lothaire, qui, à son tour, est repris avec hardiesse et bientôt ramené au devoir ; c'est enfin le roi de France, nouveau Théodose, qui, après le carnage de Vitry, entendit les protestations d'un nouvel Ambroise : « Louis VII chasse les prélats de leurs sièges ; il paraît inflexible « aux prières de toute l'église sur ce sujet. L'homme de Dieu, « ému d'une sainte indignation, le reprend avec force de sa « dureté, le menace publiquement de la colère du ciel, et « cependant prononce un arrêt de mort contre son fils aîné. »

Ceux qui ont lu le panégyrique de saint Bernard par Bossuet se souviennent que les traits historiques n'y abondent pas ; ils sont même rares ; et cependant la physionomie du saint y prend quelque chose de vivant et d'animé, que Fromentières n'a pas réussi à donner, au même degré, à son héros. Malgré les détails accumulés, notre prédicateur ne parvient qu'insuffisamment à faire revivre, à nos yeux, la figure de saint Bernard, avec cet éclat et ce relief qu'elle eut de son temps. On ne croirait pas, après avoir lu ce panégyrique, qu'on a vu passer sous ses yeux la plus noble, la plus austère, la plus rayonnante figure du XII<sup>e</sup> siècle.

Je demande encore une mention particulière en faveur du Panégyrique de *saint Charles Borromée.* Il semble que les vertus pratiquées par le saint archevêque de Milan ont éveillé dans l'âme de Fromentières les sentiments d'une religieuse admiration. Cet évêque grand seigneur, si dévoué à l'église, si plein de zèle pour la discipline ecclésiastique, si tendre pour les pauvres, si paternel pour son troupeau, devait aller au cœur de Fromentières. Toujours est-il qu'il lui a inspiré un de ses meilleurs panégyriques. Le détachement des biens de la terre, le zèle de l'évêque, la charité du saint, telle est la division de cet éloge. Elle a le double avantage d'embrasser les principales circonstances de la vie du saint, et de ne pas trop déranger l'ordre chronologique des faits. On voudra bien remarquer aussi, que cette division n'affecte aucunement la prétention de réduire toutes les vertus du saint à une seule, et de ne présenter qu'un des aspects de sa physionomie morale.

Le développement répond exactement à la division. Si la première partie est encore encombrée de réflexions morales, la seconde, en revanche, est presque exclusivement historique. Elle commence par le tableau de l'église de Milan, vers la fin du XVIᵉ siècle, et s'achève par le récit des efforts tentés par saint Charles pour améliorer la condition morale du clergé et des fidèles. Peut-être ne trouverait-on pas, dans toute la prédication de Fromentières, un autre développement où les idées générales tiennent une moindre place. Je ne veux citer de ce panégyrique que le passage où le prédicateur nous rappelle le dévouement admirable de saint Charles, pendant la peste qui désola Milan : « Vous savez, Messieurs, que la peste ravageant sa ville, cette « cruelle maladie, où le père abandonne le fils et l'épouse le « mari, ne put séparer Charles de son peuple. Docteurs, c'est en « vain que par des raisons, même de conscience, vous voulez le « détourner d'assister son troupeau ; il n'y aura pas de moribond « où il ne coure, point de sacrement à administrer dont il ne se « charge... Quel ravisssant spectacle de le voir, comme la « victime publique de son peuple, marcher dans une procession, « les pieds nus et en sang, les yeux baignés de larmes, les « cendres sur la tête, la corde au cou, et demander à recevoir, « tout innocent qu'il est, les traits dont Dieu frappe les « coupables. »

Ce passage nous rappelle celui de Fléchier sur le même sujet ; et il ne sera peut-être pas sans intérêt de rapprocher les paroles de Fromentières de celles du brillant panégyriste de Turenne. La scène de la peste est longuement décrite par Fléchier, et c'est avec une complaisance marquée, qu'il insiste sur toutes les circonstances qui sont de nature à mettre au grand jour le dévoûment du saint archevêque : « Ce fut en cette occasion que « saint Charles fit voir son zèle et sa tendresse pour son peuple : « toutes ses entrailles s'émurent. Il dit avec saint Paul qu'il

« était débiteur à tous, qu'il désirait de se sacrifier pour ses
« frères. Chair et sang, raison humaine, persuasions vraisem-
« blables, vous n'eûtes point de pouvoir sur son esprit ni sur son
« cœur. On lui dit que sa vie importe au public ; et il répond
« que le salut d'une âme est encore plus important à Dieu ; que
« c'est une œuvre de perfection, et il croit que son état l'oblige
« d'être parfait. On lui allègue que c'est un conseil ; et le respect
« et la fidélité qu'il a pour Dieu lui fait vouloir, non-seulement
« ce qu'il commande, mais encore ce qu'il conseille. On lui
« représente que ce n'est pas une obligation de justice ; et il
« croit que les devoirs de la charité ne sont pas moins indispen-
« sables. On lui dit que peu d'évêques l'ont fait ; et il répond
« qu'il faut donc de temps en temps quelqu'un qui le fasse...
« Que ne puis-je vous le représenter allant dans tous les lieux
« infectés de la contagion pour assister ses brebis languissantes ;
« traversant les rues qu'une triste solitude rendait affreuses ;
« entrant dans des maisons plus lugubres que des sépulcres ;
« passant au travers de ces souffles mortels qu'exhale de tous
« côtés un tas de morts et de mourants ; portant en ses mains
« sacrées et secourables les remèdes de l'âme et du corps ;
« écoutant les confessions, administrant la sainte onction,
« distribuant le corps et le sang de J.-C., appréhendant les
« moindres accidents pour les autres et ne craignant rien pour
« lui-même ; pressé de tendresse et de compassion pour ses
« ouailles, dur et insensible pour lui-même et pour la conservation
« de sa propre vie ! Que ne puis-je vous le représenter recourant
« aux prières et à la pénitence, marchant nu-pieds, la corde au
» cou, une croix pesante sur ses épaules, criant miséricorde pour
« son peuple, plus humilié au dedans qu'au dehors, se présentant
« soi-même comme une hostie vivante, comme une victime
« publique, pour les péchés des Milanais dont il voulait subir
« lui-même le châtiment. » (1)

Ceux qui voudront bien lire ces deux passages remarqueront
que les trois phrases de Fromentières résument les trois tableaux

_________

(1) Cité par M. de Tréverret. loc. cit. p. 131.

décrits par Fléchier, si bien qu'en lisant la page du second, on serait presque tenté de n'y voir que le développement du canevas esquissé par le premier. Fromentières avait dit : « Vous « savez, Messieurs, que la peste ravageant sa ville, cette « cruelle maladie, où le père abandonne le fils et l'épouse le « mari, ne put séparer Charles de son peuple. » Le tableau n'est qu'indiqué, la scène à décrire est omise ; Fromentières se contente de deux traits et passe à l'idée suivante. Fléchier, au contraire, insiste sur la partie descriptive : exposer dans la chaire le tableau d'une ville ravagée par la peste est une de ces bonnes fortunes que le brillant rhéteur se gardera bien de manquer. Il aura d'autant plus raison, qu'ici le tableau de la peste sert à mettre plus en relief le courage et la sainteté de son héros. « Docteurs, continue Fromentières, c'est en vain que par des « raisons même de conscience, vous voulez le détourner d'assister « son troupeau, etc... » Parlant ainsi, il nous laisse entendre que saint Charles eut à vaincre des résistances pour exécuter son pieux et héroïque dessein. Quelles furent ces résistances ? Notre prédicateur n'a pas jugé à propos de nous le dire : il se borne à les rappeler par une allusion rapide. Fléchier va plus loin : son imagination devine ces résistances ; il en évoque le souvenir, il les énumère devant ses auditeurs, et, sous leurs yeux, met saint Charles aux prises avec ceux qui veulent l'arrêter, ajoutant ainsi l'intérêt du drame à celui de la description. Et puis, voilà le saint qui s'avance au milieu de son peuple en détresse. « Quel ravissant spectacle, s'écrie Fromentières, etc... » La scène est faite de quelques traits bien choisis qui portent d'eux-mêmes l'émotion à notre âme... mais volontiers nous aurions regardé plus longtemps, car nous sentons qu'à contempler encore et de plus près un pareil spectacle, nos cœurs en seraient plus fortement émus. Fléchier l'a compris ; il a compris qu'il n'est pas de scène qui mette mieux en lumière la sainteté de son héros, voilà pourquoi il insiste. Sous sa plume, les détails se multiplient, et le tableau s'anime des plus vives couleurs. Il y a, entre ces deux morceaux, plus qu'une différence accidentelle et de détail, il y a la différence qui sépare deux hommes dont les aptitudes ne se ressemblent guère. Entre le disciple du P. Sénault et l'ami des Caumartin, il n'y eut, en littérature, à peu près rien de commun.

Il n'y a aucun intérêt à s'étendre davantage sur les panégyriques de Fromentières. L'idée que j'en voudrais laisser à la fin de ce chapitre, c'est que Fromentières en louant les saints, s'est tenu beaucoup plus près du sermon que de l'éloge. Dans le but, assurément louable, de porter l'édification dans les âmes, il a trop recherché l'application morale et trop dédaigné le détail historique. Ce défaut même le rattache à son siècle et nous ramène au temps où il vécut. Où est donc, au XVII<sup>e</sup> siècle, le souci du détail historique ? Ce n'est pas au théâtre, où la vérité générale et les études morales tiennent la plus large place et dominent toute l'action ; ce n'est pas dans le roman et l'épopée, qui travestissent misérablement les faits et dénaturent la vérité de l'histoire ; ce n'est pas dans les écrits des prosateurs moralistes, qui ne songent guère à la restitution du passé, attentifs qu'ils sont uniquement aux hommes et aux choses qu'ils ont sous les yeux. Le mouvement historique, qui commence avec les Mabillon, les Montfaucon et autres, est absolument en dehors de la sphère où vivent les esprits les plus cultivés du siècle : ce n'est que plus tard, au XVIII<sup>e</sup> siècle seulement, que ce mouvement s'étendra et emportera les esprits à la recherche du passé. Les mémorialistes eux-mêmes s'inspirent autant de leur imagination que de leur raison : souvent la passion les anime plus que l'amour de la vérité. Les historiens n'ont pas encore compris leur tâche ; et n'est-il pas remarquable, que le plus bel ouvrage historique que le XVII<sup>e</sup> siècle ait produit, le *Discours sur l'histoire universelle*, soit, en grande partie, un magnifique traité de théologie et de morale, quelque chose comme un sermon à propos d'histoire ? Les panégyriques de Fromentières, sur un ton et avec une portée beaucoup plus modestes, ne furent pas autre chose.

# Chapitre VI

# LES ORAISONS FUNÈBRES

## DE

# FROMENTIÈRES

*I. — Oraisons funèbres prêchées par Fromentières ;... Son tempérament littéraire se prêtait peu à ce genre d'éloquence ;.. Les héros qu'il a célébrés n'étaient pas de nature à inspirer le prédicateur ;... les développements généraux tiennent trop de place dans ses oraisons funèbres ;. . il use fréquemment des citations profanes ;... manque de mesure dans l'expression de la douleur.*

*II. — Ce qu'il faut louer dans les Oraisons funèbres de Fromentières, le ton apostolique, la sincérité, l'élévation du sentiment, des pensées, du style, la chaleur d'âme.*

*III. — Oraison funèbre d'Anne d'Autriche ;... un reproche de l'abbé Maury ;... mérite de cette Oraison funèbre ; passages qui rappellent Bossuet et Pascal ;... Oraison funèbre de Lionne ; caractère tout particulier qu'elle présente ;... une heureuse réminiscence ;... conclusion du chapitre.*


## I


L'abbé de Fromentières a prononcé six oraisons funèbres : 1° Le 6 mars 1666, à la prière de la princesse de Guise, abbesse du monastère de Montmartre, il prononça dans l'église des Martyrs l'éloge funèbre d'*Anne d'Autriche*.

2º Le 7 février 1671, il fit à Notre-Dame l'oraison funèbre de *Hardouin de Péréfixe*, archevêque de Paris.

3º En cette même année 1671, il prononça, dans l'église cathédrale de Reims, l'oraison funèbre du cardinal *Antoine Barberini*, archevêque de Reims, mort le 26 juillet. Cet éloge dut être prononcé aux funérailles du cardinal, c'est-à-dire vers la fin de juillet.

4º Le 8 octobre 1671, il fit, dans l'église Saint-Roch, l'oraison funèbre de *Hugues de Lionne*, ministre, secrétaire d'Etat.

5º Le 30 septembre 1672, dans la chapelle de l'Oratoire, rue Saint-Honoré, il prononça l'éloge funèbre du *P. François Sénault*, supérieur général de la Congrégation.

6º Enfin, au mois d'avril 1673, il faisait l'oraison funèbre de *Marie-Anne Martinozzi, princesse de Conti*, morte le 5 février de l'année précédente. (1)

Sauf la première, qui remonte à 1666, toutes ces oraisons funèbres furent prononcées dans l'espace d'environ deux années, de février 1671 au mois d'avril 1673. Je n'insisterai pas plus qu'il ne faut sur les éloges que les gazetiers du temps donnent à Fromentières, et sur les applaudissements qu'excitèrent, disent-ils, ses œuvres éloquentes. Je ferai remarquer pourtant, que dans les années 1671-1672 Bourdaloue, Mascaron et Fléchier sont déjà dans toute la force de leur talent et l'éclat de leur renommée ; ils ne paraissent pas, d'ailleurs, avoir été absorbés complètement par les autres devoirs de leur ministère, et cependant, au cours de ces deux années, ce n'est pas à eux qu'on demande le plus souvent des éloges funèbres, c'est à Fromentières. Il arriva ainsi que Bossuet et Fléchier exceptés, nul, parmi les grands prédicateurs, n'a prononcé plus d'oraisons

(1) Quatre de ces dates nous sont données par la *Gazette de France.* Les deux autres ne sont qu'approximatives. Fromentières déclare, dans son exorde de *l'oraison funèbre du cardinal Barberini*, qu'il parle au jour de ses « funérailles » ; et, quand il loue la princesse de Conti, il nous avertit que c'est « quatorze mois » après qu'elle est morte.

funèbres que Fromentières. (1) Je ne voudrais pas en conclure que dans ce genre de composition, il vient immédiatement après Bossuet et Fléchier. C'est à l'étude de ces éloges que nous demanderons, non pas le rang qui lui revient, mais le talent qu'il y a montré. Qu'il suffise, pour le moment, de constater la faveur qu'eurent, à cette époque, ses éloges funèbres, puisque, aux environs de 1672, aucun des grands prédicateurs ne fut appelé plus souvent que lui à prendre la parole dans de pareilles circonstances.

Il semble, d'abord, que Fromentières n'était guère fait pour ce genre d'éloquence. Presque tous ses panégyriques sont faibles ; la physionomie du saint se dégage mal ou se dégage à peine des considérations générales qui l'enveloppent et qui l'enserrent. En appropriant directement sa prédication à l'utilité de son auditoire, il oublie qu'il est panégyriste et devient sermonnaire. Dans le sermon lui-même, nous avons trouvé de la méthode, de la netteté, de la précision, de la variété même, toutes sortes de qualités secondaires, qui peuvent arriver à composer une œuvre agréable ; mais, nulle part, nous n'avons relevé ces traits qui révèlent un esprit original, ces mouvements de haute éloquence qui accusent dans l'orateur une grande puissance de sensibilité, ces inspirations enfin qui prouvent que le prédicateur pense par lui-même, et qu'il est un maître de la parole. Au contraire, nous avons remarqué que Fromentières s'inspirait plus volontiers des autres que de lui-même, qu'il était habile à mêler ses pensées aux pensées d'autrui, à traduire les Pères et à les commenter : ce qui indique, semble-t-il, une veine peu féconde, et une inspiration peu capable de s'élever bien haut. Et l'oraison funèbre, n'est-ce pas ? demande toute autre chose.

De plus, quand on y regarde de près, on est en droit de se demander quelle est celle de ses oraisons funèbres dont le sujet

(1) Bourdaloue n'en a prononcé que deux, Mascaron quatre, Massillon cinq, Fléchier huit, dont la première, celle de Madame de Montauzier fut prononcée le 2 janvier 1672, la seconde, celle de la duchesse d'Aiguillon, le 20 août 1675.

était de nature à inspirer l'orateur, et à porter son âme jusqu'à ces hauteurs où l'on aime à voir s'élever de pareils éloges. Etudiez de près les six personnages que Fromentières a eu tour à tour le devoir de louer, et vous ne trouverez dans leur vie, ni « les extrémités des choses humaines, » ni ces calamités qui font voir « dans une seule mort, la mort et le « néant de toutes les grandeurs humaines, » ni ces gloires éclatantes que « tout le monde habitable » a connues. On demande à l'orateur qui prêche un éloge funèbre d'élever le ton, d'attendrir, d'intéresser, de charmer au récit des actions de son héros, et, depuis Bossuet, il ne semble plus permis à l'oraison funèbre de nous entretenir d'autre chose que de faits mémorables ou de pathétiques événements. Or il faut bien que cette matière soit contenue dans le sujet, et que le prédicateur n'ait pas autre chose à faire qu'à l'en dégager : il faut que le héros, devenu le sujet d'un éloge funèbre, ait accompli de grandes choses par lui-même, ou tout au moins, qu'il ait été mêlé à ces grands évènements qui supportent l'éclat de la grande éloquence et l'ampleur d'une oraison funèbre. Bossuet, outre son admirable génie, a eu le rare bonheur de rencontrer de grands sujets. Les oraisons funèbres de Nicolas Cornet et d'Yolande de Monterby, prononcées dix ans plus tard, auraient-elles eu l'éclat de celle de Condé, le pathétique de celle de Henriette d'Angleterre ? Mascaron a prononcé l'oraison funèbre de Henriette d'Angleterre, celle du duc de Beaufort, dont la destinée fut si étrange, celle de Turenne, dont la mort fut un deuil national. Fléchier eut à louer dans la chaire le duc de Montauzier et Turenne. Massillon fit l'éloge de Villeroy et de Louis XIV. Fromentières n'a jamais eu la bonne fortune de rencontrer un de ces sujets qui sollicitent l'éloge et portent à l'éloquence. La belle Martinozzi, princesse de Conti, est demeurée célèbre par ses grâces aimables et le charme qu'elle répandait autour d'elle; sa piété fut exemplaire et sa charité inépuisable : mais sa vie ne présente pas les mêmes contrastes que celle de Marie-Thérèse, et ses vertus mêmes, parce qu'elles ne brillaient pas sur le trône, frappaient moins les regards et touchaient moins les cœurs. La vie de Hardouin de Péréfixe et celle du cardinal Barberini, fournissaient la matière d'un sermon édifiant, plutôt que d'un éloge funèbre, tel qu'on aime à se le représenter depuis Bossuet. Ceci est encore plus vrai du P. Sénault, qui entra à l'Oratoire à l'âge de seize ans, et ne sortit guère de sa retraite que pour prêcher dans les églises de Paris ou de la province. Les seuls personnages qui, par les évènements auxquels ils furent mêlés, plus encore que par leur caractère, supportaient le poids d'une oraison funèbre, sont Anne d'Autriche et de Lionne.

Dire que Fromentières ne nous a pas découvert dans ses sermons et ses panégyriques les qualités maîtresses que réclame l'oraison funèbre; ajouter, de plus, que les personnages qu'il eut à louer n'étaient guère faits pour rendre son âme éloquente, c'est avouer que ses oraisons funèbres sont au-dessous de ce qu'il conviendrait quelles fussent. Et de fait, de même que les panégyriques ont le tort de n'être que des sermons, les oraisons funèbres, par ce côté, ressemblent un peu trop aux panégyriques. La part faite aux considérations générales y est ordinairement trop large, tandis que les quelques circonstances de la vie du personnage qu'on veut louer, ne forment dans la trame du discours qu'un accessoire peu important. L'orateur raconte peu : en revanche, il s'étend d'une façon, d'ailleurs agréable le plus souvent, sur des généralités auxquelles sa dialectique semble se complaire. De la vie de Hardouin de Péréfixe, il ne rapporte que trois ou quatre circonstances sur lesquelles il établit les trois parties de son discours. Le préceptorat auprès de Louis XIV fournit la matière ou plutôt l'occasion de la première partie. Fromentières y développe d'intéressantes considérations sur l'éducation des Princes, sur la nature et la qualité de ceux à qui elle doit être confiée : « L'éducation des Princes destinés à régner « est, sans contestation, de toutes les choses du monde la plus « importante, mais la plus difficile. Elle est très importante,

« puisque des premières impressions que l'on donne à un prince,
« dans sa jeunesse, dépendent souvent le sort des royaumes et
« le destin des peuples, si bien que, dans le gouvernement, toute
« autre affaire, de quelque conséquence qu'elle puisse être, doit
« céder à celle-ci. Mais, si cette éducation est très importante,
« elle n'est pas moins difficile, par la raison que les Princes ne
« sont guère capables de discipline, dans un âge, où, quelque
« jeunes qu'ils soient, ils commencent déjà à sentir leur grandeur
« et à pouvoir se servir des avantages de leur naissance, pour
« mettre leurs inclinations en liberté. Il est vrai que ce qui
« augmente encore davantage cette difficulté, est celle de trouver
« des personnes capables de les surmonter ; il est déjà bien rare
« de trouver des hommes qui aient assez d'adresse, pour traiter
« avec un enfant proportionnément à son âge et à la qualité de
« son esprit. Ce qui a fait croire aux plus sages qu'une telle
« condescendance n'appartenait qu'aux âmes fortes et élevées. »(1)

Toute cette première partie ne contient qu'un fait unique, celui
du préceptorat de Hardouin de Péréfixe : Fromentières en déduit
les services rendus à l'Etat, dans la personne de Louis XIV, par
le futur archevêque de Paris. L'éloge du roi trouvait ici sa place ;
mais ce « portrait au naturel » de Louis XIV, qui « sait mieux
« l'art de régner que n'ont jamais su les Henri, » nous paraît
d'abord trop long et trop direct. Fromentières nous avait habitués
à un encens d'une qualité plus délicate et d'un parfum plus léger.
Puis, il rapporte le mérite de toutes les royales qualités de
Louis XIV à son précepteur : ceci nous fait un peu sourire ; nous
savons, en effet, que dans *l'Oraison funèbre d'Anne d'Autriche*,
le même prédicateur attribue à la mère toutes les heureuses
qualités du fils.

Les considérations générales ne tiendront pas une moindre
place dans la seconde partie, avec cette circonstance aggravante
qu'elles ont un caractère plus banal. L'orateur s'y étend sur la

(1) *Orais. fun. de Hardouin de Péréfixe.* I<sup>re</sup> part.

vocation à l'état ecclésiastique, sur l'arrivée aux dignités de l'Eglise, sur le devoir de la résidence, sur l'obligation pour les évêques de défendre le temporel de leur diocèse, de l'administrer avec sagesse et d'en distribuer le revenu aux pauvres, dont ils sont les « pourvoyeurs, les tuteurs et les pères. » Mais, quel est donc le prélat dont l'éloge ne comporte pas les mêmes réflexions et les mêmes développements ? Et sera-t-il permis, sur ce thème unique, de louer tous les évêques ? Non; l'oraison funèbre, comme le panégyrique, est une œuvre très particulière, qui ne doit convenir qu'au personnage qui en fait le sujet. Les théories générales lui donnent quelque chose de vague, de banal, d'indéterminé, et, par la monotonie inhérente au ton didactique, enlèvent au discours la chaleur et la vie. Fromentières ne paraît pas l'avoir assez compris. Ajoutez à cela que les maximes philosophiques, les réminiscences et les citations des auteurs profanes achèvent de donner à l'oraison funèbre une forme directement doctrinale et une tournure dogmatique.

Car c'est une remarque à faire : les prédicateurs de la période à laquelle appartient Fromentières traitèrent généralement les auteurs profanes avec une grande réserve, et s'abstinrent ordinairement de leur donner place dans les sermons. Ils furent moins sévères dans l'oraison funèbre. Autant nous avons vu Fromentières faire preuve d'érudition théologique dans les sermons, autant, dans l'oraison funèbre, il se plaît à user de la connaissance qu'il a des auteurs profanes. Dans la seule oraison funèbre d'Anne d'Autriche, pour ne parler que de celle-là, il cite Platon, Cicéron, Machiavel, Platon encore, Pline le Jeune, Godeau, Lucain, Valère-Maxime et deux fois Sénèque ; et, ce n'est plus comme en passant, sous le titre assez dédaigneux d'*ancien*, ainsi qu'il en avait l'habitude dans les sermons ; il les désigne par leur nom et ne sent plus le besoin de dissimuler les emprunts qu'il leur fait. A ce propos, l'abbé Maury remarque que Bossuet « usa plus fréquemment de ce

« droit dans l'oraison funèbre. » (1) On pourrait faire la même remarque au sujet de Fromentières et de bien d'autres. La raison en est que l'oraison funèbre garda toujours quelque chose du caractère, presque exclusivement profane, qu'elle avait eu pendant la première moitié du siècle ; et, tandis que les textes sacrés n'y sont admis qu'avec mesure, l'érudition profane y garde mieux sa place, qu'elle avait perdue dans le sermon. (2)

Si c'est là un défaut, ce n'est pas le plus grave. Il en est un autre que je dois noter ici, parce qu'il se retrouve dans presque toutes les oraisons funèbres de Fromentières : c'est l'exagération du ton dans l'expression de la douleur. Bossuet nous a montré dans l'exorde de l'oraison funèbre de Henriette d'Angleterre, avec quelle force et quelle pathétique simplicité s'exprime une sincère et profonde douleur. Toute cette page est pleine de ses désenchantements, de ses regrets et de ses larmes ; et Bossuet arrive à produire ces effets, sans aucune recherche, sans aucune exagération dans l'expression ou dans le ton. Fromentières substitue l'hyperbole à la vérité du sentiment, et il fait parler son imagination plus que son cœur. Dans l'exorde de l'*Oraison funèbre d'Anne d'Autriche*, il déclare qu'il ose à peine se charger de parler des premiers sur « un si lamentable sujet... Le coup « foudroyant, dont la France vient d'être frappée, serra d'abord « mon cœur avec trop de violence, pour ne pas troubler en « même temps mon esprit. » Or il y avait près de deux ans qu'Anne d'Autriche se mourait ; (3) sa mort n'était pas un de ces événements foudroyants qui consternent par leur soudaineté imprévue. Il ajoute : « cette mort est à la vérité une peine dont

---

(1) *Essai sur l'Eloquence de la chaire.* Ch. LXXI, page 401.

(2) C'est d'ailleurs ce que dit La Bruyère. *De la Chaire XV.* T. II, p. 252. « Ce qu'on appelle une oraison funèbre, n'est aujourd'hui bien « reçu du plus grand nombre des auditeurs, qu'à mesure qu'elle s'éloigne « davantage du discours chrétien, ou, si vous l'aimez mieux ainsi, qu'elle « approche plus d'un éloge profane. »

(3) *Mémoires* de Madame de Motteville. édit. Michaud et Poujoulat. V° partie, page 547 et suiv.

« Dieu a voulu nous châtier. Il nous avait donné cette grande
« princesse dans son amour, il faut croire qu'il ne nous l'ôte,
« peut-être, que dans sa fureur : n'y ayant personne de nous, qui,
« à la mort d'Anne d'Autriche, ne doive, en se frappant la
« poitrine, s'écrier : La couronne de notre tête est tombée,
« malheur à nous qui avons péché. » Ceci n'est pas flatteur pour
Marie-Thérèse : la pensée n'est pas juste non plus. La couronne
avait passé de la tête d'Anne sur celle de Marie-Thérèse. En
1656, Anne d'Autriche n'était rien dans le gouvernement de la
France, si tant est qu'elle eut jamais gouverné. (1) Elle ne
faisait et n'empêchait rien. Il ne faudrait rien dire de
désobligeant pour sa mémoire : mais, si sa mort était un
châtiment, serait-ce manquer au respect qui lui est dû, d'affirmer
que ce châtiment était assez doux ?

On peut relever de semblables exagérations dans l'oraison
funèbre du cardinal Barberini, où le prédicateur « convie non
« seulement le diocèse de Reims, mais tout le royaume, l'Eglise
« entière, à s'associer à l'éloge, pour ne pas donner des bornes
« trop étroites à un sujet qui en peut le moins souffrir. » Ce
dernier trait aurait pu convenir à l'éloge d'un Turenne — et
encore ! — mais, à la place où nous venons de le lire, il nous
paraît sortir de la vérité. Le cardinal Barberini eut une vie très
remplie, très mêlée, il fut employé très activement à maintenir
dans la bonne harmonie les relations diplomatiques entre le Saint-
Siège et la France. Ce n'était ni un esprit médiocre ni un homme
vulgaire. Il y eut pourtant un bon nombre de Français, je ne dis
pas de Chrétiens, qui n'eurent pas à se consoler de la mort d'un
homme dont ils ignoraient l'existence. Mais tel est le danger de
l'oraison funèbre. Comme le ton en est élevé, si le héros qui en

---

(1) « Comme je pris la liberté de lui dire que je ne pouvais pardonner
« au cardinal d'avoir si peu laissé de puissance à celle qui lui avait
« donné et conservé toute l'autorité dont il jouissait, elle me dit : « il a
« une légitime excuse, car il sait que je ne me soucie pas d'en avoir. »
Madame de Motteville. *Mémoires*. édit. Michaud et Poujoulat. V⁰ part.
p. 480.

fait le sujet n'est pas assez grand, le prédicateur se croit obligé de le grandir à la hauteur de l'oraison funèbre.

En résumé, les reproches les plus graves qu'on peut faire aux oraisons funèbres de Fromentières sont de manquer trop souvent de chaleur et de vie, de se perdre dans le développement des considérations générales et des lieux communs ; de ne pas donner une assez grande place aux faits, de se tenir trop près du sermon, trop loin du panégyrique. Sur les six oraisons funèbres, il en est trois, celles de Péréfixe, du P. Sénault, de la princesse de Conti qui, pour le fond des matières, sont de véritables sermons. Chaque homme a sa manière particulière de concevoir les choses, à laquelle il ramène tout. Ainsi toutes les œuvres de Fromentières tournent plus ou moins au sermon.

Facies non omnibus una,<br>
Non diversa tamen, qualem decet esse sororum.

On pourra penser également qu'elles sont d'un éclat trop souvent uniforme, et parfois on regrettera de ne pas trouver assez d'harmonie entre le ton de l'éloge et celui qui en fait le sujet.

II

Ces défauts, et d'autres peut-être, mais d'une portée beaucoup moindre, non seulement je ne fais pas difficulté de les reconnaître, mais je les ai signalés tout d'abord, ce qui me donne le droit, maintenant, de dire librement de ces mêmes oraisons funèbres tout le bien que j'en pense.

Les défauts les plus graves de Fromentières, dans l'oraison funèbre, ne sont le plus souvent que l'exagération d'une de ses qualités. Il n'a pris que difficilement, on peut même dire qu'il n'a pas pris du tout le parti de se résigner à n'être que panégyriste ; et ce qu'il a voulu par dessus tout, c'est rester apôtre.

On a fait un mérite à Bossuet de n'avoir pas humilié la chaire,
et de ne l'avoir pas condamnée à n'être plus qu'un théâtre où
se débitent de profanes discours. C'est déjà assez de complaisance
pour les grandeurs humaines, que de leur accorder le privilège
d'être louées en face des autels, sans que ces éloges deviennent
l'expression de la flatterie mensongère ou de l'adulation
intéressée. Fromentières ne pensa pas autrement, et il fut
heureux de faire payer par avance aux grands de ce monde le
privilège de leur naissance, en affirmant devant eux le néant de
leur grandeur et la vanité de leurs prétentions : « Grands du
« monde, conquérants de la terre, toute votre gloire n'étant que
« vanité, je ne m'étonne pas, s'il ne vous reste rien après votre
« mort. La pensée et le souvenir qu'on a de vous se dissipe avec
« le dernier son de la cloche qui honore vos funérailles ; et, hors
« quelques légères plaintes de vos proches ou de vos amis,
« toutes vos dignités, vos emplois, vos richesses, vos charges,
« sont ensevelies avec vous dans un même tombeau. » (1)

Cependant, ce n'est pas assez pour lui d'affirmer le néant des
grandeurs humaines, qu'il est obligé de louer. Ces grandeurs
humaines, il en parlera aussi peu que possible ; il recherchera
dans son sujet moins le côté louable que la leçon utile, et il
l'envisagera sous l'aspect qui se prête le plus facilement au
sermon. Il louera chez la princesse de Conti les vertus
domestiques et l'inépuisable charité ; chez de Lionne — sujet
d'ailleurs très peu chrétien — l'homme pacifique. Il tire le sujet
à lui, le retourne tant et si bien, qu'il finit par découvrir par où
il est susceptible d'être un sujet religieux, édifiant, sans cesser
toutefois d'être le sujet d'une oraison funèbre. A ce moment ses
scrupules disparaissent, car il s'est persuadé à lui-même qu'il
peut commencer de parler : « Si je prends aujourd'hui la parole,
« ce n'est pas, Messieurs, dans les seules vues que Platon voulait
« qu'on louât les hommes illustres de la République après leur

(1) *Orais. fun. de Lionne.* II^e part.

« mort. Ce n'est pas seulement pour contenter la piété des enfants
« de M. de Lionne, quelque zèle qu'ils doivent avoir pour la
« gloire d'un si bon père ; ce n'est pas seulement pour proposer
« son exemple à ceux qui peuvent parvenir à ses emplois,
« quelque instruction qu'ils puissent tirer de sa suffisance et de
« sa fidélité ; ce n'est pas seulement encore pour satisfaire à la
« reconnaissance de l'Etat, quelque obligation qu'il ait de
« célébrer des vertus qui l'ont si utilement servi. Mais j'ose dire
« que si un ministre de l'Eglise fait aujourd'hui l'éloge d'un
« ministre d'Etat, c'est pour s'acquitter des devoirs dont l'Eglise
« même lui est redevable. Il l'a obligée en servant la France ; il
« a obéi à son Dieu dans la fidélité qu'il a eue pour son roi ; il a
« procuré le repos à des millions de chrétiens, en contribuant
« aussi utilement qu'il a fait à pacifier toute l'Europe. Et n'est-ce
« pas pour louer une telle sagesse que l'Ecriture veut qu'en même
« temps que les peuples applaudissent, l'Eglise parle : *sapientiam*
« *ejus enarrabunt gentes et laudem ejus enuntiabit ecclesia.* » (1)
La vie du ministre, secrétaire d'Etat, offrait peu de sujets
d'édification, et les lignes qu'on vient de lire nous laissent
deviner les efforts de Fromentières pour tirer de l'éloge une
leçon utile, sans pourtant violer les droits de la vérité.

Ceci est encore une justice à lui rendre. S'il a dû louer ses
héros, il a eu soin de les prendre par le côté louable. Il n'a
demandé à sa conscience ni le sacrifice de sa droiture, ni celui
de sa sincérité. Apôtre, il n'a pas même consenti à ce qu'il
appelle « d'officieux mensonges. » Les prédicateurs de la première
moitié du XVII° siècle ont pu quelquefois céder à la tentation de
tourner à l'éloge ce qui, dans la vie de leur héros, ne fut qu'un
détail sans importance ou une particularité sans valeur ; quant à
lui, il ne loue que ce qui mérite vraiment d'être loué : la piété
d'Anne d'Autriche et sa mort résignée ; le préceptorat et
l'épiscopat de Péréfixe ; les générosités et la vie active du
cardinal Barberini. Qu'on lise l'éloge funèbre de Lionne, et on
verra qu'il ne loue dans ce sage politique que l'instrument qui

(1) *Orais. fun. de Lionne :* Exorde.

prépara la paix de Münster et le traité des Pyrénées. Lionne, diplomate habile, fut assurément un chrétien médiocre, mais, avant de mourir, il se convertit avec une admirable sincérité, et mourut dans les sentiments de la foi la plus vive. Fromentières avait bien le droit d'insister sur sa conversion, et de proposer l'exemple de sa mort à ceux qui l'écoutaient. Nous retrouvons la même sincérité et le même respect de la vérité dans l'oraison funèbre de la princesse de Conti. Sa piété, ses vertus domestiques, les soins donnés à l'éducation de ses enfants, ses grandes aumônes, c'est là tout le sujet de l'éloge. Or deux jours après la mort de la princesse, le *Mercure galant* n'invoquait pas d'autres motifs pour lui rendre hommage. (1)

Ses affirmations, j'en conviens, ne répondent pas toujours à la vérité. Il loue la politique habile, le courage et la prudence d'Anne d'Autriche qu'il rapproche de Blanche de Castille. Et cependant, Anne d'Autriche n'eut guère d'autre politique que celle de s'en remettre à Mazarin, incapable qu'elle était par elle-même de parer aux difficultés de la régence et de gouverner e royaume. L'éloge de Louis XIII nous fait sourire un peu : « Ce fut sans doute une perte bien funeste à la France que la « mort de Louis le Juste, de glorieuse mémoire. Elle perdit un « roi à la fleur de son âge, dans le cours de ses victoires, dans « l'éclat et dans la gloire de ses triomphes : elle perdit un roi, « tel que les plus sages politiques pourraient s'en figurer un, « capable de faire le bonheur d'un Etat, lorsque la maturité de « l'âge où il entrait, et que l'expérience des évènements dont il

(1) *Mercure galant*, 6 février 1672 : « La mort nous ravit avant-hier « Madame la princesse de Conti, fille du comte Martinozzi et d'une « sœur de feu M. le cardinal Mazarin. Elle avait en partage une « grande beauté, que son extrême dévotion lui fit bientôt négliger. Elle « avait vécu avec M. le prince de Conti, son mari, dans un respect qui « lui avait attiré beaucoup de respect et de considération. Sa grande « piété est une chose très connue, et ses grandes aumônes ont été sues « de tout le monde. Elle a eu un soin pour l'éducation de ses enfants « digne d'une grande princesse et de la meilleure mère du monde, et « l'on en voit des fruits dans ces petits princes, qui ont déjà beaucoup « de qualités au-dessus de la portée de leur esprit. »

« sortait, rendaient comme assurée à ses sujets une félicité
« présente. » (1) Nous nous faisons aujourd'hui une autre idée
de la sagesse politique de Louis XIII : mais les contemporains
de Fromentières ne séparaient pas l'œuvre du roi de celle de son
ministre, et faisaient honneur au premier de la politique du
second. Ici, Fromentières est aussi sincère et d'aussi bonne foi que
Bossuet, qui loue la clémence de Charles Ier et la bonté naturelle
de Condé, quoique l'histoire ait sur ces deux points plus d'une
réserve à faire.

Cette sincérité dans les faits, ou tout au moins dans l'expression
de ses convictions et de ses sentiments, a donné, en plus d'une
circonstance, de l'élévation, du mouvement et de la chaleur au
style de Fromentières. S'il est vrai que le ton est trop souvent
uniforme, il n'est pas moins vrai qu'on rencontre aussi des
passages d'une magnifique allure et d'un brillant éclat ; s'il est
vrai que l'expression de la douleur a parfois recours aux
exagérations et aux hyperboles, il est non moins vrai que, plus
souvent peut-être, le deuil et le regret y parlent un langage
naturel, empreint d'un sentiment profond et d'une émotion
communicative. L'exorde de l'oraison funèbre de Péréfixe n'est-il
pas d'un mouvement magnifiquement rhythmé ? La pensée et le
sentiment qui le remplissent, ne se développent-ils pas avec une
harmonieuse régularité, pénétrant de plus en plus notre âme et
lui communiquant par degrés une légitime et sincère émotion ?
Cette page, trop longue pour être rapportée ici, ne souffre pas
non plus d'être abrégée, parce que toutes les parties qui la
composent, parfaitement unies entre elles, servent à prouver que
Fromentières n'était pas incapable de combiner, en vue d'un
effet à produire, une série de développements qui tendent au
même but, s'en rapprochent par degrés, et l'atteignent sans effort.
La variété ne manque pas plus que l'unité à cette page, qui
joint à la discussion d'une pensée l'expression d'un sentiment

(1) *Orais. fun. d'Anne d'Autriche.* Ire part.

vrai et d'une émotion sincère. L'exorde de l'oraison funèbre du *P. Sénault* est écrit avec la même ampleur, dans un style large et sobre, relevé par un mélange d'accent personnel. Dans l'éloge qu'il entreprend de son ancien maître, le disciple laisse parler les souvenirs dont son âme est pleine, et sa voix trouve facilement le chemin du cœur. Ailleurs le ton change avec le sujet. Le prédicateur ne se trouve plus en présence d'un saint évêque ou d'un sévère religieux, mais bien d'une aimable et gracieuse princesse, que les dangers du monde menacent dans l'innocence et l'imprudence de ses dix-neuf ans : « Quelque vertu et quelque
« innocence qu'elle ait toujours gardée devant les hommes, elle
« a cependant avoué et dit avec beaucoup d'humilité que, jusques
« à l'âge de dix-neuf ans, elle n'avait pas encore bien connu ce qui
« était à Dieu, ni ce qu'elle était obligée de lui rendre. Qui donc
« la réveillera de ce léger assoupissement ? Et qu'est-ce qui lui
« ôtera ce voile de devant les yeux ? Sagesse de mon Dieu, que
« votre conduite est admirable et que vos routes sont incompré-
« hensibles ! Le croiriez-vous, M. F., qu'il fallût être engagé
« dans le grand monde, pour apprendre à connaître Dieu,
« monter au faîte de la fortune et des honneurs pour en découvrir
« la misère et s'en désabuser ; se voir briller de tous les rayons
« de la gloire, pour en faire un sujet de son mépris ?... »

« C'est cependant par des voies si extraordinaires, que notre
« illustre princesse est arrivée à la connaissance de tout ce
« qu'elle ne pouvait ignorer sans faire injustice à Dieu. Il fallait
« qu'elle fût toute environnée de la gloire du siècle, pour en
« mieux connaître la vanité ; qu'elle se trouvât dans une
« condition et un rang plus élevé que son ambition n'eût jamais
« pu prétendre, afin que, jugeant des choses de plus près, elle
« avouât que tout cela n'était rien devant Dieu, qui, par son
« invincible et réelle grandeur, fait évanouir tous ces
« fantômes. » (1)

Ici les allusions sont discrètes, les louanges délicates ; l'orateur évoque rapidement une multitude de gracieux souvenirs : la

_______

(1) *Orais. fun. de la princesse de Conti.* I^re part.

jeunesse de la future princesse, ses débuts dans le monde, l'impression qu'elle produisit autour d'elle, le sérieux de son âme et de sa vie, la maturité de son expérience, à un âge où la jeunesse à peine a commencé pour d'autres. C'est sur un tout autre ton que Fromentières louera les vertus que les ancêtres de Péréfixe ont montrées à la guerre : « Les gentilshommes en « France n'ont aussi guère eu, pendant plusieurs siècles, d'autre « occasion que celle-là de servir leur prince, et ils n'en sauraient « avoir de plus naturelle ; les parents de notre illustre mort « en étaient du moins persuadés, puisqu'ils ont tous recherché « cette occasion avec ardeur. Chacun sait, entre autres, l'action « mémorable de M. de Beaumont son frère ; selon le témoignage « même des ennemis, au rapport d'un auteur franc-comtois, il ne « tint pas à lui que le premier siège de Dôle ne fut plus heureux. « A la tête des plus braves officiers de notre armée, il marcha le « premier à une attaque où, après avoir fait des coups « extraordinaires de sa main, et s'être dressé comme un rempart « des corps de tous ceux qui se présentèrent, lassé de vaincre, « il se trouva enseveli dans son propre triomphe. (1) Le fils de « celui-là, neveu de notre archevêque, a depuis donné des « preuves aussi funestes, mais aussi glorieuses de son courage. « Un autre de ses neveux vient de mourir d'une mort encore « plus précieuse, puisque l'intérêt de la religion en a partagé le « motif avec le service du prince. Ce qui reste de ce sang « généreux est aussi prêt à se répandre pour les mêmes querelles.»

## III

Les passages auxquels je viens de faire allusion ne sont pas les seuls par lesquels les oraisons funèbres de Fromentières

(1) Cette expression se trouve dans l'*Oraison funèbre de Victor Amédée* par Jean de Lingendes. Elle fut reproduite par Mascaron dans son *Oraison funèbre du duc de Beaufort* et par Fléchier dans l'*Oraison funèbre de Turenne*. Voir dans Maury : *Essai sur l'éloquence*, note III, page 451, toute une longue discussion à ce sujet.

présentent encore aujourd'hui un réel intérêt. Avec leurs qualités et leurs défauts, et dans une mesure nécessairement inégale, les oraisons funèbres de Fromentières sont intéressantes à connaître, chacune dans son entier. S'il fallait établir des catégories, il conviendrait de dire que les oraisons funèbres de *Péréfixe*, de *Barberini*, de la *Princesse de Conti* sont celles qui ont le plus perdu pour nous ; les sujets en étaient trop effacés pour traverser victorieusement les deux siècles qui nous séparent d'eux. L'oraison funèbre du *P. Sénault* mérite un rang à part. « Elle « est bien dans le ton des contemporains de Bossuet, et si elle « n'atteint, en aucune de ses parties, l'élévation et le génie du « maître, elle est par endroits d'une inspiration plus généreuse, « d'un accent plus sincère, d'un tour plus libre et plus vif que « la plupart des oraisons funèbres de Massillon. » (1) Il n'est pas une oraison funèbre de Fromentières qui s'élève plus haut et se soutienne mieux dans l'ensemble. Pas d'inutiles longueurs, pas d'exagérations oratoires : loin de nuire à l'intérêt, les considérations générales sont ici le sujet lui-même, car l'oraison funèbre du *P. Sénault* est moins l'éloge d'un homme que celui du sacerdoce et de la prédication que cet homme a honorés. Jamais Fromentières n'avait rencontré un sujet qui fut plus à la mesure de son âme : jamais il ne fut mieux inspiré. Je n'étudierai pas ici cette oraison funèbre, d'abord parce que cette étude a été faite, en second lieu, parce que j'en ai cité de larges extraits, quand il a été question de la rhétorique de Fromentières.

J'aime mieux attirer l'attention sur deux oraisons funèbres, d'un mérite moindre et d'un intérêt différent : je veux parler de celles d'*Anne d'Autriche* et de *Lionne*. Dans la première, qui est de 1666, Fromentières a pris pour texte la parole du prophète, que, quelques années plus tard, Bossuet devait appliquer avec

(1) *Oraison funèbre du P. Sénault par Fromentières*. Lecture faite à l'Académie de Caen, en juin 1888, par l'abbé L. Follioley, proviseur du lycée de Caen. Je suis d'autant plus heureux de renvoyer le lecteur à cette courte mais substantielle étude, qu'elle est l'œuvre d'un homme de goût et d'un sincère admirateur de Fromentières.

tant de bonheur aux malheurs de Henriette de France : *Et nunc reges intelligite, erudimini qui judicatis terram.* Quelques critiques, qui ont remarqué la coïncidence, ont su mauvais gré à Fromentières de n'avoir pas prévu qu'un jour Bossuet se servirait du même texte, et en ferait un meilleur usage que lui. Rendu sévère par une comparaison qui est tout entière à l'avantage de Bossuet, l'abbé Maury (1) déclare que Fromentières a employé ce texte « sans analogie comme sans effet. » Et cependant, il me semble bien que la mort nous instruit toujours par « ses grandes et terribles leçons » ; que la mort des rois avertit les rois « que toute leur grandeur n'est qu'empruntée » ; et qu'en particulier, la mort cruelle d'Anne d'Autriche démontrait leur propre faiblesse au roi et à tous les grands. Il me semble, enfin, qu'un prédicateur est toujours bien venu, quand il convie les rois à suivre les exemples que les rois leur ont donnés, et Fromentières n'a pas voulu autre chose. D'ailleurs, il s'en est parfaitement expliqué lui-même : « On s'est mis en peine « de donner aux grands des leçons de politique et d'instruire les « souverains... Mais le chemin des préceptes est bien long, et « principalement pour les rois. L'exemple sensible, qu'ils trouvent « dans la vie et dans la mort d'une reine aussi illustre que la « nôtre, leur en ouvre, ce me semble, un bien plus court et bien « plus facile : *et nunc reges intelligite.* (2) » Serait-il donc interdit de convier les rois à venir s'édifier et s'instruire de leurs devoirs de chrétiens, au récit des vertus et de la mort d'une reine ? Si la vie de cette reine s'est écoulée dans la pratique des vertus chrétiennes, si sa mort a été héroïque de résignation et de foi, n'est-il pas naturel que le prédicateur, se tournant vers ses auditeurs, pour la plupart grands du monde et juges de la terre, s'écrie : *intelligite, erudimini ?* On dirait que Fromentières a pressenti le reproche qui devait lui être fait un siècle plus tard ; car, après avoir montré la piété de la reine, il ajoute :

(1) *Essai sur l'éloquence.* Note III p. 452.
(2) *Oraison funèbre d'Anne d'Autriche.*

« Peut-on trouver étrange que j'appelle les rois à son école, et
« que j'exhorte tous ceux qui commandent sur la terre, à
« recevoir les instructions de cette admirable princesse, *et nunc*,
« etc. » Plus loin, quand il va raconter la mort si pieusement
résignée d'Anne d'Autriche, Fromentières renouvelle la même
invitation aux rois : « Et c'est ici, rois de la terre, que je vous
« invite : *et nunc reges intelligite ;* venez voir la première reine
« du monde devenir par son propre aveu la proie de la corruption,
« avant que de l'être de la mort : venez apprendre que vous
« n'êtes, avec toute votre vanité, que cendre et que pourriture :
« venez être les admirateurs, en même temps que les témoins
« de la constance la plus chrétienne et de l'une des plus
« généreuses morts, dont peut-être on ait jamais ouï parler dans
« la paix de l'église, *erudimini qui judicatis terram.* » Mais
certainement un pareil spectacle est digne de solliciter l'attention
des rois et de nature à les instruire.

Je ne puis donc admettre le jugement de l'abbé Maury. A vrai
dire, il eût été très sage de donner à Fromentières le conseil de
renoncer à ce texte, réservé pour un plus magnifique sujet. Quand
on le lit en tête de l'oraison funèbre d'Anne d'Autriche, on est
involontairement ramené au souvenir de Bossuet, et la
comparaison qui s'établit dans l'esprit n'est pas favorable à
Fromentières. Ni le sujet n'a cette ampleur qui nous permet
de voir « dans une seule vie toutes les extrémités des choses
humaines, » ni l'orateur n'a cette puissance qui s'égale aux
sujets les plus élevés. C'est l'unique motif qui puisse faire
regretter que Fromentières ait eu la pensée de choisir ce
texte. (1)

(1) On lit dans l'édition des *Oraisons funèbres de Bossuet* donnée par
M. Aubert, Paris, Hachette, 1873, page 5. « Peut-être (Fromentières)
« l'empruntait-il (ce texte) à Bossuet, qui peu de jours après la mort de la
« princesse, prêchant le Carême à Saint-Germain-en-Laye, devant
« Louis XIV, s'écriait : *Et nunc reges* etc.. » Vaine supposition ! Le
Carême commençait cette année le 11 mars et l'Oraison funèbre avait
été prêchée le 6. Ce texte d'ailleurs étant très connu, c'est recourir aux
suppositions les moins naturelles de croire que Fromentières l'a fait venir
de Saint-Germain.

Cette oraison funèbre, la première de Fromentières, qui n'avait pas encore trente-quatre ans, révèle en plus d'un endroit de l'inexpérience et de l'hésitation : les détails inutiles, les longueurs et les lieux communs y abondent. Ces défauts y sont d'autant plus sensibles, que le sujet était assez riche par lui-même, et permettait facilement à l'orateur de remplir le cadre qu'il s'était tracé. La piété de la reine, sa politique, sa mort, telle est la division du discours de Fromentières ; elle me paraît préférable à celle de Mascaron sur le même sujet : la fécondité de la reine, ses vertus publiques, ses vertus privées. Quand on sait les incertitudes et les inégalités du goût de Mascaron, on tremble pour sa première partie ; on se demande à quels lieux communs et à quelles étranges comparaisons il va avoir recours, pour fournir ses développements. La lecture de cette première partie prouve que les craintes n'étaient que trop fondées. En revanche, malgré quelques longueurs regrettables et quelques comparaisons recherchées, toute cette première partie dans laquelle Fromentières nous rappelle les vertus d'Anne d'Autriche est d'une lecture attachante. « Elle donne à l'édification du « public tout ce que l'éminence de sa condition, tout ce que le « grand jour auquel elle est exposée l'oblige de donner... Elle « entend toutes nos prédications, elle assiste à toutes les fêtes ; « et les moindres cérémonies du culte lui sont en une singulière « vénération... Elle paraît pieuse, mais elle l'est encore plus « qu'elle ne la veut paraître ; sa dévotion a plus de solidité que « de montre, c'est un arbre dont les racines sont encore plus « longues que les branches. Entrez dans son oratoire : suivez-la « dans les cloîtres et dans ces lieux de retraite, regardez-la, si « vous pouvez percer tant de sombres voiles dont elle se couvre ; « lorsque, débarrassée de sa cour, de cette foule importune, « servitude inséparable de la grandeur, elle ne croit plus avoir « d'autres yeux que ceux de son Dieu pour témoins de ses « actions ; lorsque, comme une autre Judith, elle ne s'enferme « tout au plus qu'avec de saintes filles dans les solitudes secrètes

« qu'elle s'est bâties... vous verrez que son âme s'abaisse encore
« plus devant Dieu que son corps ; que son esprit dit pour lors
« plus de choses à Dieu que sa bouche, et que son cœur l'honore
« mille fois mieux que ses lèvres. »

Tous ces détails et d'autres encore de même nature faisaient
revivre Anne d'Autriche sous les yeux de l'auditoire, auquel le
prédicateur s'adressait en ce moment : car ils sont de la plus
exacte vérité. Fromentières ne s'inspire pas de son imagination
ou de son cœur, quand il montre Anne d'Autriche, débarrassée
de sa cour, fuyant la foule importune pour s'enfermer dans les
solitudes secrètes qu'elle s'était bâties. Elle avait fait construire
le monastère et l'église du Val-de-Grâce, « monument éternel de
« sa piété et de sa magnificence royale », restauré l'abbaye de
Montmartre ; et Madame de Motteville nous tient au courant des
visites qu'elle faisait aux carmélites de la rue de Bouloi, aux
religieuses de Sainte-Marie de Chaillot, aux bénédictines du
Val-de-Grâce. (1) L'orateur est aussi précis que l'historien :
« Pendant plus de cinquante ans qu'elle a vécu parmi nous, il
« ne s'est passé qu'un seul jour où elle n'ait pas assisté au saint
« sacrifice de la messe : encore fût-ce par une méprise où elle
« n'avait nulle part ; mais cependant, quelle plainte n'en fit-elle
« pas ? Que de soupirs, que de gémissements lui vit-on pousser
« pour un malheur dont elle n'était pas coupable ? Combien de
« fois répéta-t-elle cette parole d'un bon empereur : *diem*
« *perdidi ?* » Puis il passe à l'étendue et à la sincérité de sa
piété : c'est là qu'il fait allusion aux générosités d'Anne
d'Autriche pour la restauration des églises et l'ornement du
culte.

La seconde partie amène le souvenir de la Fronde : l'apostrophe
« faut-il se ressouvenir, ô France, d'un crime dont tu te

(1) « Et comme elle (Anne d'Autriche) avait fait connaître à Le Tellier
« les souhaits qu'elle avait souvent de se retirer au Val-de-Grâce, et
« qu'il en avait averti le roi, cet illustre fils la pria instamment de n'y
« plus penser, et la pressa de lui donner sa parole qu'elle ne le
« quitterait point ». Madame de Motteville. *Mémoires.* V<sup>e</sup> part. p. 538.

« repens ? » sent un peu trop la déclamation : elle se termine par ces mots d'un sentiment non moins éloquent que patriotique : « mais quel besoin de conserver la mémoire de nos désordres, « pour justifier la conduite de cette princesse ? Que cette raison « ne nous empêche pas d'ensevelir, sans réserve, cette honte de « notre patrie dans un silence éternel. » Nous retrouverons la même idée et le même sentiment, exprimés avec les mêmes termes, dans l'oraison funèbre du *cardinal Barberini,* quand l'orateur est amené une seconde fois à parler des agitations de la Fronde : « Et pour cela, il faut que je vous fasse ressouvenir de « ces temps fâcheux, que pour notre propre gloire nous devrions « ensevelir dans un éternel oubli. » Quand Bossuet nous déclare, dans l'oraison funèbre de Condé, qu'il est obligé de parler de choses dont il voudrait pouvoir se « taire éternellement », nous retrouvons le sentiment exprimé déjà deux fois par Fromentières, dans un semblable sujet, et nous sommes heureux d'une comparaison qui n'est pas trop défavorable à notre prédicateur.

Fromentières a été assez mal inspiré de développer dans cette seconde partie la politique d'Anne d'Autriche. Cette reine eut-elle vraiment une politique ? Nous avons déjà vu ce qu'en pense M^me de Motteville. Un autre témoin, bien placé pour être informé, déclare qu'Anne d'Autriche, « maîtresse du royaume, ne « pensa qu'à une vie douce et témoignait une grande indiffé- « rence. » (1) Ne nous étonnons pas, dès lors, de voir le prédicateur recourir à des habilités oratoires et à des subtilités de dialectique pour prouver ses affirmations. La politique d'Anne d'Autriche fut une politique de paix ; et cette paix, elle l'assura par ses prières, ses libéralités, sa clémence. Mascaron loue aussi la piété d'Anne d'Autriche, sa générosité, sa facilité à pardonner, mais il fait honneur de ces qualités aux vertus de la femme plutôt qu'aux inspirations de la politique, à la reine plutôt qu'à la régente : c'est plus naturel et plus juste.

(1) Madame de Lafayette : *Mémoires,* citée par Lehanneur. Massillon, 3^me partie, chap. II p. 270.

Il faut lire surtout, dans la troisième partie, le récit des souffrances de la Reine-mère et de la patience qu'elle fit paraître à les supporter. Hormis quelques souvenirs antiques, déplacés à cet endroit, et quelques rapprochements bizarres, ici tout est simple, mais tout est grand, parce que tout est vrai, dans ce tableau d'une mort chrétienne : « Gens du monde, voilà ce
« qu'une reine avait appris dans le long usage qu'elle avait fait
« de la piété ; voilà, pour avoir si bien vécu, ce qui lui a procuré
« l'avantage de savoir mourir. Toutes ses grandeurs, toute la
« pompe de sa cour ne l'avaient pas empêchée d'apprendre que
« les souffrances dans la religion sont des grâces, que les plus
« longues sont les plus considérables et les plus précieuses. Elle
« savait, cette pieuse reine, que le chrétien, quand il est une fois
« assez heureux pour être monté sur la croix, n'en doit non plus
« descendre que J.-C. Elle s'y considérait attachée avec son
« aimable Sauveur, elle se le représentait aussi bien que saint
« Chrysostome lui adressant ces paroles : *confixos nos mors*
« *inveniat*. Il faut que la mort nous trouve tous deux crucifiés ;
« tu souffres beaucoup, mais je souffre bien plus que toi ;
« l'ouvrage de ta rédemption se doit encore achever par ta
« patience ; continue donc par ta croix ce que j'ai commencé
« par la mienne, et prends garde surtout de ne te pas lasser ; car
« que serait-ce de toi, si moi-même je m'en étais lassé, et si, sur
« la tentation des Juifs, j'eusse abandonné la croix ?

« Mais, si la patience rend la philosophie de notre grande
« reine si chrétienne à sa mort, ne dérobons pas à son humilité
« la part qu'elle y a. Elle confesse qu'elle a mérité son mal ;
« elle avoue que c'est la moindre peine dont Dieu pouvait la
« châtier en cette vie ; et, s'imaginant même qu'elle peut donner
« quelque mépris et quelque horreur de sa personne, en montrant
« une plaie aussi affreuse, elle ouvre librement son sein à
« quiconque la veut voir. N'est-ce pas là un spectacle digne de
« tous les rois de la terre ? *Et nunc reges intelligite.* Mais

« pourquoi seulement digne des rois ? N'est-il pas digne de tous
« les hommes ?

« Que je sais bon gré à cette vertueuse dame de la Cour, (1)
« qui, la voyant en cet étrange état, souhaita de la voir ainsi
« peinte devant ses yeux pour toute sa vie. Jamais effectivement
« objet fut-il plus touchant ? Jamais image fut-elle plus capable
« de nous désabuser des grandeurs et de la vanité du monde ? A
« Dieu ne plaise, Messieurs, que je vous laisse Anne d'Autriche
« sous une autre idée ! La respecte qui voudra aux pieds des
« autels et dans les exercices de la piété ; que tous les autres
« l'estiment sur le trône et dans les autres mystères de la
« politique : à mon égard, je me la représenterai toute ma vie
« au lit de la mort ; je me la représenterai toute ma vie aux
« prises avec la douleur, la poitrine toute en sang, terrorisant la
« mort sous sa forme la plus hideuse et la plus cruelle, bénissant
« Dieu en cet état et instruisant les hommes. Je vois bien,
« Messieurs, que j'excite vos larmes ; je sens bien aussi que je
« m'attendris moi-même : et comment ce spectacle ne nous
« toucherait-il pas ? »

On aura remarqué, je pense, à la lecture de cette page, ce
dialogue, aussi simple qu'il est pathétique, entre le Christ en
croix et la reine crucifiée, elle aussi, sur son lit de douleur : le
Christ donnant l'exemple à la reine, et l'encourageant à souffrir
par le spectacle de ses divines souffrances. Par un rapprochement
naturel, ce passage nous remet en mémoire le *Mystère de
Jésus* et l'accent pénétrant avec lequel Pascal fait parler le
divin Crucifié : « J'ai pensé à toi dans mon agonie, j'ai versé telle
« goutte de sang pour toi. etc... » Mais, ce n'est plus avec Pascal
seulement que Fromentières se rencontre dans ce morceau, c'est
encore avec Bossuet. Touché de la mort pieusement résignée de
la jeune Henriette, Bossuet après avoir raconté le courage et la
calme intrépidité de la princesse et sa soumission chrétienne aux

(1) Madame de Schomberg. *Note de Richard.*

volontés du ciel : « Ah ! je ne veux plus tant admirer les braves
« et les conquérants ! s'écrie-t-il : Madame m'a fait connaître
« la vérité de cette parole du Sage : le patient vaut mieux que
« le fort, et celui qui dompte son cœur vaut mieux que celui qui
« prend des villes. » Plus tard, quand il aura rendu au génie de
Condé l'hommage personnel de l'admiration et de l'amitié,
Bossuet se représentera le vainqueur de Rocroy, à son lit de
mort, et il déclarera, avec une incomparable émotion, qu'il ne veut
plus voir Condé autrement qu'il ne lui est apparu à son dernier
jour : « Je vous verrai tel que vous étiez à ce dernier jour sous
« la main de Dieu, lorsque sa gloire sembla commencer de vous
« apparaître C'est là que je vous verrai plus triomphant qu'à
« Fribourg et à Rocroy ». Bossuet, comme Fromentières, ne
s'inspire-t-il pas de cette idée, que la mort consacre toutes les
grandeurs humaines, et fait-il autre chose que traduire avec une
éloquence plus pénétrante, je le veux bien, le même sentiment
d'admiration émue pour les grandeurs qui s'anéantissent elles-
mêmes sous le regard de Dieu ?

Ceux qui aiment les études comparées pourront rapprocher
ce récit de la mort d'Anne d'Autriche de celui qu'en a fait
Mascaron, dans son oraison funèbre sur le même sujet. Ils verront
que les deux prédicateurs ont suivi la même marche : considérations générales sur ce lieu commun, qu'il est plus héroïque de
supporter la souffrance que de courir à la mort ; puis, tableau
des tortures et de la mort de la Reine ; prière à Dieu pour qu'il
ait égard aux souffrances d'Anne d'Autriche et aux supplications
qu'on adresse au ciel pour elle. Il y a moins d'apprêt et de fausse
rhétorique chez Fromentières ; le cœur parle plus que l'esprit,
l'accent est plus pénétrant, l'émotion plus intense. Une première
lecture lui rend l'opinion favorable : une seconde ne détruit pas
l'impression de la première.

L'oraison funèbre du ministre de Lionne présente un caractère
tout différent. Voici un homme qui n'a d'autre droit à l'éloge
que le rôle qu'il a joué, pendant vingt-cinq années, sur la scène

politique, et la part qu'il a prise aux évènements de son époque. Ce n'est plus l'intérieur chrétien d'une âme de reine, d'évêque ou de religieux que Fromentières va nous découvrir. Par ce côté le sujet lui échappe complètement : c'est l'homme vu par le dehors qu'il est obligé de nous montrer. Ce n'est pas sans quelque scrupule, il est vrai ; mais avec un peu d'habileté, il parvient à démontrer qu'en travaillant à la paix Lionne a travaillé pour le bien de l'Etat, et, par conséquent aussi, pour le bien de l'Eglise, intéressée à la tranquillité de l'Etat : « Et là-dessus, qui doutera « que l'Eglise ne puisse s'entretenir de cette sorte de mérite, ou ne « serait-ce pas en quelque manière à l'Eglise une espèce « d'ingratitude de s'en taire ?... avec ces précautions entrons « hardiment en matière. » La hardiesse ne lui manquera pas, ni à l'égard des choses qu'il va dire, ni à l'égard du ton sur lequel il va les dire. Voici en quels termes il parle des ancêtres de M. de Lionne : « Sébastien de Lionne, son aïeul, donna, entre autres, « une marque bien glorieuse de sa fidélité au roi Henri III, en « lui conservant le pont de Royan, qui, pour lors, était l'un des « postes les plus importants du Dauphiné. Le désordre s'y étant « mis pendant les guerres civiles, et la rébellion de cette place « entraînant avec elle celle d'une partie de la province, cet « homme prudent et courageux vit bien que le secret de pacifier « son pays était, comme dit Tacite, de le soumettre à un seul, au « souverain à qui il appartenait : *discordantis patriæ non aliud* « *fuisse remedium quam si ab uno regeretur*. Dans cette pensée, « il se jeta lui seul dans la place où, moitié adresse, moitié « autorité, il sut si bien ménager les esprits, qu'au milieu de la « révolte générale du royaume, il conserva cette ville et avec « elle une partie du Dauphiné dans l'obéissance du roi. »

« Artus de Lionne, père de notre illustre mort, n'a pas moins « éclaté, dans les fonctions de la justice, que son aïeul avait fait « dans l'exercice des armes. Le peu de temps qu'il fut conseiller « au parlement de Grenoble, ne l'empêcha pas de faire admirer « sa capacité et son intégrité, et lorsqu'on s'attendait à le voir

« honoré dans le monde des plus grands emplois, Dieu, qui
« l'appelait à de plus saints dans la religion, rompit tous ses
« liens par la mort inopinée d'Isabelle Servien, sa femme, une
« des plus vertueuses de son temps. De sorte que pouvant en
« toute liberté sacrifier à Dieu la victime de louanges, il entra
« dans le sacerdoce, et eut même l'avantage d'y entrer par le
« ministère de saint François de Sales, qui lui donna pour ainsi
« dire une partie de son esprit par l'imposition de ses mains. Sa
« modestie eut bien de la peine a être vaincue, pour lui faire
« ensuite accepter un évêché, quoique peu considérable pour
« son étendue : mais elle se trouva invincible, quand on voulut
« lui proposer ensuite de passer en de plus grands : et il donna
« en cela à son siècle un exemple d'autant plus rare, qu'il a paru
« depuis plus difficile à suivre. »

C'est par cette page, où la simplicité s'unit à la grandeur que
Fromentières commence l'éloge de son héros dans une langue
noble et sévère, où se retrouvent toutes les qualités qui
distinguent le français du XVIIe siècle. Puis venant à son sujet,
l'orateur esquisse à larges traits la vie de Lionne et le suit dans
sa carrière d'ambassadeur, de secrétaire d'Etat : il s'attache
à nous montrer dans sa personne le citoyen, ami de la
paix, qui tour à tour la prépare par son habile fermeté, la signe
au nom du roi, et la maintient par sa politique sage et prudente.
Dans les autres oraisons funèbres, Fromentières s'est montré
plus sermonnaire que panégyriste : dans celle-ci, il est plus
historien et panégyriste que sermonnaire. Sans doute, nous ne
pouvons pas espérer que Fromentières va s'abstenir des considérations générales : mais il ne les admet ici qu'avec une sorte de
réserve, et parce qu'il les juge nécessaires pour lier ou pour amener
les faits. Voici les débuts de Lionne à l'école de son oncle Servien :
« Le commencement d'un grand homme se prend de la nature ;
« son progrès, de l'art et de la discipline. Mais, comme ajoute
« Plutarque, *perfectio ab exercitatione*. Ce qui achève et ce qui
« perfectionne un héros, c'est l'exercice. Ce n'est souvent rien
« que de voir les choses de loin, et tel se croit habile dans la

« spéculation, qui se trouve fort empêché dans la pratique. Tant
« de connaissance de la boussole et des vents qu'il vous plaira,
« on ne saurait apprendre à être pilote que dans la tempête. »
Puis, c'est à l'école de Mazarin que passe Lionne. Sa mission
en Italie et en Allemagne est racontée avec rapidité et bonheur.
On sait qu'après la paix de Münster, Mazarin travailla à liguer
les Princes du Rhin sous la direction de la France. Lionne agit
pour le ministre, et fut assez heureux pour mener à bonne fin
toutes les négociations : « M. de Lionne étant ambassadeur à
« Francfort pour l'élection de l'Empereur, avec cet illustre
« maréchal que Dieu par un espèce de miracle vient de rendre
« à la France, pour en être encore, un long temps, un des plus
« précieux ornements, M. de Lionne, dis-je, prit cette
« occasion pour faire une ligue entre les princes du
« Rhin, traité fameux d'union et de division tout ensemble ;
« d'union à l'égard de ces voisins, mais de division à l'égard de
« l'Allemagne et de la Flandre ; traité qui, mettant une barrière
« insurmontable entre elles, leur ôtait toute espérance de pouvoir
« désormais joindre leurs forces. Espagne, c'est à ce coup, que,
« toute fière que tu sois, il faut parler ou souffrir que la Flandre
« achève de se rendre. » Que dites-vous de ce morceau
d'histoire ? n'est-il pas rapide, complet, d'une exacte vérité.
L'apostrophe imprévue qui le termine, quoiqu'un peu décla-
matoire, nous choque pas trop, Fromentières menace l'Espagne,
comme, dans une autre circonstance, Bossuet menaçait Alger,
« riche des dépouilles de la chrétienté. »

Le rôle de Lionne au ministère n'est pas moins heureusement
exposé. Lionne travailla à l'affermissement de la paix ; il y
travailla avec droiture : un trait arrivé à Pomponne fournit
à l'orateur l'occasion d'en donner la preuve. Mais il voulut une
paix glorieuse, la seule digne d'un grand peuple. « Paix glorieuse,
« paix spirituelle, florissante, féconde en arts et en reconnais-
« sances, pompeuse par la magnificence publique, paix sous
« laquelle on peut dire des lys de France ce que J.-C. a dit de

« ceux de l'Evangile, que toute la gloire de Salomon ne les a
« point égalés ! Paix enfin, qui nous fait encore plus espérer
« que nous ne possédons ! C'est pourquoi, fasse le ciel que
« cette paix soit aussi durable quelle est belle ! Fasse le Ciel
« que la Chrétienté ne soit plus un amphithéâtre de gladiateurs
« pour les ennemis de l'Evangile, et que, si nous avons à prendre
« les armes, ce ne soit que pour aller enlever à l'insolente
« Constantinople les dépouilles des chrétiens dont elle est
« enrichie, venger la mort impunie du héros que nous y avons
« perdu :

> « Cumque superba foret Babylon spolianda trophæis
> Ausoniis ; umbraque erraret Crassus inulta. »

La chute était inattendue, mais pourquoi la blâmer? Après
tout, il ne nous déplaît pas de rencontrer par dessus la couleur
trop régulièrement uniforme et l'allure sévère de l'éloge, cet
accent de jeunesse, à travers lequel on sent passer le souffle
patriotique d'une âme vivement soucieuse de tout ce qui intéresse
l'honneur national. J'aime cet hymne à la paix et aux arts que la
paix favorise ; mais j'aime aussi ce souvenir donné à un vaillant
soldat, dont la mort héroïque avait tout récemment jeté dans le
public une vive émotion S'il est permis d'éprouver un regret à la
lecture de cette page, c'est que Fromentières n'ait pas été
toujours aussi heureusement inspiré.

Il n'y a pas à insister sur le tableau de la conversion et de la
mort de Lionne, quoiqu'il ne soit ni sans mérite ni sans intérêt.
La péroraison, dans laquelle il adjure les grands du monde de ne
pas attendre l'heure de la mort pour faire pénitence, serait digne
d'être signalée, si son étendue ne dépassait les limites permises.
A ce moment le panégyriste s'efface, il ne reste dans la chaire
qu'un apôtre, qui met toute l'ardeur de son zèle, toute la logique
de son esprit, toute sa chaleur d'âme à combattre les prétextes
dont le pécheur s'autorise pour renvoyer sa conversion et
différer sa pénitence. On compte sans la mort et ses atteintes

soudaines. Et pourtant : « que de têtes considérables la mort
« a-t-elle abattues seulement depuis un an ! Nous ne faisons pas
« une démarche que nous ne rencontrions la mort, et nous en
« trouvant partout environnés, comment avons-nous la folie, ou,
« pour mieux dire, la fureur de n'y pas penser ? Car, messieurs,
« détrompons-nous aujourd'hui de cette fatale illusion à la vue
« de notre grand ministre : écoutons-le de son tombeau qui nous
« crie : *memor esto*... c'est-à-dire qu'il vous demande deux
« courtes réflexions sur cette parole, l'une pour vous, l'autre
« pour lui. Souvenez-vous que vous devez mourir comme lui ;
« que quand l'heure en sera venue, toutes vos grandeurs, toutes
« vos charges, toutes vos dignités ne vous serviront non plus
« qu'à lui, qu'il n'y aura que vos larmes et votre contrition
« qui vous mettront en assurance. »

Cette péroraison nous replace au centre de la prédication de
Fromentières : elle nous ramène au caractère le plus ordinaire
de ses oraisons funèbres et nous conduit à la conclusion de ce
chapitre. L'éloge de Lionne, en nous découvrant le panégyriste
appliqué à tracer le portrait d'un homme politique et à raconter
les événements auxquels il avait été mêlé, nous avait fait un
moment oublier le sermonnaire. Cette péroraison nous y ramène.
Ce sera donc l'éloge de Fromentières, dans l'oraison funèbre, de
n'avoir pas diminué la vérité chrétienne, et de n'avoir pas
consenti à humilier la chaire par de vaines complaisances et
d'hyperboliques flatteries. Mais aussi faudra-t-il moins le louer
de n'avoir pas su ou voulu nous intéresser suffisamment par la
peinture des grandeurs de ce monde et par le récit de
pathétiques évènements. Non, Fromentières n'a pas su concilier
dans une juste mesure deux choses, dont l'heureuse union fait
le charme et l'originalité de Bossuet : le respect de la vérité
chrétienne et l'admiration éloquente, attendrie, de la gloire
humaine. S'il a su nous édifier au récit des vertus de la
princesse de Conti, il n'a pas su, ou n'a pas osé nous toucher à
la peinture de ses charmes, qui répandaient autour d'elle

l'admiration et le respect. Si dans les éloges funèbres de Péréfixe ou du P. Sénault il nous instruit, en retraçant avec force les devoirs de l'évêque et du prêtre, il nous intéresse peu aux actions de ces personnages et au récit de leur vie. Une seule fois, dans l'oraison funèbre d'Anne d'Autriche, il instruit et touche par la simple narration d'une pieuse vie et d'une sainte et courageuse mort. Il fut donc moins historien qu'apôtre : peut-être était-il trop vivement persuadé, lui aussi, du néant des grandeurs humaines pour les juger dignes d'être louées dans la chaire : peut-être devait-il au jansénisme de ses anciens maîtres ce dédain profond qu'il porta dans sa vie, aussi bien que dans la chaire, pour tout ce que le monde appelle gloire, honneurs, illustrations de la naissance ou du rang. Ce qu'il en a dit quelquefois prouve cependant qu'il était capable d'inspirations éloquentes et de nobles accents. Les pages que j'ai eu le plaisir de citer nous disent assez que, si dans l'oraison funèbre il ne peut être égalé aux grands maîtres, il s'éleva pourtant à ces hauteurs moyennes et honorables où se rencontrent encore des orateurs pondérés, habiles dans leur art, capables même d'enchanter souvent l'oreille et de parler parfois au cœur. Le regret que cette lecture nous laisse, c'est que Fromentières n'ait pas toujours été au niveau de lui-même.

Chapitre VII

UN

# DISCOURS DE CIRCONSTANCE

# FROMENTIÈRES & BOSSUET

*I. — Quelles relations existèrent entre Fromentières et Bossuet...
Discours du sacre... Bossuet deux fois loué dans la chaire par
Fromentières... Prise d'habit de Madame de la Vallière...
Fromentières remplace Bossuet... Le manuscrit de l'Arsenal
et le Discours faussement attribué à Fromentières.*

*II. — Analyse du sermon de vêture... Opinion des contemporains...
Un mot de Bayle... Différences entre le sermon prêché par
Fromentières à la prise d'habit et celui que prêcha Bossuet
dans la cérémonie de la profession... Conclusion.*

I

Si je rapproche, dans ce chapitre, un nom à peu près universellement inconnu d'un nom illustre, Fromentières de Bossuet,
ce n'est pas que je cède à l'ambitieux désir de comparer deux
hommes qui furent si différents d'esprit et de caractère. Mais
l'histoire nous les montre à côté l'un de l'autre, et c'est la raison
pour laquelle ils sont rapprochés dans cette étude. On n'a pas
oublié, peut-être, que déjà, en 1665, Nicolas Colbert mettait
Fromentières à côté de Bossuet sur la liste des candidats qui

pouvaient prétendre à la charge de précepteur du dauphin. L'honneur de figurer à côté de Bossuet sur une liste de candidats ne suffit pas à prouver que Fromentières eut avec lui des relations empreintes d'affectueuse estime et de cordialité. Ce qui est plus significatif assurément, c'est que le 21 septembre 1670, (1) au sacre de Bossuet, qui eut lieu dans l'église des Cordeliers de Pontoise, en présence de l'Assemblée du Clergé de France, l'abbé de Fromentières porta la parole au nom de toute l'assemblée et fit le discours d'usage. A quel motif les députés du clergé obéirent-ils, en confiant cet honneur à l'abbé du Jard ? Pensèrent-ils que cet honneur lui revenait comme au membre le plus éloquent de l'Assemblée ? Ou bien, existait-il, entre Fromentières et Bossuet, des relations intimes qui commandaient ce choix, et portaient à croire que personnne ne mettrait plus d'empressement et de bonheur à parler en cette occasion ? Rien ne nous est parvenu des relations qui durent très certainement exister entre deux hommes qui étaient, en 1670, parmi les prédicateurs les plus remarqués et les plus écoutés de la capitale. Je voudrais pouvoir montrer que Fromentières se présente à la postérité honoré de l'amitié de Bossuet. Mais il ne reste que le *Discours du sacre* dont le caractère officiel ne permettait guère à l'amitié, si elle existait, de se manifester librement.

C'est un discours intéressant, et, encore aujourd'hui, d'une lecture attachante et utile, que celui que prononça Fromentières au sacre de Bossuet. Il est en trois points évidemment, « selon « notre méthode ordinaire » ; mais quelle liberté et quelle variété dans le choix des matières qui les remplissent : dogme et morale, droit canonique, histoire ecclésiastique, conseils et éloges, tout s'unit et se mêle sans confusion dans un développement harmonieux et rapide. Fromentières, au cours de son sermon a loué Louis XIV de l'esprit qui lui dictait le choix des évêques : il continue en parlant à Bossuet « Votre personne, Monseigneur,

(1) *Procès-v rbaux des Assemblées du Clergé.* Tome VII. *Gazette de France* 26 septembre 1670.

« est une preuve trop éclatante de ce juste choix du roi, pour
« s'empêcher de faire quelque violence à votre modestie... Il ne
« faudrait pas, Monseigneur, d'autres sujets de vous estimer,
« que le choix que fait de vous le roi du monde le plus pénétrant
« et le plus judicieux, pour remplir des places aussi importantes
« que sont celles où il vous élève ; mais — et il faut que votre
« modestie souffre que je dise encore ce petit mot — l'approbation
« de tout le royaume s'est jointe à celle du roi, et vous avez
« l'avantage, que les canons ont souhaité à tous les évêques, de
« voir que votre élection a été approuvée de tous ceux qui y ont
« intérêt. » Quoi de plus flatteur pour un évêque, que d'entendre
dire qu'il est l'élu de tout un peuple, quand il est vrai que la
voix du peuple a été si souvent, en pareil cas, la voix de Dieu ?

Il serait surprenant toutefois que Fromentières s'en tînt à cet
éloge, et qu'il ne fît pas au moins allusion à cette éloquence qui
assurait déjà la renommée de Bossuet et lui valait, outre la
charge de précepteur du Dauphin, l'évêché de Condom.
Fromentières rappelle cette éloquence ; il ajoute même que, par
la vertu de la consécration épiscopale, elle aura dans l'avenir une
vertu plus grande : « C'est, Monseigneur, dans le dessein
« d'augmenter cette gloire de l'Eglise de France, que vous
« devenez un de ses évêques aujourd'hui : jusqu'ici l'Evangile a
« fait du bruit dans votre bouche, mais vos paroles auront dans
« la suite une autre fécondité... Oui, Monseigneur, je me
« persuade que cette cérémonie extérieure n'étant que le signe
« d'une onction intérieure faite en votre âme par le Saint-Esprit,
« quelque édifiant, quelque vertueux, quelque éloquent que
« vous ayez été jusqu'ici, vous allez devenir, comme Saul après
« son onction, un tout autre homme. »

A quelques mois de là, 14 février 1671, Fromentières rendait
de nouveau un solennel et public hommage au mérite et au
génie de Bossuet. Il prononçait à Notre-Dame l'éloge funèbre
de Hardouin de Péréfixe. L'orateur, se souvenant que Péréfixe
avait été le précepteur de Louis XIV, trace le programme de

l'éducation d'un roi, et se demande ensuite à qui doit en être confiée l'exécution. « Pour moi, messieurs ajoute-t-il, je ne crois « pas que l'on puisse davantage disputer cet honneur à l'Eglise, « le roi paraissant avoir décidé la chose en sa faveur, et par ce « qu'il a éprouvé et par ce qu'il vient de faire. Il a bien « reconnu l'avantage qu'il avait eu d'avoir pour précepteur un « ministre de J.-C., s'étant enfin déterminé de remettre « l'instruction de Monseigneur le Dauphin à un prélat *aussi* « *illustre par sa piété que par sa doctrine, et dont les rares talents* « sont tous propres à nous rendre ce prince un fils de son « auguste père. » L'éloge, ici, a d'autant plus de valeur que nous le trouvons sur les lèvres d'un prédicateur qui ne le prodigue pas : il faut se souvenir, de plus, que cet éloge ne s'imposait pas, et qu'il était prononcé à Notre-Dame, dans un de ces grands jours où l'antique cathédrale contenait tout ce que Paris avait de plus distingué.

Fromentières n'a pas eu seulement l'honneur de louer Bossuet, il a eu aussi celui de l'avoir quelquefois rappelé ou même devancé. J'ai eu l'occasion de le montrer à propos du panégyrique de saint Sulpice, de l'oraison funèbre d'Anne d'Autriche, et en plusieurs autres endroits. Il eût été facile, sans forcer les termes du rapprochement, de le faire plus souvent encore ; mais je n'insiste pas davantage sur ce point, car j'ai hâte d'en venir à une circonstance qui rapproche, plus que toute autre, Fromentières et Bossuet.

« Le 2 juin 1674, dit la *Gazette de France*, (1) dame Louise de « la Vallière, duchesse de Vaujours, prit ici l'habit de religieuse « au grand couvent des Carmélites, où elle s'était retirée, dès le « 19 avril dernier, pour se préparer à cette action. Le curé de « Saint-Nicolas du Chardonnet, supérieur de cette maison, en « fit la cérémonie et la pieure lui donna le voile blanc. L'évêque « d'Aire, M. de Fromentières, nommé depuis peu, y prêcha avec

(1) *Gazette*, 2 juin 1674. Page 520.

« son éloquence ordinaire et l'applaudissement de tout l'auditoire,
« composé de Mademoiselle, de Madame de Guise, des duchesses
« de Longueville et de Bouillon, de la princesse de Mecklembourg
« et de plusieurs seigneurs et dames de condition, qui ne
« purent assez admirer l'humilité, la modestie et la piété tout à
« fait exemplaire de cette illustre novice.» C'était Bossuet qui
devait d'abord prêcher le sermon de vêture. Au défaut de
Bossuet, La Vallière aurait désiré entendre Bourdaloue, dont le
sermon de la Passion, prêché à la Cour à la fin du carême
précédent, l'avait fortement impressionnée. (1) Mais les
circonstances ne permirent ni à Bossuet ni à Bourdaloue de se
trouver à Paris pour cette cérémonie, et l'on se rabattit sur
l'évêque d'Aire. Fromentières était bien connu des Carmélites,
pour avoir prêché plusieurs fois, soit au petit couvent de la rue
du Bouloi, soit aux Grandes Carmélites de la rue d'Enfer. Parmi
les dames dont la *Gazette* signale la présence à la cérémonie,
nous trouvons les duchesses de Longueville et de Guise, très
liées avec La Vallière. Comme elles voyaient de très près et
estimaient Fromentières, il est permis de penser qu'elles lui
ménagèrent l'occasion de parler en cette circonstance.

Fromentières prêcha donc la prise d'habit de Madame de La
Vallière. Mais, ici se pose un curieux problème dont la solution
mérite qu'on s'y arrête quelque peu. Outre le sermon qui fut
prononcé en cette circonstance, et que nous trouvons imprimé au
tome troisième des œuvres de Fromentières, il existe encore à
l'Arsenal (2), en manuscrit, un « sermon de Monsieur de Fromen-
« tières évesque dhair à la gloire de Madame de la Valière,
« duchesse de Vaujour, sur la vêture de lhabit par elle prit au
« grand couvent des Carmélites du faubourg Saint-Jacques de
« Paris le 3 juin 1674. » L'abbé Duclos croit avoir exhumé ce
discours et l'a publié à la fin de son ouvrage, à titre de document

(1) Lettre de la Vallière au maréchal de Bellefonds 19 mars 1674.
(2) N° 2233. T. F. 122, in-4° de 24 pages.

inédit. (1) La vérité est que ce dicours était imprimé déjà, en 1678, dans un curieux petit livre : « *L'amante convertie* ou l'*Illustre* « *pénitente présentée à Basilisse* par Eusèbe , docteur en « théologie, à Mons 1678. » Le discours en question se trouve à la page 78 de cet ouvrage, non toutefois dans la première édition, mais dans la seconde ; il a disparu de la troisième pour céder la place à celui qui avait été prononcé et qui est l'unique et véritable discours de Fromentières.

Mais alors, à qui faut-il attribuer le sermon de la seconde édition de l'*Amante convertie*, et dont une copie manuscrite existe à l'Arsenal? P. Clément, dans une note de l'édition publiée par lui des *Réflexions* (2) de La Vallière, refuse de se prononcer. L'abbé Duclos est plus affirmatif. Il n'est pas douteux pour lui que le sermon ne soit réellement de celui auquel on l'attribue. Il motive son affirmation : « on y retrouve le genre habituel de « Fromentières... ce discours manuscrit, qui probablement n'est « qu'une copie de l'original, était dans la collection des « autographes d'Arnaud d'Andilly sous le titre de sermon de « l'abbé de Fromentières ; quelle raison de suspecter cette « origine ? » (3) Nous ferons remarquer d'abord que ce manuscrit n'est pas *probablement,* mais sûrement, l'œuvre d'un copiste très maladroit, qui n'entend rien au latin qu'il défigure, *servaturé* pour *servaturœ, foveo* pour *voveo, tividit* pour *dividit,* — c'est à croire qu'il écrit sous la dictée d'un allemand — il en marque l'*e* final d'un accent aigu *egréderé, dié, consumeré*. Il reproduit même assez mal le français : *cecondement, résonable, rassine, quessecque,* etc. On peut croire que Fromentières connaissait beaucoup mieux le latin et qu'il écrivait plus honnêtement le français.

C'est donc un copiste qui a reproduit le sermon. Quant à l'attribution qui en est faite à Fromentières, elle est tout d'abord

(1) *Madame de La Vallière et Marie-Thérèse d'Autriche,* p. 841.
(2) *Réflexions sur la Miséricorde de Dieu par la duchesse de La Vallière.* T. II, p. 63, note.
(3) Loc. cit.

fort suspecte. Voici pourquoi : le vrai sermon de Fromentières
ne fut pas tout de suite publié : une pièce conservée aux archives
de la Bastille mentionne, parmi les œuvres dont la circulation est
interdite, le sermon prêché à la vêture de Madame de la
Vallière (1). De sorte que ce sermon fut, pendant quelque temps,
inconnu du public ; et, quand les éditeurs de Fromentières se
décidèrent à le publier, plus tard, ce ne fut qu'avec certaines
précautions, avec cette indication vague qui le démarquait et le
faisait passer inaperçu : *Discours fait à la prise d'habit de
Basilisse*. Or, pendant ce temps, le petit volume : l'*Amante
convertie*, imprimé clandestinement à Mons en 1678, circulait dans
le public : on y trouvait un discours prononcé à la vêture de cette
amante dans laquelle tout le monde reconnaissait La Vallière.
Ne serait-il pas très naturel de croire que c'est sur la lecture de
ce petit livre, assez rare, même alors, que le mauvais copiste en
question a écrit sa copie; et, comme il était de notoriété publique,
en ce moment, que le sermon de vêture avait été prêché par
Fromentières, ne serait-il pas encore très naturel de penser, que
le copiste ignorant lui a attribué la paternité d'une œuvre qui
revient très probablement à l'auteur de l'*Amante* lui-même.
Celui-ci a introduit dans son œuvre un sermon supposé, jusqu'à
ce qu'il a été mis en possession du sermon véritable, jusqu'à la
troisième édition qui est de 1684. Dix ans se sont écoulés déjà
depuis la cérémonie de vêture (2).

Voilà une première raison que nous avons de suspecter l'origine
de cette attribution. Il en est une autre absolument décisive et
concluante, à notre avis, que nous tirons de l'étude même de ce

(1) « J'oubliais d'avoir l'honneur de vous écrire qu'il a paru ici, ces
« jours derniers, un autre petit imprimé que je vous envoie sous le titre
« de *Prise d'habit de Madame de La Vallière*, et que je crois être le
« sermon de Mgr l'évêque d'Aire. » La Reynie à Colbert, 6 janvier 1675.
*Archives de la Bastille*. T. VIII. p 7.

(2) Les éléments de cette discussion nous ont été fournis en grande
partie par l'excellent ouvrage de M. Lair : *Louise de la Vallière et la
jeunesse de Louis XIV*. Notes et pièces justificatives. Paris 1882. 2me
édit. page 464 et suiv. et par P. Clément loc. cit.

sermon. L'abbé Duclos déclare « qu'on y retrouve le genre habituel de Fromentières ». Son jugement est ordinairement plus ferme. (1)

Sans doute, ce discours, avec ses deux exordes et sa division en trois points, nous rappelle le genre habituel de Fromentières, ou pour me servir de son expression, sa méthode ordinaire, et j'avoue que si Fromentières eût été le seul au XVII<sup>e</sup> siècle à régler ainsi l'économie de son discours, il y aurait là une forte présomption que ce discours est de lui. Mais comme ce partage est le plus ordinaire au XVII<sup>e</sup> siècle, cette présomption devient nulle par ce fait.

En revanche, il est d'autres signes qui pourraient révéler la main de Fromentières et que je ne retrouve pas. Je crois avoir montré suffisamment que dans les sermons et les panégyriques, même dans les oraisons funèbres, Fromentières n'omettait jamais de tirer de son sujet la leçon morale et les enseignements pratiques qui pouvaient convenir à ses auditeurs. Chaque partie de son discours finit régulièrement et invariablement par l'application morale. Le sermon qu'il prononça à la prise d'habit de La Vallière, celui qui est imprimé dans le recueil de ses œuvres, et dont j'aurai plus tard à m'occuper, n'échappe pas à cette règle, et à la fin de chacune des parties, le prédicateur laisse la pénitente pour se tourner du côté de l'assistance mondaine et lui faire l'application des enseignements qu'il vient de développer. Or, dans le discours faussement attribué à Fromentières, sa méthode ordinaire ne se retrouve plus. *Egredere de terra tua, — de cognatione tua, — de domo tua*, tels sont les trois points dont le simple énoncé indique déjà que l'orateur ne

---

(1) Je n'insisterai pas sur le texte tel que le manuscrit le donne : *In velamine monialis congratulamini quia inveni ovem quæ perierat*. L'abbé Duclos et M. Lair séparent les trois premiers mots et les donnent comme un titre indiquant la nature et l'objet du discours. Je crois qu'ils ont raison. Mais, à s'en tenir au manuscrit de l'Arsenal, les premiers mots se rattachent au texte : ce qui prouve encore que nous avons en main l'œuvre d'un copiste ignorant.

voit devant lui que la pénitente. C'est à peine s'il adresse deux fois la parole à l'assistance qui l'écoutait. On ne voit pas bien pourquoi, dans une circonstance où les choses pouvaient prêter à l'orateur des arguments si éloquents, Fromentières se serait senti moins pressé de parler à la foule de ses auditeurs.

De plus, ce discours est très médiocre dans son fond. Il repose tout entier sur une perpétuelle analogie que l'orateur remarque entre la mort et l'acte que La Vallière va accomplir : « il faut « que je vous dise que vous allez mourir... Je puis dire que ce « jour auquel vous sortez du monde est celui de votre mort. En « effet, tout ce qui paraît en ce saint spectacle nous avertit de « votre mort : cette noble parenté n'est ici présente que pour « honorer vos funérailles, ce chœur brillant de lumières repré- « sente votre sépulcre et, quand on vous verra étendue sur la « terre et couchée sous un drap funèbre, vos chères sœurs, « dignes et vertueuses carmélites vous considéreront comme « morte... il ne vous manque, madame, qu'une oraison funèbre : « je suis monté dans cette chaire à ce dessein. » L'abbé de Fromentières nous a habitués à plus de gravité d'un côté, à moins de recherche et de préciosité d'un autre, pour que nous ne soyons pas tentés de lui attribuer de pareils jeux de mots et d'aussi misérables puérilités. Et cette idée d'une mort mystique et de l'ensevelissement dans le silence du cloître, si juste qu'elle soit, ne devait pas servir de thème aux prétentieuses antithèses du jargon précieux. Or, c'est tout juste le contraire qui arrive, et l'orateur restera jusqu'à la fin tel qu'il s'est montré au début : « Non, mesdames, ne versez pas des larmes auprès de son « tombeau : apportez plutôt des branches d'olivier pour marque « de la paix qu'elle va goûter ; ce tombeau lui procure trop de « bonheur et de gloire, pour souffrir qu'on répande des larmes... « Elle voudrait que cette honorable assemblée assistât à cette « cérémonie pour faire honneur à ses funérailles, et non point « pour regretter son absence. » Et dans ce discours qui commence et qui finit par des pointes affectées, beaucoup de compliments et d'allusions directes, beaucoup d'exclamations et d'apostrophes, des images disparates, au premier point surtout, et des pensées confuses : peu ou point de ces considérations générales, sobres, mais fécondes, d'où Fromentières aime à tirer, comme d'un principe, toute la matière de son développement. Et ce discours ambitieux et vide, il l'aurait composé en 1674, après avoir prêché le *Panégyrique de saint Sulpice, le Discours du sacre et l'Oraison funèbre du P. Sénault ?*

Et ce qu'il y a de plus grave encore, c'est que ce discours accuse chez son auteur un manque absolu de tact et de délicatesse. Il n'est pas une page, presque pas un paragraphe, qui ne porte un insolent défi aux plus élémentaires convenances. Au début, le prédicateur loue La Vallière de mourir jeune, et de consacrer à Dieu « la fleur d'une vie angélique. » Est-ce qu'il a juré de se moquer de son auditoire pour lui parler ainsi ? Ce qui n'empêche pas que tout à l'heure, le même orateur dira à la même pénitente : « la force de la grâce vous a été chercher « jusque dans le fond du péché, qui vous avait égarée de la face « de J.-C. : la force de cette grâce vous ayant retrouvée, elle vous « a retirée de votre péché et vous a chargée sur ses épaules. » Quelle délicatesse dans ces allusions brûlantes et cette confession publique ! Il l'appelle un peu plus loin : « Grande duchesse de « Vaujours, » et il ne se doute pas que ce titre, venu à La Vallière de ses relations avec Louis XIV, est pour elle une sanglante flétrissure. Il ajoute : « On perd assez souvent dans le « monde quand on fait le commerce ; on a de grandes espérances, « mais combien de fois est-on trompé ! Quand même on « obtiendrait ce qu'on désire, cela dure peu de temps. Les plus « belles et les plus glorieuses fortunes ne sont pas éternelles. » Quel désastreux effet eussent produit dans les âmes de semblables allusions ! Quel douloureux écho elles eussent réveillé dans le cœur de la pénitente ! Quel méchant sourire à peine dissimulé elles eussent amené sur les lèvres de la duchesse de Soissons, qui assistait à l'immolation de sa rivale, quel froid elles eussent jeté sur tout cet auditoire, qui savait combien de temps avait duré la « glorieuse fortune » de La Vallière, et comment elle avait fini. La maladresse touche à l'impertinence ; qu'on en juge encore par ce morceau. « Ah ! ma « chère dame, ah ! grande duchesse de Vaujours, que la grâce a « de puissance sur vous, puisqu'elle vous arrache d'entre les « bras de la mère de votre glorieuse fortune... puisqu'elle vous « a fait résoudre à quitter une si glorieuse fortune. » Et l'insistance avec laquelle il parle de cette glorieuse fortune prouve bien que c'est de propos délibéré. Mais quel manque de sens moral, de tenir un pareil langage, dans une pareille circonstance et dans un pareil milieu, à une femme qui expiera par trente-cinq années de pénitence ce que le prédicateur ne rougit pas d'appeler sa « glorieuse fortune ? » Quelle inconvenance aussi d'associer à cette fortune le souvenir de la mère de La Vallière, cette madame de Saint-Rémi, cerveau exalté, « mal pourvue de « sens moral, » (1) et qui avait si peu protégé l'innocence de sa fille. Je ne relèverai pas tous les autres passages où s'affirme cet oubli des convenances. Mais, de bonne foi, dans l'œuvre de Fromentières, parmi les discours qu'il a prononcés dans des occasions si diverses, et des milieux si différents, est-il rien qui nous autorise à penser qu'il était capable d'oublier à ce point ce qu'il se devait à lui-même et ce qu'il devait à ses auditeurs ?

Il n'est pas jusqu'à la forme elle-même, qui ne soit en dehors de tout ce que nous étions habitués à trouver dans Fromentières. Le ton dogmatique et grave, la méthode sévère, la correction étudiée, d'ordinaire un peu froide, l'uniformité quelque peu terne du développement, fait place ici aux exclamations nombreuses, aux apostrophes enflammées, à une sorte de lyrisme enfantin et d'admiration puérile. Ce sont des « ah » multipliés, qui conviennent beaucoup plus à un chant de triomphe, qu'à cette oraison funèbre que l'orateur annonçait au début. Les passages

(1) Lair, loc. cit. p. 304.

déjà cités suffiraient seuls à en faire la preuve : mais en voici
un autre, qui donnera l'idée du ton qu'affectionne l'orateur :
« Ah, messieurs et mesdames, quelle gloire de servir Dieu ! vous
« voyez cette généreuse victime qui se dévoue et se consacre,
« comme la Madeleine, aux pieds de J.-C. pour obtenir le pardon
« de ses fautes passées. La voilà ! la voilà ! la voilà ! La voyez-
« vous, messieurs et mesdames, comme elle marche pour aller
« embrasser la croix ! elle veut ressembler à son divin époux !
« hélas que de pleurs répandues dans la Cour d'un des plus
« grands monarques du monde ! » Outre qu'il y a quelque folie à
dire de pareilles énormités, il faut convenir que le ton de ce
passage contraste singulièrement avec ce que réclame la gravité
de la chaire et la dignité du prédicateur.

Pour tout résumer d'un mot, si Fromentières était l'auteur de
ce discours, il aurait produit une œuvre qui ne ressemble à rien
de ce qu'il avait déjà écrit alors, à rien de ce qu'il devait écrire
depuis, pas même à ce discours qu'il prononça à la vêture de La
Vallière, et duquel rien ne diffère plus que celui dont j'ai essayé
de donner une idée. (1)


II


Revenons donc à Fromentières et au sermon qu'il prononça
dans cette circonstance. On sait l'opinion qu'en eut le public et
ce qu'en dit la *Gazette*. Le témoignage de Mademoiselle de
Scudéry est plus significatif encore et plus explicite : « Enfin
« j'ai vu prendre l'habit à Mademoiselle de La Vallière. Elle fit
« cette action avec une grande piété. M. d'Aire y prêcha. Je

(1) Tel est aussi le sentiment de l'abbé Hurel : « L'œuvre tout entière,
« même comme premier jet — et ce n'est pas en cette qualité que
« Fromentières l'aurait présentée, — reste indigne du talent, du goût et
« de la réputation de cet orateur. » Les *Orateurs sacrés à la Cour de
Louis XIV*. T II, p. 310.

« n'ai jamais ouï de ma vie un si beau sermon. » (1) — « Jamais
« sermon ne fut mieux approprié aux circonstances, » dit un
moderne (2), qui, un peu plus haut, nous représente Fromentières
comme un homme « d'un jugement sûr, d'un sens très délicat. »
Et que nous voilà bien loin déjà de l'impression produite sur
nous par l'analyse du premier sermon ! Une analyse plus
complète du véritable sermon de vêture nous édifiera complètement à ce sujet, et nous remettra sur le chemin où bientôt
nous retrouverons Bossuet.

Le texte est tiré de l'évangile du jour « *et cum invenerit eam,
imponit in humeros suos gaudens, et veniens domum convocat
amicos et vicinos dicens illis : congratulamini mihi.* » Fromentières n'hésite pas à reconnaître qu'il se trouve en présence
d'une novice de condition toute particulière, que tout, dans la
cérémonie qui s'accomplit à cette heure, présente un caractère
extraordinaire et inaccoutumé, que lui-même doit donner à sa
parole le ton qui la mettra à la hauteur des circonstances. Il ne
célèbrera donc pas les charmes de l'innocence, qui va se réfugier
dans la solitude du cloître, ni les douceurs de la vie religieuse,
ni les noces mystiques d'une âme qui se donne à son Dieu.
Devant Madame de La Vallière et la Cour qui l'entoure, il célèbre
le triomphe de la grâce, représentée par le pasteur qui court
après la brebis égarée, qui la rapporte sur ses épaules, qui
convoque chez lui ses amis et ses proches pour fêter son retour :
« Célébrons de concert un des plus beaux triomphes qu'ait
« jamais remportés la grâce, et admirons enfin, tous ensemble,
« la force de la grâce qui est allée tirer cette âme des engage-
« ments de la Cour et du monde ; la douceur de la grâce qui lui
« aplanit d'abord toutes les difficultés de la religion ; la fécondité
« de la grâce qui nous intéresse dans sa vocation et qui la
« propose comme un exemple puissant à tout son siècle. C'est le
« sujet des trois points de ce discours. »

(1) Lettre à Bussy. Juin 1674. Edit. Lalanne. T. II, p. 362.
(2) Lair, loc. cit. ch. XVIII, p. 331.

Dès ce moment, la partie curieuse de l'auditoire, qui n'est là que pour juger de l'attitude de la pénitente et de l'habileté du prédicateur, peut être satisfaite. Fromentières ne sort pas de l'actualité pour se jeter dans les considérations pieuses et les vérités générales : il envisage le sujet tel qu'il est ; et pourvu qu'il mette à le traiter la délicatesse et la mesure qui s'imposent, on ne peut que l'en féliciter. Ainsi répond-il aux sentiments intimes de tous ; il traduit avec franchise les pensées de tout le monde, et son discours, composé de toutes ces impressions, de tous ces sentiments, de toutes ces pensées qui, à cette heure, sont au fond de toutes les âmes, eut ce premier mérite de mettre le prédicateur en communication avec l'auditoire et de répondre à ses secrètes préoccupations. Par là s'établit « entre l'orateur et « l'assistance ce courant sympathique, sans lequel discours ou « sermon ne sont qu'un bruit monotone dans des oreilles « somnolentes. » (1) Ce fut là une des causes du succès de l'orateur. Disons aussi que, si Madame de La Vallière était l'objet de ce discours, le prédicateur sut y intéresser directement tout l'auditoire en généralisant les leçons qu'il y donnait.

La première de ces leçons utiles, c'est qu'il est difficile de se sauver au milieu du grand monde et de la cour : « Pour peu « qu'un chrétien soit instruit des maximes de l'Evangile, il ne « saurait douter de la difficulté qu'il y a de se sauver dans le « monde ; mais, s'il était encore nécessaire de l'en convaincre, il « me semble qu'il suffirait de lui dire que pour se sauver dans le « monde, il faut être pauvre dans l'usage des biens, humble dans « la possession des honneurs, modéré dans la jouissance des « plaisirs ; car, de bonne foi, ces choses sont-elles fort aisées à « accorder? Que s'il est difficile de faire son salut dans le monde, « quelle apparence, mes frères, de le pouvoir faire dans le grand « monde? » Suit le tableau des dangers de la cour qui a été reproduit plus haut. (2) « Il s'est trouvé des saints à la cour, il

(1) Lair. loc. cit. ch. XVIII, page 231.
(1) Seconde partie. Ch. IV. p. 240.

« est vrai, mais ils sont rares, et quand les Pères en ont parlé,
« ils ne les ont pas trouvés moins admirables d'avoir conservé
« leur innocence à la cour, que les trois enfants de Babylone,
« d'avoir conservé leur félicité au milieu des flammes. » La
conclusion que le moraliste chrétien en tire, j'ai déjà eu
l'occasion de la signaler : mais il faut la reproduire ici, car elle
emprunte à la circonstance un à propos touchant et une éloquente
vérité : « Si vous me le demandez, le seul moyen assuré de se
« sauver aux gens de la cour, c'est la fuite. »

Fromentières ne fait pas de difficulté pour reconnaître que
le moyen conseillé est d'une exécution difficile : « Pour se
« résoudre à quitter le grand monde, il faut que l'esprit se
« désabuse, il faut que le cœur se détache ; car l'erreur
« dans laquelle vivent les gens du monde sur l'estime des
« choses qui leur passent devant les yeux, et l'attachement qu'ils
« ont ensuite pour ces choses, leur en rendent la séparation
« comme impossible. On regarde les richesses, les plaisirs et les
« honneurs du monde comme les plus précieuses et les plus
« estimables ; sur ce principe, il n'y a rien qu'une âme ne fasse
« pour s'engager ; elle ne fera pas même une démarche que son
« engagement ne redouble. » Dans cette assistance brillante,
plus d'une, parmi ces dames qui écoutaient en ce moment
l'orateur, pouvait s'appliquer la vérité de ces paroles. Notez que
l'affirmation est générale. Et cependant, on sent déjà que le
prédicateur, tout en restant dans le domaine des considérations
générales, s'oriente du côté des applications particulières et que,
discrètement, mais courageusement, il se dispose à parler d'une
âme qu'il ne nomme pas, mais que tout le monde devine. Cet
esprit « qui se désabuse, » ce cœur « qui se détache » tous les
connaissent, c'est La Vallière.

Cependant, ce n'est qu'avec toutes sortes de précautions et de
sous-entendus que Fromentières évoque les malheurs de
l'illustre pénitente : « Considérez une brebis qui est une fois
« sortie du droit chemin où le pasteur la conduit, elle ne fait

« d'abord qu'un pas pour s'approcher de l'herbe voisine qui
« l'attire ; mais s'en est-elle repue, elle va un peu plus loin, elle
« avance encore davantage, et ainsi, comme elle paît toujours,
« et qu'elle marche toujours en paissant, il peut arriver qu'elle
« se porte dans un tel égarément, qu'à moins que le pasteur
« ne l'aille chercher, il n'y a pas d'apparence qu'elle revienne. »
L'allégorie est transparente ; mais si léger que soit le voile dont
elle gaze la vérité, Fromentières le soulève. Les confidences
successives et de plus en plus précises que l'orateur vient de
faire, ont préparé les auditeurs à entendre la vérité tout entière,
aussi clairement que le pouvait permettre le respect de soi et
des autres. Je dirai même qu'à ce moment le prédicateur n'est
plus libre de ne pas dire ce qu'il a fait entrevoir de si près. Il
poursuivra donc : « Voilà l'image d'une âme qui s'éloigne de la
« voie du salut, à mesure qu'elle s'engage dans le monde : *erravi*
« *sicut ovis quæ periit*. A-t-elle fait un pas pour satisfaire sa
« cupidité en une chose ? C'est assez pour lui en faire faire bien
« d'autres dans la suite. Un spectacle débauchera son esprit de
« l'admiration qu'elle ne doit qu'à Dieu ; une conversation
« naîtra après, qui attentera sur les affections de son cœur ; il
« surviendra un honneur qui la fera sortir de l'humilité qu'elle
« avait toujours professée ; il se présentera aussitôt un plaisir
« qui la tirera de l'austérité qu'on remarquait en ses mœurs, et
« enfin, si les grands objets paraissent, c'est alors qu'on se sent
« entraîné, qu'on se trouve emporté si loin dans la voie, qu'il
« n'y a que J.-C. tout seul, capable d'y faire rentrer, et encore,
« par les plus puissants efforts de sa grâce. » C'est l'histoire,
trait pour trait, de La Vallière, si austère dans ses mœurs et
« si sage » (1) à Blois, dans la petite cour de Gaston d'Orléans,
jusqu'à sa quinzième année ; ravie, à Paris, par le spectacle des
pompes dont elle était témoin ; préludant au Luxembourg, dans
les fêtes données par la grande Mademoiselle à cette vie de

(1) Le mot est de Gaston d'Orléans, rapporté par M. Lair, loc. cit.
Ch. I. page 12.

dissipation et de plaisir qui devait troubler son âme, et « attenter
« sur les affections de son cœur » ; passant de là aux Tuileries,
où elle fut dame d'honneur de la duchesse d'Orléans, « honneur
« qui la fera sortir de l'humilité qu'elle avait toujours
« professée » ; se mêlant dès lors à cette Cour qui se répand du
Louvre à Versailles, de Versailles à Fontainebleau ou à
Saint-Germain ; prenant part à toutes les fêtes, ce qui la tira
« de l'austérité qu'on remarquait dans ses mœurs. » C'est vers
la fin de juin 1661, quand elle n'avait encore que seize ans, que
les grands objets parurent. La Vallière vit le roi de trop près et
en fut vue. Les cœurs, quinze jours après, ne s'appartenaient
plus. « C'est alors qu'on se sent entraîné. » La Vallière subit cet
entraînement : jusqu'où ? Si loin, déclare Fromentières, qu'il
fallait pour le ramener au devoir « les plus puissants efforts de
« la grâce... Car, messieurs, c'est ma proposition, et plus j'y
« pense, et moins, ce me semble, a-t-elle besoin de preuve. »

Il s'attarde cependant à donner cette preuve. Le développement
en est quelque peu alourdi et la progression arrêtée. Ne soyons
pas trop pressés de blâmer le prédicateur. Ce qu'il vient de dire
est déjà si hardi, si actuel, qu'il hésite à s'adresser immédiatement
à La Vallière et qu'il préfère ramener l'attention de ses auditeurs
sur des considérations générales : « Une personne engagée dans
« le monde et dans la cour n'y saurait donc renoncer, que son
« esprit ne se désabuse, que son cœur ne se détache : et qui
« peut opérer ces deux miracles, sinon la grâce, essentiellement
« une chaleur qui meut et qui enflamme ? Disons tout, messieurs ;
« en ces occasions, il s'agit de renverser l'homme tout entier, de
« lui faire vouloir ce qu'il ne voulait pas, de lui faire croire des
« choses directement contraires à ses premières pensées. »

C'est à ce moment que Fromentières sort des considérations
générales, des allusions, des confidences à demi-mot ; il s'adresse
à Madame de La Vallière, en qui la grâce aujourd'hui triomphe :
« n'a-t-elle pas dû éclairer votre esprit sur ce que vous deviez
« penser du monde, pour en pouvoir sûrement détacher votre

« cœur ? » C'est l'histoire de la conversion de la duchesse que
le prédicateur raconte : nous y retrouvons les étapes diverses
que cette âme a parcourues, pour revenir du monde qui
l enchaînait à Dieu qui l'attirait à lui. C'est l'esprit d'abord
qui fut gagné ; il jugea tout différemment des hommes et des
choses : « Ne crûtes-vous pas, ma chère sœur, vous être réveillée
« d'un sommeil inquiet et fâcheux, lorsque, la grâce vous
« ouvrant les yeux, vous vous aperçûtes tout d'un coup que ce
« grand monde, qui éblouit tant de gens, et que vous aviez
« peut-être vous-même cru quelque chose, n'était rien ; que ces
« biens après lesquels on court avec tant de fureur n'étaient que
« des songes, ses grandeurs que des illusions, ses plaisirs que
« des impostures ? » Qui ne sait pourtant combien il y a loin
parfois de l'intelligence qui voit le bien à la volonté qui le
pratique, de l'esprit qui comprend au cœur qui veut, et que les
âmes les mieux éclairées sont parfois les plus défaillantes et les
plus inertes ? La Vallière connut cette difficulté qu'éprouvent
parfois les plus nobles âmes pour exécuter des desseins généreusement conçus. Il fallut toutes les désillusions et tous les
déboires de trois années, pendant lesquelles elle assista aux
insolents triomphes de l'altière Vasthi. Il fallut aussi tout l'effort
de la grâce, pour arracher cette âme à la Cour et au monde.
Fromentières rappelle ces choses avec autant de délicatesse que
de bonheur, en empruntant l'exemple et les paroles de saint
Augustin : « Je reconnaissais, dit-il, que le monde était un
« fardeau dont je me trouvais encore agréablement accablé :
« et, comme il ajoute, la paresse, la lâcheté, les erreurs de la
« coutume, la force des mauvais exemples, tout cela ensemble
« lui forgeait une chaîne si pesante, qu'il ne la pouvait porter,
« mais en même temps si forte qu'il ne la pouvait rompre. Reste
« de misère, messieurs, dont cet illustre pénitent, par sa
« confession même, ne put être délivré que par la grâce de J.-C. »

La grâce fut aussi plus forte dans l'âme de Madame de la
Vallière, et, dès que son esprit fut désabusé du monde, son cœur

en fut à son tour détaché. Dieu sait pourtant que ce ne fut pas sans déchirements et sans douleur. Louise de la Vallière laissait deux enfants dans le monde, Mademoiselle de Blois, âgée de sept ans et demi, « enfant de belle venue, d'intelligence vive et précoce », à qui les conseils d'une mère auraient été si utiles au milieu de la Cour : et le jeune duc de Vermandois, condamné dès sa première jeunesse à subir la triste influence d'un affreux libertin, mais mourant noblement dans l'expédition des Pays-Bas, 18 novembre 1683, au cours de sa seizième année. (1) Ce n'est pas sans douleur que La Vallière se sépara de ses enfants. Si résignée qu'elle fût et si courageuse, la mère survivait à la carmélite. Fromentières y fit une allusion touchante : « Ce n'est pas, ma chère sœur, qu'il vous ait été « également facile de consentir à la rupture de tous ces liens : « la nature en forme de si doux et de si forts tout ensemble, que « la grâce, même la plus puissante, ne les brise guère sans une « extrême douleur. » Et quelle pensée délicate que celle d'associer, à ce sujet, le souvenir de sainte Thérèse à celui de La Vallière, désormais son imitatrice et sa fille, les douleurs de l'une aux déchirements de l'autre, pour encourager, relever, ennoblir la seconde, par la ressemblance qu'elle a avec la première : « Vous l'éprouvâtes en votre personne, incomparable « Thérèse, lorsque vous séparant de vos proches, pour vous « unir aussi à J.-C., vous sentîtes de votre propre aveu, vos os « se disloquer, vos nerfs se retirer, vos entrailles se déchirer. La « liberté de votre choix, tous les charmes de la grâce, ne vous « épargnèrent rien dans une séparation si cruelle. »

Si douloureux que fut le sacrifice, il fut cependant envisagé avec calme, accepté avec générosité, accompli avec courage. Les hommes apprirent avec une admiration mêlée d'émotion, comment une âme sait s'arracher au monde et à la cour, pour disparaître à jamais dans l'ombre d'un monastère. Telle est la

(1) Lair. Op. cit. ch. XIX, p. 358.

merveille que Fromentières attribua à la grâce : « qu'y a-t-il de
« plus admirable que de vous voir soutenir au milieu de la cour
« ce dessein généreux, souffrir que tout le monde vous en parle,
« marquer le jour précis de son exécution ? Mais quel spectacle
« plus agréable aux anges et à Dieu même, lorsque ce jour,
« éternellement marqué de Dieu dans le décret de votre
« prédestination, lorsque ce grand jour, dis-je, étant arrivé, à la
« face de toute la Cour ramassée, ce semble, alors, tout exprès
« pour votre gloire, le siècle étalant ses pompes, la nature
« opposant ses tendresses, tout le monde sanglotant et fondant
« en larmes, nous vous vîmes, ma chère sœur, passer d'un air
« modeste, mais courageux, au travers de ces objets différents,
« laisser loin derrière vous tout ce qui devait vous faire
« obstacle, et, l'âme aussi remplie de joie que libre de faiblesse,
« accourir en ce saint lieu. Sortir ainsi de ce lieu c'est en sortir
« triomphante. » Ce n'est pas de la rhétorique, mais de l'histoire,
telle que nous la révèlent les lettres de Madame de la Vallière
et les autres écrits de l'époque. Le prédicateur a laissé parler les
faits ; il a compris, ce jour-là, qu'ils avaient eux aussi leur
éloquence.

Et voilà bien le triomphe de la grâce ! Que reste-t-il à faire à
l'orateur, qu'à se tourner vers ses auditeurs pour les exhorter
à suivre eux aussi les inspirations de la grâce : « Ah combien
« de fois, brebis égarée, le pasteur s'est-il fatigué inutilement
« dans ta recherche. »

Cette première partie est historique. Elle offre ceci de
remarquable que l'allusion y côtoie sans cesse la peinture
morale, et lui donne un caractère plus particulier que
général. La seconde partie est presque entièrement composée
de peintures générales et d'exhortations pratiques. Elle ne
manque pas d'intérêt, quoique cet intérêt ne soit pas soutenu par
la curiosité. Fromentières y oppose les délices du monde aux
joies intimes du cloître : « Vous voyez quelquefois un malade,
« dans l'ardeur de la fièvre, qui boit sans cesse, sans pouvoir se

« désaltérer ; toute l'eau que vous lui pourriez donner
« n'apaiserait pas sa soif ; quel est donc le moyen de l'éteindre ?
« Ce serait de le guérir de son accès. Tandis qu'une âme est
« engagée dans le monde, soupirant après les plaisirs et courant
« après les honneurs et tous ces faux biens dont le siècle repaît
« ordinairement les hommes, il ne faut pas espérer que cette
« âme s'apaise ; tout ce qu'elle boira pour la satisfaire ne fera
« que l'irriter. Mais la grâce a-t-elle répandu une seule goutte
« d'eau dans cette âme altérée ? à l'instant sa soif s'éteint, tous
« ses désirs s'évanouissent, la voilà dans le repos et par
« conséquent dans la joie... En voulez-vous une preuve palpable
« et sensible ? Quelle différence prodigieuse de la vie séculière
« et principalement de la vie de cour avec la religion ? Combien
« surtout est-elle opposée à celle du Carmel ? Pour vous le faire
« comprendre, et sans vous peindre le siècle que vous ne
« connaissez que trop, il vous suffit de vous dire que c'est ici
« le plus austère ordre de l'église... Mais elle est pourtant bien
« éloignée de s'en expliquer de la sorte. Car demandez-lui ce
« qu'elle pense effectivement de la profession qu'elle embrasse ;
« jamais, par son aveu même, rien ne lui parut si doux, jamais
« pratiques si faciles, jamais exercices si agréables. C'est tout
« vous dire, Messieurs, que la seule peine qui l'afflige, — car, ma
« chère sœur, puisque vos sentiments font tant d'honneur à la
« grâce, permettez-moi de les publier, — c'est tout vous dire, que
« par son propre aveu, la seule peine qui l'afflige aujourd'hui
« est de ne pas trouver dans cet ordre, tout austère qu'il est,
« la pénitence qu'elle y cherche. O miracle de la grâce ! ô
« douceur inexplicable ! on te peut sentir, mais on ne te peut
« exprimer ! »

Il faut abréger ce morceau pour ne pas dépasser les limites
permises à une citation, mais les détails qui suivent mériteraient
qu'on s'y arrêtât. Heureux de n'avoir pas à réveiller de pénibles
souvenirs ; ravi plutôt de pouvoir rappeler les saintes ardeurs
d'une néophyte, qui ne connaît encore de la vie religieuse que les

suavités et les grâces pénétrantes, le prédicateur donne à sa voix
un accent plus ému, un ton qui va plus droit à l'âme. On sent
qu'il est touché des merveilles qu'il raconte, et la prière vient
sur ses lèvres mêler sa voix reconnaissante au cri de l'admiration.
« Grâce de mon Sauveur, jusqu'où portez-vous vos triomphes
« innocents ! »

Mais Fromentières sait combien il serait chimérique d'échanger
le monde pour le cloître, dans l'espoir que celui-ci n'aura pour
le cœur que des joies sans mélange, des jouissances discrètes,
sanctifiées par la prière et protégées par le silence. Il ne serait
pas moins chimérique de croire que l'enthousiasme des premiers
jours se soutiendra à la même hauteur, et qu'une volonté qui ne
s'est pas éprouvée elle-même, résistera aux épreuves que le
temps découvrira peu à peu. Imprudent et coupable serait celui
qui entraînerait une âme dans une pareille voie par la séduction
d'un bonheur comme il ne s'en rencontre, ni dans le cloître ni
ailleurs. Le temps aurait bientôt raison de ces illusions et des
résolutions qui s'appuyeraient sur elles. C'était donc le moment,
en parlant des suavités de la grâce, de prévenir Madame de La
Vallière que la durée en était incertaine : « Ne croyez pas
« pourtant, ma sœur, que cette douceur que vous goûtez ne
« puisse être altérée. Les peines, je suis obligé de vous y
« préparer, pourront succéder aux douceurs, et peut-être que
« J.-C. vous éprouvera un jour, comme il a fait tant d'âmes
« parfaites... Oui, ma chère sœur, pour n'être pas surprise,
« attendez-vous à trouver dans la vie que vous embrassez le fiel
« et les épines de J.-C. Ce n'est pas, messieurs, que l'amertume,
« dans la vie religieuse, puisse jamais aller jusqu'à exclure toute
« consolation d'une âme éprouvée... » A ce sujet, Fromentières
montre combien le monde juge faussement de la vie religieuse,
dont il ne voit que les peines tout extérieures, tandis qu'il n'a
pas l'idée de ses « consolations intérieures et invisibles.
« Ah ! ne me parlez pas de vos fades plaisirs, âmes de chair et
« de sang, » c'est l'apostrophe qu'il adresse à l'assistance

mondaine et par laquelle il arrive à la conclusion de cette seconde partie.

La troisième, plus courte, va nous montrer la fécondité de la grâce : c'est le grand exemple que donne Madame de La Vallière qui va procurer à la grâce sa fécondité, en multipliant ses heureux effets dans les âmes. Pourquoi ? parce qu'il « se trouve beaucoup « de personnes qui, par le rang qu'elles ont tenu dans le monde, « ou par des circonstances particulières de leur vocation... « semblent plus destinées à servir d'exemple, à ramener les « autres de leurs égarements, à les porter à J.-C. » Idée banale, si l'on veut, sur la puissance du bon exemple, mais idée juste après tout, et dont se sert heureusement Fromentières ; non pas qu'il cède au désir d'adresser de vaines louanges à Madame de La Vallière, mais parce qu'il sent combien son exemple remue les cœurs. La louange d'ailleurs, si elle y était, serait tempérée par une leçon sévère, car voici sur quel motif il appuie l'obligation pour sa pénitente d'édifier le monde : « Pour « vous animer à votre perfection particulière, pensez que vous « travaillez en même temps au salut des autres ; que vous n'êtes « point à vous, et que pendant que le démon se sert des « scandales des gens du monde pour perpétuer le vice, votre « vocation vous oblige de fournir à la grâce des exemples pour « le détruire. » La Vallière dut comprendre quels scandales elle avait à faire oublier et à détruire : l'orateur ne pouvait insister et n'insista pas.

Il réserva ses dernières paroles et ses dernières exhortations pour encourager l'assistance à profiter du noble exemple qu'elle avait sous les yeux, pour gourmander sa lâcheté et stimuler son courage : « Oui, messieurs, en même temps que cette âme s'élève « au-dessus de la terre, dégageons-en nos cœurs : dans le « moment qu'elle se dépouille des honneurs du monde, cessons « de les poursuivre, et, quand nous lui voyons vaincre le sang et « la nature, ne soyons plus leurs esclaves. »

Tel est le discours prononcé par Fromentières à la prise

d'habit de Madame de La Vallière. Il convenait d'en donner une idée assez complète, parce que jamais l'orateur ne fut appelé à prendre la parole dans une circonstance plus solennelle ; parce que aussi jamais il ne fut mieux inspiré. Sans rien perdre des qualités ordinaires qui distinguent son éloquence : méthode, clarté, gravité soutenue, il semble cette fois en rencontrer de nouvelles, et trouver dans les circonstances dans lesquelles il parle, une onction à laquelle il nous avait peu habitués, et l'élévation dans l'inspiration. Contrairement à ce que nous avions généralement remarqué, le cœur a cette fois parlé plus que l'esprit ; le docteur, sans disparaître complètement, s'est effacé derrière le chrétien ému et attendri par l'holocauste qu'il était chargé de célébrer. Aussi, l'appareil ordinaire que nous avons remarqué dans ses sermons, ne se retrouve dans celui-ci que tout juste assez pour affirmer, semble-t-il, son origine et accuser la main de son auteur. Les considérations générales sont presque toujours très courtes, et l'autorité des Pères n'y est que très sobrement invoquée. Fromentières avait compris que son sujet, le vrai sujet de son discours, celui qui parlait à tous les cœurs et pénétrait — diversement peut-être — toutes les âmes, était là sous ses yeux Il n'était pas besoin d'aller chercher bien loin dans les livres ce qu'il y avait à dire. Pour satisfaire l'attente du public et même édifier les âmes, il suffisait de regarder autour de soi, et de traduire tout haut ce que chacun pensait au fond de soi-même.

L'analyse du discours — si j'ai réussi à la donner fidèle — et surtout la lecture du discours même, témoignera si, en cette circonstance, le prédicateur fut heureusement inspiré ; s'il sut maintenir intacts les droits de la vérité, sans blesser d'imprescriptibles convenances, s'il sut évoquer un passé malheureux, sans humilier personne, consoler, encourager, fortifier et même prémunir contre des découragements possibles dans l'avenir la pénitente aujourd'hui si résolue et si forte. Aux citations sur lesquelles j'ai dû appuyer l'analyse, on a pu voir si jamais la langue de Fromentières avait eu plus d'éclat et de limpidité, plus de simplicité et d'élégance, plus de naturel et de force. C'est le mélange de ces qualités diverses, dans une œuvre soignée et d'une harmonieuse plénitude, qui fait aujourd'hui encore du *Sermon de vêture* de La Vallière une composition agréable et attachante à lire. C'est par là qu'elle valut à Fromentières les applaudissements unanimes et les témoignages les plus flatteurs. J'ai cité plus haut celui de Mademoiselle de Scudéry. Un an plus tard, l'impression qu'il avait produite ne s'était pas complètement effacée. Quand le 4 juin 1675, Bossuet prêcha, dans la même chapelle et devant un auditoire à peu près le même, le sermon de la profession, il y en eut qui se ressouvinrent du sermon de Fromentières : « j'ai ouï dire, écrit Bayle à « son père, que M. de Condom n'a guère réussi, et qu'il n'a fait « que rebattre les pensées dont s'était servi M. l'Évêque d'Aire, « il y a un an, le jour de la prise d'habit.» Nous n'accepterons pas pour Fromentières l'honneur, auquel il n'a pas droit, d'avoir inspiré le sermon de Bossuet : car on peut dire qu'entre les deux discours tout est différence.

Le premier point à noter, c'est que l'un et l'autre ont conçu leur discours d'une manière absolument différente : Fromentières va parler longuement de ce que Bossuet a formé le dessein de taire : « Qu'avons-nous vu et que voyons-nous, s'écrie Bossuet, « quel état et quel état ? Je n'ai pas besoin de parler, les choses « parlent assez d'elles-mêmes. » Et Bossuet ne se permettra pas d'autre allusion au passé de La Vallière, il n'évoquera pas le pénible souvenir des jours déjà expiés ; il ne dira rien de ce que tout le monde voit et comprend ; et, s'il ouvre la bouche, c'est dans l'intention de prêcher des vérités moins évidentes que les faits, mais aussi d'une portée morale plus large et plus pressante. C'est à peu près le contraire qu'on remarque dans le discours de Fromentières. Où l'évêque de Condom éprouve le besoin de se taire, M. d'Aire est pressé du besoin de parler. De là, surtout dans la première partie de son discours, tant de traits qui ont un caractère absolument historique, tant d'allusions, tant de mots qui font revivre les souvenirs non effacés d'un passé encore peu lointain. Il n'y a pas jusqu'à l'idée d'avoir pris pour thème de son discours la parabole de la brebis perdue, qui ne révèle chez Fromentières le secret dessein de rester dans l'actualité, et de tirer la leçon générale de l'exemple particulier qu'il a sous les yeux. Chaque détail nous y ramène ; et, soit qu'il parle du mépris que le cœur de la Vallière a conçu pour les séductions du monde, soit qu'il nous entretienne des douceurs qu'elle trouve dans la religion, elle occupe pour ainsi dire toute la scène, et s'y maintient toujours au premier plan. Bossuet évite l'allusion. Comme la parole de la brebis perdue présente un sens trop matériel et trop clair, il aime mieux parler de l'âme qui s'égare. Il tire ainsi ses auditeurs du domaine des faits, pour les élever dans celui de la pensée, et pour les soustraire à la tentation de chercher dans son discours, ainsi élargi, le reflet d'une inspiration actuelle et l'écho d'un fait particulier. Ce n'est pas à dire que les considérations générales dont se compose le discours de Bossuet n'aient pas été inspirées par le sentiment de la réalité ; mais elles ont une portée assez étendue, qui ne se limite pas à un cas particulier. L'histoire de Madame de La Vallière rentre dans l'histoire plus générale des âmes, telle que Bossuet nous l'expose ; et si la pénitente a part au sermon, quel est celui des auditeurs qui n'y a pas sa part aussi : « Ma sœur, parmi les « choses que j'ai à dire, vous saurez bien démêler ce qui vous « est propre. Faites-en de même, chrétiens. » (1) L'intention de Bossuet se révèle jusque dans ce dernier mot. Presque toujours il s'adresse à son auditoire : plus souvent Fromentières s'adresse à la pénitente, réservant à son auditoire les applications qui terminent chaque partie.

L'intention de Bossuet diffère donc de celle de Fromentières. En épargnant à La Vallière le retour de pénibles souvenirs, en

_______

(1) *Sermon pour la profession de M*ᵐᵉ *de La Vallière.* Exorde.

évitant « ce qui aurait pu satisfaire une curiosité maligne, il
« prouva ainsi qu'il était plus grand par le cœur que par le
« génie. » (1) Remarque de lettré délicat et généreux. Il faut,
en effet, mettre au compte de la tendresse d'âme de Bossuet
cette réserve qui lui commanda de se taire. Faut-il pourtant
condamner absolument chez Fromentières le contraire de ce que
nous louons dans Bossuet ? Nous ne le croyons pas. Car il convient
de remarquer d'abord, que ce n'est pas pour complaire aux
malsaines curiosités d'une partie frivole de son public, que
Fromentières a cru devoir entrer jusque dans le détail du passé
de La Vallière. Au moment où il parlait, six semaines à peine
s'étaient écoulées depuis le jour, où l'illustre pénitente avait
quitté le monde pour se réfugier au Carmel. Le public était
encore sous l'impression produite par cet événement, et la
résolution de la duchesse paraissait d'autant plus surprenante
pour les uns, héroïque pour les autres, que chacun comparait sa
fortune passée à sa destinée future. Il y avait comme un courant
d'opinion, qui ne permettait guère qu'on passât sous silence ce
qui était dans la pensée et le souvenir de tous. L'orateur avait
devant lui une pénitente d'une condition exceptionnelle, pour
laquelle la règle même du Carmel avait fait deux fois fléchir ses
sévérités, en l'admettant d'abord dans un de ses monastères,
en abrégeant ensuite le temps d'épreuve préparatoire à sa prise
d'habit. Fromentières ne jugea pas bon de se tenir trop en
dehors de ce courant d'idées et d'impressions ; il s'en inspira,
au contraire, largement et ce qui prouve qu'il n'eut pas tort de
craindre la trop vive clarté du sujet, c'est qu'il conquit les
suffrages des auditeurs, les moins portés à se faire un malin
plaisir des allusions transparentes et des souvenirs humiliants.
Il faut dire aussi que Bossuet, directeur et confesseur de La
Vallière, son conseil dans la généreuse résolution qu'elle avait
prise, se serait senti gêné dans le récit, même voilé, d'un passé

(1) Gazier. *Sermons choisis de Bossuet*. Note au Sermon de la profession
page 476.

qu'il connaissait comme tout le monde, mais aussi mieux que personne, par les confidences qu'il avait reçues et par les secrets qui lui avaient été confiés. Après avoir vu naître et grandir cette généreuse résolution, après avoir assisté de très près à ce retour d'une âme et l'avoir soutenue de ses conseils, il eût pu, s'il l'eût voulu, montrer par de vivants exemples la force et la douceur de la grâce. Il aima mieux renfermer ces secrets dans son âme. Peut-être Bossuet se souvenant que Fromentières avait parlé, fut-il encore plus porté à se taire, devant un auditoire sensiblement le même que celui qui avait entendu le sermon de la prise d'habit.

C'est encore par le fond des pensées et par l'ensemble du sujet que les deux prédicateurs diffèrent. On n'a pas oublié que Fromentières s'était proposé de montrer la force de la grâce, sa douceur, sa fécondité. Il n'est pas question de tout cela dans le discours de Bossuet. Celui-ci nous montre par quels degrés l'âme qui s'aime s'éloigne de Dieu, par quels degrés elle revient à lui : « Chrétiens, suivez avec moi l'amour de soi-même dans « tous ses excès, et voyez jusqu'à quel point il vous a gagnés « par ses douceurs dangereuses. Considérez ensuite une âme « qui, après s'être ainsi égarée, commence à revenir sur ses pas ; « qui abandonne peu à peu tout ce qu'elle aimait, et qui, « laissant tout au-dessous d'elle, ne se réserve plus que Dieu « seul. Suivez-la dans tous les pas qu'elle fait pour retourner « à lui, et voyez si vous avez fait quelque progrès dans cette « voie ; voilà ce que vous aurez à considérer. » En quoi donc les deux sujets se ressemblent-ils ? Les deux orateurs envisagent leurs sujets par des côtés si différents, que, s'ils ont à exprimer la même pensée, celle-ci prend dans le développement une signification et comme une valeur différente. Bossuet et Fromentières parlent du dégoût que l'âme finit par éprouver aux jouissances des sens, et du calme qu'elle trouve dans la possession de Dieu. Quand on compare les deux passages, on voit mieux encore que rien ne ressemble moins au discours de Bossuet que celui de Fromentières.

Disons pour terminer que la différence n'est pas moindre dans le ton des deux œuvres. Le sermon de Bossuet, mélange de peintures morales et de considérations mystiques d'une rare élévation, nous transporte dans le monde des âmes pour nous faire assister au spectacle de leur déchéance et de leur relèvement. On y retrouve la sûreté du coup d'œil et la puissance d'observation qu'on admire dans le livre des *Élévations*, la même simplicité et le même charme, la même pénétration et la même grandeur. Le théologien s'efface derrière le philosophe moraliste : ou plutôt, l'un et l'autre prêtent leur science de l'homme et de Dieu à l'auteur ascétique, qui semble chanter la chute et le relèvement de l'Ange. Et sur quel ton ! L'âme qui abandonne Dieu tâche à « réparer ses ruines en empruntant de tous côtés « de quoi se remplir. Elle commence 'par son corps et par ses « sens, parce qu'elle ne trouve rien qui lui soit plus proche. Ce « corps qui lui est uni si étroitement, mais qui toutefois est « d'une nature si inférieure à la sienne, devient le plus cher « objet de ses complaisances. Elle tourne tous les soins de ce « côté-là ; le moindre rayon de beauté qu'elle y aperçoit suffit « pour l'arrêter : elle se mire, pour ainsi parler, et se considère « elle-même dans ce corps : elle croit voir, dans la douceur de « ses regards et de ce visage, la douceur d'une humeur paisible ; « dans la délicatesse des traits, la délicatesse de l'esprit ; dans « ce port et cette mine relevée, la grandeur et la noblesse du « courage. Faible et trompeuse image sans doute ; mais enfin, la « vanité s'en repaît. A quoi es-tu réduite, âme raisonnable ? Toi « qui étais née pour l'éternité et pour un objet immortel, tu « deviens éprise et captive d'une fleur que le soleil dessèche, « d'une vapeur que le vent emporte, en un mot, d'un corps qui, « par sa mortalité, est devenu un empêchement et un fardeau « de l'esprit. »

Et c'est sur ce ton, qui unit harmonieusement la raison et la lyre, que Bossuet continue à parcourir les degrés de la chute, pour remonter ensuite ceux de la réparation et de la pénitence.

Le morceau qui termine ce discours est d'une inspiration prophétique : « Et vous, ma chère sœur, qui avez commencé à « goûter ces chastes délices, descendez, allez à l'autel : victime de « la pénitence, allez achever votre sacrifice ; le feu est allumé, « l'encens est prêt, le glaive est tiré : le glaive, c'est la parole « qui sépare l'âme d'avec le corps, pour l'attacher uniquement « à son Dieu. Le sacré pontife vous attend avec ce voile « mystérieux que vous demandez. Enveloppez-vous dans ce « voile : vivez cachée à vous-même, aussi bien qu'à tout le « monde ; sortez de vous-même et prenez un si noble essor, que « vous ne trouviez de repos que dans l'essence du Père, du Fils « et du Saint-Esprit. »

S'il est vrai qu'il y a, dans la vie de tout homme public, une heure lumineuse qui domine les autres de son éclat, je n'hésite pas à penser que la journée du 2 juin 1674 marque le plus haut point de la carrière oratoire de Fromentières. Peut-être, en d'autres circonstances, trouva-t-il des accents plus éloquents et plus forts : il ne retrouva pas, du moins, pour élever la voix, une occasion plus éclatante à la fois et plus touchante que celle qui le montre aux regards de la postérité, entre une illustre pénitente et le dernier des Pères de l'Eglise, entre Louise de La Vallière et Bossuet.


## CONCLUSION


Les pages qu'on vient de lire demandent une conclusion.

Je me suis appliqué à tirer de l'oubli un prédicateur presque universellement inconnu. Je me suis efforcé de faire revivre la physionomie morale, si originale et si attachante à la fois, d'un évêque qui honora le sacerdoce par la dignité de sa vie, et la chaire par les qualités oratoires qu'il y montra. Après avoir rappelé les témoignages qui lui furent rendus à diverses époques, et surtout à la sienne, je me suis attaché à énumérer les titres qui pouvaient les justifier, et qui pourraient lui mériter encore une légitime faveur auprès des hommes qu'intéresse, dans l'histoire du XVII° siècle en général, celle de la prédication en particulier.

A le considérer de près, dans sa personne et dans l'ensemble de son œuvre, avec ses aptitudes naturelles, ses talents, ses facultés moyennes, et ses défauts tempérés, Fromentières nous apparaît des premiers, sinon le premier, parmi ces orateurs de second rang qui se firent admirer de la ville et de la Cour, pendant la première partie du règne de Louis XIV. Formé à la prédication dans la célébre école de Saint-Magloire, qui fit, au XVII° siècle, la renommée de l'Oratoire de France, et qui reste peut-être son meilleur titre de gloire, Fromentières en fut, sinon la plus brillante. du moins la plus complète personnification. Nul ne reproduisit plus entièrement les qualités du P. Sénault : « on « reconnaissait la composition du maître dans celle du disciple » a dit un biographe. Ce n'est pas assez dire. Les qualités du maître se perfectionnèrent encore en passant chez le disciple, sous l'influence du travail personnel et des progrès accomplis par le goût public. Mieux que son maître, il montra tout ce que peuvent l'application et le travail, mis au service d'un naturel heureusement doué. Il fit preuve d'élévation et de solidité, de profondeur et d'étendue dans ses connaissances, de sûreté dans ses doctrines, puisées aux meilleures sources par la lecture assidue des Pères et l'observation morale des hommes. Il sut unir, dans un juste tempérament, la science sacrée et la science profane. Dans la composition, à défaut d'originalité, il eut tout ce que peuvent donner le travail et l'étude des modèles, l'ordre, la méthode, le sentiment de l'harmonie, le goût de la proportion dans l'ensemble, et le soin du détail. Si, trop souvent, il manque d'inspiration, d'élan et de chaleur ; si, trop souvent, il cherche l'éloquence dans son esprit plus que dans son cœur, il conserve du moins toujours un certain éclat, trop uniforme sans doute, mais qui, néanmoins, rend facile, encore aujourd'hui, la lecture de ses œuvres, dont le temps n'a détruit ni tout l'agrément, ni tout l'intérêt. Ajoutez que son éloquence empruntait une partie de son mérite à « la noblesse de son maintien... et... au zèle ardent « qui animait ses moindres discours. » C'est par de semblables qualités qu'il frappa l'esprit de ses contemporains, qui aimèrent à voir en lui un « personnage éloquent » et un évêque désintéressé. C'est aussi l'idée que cette étude devrait laisser dans l'esprit du lecteur, si l'auteur n'avait pas le regret de sentir combien il est resté au-dessous de sa tâche. Fromentières eût été au premier rang, dans une époque moins féconde en prédicateurs de génie.

Si, après l'avoir étudié en lui-même, on se rapporte au temps où il parut dans la chaire, son mérite nous semble encore plus grand. Son premier Carême à Paris est de 1662 : de sorte qu'il paraît dans les chaires de la capitale avant Mascaron, avant Bourdaloue, avant Fléchier, et à une époque où le goût public, encore peu sûr, hésite entre la langue des *Provinciales* et celle des *Romans*, entre la tradition des Précieuses, et celle que viennent d'inaugurer dans la prose, Bossuet et La Rochefoucauld, dans la poésie, Boileau et Molière. Quand il quitte Paris, en 1674, Fromentières a prononcé la plus grande partie de ses sermons et composé ses plus belles œuvres, le *Sermon du sacre*, l'*Oraison funèbre du P. Sénault*, le *Sermon pour la prise d'habit de Madame de La Vallière*. De sorte qu'on peut bien dire que ses qualités n'appartiennent qu'à lui-même. Il ne doit rien aux grands prédicateurs qui contribuèrent à illustrer le grand siècle : ou, s'il leur doit quelque chose, c'est d'avoir disparu à leur ombre.

Et cependant, il sut conserver même auprès d'eux sa physionomie propre et son éclat particulier. Si personne ne peut être comparé à Bossuet, il est glorieux pourtant de se trouver quelquefois à côté de lui : on a vu que Fromentières eut plus d'une fois cet honneur. S'il eut moins de pénétration, de finesse, d'habileté oratoire et d'éloquente logique que Bourdaloue, il eut plus que lui de l'expression dans la physionomie et du feu dans l'action. Il n'alla pas si haut que Mascaron, il ne descendit pas si bas ; il ne fut ni aussi éloquent, ni aussi hardi, mais il fut plus égal et plus tempéré ; il reste bien loin de Fléchier pour l'harmonie du langage, l'art de la composition et la savante combinaison des effets oratoires : peut-être faut-il le louer d'avantage d'avoir moins cherché sa propre gloire, et d'avoir dédaigné les applaudissements des hommes, pour procurer le bien des âmes et la gloire de Dieu.

Tout le monde connaît la fresque célèbre où Raphaël a représenté l'école d'Athènes. La prédication en France ne pourrait-elle pas faire le sujet d'un pareil tableau ? Au centre, à la place occupée par Platon, le philosophe de l'idéal, qui montre le ciel, et par Aristote, le philosophe de l'expérience, qui étend sa main vers la terre, se trouveraient Bossuet, l'orateur inspiré, et Bourdaloue, l'impeccable logicien. A droite du tableau, du côté de Bourdaloue, ce groupe tourné vers lui nous représentera les prédicateurs de son ordre, Cl. de Lingendes, Larue, Cheminais, Girout, etc. Après eux, ce philosophe écrivant sur son genou, qui représente la philosophie éclectique d'Alexandrie, pourra marquer la place de la prédication, telle qu'elle fut au XVIIIᵉ siècle. Pyrrhon qui le regarde travailler avec un air de mépris, c'est Brydaine, dédaigneux des formes convenues et des habiletés de la rhétorique. Ce philosophe preque nu, nonchalamment assis sur les degrés du temple, au-dessous d'Aristote, c'est Diogène. Il n'y a pas de cynique dans la chaire ; mais le XVIIᵉ siècle entendit la pittoresque éloquence du P. Lejeune, à qui son zèle et sa vertu firent pardonner plus d'une hardiesse. Ce méditatif qui se détache sur le premier degré et qui tient la plume pour écrire les réflexions que sa tête élabore, c'est Fénelon, écrivant ses *Dialogues sur l'éloquence* ou le IVᵉ chapitre de sa *Lettre à l'Académie*. Derrière lui, ce philosophe à la tête broussailleuse nous représente Mascaron, si éloquent à ses heures et parfois si négligé. Il ouvre un livre dans lequel Massillon, écrivant à la place où se trouve Pythagore, viendra s'inspirer à son tour,

Massillon, plus moraliste que théologien, comme Pythagore, fut peut-être plus mathématicien que philosophe. Entre les deux, mais en arrière, dans une attitude pleine d'élégance et de dignité, la physionomie fine et la tête noblement posée sur ses épaules, Anaxagore céderait la place à Fléchier. Dans le coin, le rieur Démocrite, couronné de chêne, se retirerait devant le joyeux petit P. André.

En remontant le degré supérieur, au-dessus de Mascaron et de Fléchier, nous trouvons un groupe de disciples qui écoutent les leçons de Socrate. Volontiers je mettrai là l'école de Saint-Magloire, Sénault à la place de Socrate ; et celui de ces disciples qui, appuyé sur le piédestal de la colonne, tourne vers Socrate sa noble tête mélancolique et son regard attentif, Xénophon, qui deviendra l'ami et l'apologiste de son maître, serait Fromentières, le disciple le plus aimé et le panégyriste le plus éloquent du P. Sénault.

*FIN*

Vu et Lu :

A Bordeaux, 1er décembre 1891.

*Le doyen de la faculté des lettres,*

P. STAPFER.

Vu et permis d'Imprimer :

Bordeaux, le 18 décembre 1891.

*Le Recteur,*

A. COUAT.

# ERRATA

Comme plusieurs fautes se sont glissées dans l'impression de ce volume, l'auteur demande la permission d'en corriger quelques-unes :

P. 30. l. 24. . . au lieu de a . . . . . . . . . lisez *avait*.
P. 31 et 78. . . au lieu de Val de Grâce . . lisez *Val-de-Grâce*.
P. 33 et 34. . . au lieu de aît . . . . . . . . lisez *ait*.
P. 44. l. 9. . . au lieu de répondirent. . . . lisez *répandirent*.
P. 56. l. 17. . . au lieu de porté . . . . . . . lisez *portés*.
P. 58. l. 15. . . au lieu de ces . . . . . . . . lisez *ses*.
P. 78. l. 23. . . au lieu de Saint-Benoît . . . lisez *saint Benoît*.
P. 89. l. 20. . . au lieu de analyste . . . . . lisez *annaliste*.
P. 107. l. 21. . au lieu de de toucher . . . . lisez *à toucher*.
P. 112. l. 8. . . au lieu de sa . . . . . . . . . lisez *la*.
P. 150. note . . au lieu de Mgr. . . . . . . . lisez *M.*
P. 155. l. 9. . . au lieu de parait. . . . . . . lisez *paraît*.
P. 165. note . . au lieu de 84. . . . . . . . . lisez *89*.
P. 166. l. 17. . au lieu de belle . . . . . . . lisez *belles*.
P. 170. l. 26. . au lieu de suivie . . . . . . . lisez *suivis*.
P. 228. l. 9 . . au lieu de Elle. . . . . . . . lisez *Elles*.
P. 233. l. 15. . au lieu de souhaiterai. . . . lisez *souhaiterais*.
P. 267. l. 20. . au lieu de s'explique. . . . . lisez *s'expliquent*.
P. 306. l. 24. . au lieu de nous choque pas . lisez *ne nous choque pas*.
P. 327. l. 14. . au lieu de le. . . . . . . . . lisez *la*.

# TABLE DES MATIÈRES

## PREMIÈRE PARTIE

# L'HOMME

### CHAPITRE I. — SA VIE



### CHAPITRE II. — SON CARACTÈRE

# SECONDE PARTIE

## LE PRÉDICATEUR

### CHAPITRE I. — ÉTUDE BIBLIOGRAPHIQUE



### CHAPITRE III. — RHÉTORIQUE DE FROMENTIÈRES



### CHAPITRE III. — DOCTRINES DE FROMENTIÈRES

## Chapitre IV. — FROMENTIÈRES MORALISTE



## Chapitre V. — LES PANÉGYRIQUES DE

## FROMENTIÈRES

## CHAPITRE VI. — LES ORAISONS FUNÈBRES
## DE FROMENTIÈRES



## CHAPITRE VII. — UN DISCOURS DE CIRCONSTANCE
## FROMENTIÈRES ET BOSSUET



---

DAX. — Imprimerie Hazaël LABÈQUE. — DAX

DAX. — Imprimerie Hazaël LABÈQUE. — DAX